HTML5 데이터 처리와 구현

HTML5 데이터 처리와 구현

100가지 예제로 배우는
모던 웹을 위한 데이터 표현 기법

고르기 코세브 · 미테 미트레스키 지음 | 김태원 옮김

BIRMINGHAM - MUMBAI - SEOUL

지은이 소개

고르기 코세브 Gorgi Kosev

Node.js에 기반한 클라우드 솔루션 뿐만 아니라 모바일과 데스크탑 HTML5 애플리케이션을 만드는 크리에이션팔CreationPal에서 소프트웨어 엔지니어를 이끈다. 또한 스포티팔SpotyPal과 구글닥스를 위한 앱저Appzer 등, 크리에이션팔에서 사용하는 전반적인 기술을 선택하고 개발한다.

2008년에 마케도니아에 소재한 세인트 시릴 앤 메소디우스Ss. Cyril and Methodius 대학교의 전기공학부를 졸업했다. 2011년에 지능형 정보 시스템을 전공해 석사학위를 받았다. 연구 분야는 협업 컴퓨터 시스템과 기계 학습이다.

여가 시간에는 핵랩hack lab에서 지인들과 하드웨어를 해킹하거나 코드 공유를 하며 피아노를 연주하기도 한다.

이 책을 쓰는 동안에 많은 밤과 주말을 같이 보낸 스베틀Svetle의 이해와 인내, 지원에 감사를 표한다.

미테 미트레스키|Mite Mitreski

자바와 JVM에 기반한 사용자 정의 엔터프라이즈 애플리케이션 작업을 하고 있다. 과거에는 프로그래밍 코스 트레이너로 일하기도 했다. 또한 마케도니아에 있는 개발그룹에서 활발하게 활동하고 있으며 현재는 개발그룹 산하 자바 유저 그룹JUG의 리더로 활동한다. 그리고 오픈소스 소프트웨어, 오픈 데이터 포맷, 오픈 웹에 열정을 품고 있다. 가끔씩 블로그http://blog.mitemitreski.com에 글을 올리며 트위터에서 @mitemitreski로 활동한다.

먼저 수년간 나에게 영감을 준, 존경하는 형제 스토얀에게 감사를 표한다. 또한 오늘날의 나를 있게 해준 부모님께 감사를 전하고 싶다. 그리고 여자친구인 마리아와, 내가 자리를 많이 비우는 동안에도 나를 참고 이해해준 넷세테라Netcetera의 동료와 친구들에게도 감사한다. 그리고 이 책을 출판한 팩트 출판사 팀과 모든 감수자에게도 감사한다. 마지막으로 W3C, 모질라팀, 아파치 소프트웨어 재단과 모든 오픈 기술에서 일하고 있는 사람들과 매일 인터넷을 무료로 즐길 수 있게 해준 모든 사람에게 감사한다.

감수자 소개

레이드 데스포도브스키 Rade Despodovski

마케도니아의 스코프제에 있는 전기공학 및 정보 기술 학부에서 소프트웨어 엔지니어로 2011년에 졸업했다. 8년 정도를 마이크로소프트 기술을 바탕으로 개발하고 있으며 최근 2년 동안에는 HTML5와 자바스크립트를 사용한 웹 기술에 집중한다. 현재는 오픈 소스 기술에 기반한 멀티플랫폼 애플리케이션 개발에 몰두한다. 이메일 주소는 rade.despodovski@gmail.com이다.

산티에고 마르틴크레토 Santiago Martin-Cleto

1999년에 스페인의 대표 미디어 그룹에서 웹 디자이너로 사회생활을 시작했으며 웹 표준과 오픈소스를 중요하게 생각한다. 또한 매스 미디어 프로젝트에 참여한 바 있으며 회계 기업의 창업 멤버로 활동하기도 했다. 또한 프론트엔드 개발자로서 트래픽을 유발하는 웹 사이트의 성능 이슈를 전문적으로 다룬다. 팩트에서 출판한 HTML5 엔터프라이즈 애플리케이션 개발도 감수했다.

케빈 로스트 Kevin Roast

15년간 프론트엔드 개발자로 경력을 쌓아왔으며 오랫동안 컴퓨터 과학과 컴퓨터 그래픽에 많은 관심을 보여왔다. 그동안 여러 회사에서 소프트웨어를 개발했으며 알프레스코 소프트웨어에서 창립 멤버로 일하기도 했다. 최근에는 웹 브라우저 개발 동향이나 HTML 표준 동향에 관심이 많다. 또한 록스Wrox 출판사에서 펴낸 『프로페셔널 알프레스코: 엔터프라이즈 콘텐츠 관리 솔루션 Professional Alfresco: Practical Solutions for Enterprise Content Management』의 공동 저자이기도 하며 HTML5와 소프트웨어 개발에 관련된 많은 책을 감수했다.

저녁시간에 이 책을 감수하느라 많은 시간을 보낸 나를 이해해준 아내와 사랑하는 아이들 벤, 알렉스, 이지에게 감사한다.

루보미르 지바노비치 Ljubomir Zivanovic

넷세테라의 선임 개발자로 같은 회사의 마이크로소프트 협력 센터를 맡고 있다. 10여 년간 소프트웨어 분야에 몸담고 있으며 웹 스택과 UX를 다루는 프론트엔드 개발에 집중한다. 또한 마케도니아의 .NET 유저 그룹 설립자 중 한 명이며 좋은 아빠이자 남편으로 살고 있으며 아마추어 사진작가로도 활동한다.

이 책을 감수할 수 있게 기회를 준 저자들에게 감사한다. 이 책을 감수하는 작업은 정말 놀라운 경험이었다. 또한 나를 아낌없이 지원해준 아내와 나를 이해해준 많은 열정적인 개발자에게 감사한다.

옮긴이 소개

김태원 neot0000@gmail.com

여러 해 브라우저 개발자로 생활하다가 지금은 SK 플래닛에서 클라우드 스트리밍 시스템용 웹 플랫폼을 연구 중이다. 또한 TV용 웹 플랫폼에 올릴 유용한 웹앱을 찾아 방랑 중이며 HTML5 표준과 웹 트렌드에도 관심이 많아 항상 최신 기술을 습득하려 발버둥치고 있다. 웹킷 기반 프로젝트를 여러 차례 수행했으며 현재는 크로미움Chromium 기반의 웹 플랫폼에서 웹의 가치를 잘 표현하고자 노력하고 있다. 에이콘출판사에서 출간한 『WebGL 3D 프로그래밍』(2012), 『HTML5와 자바스크립트로 만드는 윈도우 8 앱』(2013)을 번역했다.

옮긴이의 말

최근 IT 분야의 인기 키워드는 단연 HTML5라고 할 수 있다. 최근 몇 년 동안 HTML5는 기존 HTML과 차이를 못 느낄 정도로 생소한 분야였지만, 현재는 데스크탑과 모바일을 넘어 자동차, TV 분야로까지 퍼져나가고 있으며 몇 년 후에는 결코 없어서는 안 될 기술이 될 것이라고 많은 전문가는 예측한다.

이렇게 빠르게 변해가는 웹 표준 시대의 사용자 요구에 맞춰 개발자가 자유롭게 데이터를 다뤄 더욱 가치 있는 정보를 도출하는 일이 무엇보다 중요해졌다.

특히 웹이라는 무대에서 무한히 넘쳐나는 데이터를 조합하고 가공해 빠르게 서버로 전송한 뒤 사용자에게 의미있는 정보를 전달하는 행위는 가장 기본적인 비즈니스 모델 중 하나다.

이 책은 이런 웹 표준 흐름에 맞춰 최신 HTML5 기능을 빠르게 습득할 수 있고 쉽게 찾아볼 수 있도록 구성되어 있다. 책을 다 읽고 나면 새로운 HTML5 기술을 이용해 작지만 멋진 웹 애플리케이션을 만들 수 있게 될 것이다.

마지막으로 퇴근 후에 번역하느라 많이 놀아주지 못했는데도 언제나 웃는 얼굴로 나를 바라봐 준 민재와 행복한 가정을 꾸려주는 아내에게 늘 감사하며, 모자란 후배에게 공부하는 개발자가 무엇인지를 몸소 보여 준 신규님 그리고 제주도에 방을 준비해 준 친구 권상에게 감사를 전한다.

목차

1장   텍스트 데이터 표시   25

5장 사용자 정의 입력 컴포넌트   215

6장 데이터 검증   261

12장 멀티미디어   543

들어가며

HTML5는 PC에서부터 태블릿, 스마트폰 심지어는 최신 TV에 이르기까지 모든 곳에 있다. 웹은 가장 진보된 유비쿼터스 애플리케이션 플랫폼이며 정보 매체다. 최근에는 HTML5가 마이크로소프트 윈도우 8, 파이어폭스 OS, 구글 크롬 OS와 같은 운영체제에도 채택됐다.

개방성은 웹의 가장 중요한 덕목 중에 하나다. HTML5는 특정 기술에 종속적이거나 사유화된 솔루션이 아니다. 또한 HTML5는 지난 몇 년 동안 실로 혁명과도 같은 발전 과정을 거쳐 왔다. 자바스크립트 또한 웹 애플리케이션 개발에 있어 서버와 클라이언트 양쪽 모두에서 잘 사용될 수 있게 발전되었다.

이 책은 최신 HTML5 기능을 빠르게 배울 수 있게 구성됐다. 책을 다 읽고 나면 브라우저와 서버 양쪽 모두에서 사용할 수 있는 자바스크립트 지식을 습득할 수 있다. 또한 새로운 HTML5 기술을 십분 활용해 작지만 멋진 애플리케이션을 만들 수 있으며, 현재 사용하고 있는 애플리케이션에 HTML5의 새로운 기술을 접목할 수 있는 방법을 습득할 수 있다.

이 책이 다루는 내용

1장, 텍스트 데이터 표시에서는 HTML5로 문자를 표시하는 방법을 알아본다. 그리고 숫자 형식 변환, 수식 표시, 측정을 다룬다. 또한 표 데이터 표시와 매일 개발되는 기능 중 일부를 사용하는 마크다운Markdown 렌더링을 보여준다.

2장, 그래픽 데이터 표시에서는 플롯Flot이라는 차트 라이브러리를 사용해 차트를 만들며 최신 D3.js도 다룬다. 또한 마커와 경로를 포함한 지도도 다룬다.

3장, 디퓨즈 셰이딩에서는 애니메이션 생성과 인터랙티브한 시각화를 알아본다. 인터랙티브한 시각화는 D3.js를 사용하지만 처음부터 하나하나 시작하는 예제와 통지 API 기술 등을 사용한 예제도 있다.

4장, HTML5 입력 컴포넌트 사용에서는 간단한 텍스트 입력 사용부터 HTML5에서 추가된 새로운 입력 유형까지 알아본다. 또한 지오로케이션geolocation이나 드래그앤드롭과 같이 좀 더 진보된 입력의 새로운 속성 사용법을 알아본다.

5장, 사용자 정의 입력 컴포넌트에서는 4장에서 다룬 내용에 이어 새로운 기능이 추가된 사용자 정의 컨트롤 또는 데스크탑 애플리케이션에 있는 컴포넌트를 흉내 낸 컨트롤 등을 만들어 본다. 또한 5장에서는 메뉴, 대화 상자, 리스트 선택, 리치 텍스트 입력 같은 컨트롤을 생성하는 방법을 알아본다.

6장, 데이터 검증에서는 HTMl5로 폼을 검증하는 방법을 소개한다. 텍스트와 숫자를 검증하는 방법을 알아보고, 미리 만들어진 검증을 사용해 이메일과 숫자를 검증하는 방법도 알아본다. 또한 Node.js를 사용해 서버에서 검증하는 방법과 클라이언트와 서버를 연계해 검증하는 방법도 알아본다.

7장, 데이터 직렬화에서는 클라이언트에서 자바스크립트로 JSON, base64, XML 형식으로 직렬화하는 방법을 소개하며 거꾸로 직렬화된 데이터에서 자바스크립트 객체로 만드는 방법을 알아본다.

8장, 서버 통신에서는 Node.js 입문과 REST API를 작성 과정을 다룬다. 또한 순수 자바스크립트로만 HTTP 호출HTTP calls을 만드는 자세한 정보를 알아보며 바이너리 파일을 다루는 방법과 통신 보안도 알아본다.

9장, 클라이언트 템플릿에서는 핸들바Handlebars, EJS, 제이드Jade처럼 클라이언트에서 사용하는 가장 인기 있는 템플릿 언어를 사용하는 방법을 알아본다. 추가로 언어 사용법 외에 파셜partials, 필터fileters, 믹스인mixins 같은 진보된 기능도 알아본다.

10장, 데이터 바인딩 프레임워크에서는 두 가지 타입의 웹 프레임워크를 알아본다. 먼저 많은 종류의 클라이언트 측 MVC 프레임워크를 강력하게 표현하는 앵귤라Angular를 알아보고, 임의의 도메인에서 기능의 폭을 조절할 수 있는 메테오Meteor를 알아본다.

18

11장, 데이터 스토리지에서는 HTML5에서 사용하는 새로운 클라이언트 저장소 API를 알아보며 파일을 다루는 새로운 API도 살펴본다. 이 새로운 기능을 활용하면 페이지를 새로 고쳐도 계속 데이터를 사용할 수 있으며 각 요청에 따라 정보를 전송하지 않는 클라이언트 정보를 저장할 수 있다.

12장, 멀티미디어에서는 이전에는 외부 플러그인으로 수행한 기능인 비디오와 오디오 재상을 브라우저만으로 하는 방법을 알아본다.

부록 A, Node.js 설치와 npm 사용에서는 Node.js 설치 방법을 간단히 소개하면서 npm 패키지 매니저를 사용하는 방법도 알아본다.

부록 B, 커뮤니티와 리소스에서는 HTML5 발전에 기여하는 단체에 대한 간략한 설명과 역사를 소개한다.

이 책을 읽는 데 필요한 것

파이어폭스, 크롬, 사파리, 오페라, 인터넷 익스플로러 9 같은 최신 브라우저가 필요하며, Notepad++, Emacs, Vim 같은 간단한 텍스트 에디터가 있어야 하고, 컴퓨터가 인터넷에 연결되어 있어야 한다.

7장, '데이터 직렬화' 이후에 나오는 예제를 실행하려면 Node.js를 설치해야 한다. 설치 방법은 부록 A, 'Node.js 설치와 npm 사용'에 나와 있다.

대상 독자

이 책은 자바스크립트를 한 가지 방법 이상으로 사용해 본 개발자에게 적합하다. 또한 백엔드backend 코드를 많이 사용하고 있지만 HTML5나 자바스크립트와 관련한 실력을 키우고자 하는 사람들을 위한 책이며, 웹 페이지의 코드를 단순하게 복사해 붙여 쓰는 개발자가 실제 내부 구동 방식까지 알고 싶어할 때 적합한 책이다. 그리고 HTML5의 최신 기법과 기능을 습득해 자기계발을 하고 싶은 사람에게 유용하다.

이 책은 처음 시작하는 사람에게도 알맞고, HTML이나 자바스크립트 및 제이쿼리를 이미 다뤄본 개발자에게도 적합한 책이지만, 반드시 깊은 지식이 선행되어야 하는 것은 아니다.

편집 규약

이 책에는 정보의 종류에 따라 그 의미를 구분하는 몇 가지 스타일의 편집 규정이 있다. 다음 간단한 예제로 스타일과 의미를 설명한다.

본문 중에 코드를 표시할 때는 다음처럼 한다.

"d3.behavior.zoom 메소드는 scaleExtent에 주어진 스케일과 줌 범위에 따라 projection 타입을 자동으로 확대/축소한다."

코드 한 뭉치를 표현할 때는 다음과 같이 표시한다.

```
<!DOCTYPE HTML>
<html>
    <head>
        <title>Chart example</title>
    </head>
    <body>
        <div id="chart" style="height:200px;
            width:800px;"></div>
        <script src="http://ajax.googleapis.com/ajax/libs/
            jquery/1.8.2/jquery.min.js"></script>
        <script src="flot/jquery.flot.js"></script>
        <script src="flot/jquery.flot.navigate.js"></script>
        <script type="text/javascript" src=
            "example.js"></script>
    </body>
</html>
```

코드 중에 주의 깊게 살펴봐야 할 부분이 있다면 굵게 표시한다.

```
#carousel {
```

```
    perspective: 500px;
    -webkit-perspective: 500px;
    position:relative; display:inline-block;
    overflow:hidden;
}
```

명령줄 입출력은 다음처럼 표시한다.

```
Object:
    color: "#00cc00"
    data: Array[50]
    name: "one"
```

예제의 메뉴나 대화 상자 등에 나오는 화면 용어를 표시할 때는 다음처럼 표기한다.

"또한 예제에 Occupation과 같이 기본 텍스트를 담고 있는 `data-placeholder` 속성을 추가할 수 있다. 속성이 지정되지 않았다면 단일 선택으로 **Select Some Option**이 기본 지정될 것이다"

 경고 또는 중요한 문구를 이와 같이 표기한다.

 팁과 트릭을 이와 같이 표기한다.

독자 의견

언제든지 독자 의견을 청취한다. 이 책에 대한 독자의 생각(좋은 점이든 나쁜 점이든)을 알려주기 바란다. 더 유익한 책을 만드는 데 독자 의견이 무척 필요하다.

일반적인 의견은 메시지 제목을 책의 제목으로 작성해서 feedback@packtpub.com로 메일을 보내면 된다. 에이콘출판사 편집팀(edit@acornpub.co.kr)에도 의견을 제안할 수 있다.

전문 지식이 있거나 책을 발행하고 싶다면 www.packtpub.com/authors에서 작가 가이드를 참고하라.

고객 지원

팩트 출판사의 구매자가 된 독자에게 도움이 되는 몇 가지를 제공하고자 한다.

예제 코드 다운로드

www.PacktPub.com의 계정으로 책을 구입하면 예제코드를 내려받을 수 있다. 그 밖의 곳에서 책을 구입했다면 http://www.PacktPub.com/support에서 예제 코드를 직접 내려받을 수 있는 등록 절차 정보를 이메일로 받아볼 수 있다. 에이콘출판사 도서정보 페이지 http://www.acornpub.co.kr/book/html5-data에서도 예제 코드를 내려 받을 수 있다.

정오표

내용을 정확하게 전달하려고 최선을 다했지만 실수가 있을 수 있다. 책에서 오타를 발견하게 되면, 아마도 코드나 본문의 오타이겠지만 어쨌든 문제가 되는 내용을 알려 주기 바란다. 여러분의 이런 노력으로 양질의 콘텐츠가 탄생한다. 오타를 발견하게 되면 http://www.packtpub.com/submit-errata를 방문해 errata submission form 링크를 누르고 오타를 신고하길 바란다. 오타가 검증되면 제출해 준 오타를 수정해 팩트 웹 사이트에 올려 두며, 정오표Errata라는 제목 밑에 있는 기존 오탈자 목록에 추가된다. http://www.packtpub.com/supprot를 선택해 기존 오탈자를 확인하라. 에이콘출판사 도서정보 페이지 http://www.acornpub.co.kr/book/html5-data에서도 한국어판의 정오표를 찾아 볼 수 있다.

저작권 침해

인터넷에 연결된 모든 매체의 불법 복제는 금지된다. 팩트 출판사는 저작권 보호에 신중하게 대처한다. 인터넷 상에서 불법 복제를 발견한다면 신속하게 대응할 수 있게 즉시 웹 사이트의 주소나 이름을 알려주길 바란다.

불법복제에 대한 문의는 copyright@packtpub.com으로 하길 바란다.

우리는 저작권을 보호할 수 있게 도와주는 일에 항상 감사하고 있으며, 양질의 콘텐츠 제공을 위해 최선을 다한다.

질문

이 책에 문제가 있거나 질문이 있다면 questions@packtpub.com으로 연락하기 바란다. 한국어판에 대해서는 에이콘출판사 편집팀(edit@acornpub.co.kr)이나 이 책의 옮긴이에게 연락주기 바란다.

1
텍스트 데이터 표시

1장에서는 다음과 같은 내용을 알아본다.

- 어림수 표시
- 패딩수 표시
- 미터법과 영국식 도량형 표시
- 사용자 시간대 날짜 형식 표시
- 경과 시간을 동적으로 표시
- 수식 표시
- 끝이 없는 스크롤 리스트 생성
- 정렬할 수 있는 페이지가 있는 테이블 생성
- 복수 선택 필터 생성
- 범위 필터 생성
- 결합된 복잡한 필터 생성
- HTML로 코드 표시
- 마크다운 렌더링
- 자동 업데이트 필드

소개

웹 애플리케이션 개발 시 텍스트 표시는 가장 공통적인 일이다. 1장에서는 브라우저에 데이터를 표시할 때 개발자가 부닥치게 되는 몇 가지 문제를 다루고, 간단하면서도 가장 효과적인 문제 해결법을 알아보며, 개발자가 선택할 수 있는 몇 가지 옵션을 제시한다. 예제로는 마크업 렌더링과 다른 데이터 타입을 텍스트로 변환하는 방법을 설명한다.

어림수 표시

텍스트 다음으로 애플리케이션에서 가장 많이 사용되는 데이터 타입은 숫자다. 숫자를 다루는 방법에는 여러 방법이 있다. 이번 예제에서는 주어진 정확도에 따라 사용할 수 있는 여러 방법 중 하나를 알아본다. 숫자를 다루는 데 있어 가장 확실히 사용할 수 있는 옵션은 자바스크립트의 Number 객체 래퍼다.

준비

Number 객체에는 숫자를 표시하는 toFixed([digits]) 메소드가 있다. 메소드의 digits 매개변수는 0부터 20까지의 값을 지닌다. 숫자는 필요한 만큼 자동으로 어림수 처리되거나 추가로 0이 덧붙여져 패딩수 처리를 한다. 실제 동작을 살펴보자.

예제 구현

Number 객체를 다루는 방법을 살펴보자.

1. 먼저 숫자 리스트를 생성한다. 선택된 숫자는 함수의 특징을 설명하려고 의도적으로 골랐다.

```
var listOfNumbers =
    [1.551, 1.556, 1.5444, 1.5454, 1.5464, 1.615, 1.616, 1.4,
    1.446,1.45];
```

2. `.toFixed()` 메소드의 `digits` 매개변수를 0, 1, 2로 하면서 리스트를 순회하며 숫자를 표시한다.

```
for (var i = 0; i < listOfNumbers.length; i++) {
  var number = listOfNumbers[i];
  // 모든 숫자를 순회하며 값을 출력한다.
  document.write(number + "---"
     + number.toFixed(2) + "---"
     + number.toFixed(1) + "---"
     + number.toFixed() + "<br />");
};
```

예제 분석

코드를 실행하면 기대한 대로 간단하게 toFixed로 처리된 숫자가 출력된다. 값의 특징을 살펴보자.

▶ `1.616.toFixed(2)`는 1.62를 반환한다.

▶ `1.4.toFixed(2)`는 예상한대로 0을 추가한 1.40를 반환한다.

▶ `toFixed()`의 기본 값이 0이므로 `1.5454.toFixed()`는 2를 반환한다. 즉, 소수점 이하의 값은 없어지고 0.5는 1로 반올림된다.

▶ `1.615.toFixed(2)`는 1.61을 반환한다. 0.005는 무시되고 반올림되어 삭제된다.

toFixed() 메소드는 높은 정밀도의 숫자가 필요하지 않거나 반올림해도 크게 중요하지 않은 숫자를 표시할 때 사용된다.

추가적인 설명으로 1.446 그리고 이와 같은 종류의 숫자를 반올림할 때의 toFixed()는 신뢰할 수 없는 메소드다. `1.446.toFixed(1)`은 일관성이 없고 예측 불가능한 결과를 야기한다.

문제를 해결하기 위한 여러 가지 방법이 있다. Number.prototype.toFixed() 함수를 재정의하는 방법은 빠르지만 명쾌하지 않아 이런 방법을 추천하지는 않는다. 함수를 재정의_{override}하는 방법은 분명하지 않은 부작용을 야기할 수 있기 때문이다. 미리 만들어진 객체의 함수를 재정의하는 것은 확실하게 필요하지 않은 경우에는 비효율적인 방법으로 여겨진다. 함수를 재정의하면 그 밖의 라이브러리나 코드에서 같은 함수를 사용했을 때 문제가 발생한다. 만에 하나 재정의 대신 함수를 추가하더라도 그 밖의 누군가가 같은 일을 하므로 이런 문제는 추적하기도 힘들다. 예를 들어 Number 객체에 다음과 같은 함수를 추가하기로 결정했다고 생각해보자.

```
Number.prototype.theFunction = function(arg1,arg2){}
```

위와 같은 코드는 누군가가 이미 Number 객체에 theFunction을 추가하지는 않았는지를 보장해 주지 않는다.그러므로 함수가 이미 존재하는지 추가적인 체크를 해야 하지만 이 또한 정확히 원하는 일을 하는지 알 방법이 없다.

대신 일관된 데이터를 얻기 위해 유틸리티 함수를 사용하는 편이 더 나은 선택이다.

그 밖의 문제 해결 방법으로는 숫자에 10의 멱승($10^{숫자}$)을 곱하고 Math.round(number)나 Math.ceil(number)를 호출하는 방법이 있다. 예를 들어 가장 가까운 정수로 올림하는 방법이 필요하면 다음과 같은 방법을 이용한다.

```
function round(number, digits) {
    if (typeof digits === "undefined" || digits < 0) {
        digits = 0;
    }
    var power = Math.pow(10, digits),
        fixed = (Math.round(number * power) / power).toString();
    return fixed;
};
```

이제 숫자에 10의 멱승을 곱했으므로 toFixed()로 생기는 문제를 피할 수 있다. 이 메소드는 toFixed()가 반올림하는 동작과 다를 뿐만이 아니라 0을 처리하는 방법 또한 다르다.

정밀도가 중요할 경우에는 Big.js와 같은 임의의 정밀도를 사용하는 라이브러리를 사용하는 옵션도 있다(https://github.com/MikeMcl/big.js).

패딩수 표시

가끔 숫자를 특정 자릿수에 맞춰 늘려야 할 경우가 있다. 예를 들어 00042처럼 5개의 숫자로 표시하는 경우를 말한다. 이를 표시할 수 있게 숫자를 순환해 앞에 문자를 추가하는 방법이 있다. 하지만 이보다 좀 더 명확한 솔루션도 있다.

준비

먼저 사용할 함수 중 일부를 살펴보자. Array.join(separator) 메소드는 엘리먼트 리스트로부터 병합된 텍스트를 생성해 적용할 수 있다.

```
new Array('life','is','life').join('*')
```

위 코드는 주어진 분리자로 병합된 간단한 엘리먼트인 "life*is*life"를 반환한다. 그 밖의 메소드인 Array.slice(begin[, end])는 배열의 일부분의 복사본을 반환한다. 이 함수를 사용할 때 begin 매개변수에는 양의 값 혹은 음의 값을 설정할 수 있다. 양의 값을 사용하는 경우에는 0부터 시작하는 인덱스로 구분짓는 시작 인덱스를 뜻한다. 예를 들어 다음과 같은 코드를 살펴보자.

```
new Array('a','b','c','d','e','f','g').slice(4);
```

위 코드는 'e', 'f', 'g' 엘리먼트로 이뤄진 배열을 반환한다.

반대로 begin 엘리먼트에 음의 값을 사용하면 배열 끝으로부터의 오프셋을 나타낸다. 음의 값을 사용한 다음의 예제를 살펴보자.

```
new Array('a','b','c','d','e','f','g').slice(-3);
```

결과는 배열의 끝에서부터 자른 'e', 'f', 'g'다.

예제 구현

다시 문제로 되돌아가 숫자에 0을 접두사로 추가하는 명쾌한 솔루션을 알아보자. 순환 솔루션의 경우 포맷할 크기를 나타내는 숫자를 받는 메소드를 생성하고 패딩padding(채움) 문자를 사용한다. 예제에서는 '0'을 사용한다.

```
function iterativeSolution(number, size, character) {
    var strNumber = number.toString(),
        len = strNumber.length,
            prefix = '';
    for (var i = size - len; i > 0; i--) {
        prefix += character;
    }
    return prefix + strNumber;
}
```

위 예제에서는 숫자의 길이를 가져오기 위해 숫자를 문자열로 변환했다. 그리고 간단하게 character 변수의 문자를 size-len 크기만큼 갖는 prefix를 만들었고 숫자를 나타내는 문자열인 prefix + strNumber를 반환했다.

size가 len보다 작을 경우에는 원래 숫자가 반환되므로 이런 예외 상황에도 잘 동작할 수 있는 함수로 수정해야 한다.

그 밖의 방법으로 Array.slice() 메소드로 비슷한 결과를 가져올 수도 있다.

```
function sliceExample(number, prefix) {
    return (prefix + number).slice(-prefix.length);
}
sliceExample(42, "00000");
```

위 코드는 숫자에 접두사를 붙이고 여분의 '0'을 끝에서부터 잘라내어 좀 더 명확한 솔루션으로 만들고 추가적으로 어떤 부분이 접두사가 될 부분인지를 알기 쉽게 한다. 코드를 살펴보면 sliceExample(42, "00000") 메소드 호출 구문에서 이미 직접 접두사를 만든 것을 알 수 있다. 이 과정을 자동화할 수 있게 Array.join을 사용해보자.

```
function padNumber(number,size,character){
    var prefix = new Array(1 + size).join(character);
```

위 코드에서는 문자를 추가하기 위한 size+1 크기의 배열을 만들어 전체 크기 size-1의 병합된 엘리먼트를 가져왔다. 이 과정으로 기대한 접두사가 만들어지며 나머지 부분은 동일하다.

```
    return (prefix + number).slice(-prefix.length);
}
```

padNumber(42,5,'0')은 간단한 메소드지만 이전 메소드에 비해 유연함은 떨어진다. 하지만 더 큰 숫자에서는 사용하기에 더 간단하다.

예제 분석

이 사용법은 매우 직관적이나 기능 구현에 있어 중요하게 주의할 점이 있다. 사용법에 한 가지만 더 추가하자면 반복 순환iterative 솔루션이 항상 최선은 아니라는 점이다. 자바스크립트에서는 목적을 달성하기 위한 몇 가지 방법이 또 있다. 이런 방법은 항상 직관적이지도 않고 심지어 빠르지도 않다. 하지만 매우 명확하다.

부연 설명

특정 상황에서 패딩수를 매우 빈번하게 사용해야 한다면 Number 객체에 함수를 추가하고 input 매개변수 숫자를 this 키워드로 제거하는 방법도 있다.

```
Number.prototype.pad = function(size, character) {
    //같은 기능
}
```

이제 위 함수는 Number 객체의 일부분이 되었으므로 임의의 숫자로 직접 사용할 수 있게 되었다. 다음 예제를 살펴보자.

```
3.4.pad(5,'#');
```

또한 '.' 문자가 패딩 계산에 포함되지 않는다면 접두사의 크기를 줄이는 동작을 추가할 수 있다.

 어림수 표시 사용법을 다시 상기해보자. 표준 객체에 함수를 추가하는 것은 위험을 초래하는 작업이다.

미터법과 영국식 도량형 표시

웹 사이트에서는 자주 미터법과 영국식 도량형을 사용할 때 생기는 문제를 해결할 수 있게 변환과 측량법을 사용한다. 여기서는 데이터 주도 접근법으로 단위 변환을 하는 방법을 알아본다. 또한 이 책은 HTML5 책이므로 서버가 아닌 클라이언트에서 동작하는 솔루션을 다룬다.

예제의 '이상적인 체중' 계산기는 클라이언트에서 동작하며 미터법과 영국식 도량형을 함께 지원한다. 그리고 이번 예제에서는 데이터 속성 같은 HTML5 기능을 수행하는 좀 더 일반적이고 우아한 데이터 주도 솔루션을 만들어 본다. 목표는 변환 시 최대한 복잡하고 오류를 야기하는 부분을 피하는 것이다.

준비

체질량(BMI) 지수 계산식은 다음과 같다.

BMI = (몸무게(Kg) / (키(m) * 키(m)))

예제에서는 BMI=22를 "이상적인 체중"으로 계산한다.

1. 다음과 같은 HTML 페이지를 만든다.

```html
<!DOCTYPE HTML>
<html>
    <head>
        <title>BMI Units</title>
    </head>
    <body>
        <label>Unit system</label>
        <select id="unit">
            <option selected value="height=m,cm 0;weight=kg 1;distance=km
1">Metric</option>
            <option value="height=ft,inch 0;weight=lbs 0;distance=mi
1">Imperial</option>
        </select><br>

        <label>Height</label>
        <span data-measurement="height" id="height">
            <input data-value-display type="text" id="height"
class="calc">
            <span data-unit-display></span>
            <input data-value-display type="text" id="height"
class="calc">
            <span data-unit-display></span>
        </span>
        <br>
        <label>Ideal Weight</label>
        <span data-measurement="weight" id="weight">
            <span data-value-display type="text">0</span>
            <span data-unit-display></span>
        </span> <br>

        <script src="http://ajax.googleapis.com/ajax/libs/jquery/1.8.2/
jquery.min.js"></script>
        <script type="text/javascript" src="unitval.js"></script>
```

```
        <script type="text/javascript" src="example.js"></script>
    </body>
</html>
```

위 페이지는 BMI 기반의 체중 계산기를 만드는 일반적인 페이지처럼 보인다. 주요 차이점은 다음과 같다.

- 영국식 측량법/미터법 선택 입력을 지닌다.

- HTML 필드에 특별한 의미를 부여한 사용자 정의 데이터 속성을 추가적으로 지닌다.

- data-measurement를 사용해 표시할 측량 종류를 나타낸다(예를 들어 체중 또는 키).

- data-display-unit과 data-display-value를 사용해 표시할 단위 문자열과 값을 나타낸다.

2. example.js라고 이름을 지은 파일에 다음과 같은 코드를 넣는다.

```
(function() {
    // unitval 설정
    $.unitval({
        weight: {
            "lbs": 0.453592, // kg
            "kg" : 1 // kg
        },
        height: {
            "ft"  : 0.3048, // m
            "inch": 0.0254, // m
            "m"   : 1, // m
            "cm"  : 0.01, // m
        },
        distance: {
            "km" : 1000, // m,
            "mi" : 1609.34 // m
        }
    });
    $("#unit").change(function() {
```

```javascript
        var measurementUnits = $(this).val().split(';').map(function(u)
{
            var type_unitround = u.split('='),
                unitround = type_unitround[1].split(' ');
            return {type: type_unitround[0], units: unitround[0].
split(','), round: unitround[1]};
        });
        // 측량에 따른 단위 설정.
        $('body').unitval(measurementUnits);
    });

    $("#unit").trigger("change");

    $('#height').on('keyup change',function() {
        var height = $('#height').unitval(), bmi = 22;
        var idealWeight = bmi * height * height;
        var idealDistance = 3000 * height;
        $("#weight").unitval(idealWeight);
        $("#distance").unitval(idealDistance);
    });

}());
```

코드의 첫 번째 부분에서는 사용할 측량과 단위를 변환하는 unitval이라는 제이쿼리 플러그인을 설정한다(체중과 키).

두 번째 부분에서는 select 필드로부터 값을 읽어내 측량 단위를 설정한다. 그리고 다음처럼 측량 배열을 설정한다.

- "height"와 같은 타입 문자열
- ["ft", "inch"]와 같은 단위 리스트
- 마지막 단위에서 사용하는 10진수 숫자

세 번째 부분은 단위 변환이 없을 때 거의 정확한 정규 계산기다. 다만 값은 data-measurement 속성을 갖는 엘리먼트로부터 $.unitval이라는 제이쿼리 플러그인을 사용해 가져온다.

3. 이제 일반적인 단위 변환기를 만들 차례다. 변환기에는 두 함수가 필요하다. 첫 번째 함수로는 사용자 표시(입력) 데이터를 국제 표준 측량 단위(SI)로 변환하는 함수 그리고 두 번째 함수로는 국제 표준 측량 단위에서 사용자에게 친숙한 표기로 변환하는 함수다. 예제의 변환기는 동시에 여러 단위를 지원한다. 사용자 입력에서 변환을 할 때 첫 번째 인자는 측량 타입이고(예를 들어 거리) 두 번째 인자는 값 단위의 짝을 이루는 배열이다(예를 들어 [[5, 'km'], [300,'m']]). 배열은 단일 짝 값(예를 들어 [5,'km']) 또는 간단하게 값(예를 들어 5)으로만 표현될 수 있다.

4. 두 번째 매개변수가 간단한 값이면 제3의 단위를 사용한다(예를 들어 'km'). 출력은 항상 국제 표준 값을 사용한다.

값을 원하는 출력 단위로 변환할 경우 단위는 배열로 한다. 예를 들어 ['km', 'm']이거나 단일 단위가 된다. 또한 마지막 단위에 사용할 어림수를 지정한다. 출력은 변환된 값의 배열이다.

변환은 Factors 객체의 값을 사용해 이뤄진다. Factors 객체에는 사용할 모든 측량 이름을 가진 프로퍼티가 들어 있다. 이러한 각 프로퍼티는 사용 가능한 단위가 있는 객체이며 객체의 프로퍼티로 측량을 하거나 값으로 국제 표준을 나타낸다. 예제 example.js를 살펴보자.

5. 제이쿼리 플러그인 소스코드 unitval.js는 다음과 같다.

```
(function() {
  var Factors = {};
  var Convert = window.Convert = {
    fromInput: function(measurement, valunits, unit) {
      valunits = unit ? [[valunits, unit]] // 3개의 인자
          : valunits instanceof Array && valunits[0] instanceof
Array ? valunits  // 배열의 배열
          : [valunits]; // [val, unit] 배열
      return valunits.map(function(valunit) { // 국제 표준으로 변환
        return valunit[0] * Factors[measurement][valunit[1]];
      }).reduce(function(a, e) { return a + e; }); // sum them
    },
```

```
toOutput: function(measurement, val, units, round) {
    units = units instanceof Array ? units : [units];
    var reduced = val;
    return units.map(function(unit, index) {
        var isLast = index == units.length - 1,
            factor = Factors[measurement][unit];
        var showValue = reduced / factor;
        if (isLast && typeof(round) != 'undefined')
            showValue = showValue.toFixed(round) - 0;
        else if (!isLast) showValue = Math.floor(showValue);
        reduced -= showValue * factor;
        return showValue;
    });
}
};
$.unitval = function(fac) {
    Factors = fac;
}

// 입력/텍스트 필드를 .val()로 가져오고 그 밖의 필드는 .text()로 가져온다.
var uval = function() {
    return ['input','textarea'].indexOf(this[0].tagName.
toLowerCase()) < 0 ?
        this.text.apply(this, arguments) : this.val.apply(this,
arguments);
}
```

6. 위에서 만든 변환기는 유용하지만 매우 편리하거나 사용자에게 친숙하지는 않다. 여전히 모든 변환을 수동으로 해야 한다. 이 문제를 해결하려면 데이터 속성을 엘리먼트에 위치시켜 표시되는 측량 값을 나타내야 한다. 내부적으로는 값과 단위를 표시하려고 분리된 엘리먼트를 둔다. 측량 단위를 설정할 때 setMeasurementUnits 함수는 측량 단위를 데이터 속성을 가진 모든 엘리먼트에 설정한다. 또한 내부 값과 단위 엘리먼트를 알맞게 조정한다.

```
// 특정 엘리먼트에 측량 단위를 설정한다.
// measurements 파라미터는 [{type:"measurement", units: ["unit", ...],
round:N}] 포맷의 배열이다.
// 예를 들면 [{type:"height", units:["ft","inch"], round:0}]이다.
    var setMeasurementUnits = function(measurements) {
        var $this = this;
        measurements.forEach(function(measurement) {
            var holders = $this.find('[data-measurement="'+measurement.
type+'"]');
            var unconverted = holders.map(function() { return $(this).
unitval(); })
            holders.attr('data-round', measurement.round);
            holders.find('[data-value-display]').each(function(index) {
                if (index < measurement.units.length)
                    $(this).show().attr('data-unit', measurement.
units[index]);
                else $(this).hide();
            });
            holders.find('[data-unit-display]').each(function(index) {
                if (index < measurement.units.length)
                    $(this).show().html(measurement.units[index]);
                else $(this).hide();
            });

            holders.each(function(index) { $(this).
unitval(unconverted[index]); });
        });
    };
```

7. 모든 엘리먼트가 자신의 측량법과 단위를 알고 있으므로 이제 간단하게
   국제 표준 단위(SI) 값을 엘리먼트에 두고 변환된 값으로 표시할 수 있다.
   이렇게 하려고 우리는 unitval을 사용해 통합된 값을 설정하거나 data-
   measurement 프로퍼티를 가진 엘리먼트의 단위 옵션을 설정한다.

```
$.fn.unitval = function(value) {
    if ($.isArray(value)) {
```

```
            setMeasurementUnits.apply(this, arguments);
        }
        else if (typeof(value) == 'undefined') {
            // 엘리먼트 값 읽음.
            var first       = this.eq(0),
                measurement = first.attr('data-measurement'),
                displays    = first.find('[data-value-display]:visible'),
                // 단위를 가져온다.
                valunits = displays.toArray().map(function(el) { return
[uval.call($(el)), $(el).attr('data-unit')] });
                // 입력 값을 변환.
                return Convert.fromInput(measurement, valunits);
        }
        else if (!isNaN(value)) {
            // 엘리먼트에 값을 쓴다.
            this.each(function() {
                var measurement   = $(this).attr('data-measurement'),
                    round         = $(this).attr('data-round'),
                    displays      = $(this).find('[data-value-
display]:visible'), // 숨겨진 값을 무시.
                    units         = displays.map(function() { return
$(this).attr('data-unit'); }).toArray();
                var values        = Convert.toOutput(measurement, value,
units, round);
                displays.each(function(index) { uval.call($(this),
values[index]); });

            });
        }
    }
}());
```

이 플러그인을 다음 절에서 설명한다.

HTML 엘리먼트에는 측량 단위에 대한 개념이 없다. 단위 변환을 하려면 우리만의 data 속성을 추가해야 한다. 그래서 임의의 엘리먼트에 코드에서 정한 특별한 의미를 부여한다.

예제의 변환에서는 data-measurement 속성이 있는 엘리먼트를 사용해 특정한 측량법에 따른 단위와 값을 표시했다. 예를 들어 data-measurement="weight" 속성은 체중을 표시한다.

이 엘리먼트는 두 종류의 서브_{sub} 엘리먼트를 지닌다. 첫 번째 서브 엘리먼트에는 data-display-value 속성이 있어 측량법에 따른 값을 표시한다(항상 숫자다). 두 번째 서브 엘리먼트에는 data-display-unit 속성이 있어 측량법에 따른 단위를 표시한다(예를 들어 "kg"). 측량법에는 여러 단위를 사용할 수 있어(예를 들어 체중은 "5ft 3inch"로 표현될 수 있다.) 예제에서는 두 종류의 여러 필드를 사용할 수 있었다.

단위 시스템을 변경할 때에는 setMeasurementUnits의 data 속성을 다음 엘리먼트에 추가했다.

- ▶ data-round 속성을 data-measurement 엘리먼트에 추가했다.
- ▶ 적절한 단위가 있는 data-unit 속성을 data-display-value 엘리먼트에 추가했다.
- ▶ data-display-unit 엘리먼트에는 적절한 단위를 넣었다.

결론적으로 $.unitval()에는 페이지에 있는 모든 측량 엘리먼트에 표시되는 값과 단위가 있다. 함수에서는 반환하기 전에 측량법을 읽고 국제 표준으로 바꾼다. 우리는 모든 계산을 국제 표준 단위에 맞게 했다. 마지막으로 $unitval(si_value)를 호출하면 값이 자동으로 페이지에 표시되기 전에 적절하게 변환된다.

예제에서 사용한 코드는 사용자 입력을 읽고 출력으로 표시할 때만 변환이 이뤄지게 만들어서 에러를 최소화했다. 또한 데이터 주도 접근법으로 변환 부분과 애플리케이션 코드를 분리해 애플리케이션 로직에만 집중할 수 있게 했다.

사용자 시간대 날짜 형식 표시

여기에서는 사용자 시간대에 맞춘 날짜 형식과 표시방법을 알아본다. 또한 자바스크립트에서 어떻게 날짜를 사용하고 표현하는지 알아본다. 날짜를 표현하는 가장 좋은 방법은 표시할 날짜의 시간대를 선택하는 것이지만 이는 굉장히 드문 옵션이다.

준비

대부분의 프로그래밍 언어와 마찬가지로 자바스크립트도 유닉스 시간을 사용한다. 자바스크립트의 경우 이 시스템은, 통상 UTC라고 알려진 국제 표준시 (1970년 1월 1일 자정부터 얼마나 많은 시간이 지났는지 밀리초 단위로 알 수 있는 시간) 인스턴스가 있는 시스템이다.

 국제 표준시(UTC)에 대한 재미있는 정보가 있다. UTC는 프랑스 버전인 TUC(Temps Universel Coordonné)와 영국 버전인 CUT(Coordinated Universal Time)의 타협으로 이뤄졌다(http://en.wikipedia.org/wiki/Coordinated_Universal_Time#Abbreviation).

이 시간은 완벽하게 UTC를 지원하지 않고 시간 조정 같은 이례적인 상황도 배려하지 않지만 대부분의 시간을 적합하게 표현한다.

자바스크립트에는 여러 방법으로 생성할 수 있는 Date 객체가 있다.

```
new Date() // 로컬 타임 사용
new Date(someNumber) // 원기 이후 시간을 밀리초로 표현한 날짜 생성
new Date(dateString) // 입력 문자열에 따른 날짜 생성
new Date(year, month, day [, hour, minute, second, millisecond])
```

 문자열로 날짜를 생성하는 동작이 브라우저마다 다를 수 있지만 문자열을 날짜로 문장 분석하는 메소드인 Date.parse 사용법은 같다.

날짜를 생성할 때 인자의 일부분만을 적용하거나 인자 중 하나를 생략하면 기본으로 0으로 설정된다. 그리고 한 예로 자바스크립트에서는 일이 정해지지 않으면 일, 월, 년 중 월이 0으로 설정된다.

 자바스크립트 Date 객체를 함수가 아닌 new Date(...) 같은 생성자를 사용하는 경우에는 대부분의 자바스크립트 객체와는 달리 Date 객체가 아니라 날짜를 나타내는 문자열을 받게 된다.

예제 구현

1. 먼저 Date 객체를 생성한다.

```
var endOfTheWorld= new Date(1355270400000);
```

2. 그리고 나서 현지 날짜와 시간을 표현한다.

```
document.writeln(endOfTheWorld.toLocaleDateString());
document.writeln(endOfTheWorld.toLocaleTimeString());
```

3. 국제 표준시로부터 사용자 시간대까지의 시간 오프셋을 안다면 다음과 같은 코드를 사용할 수 있다.

```
var offset = - new Date().getTimezoneOffset()/60;
```

4. 위 오프셋 변수는 사용자 시간대부터 국제 표준시까지의 시간을 나타낸다. 마이너스 기호는 날짜 로직을 뒤바꾼 것이다. 즉, 국제 표준시부터 날짜까지의 원래 차이 대신 날짜부터 국제 표준시까지의 차이를 말한다.

예제 분석

예제 코드에서는 서버로부터 밀리초 단위의 시간을 반환받고 사용자 시간대로 포맷 변환한다. 그래서 예제에서 사용한 API는 실제 세계 종말 날짜라고 알려진 2012/12/12를 나타내는 1355270400000 밀리초를 반환한다.

다음처럼 날짜를 생성한다.

```
var endOfTheWorld= new Date(1355270400000);
```

현지에서 사용하는 문자열로 프린트하는 몇 가지 방법 중에 이번에는 `toLocalDateString`을 소개한다.

```
endOfTheWorld.toLocaleDateString()
```

위 메소드는 사용하는 운영체제에 따라 날짜 형식을 바꾼다. 예를 들어 미국의 경우에는 월/일/년 형식으로 나타나고 또 어떤 나라에서는 일/월/년 형식으로 나타난다. 대한민국에서는 세계 종말의 날짜가 '2012년 12월 12일'로 나타난다. 또한 적절하게 getX 메소드를 사용해 수동으로 날짜를 출력할 수도 있다.

또한 현지 시간을 출력하는 `toLocaleTimeString` 함수를 사용해 세계 종말 날짜를 표시할 수도 있다. 이 메소드는 운영체제의 로컬 타임을 사용하므로 UTC+9 시간대를 나타내는 09:00:00가 표시된다. 덕분에 9시간 빨리 세계 종말이 올 수도 있다. 믿거나 말거나 말이다.

현지 사용자를 위해 오프셋을 가져오려면 날짜부터 국제 표준시까지 오프셋 offset(격차)을 분단위로 나타내는 Date 객체의 `getTimezoneOffset()` 함수를 사용한다. 하지만 보통 국제 표준시부터 주어진 날짜까지 차이를 알기를 원하지만 시간을 직접 알려주는 함수가 없다는 것이 문제다.

부연 설명

애플리케이션에서 날짜로 작업하는 일이 많다면 Moment.js(http://momentjs.com)와 같은 라이브러리를 사용하는 편이 좋다.

Moment.js는 국제화와 좀 더 진보된 날짜 조작을 지원한다. 예를 들어 현재 날짜에서 10일 이전의 값을 구할 때는 다음과 같은 코드를 사용하면 된다.

```
moment().subtract('days', 10).calendar();
```

또한 시작 일자부터 지금까지의 시간을 구하려면 다음과 같은 코드를 사용한다.

```
moment().startOf('day').fromNow();
```

경과 시간을 동적으로 표시

모든 인기 있는 사이트에서는 공통적으로 웹 페이지 내의 여러 엘리먼트에 타임스탬프를 표시한다. 예를 들어 '이 웹 페이지는 3시간 전에 열렸음'이라던지 '2분전에 답글 달림'등이 있다. 이 기능은 **동적 경과 시간**dynamic time elapsed이라 하며 '흘러 간 시간time ago'이라고도 한다.

준비

동적 경과 시간을 나타낼 수 있게 http://timeago.yarp.com/에 있는 timeago라는 제이쿼리 플러그인을 사용한다.

예제 구현

다음과 같은 단계를 수행해 경과 시간을 표시하는 간단한 페이지를 만든다.

1. timeago가 제이쿼리 플러그인이므로 웹 페이지에 제이쿼리와 해당 timeago 플러그인을 포함시킨다.

```
<script src="http://ajax.googleapis.com/ajax/libs/jquery/1.8.2/
jquery.min.js">
</script>
<script src="jquery.timeago.js" type="text/javascript">
</script>
```

2. 예제에 다음과 같은 HTML 코드를 추가한다.

```
<p> Debian was first announced <abbr class='timeago' title="1993-08-
16T00:00:00Z">16 August 1993</abbr>
```

```
</p>
<p> You opened this page <span class='page-opened' />
</p>
<p> This is done use the time element
   <time datetime="2012-12-12 20:09-0700">8:09pm on December 12th,
2012</time>
</p>
```

3. 위 코드는 timeago 플러그인이 제공하는 기본 기능의 소개다. 이 다음에
는 다음과 같은 자바스크립트 코드를 추가한다.

```
$(document).ready(function() {
   jQuery.timeago.settings.allowFuture = true;
   var now= new Date();
   $(".timeago").timeago();
   $(".page-opened").text( $.timeago(now));
   $("time").timeago();
   //$("some-future-date") $.timeago(new Date(999999999999));
});
```

이것이 전부다. 이제 예제에서는 주어진 날짜에 따라 경과한 시간을 계산해
갱신한다. 또한 page-opened로 선택된 두 번째 부분에서는 사용자가 페이지에
서 머문 시간을 자동으로 표시한다.

예제 분석

독자는 무엇보다도 abbr과 time 태그가 궁금할 것이다. abbr은 축약해 표현하
지만 전체 내역을 나타내게 설정할 수도 있다. 전체 내역을 나타낼 때는 title
속성을 사용한다. 이것이 전부다. 전체 내역이 브라우저에서는 툴팁으로 표현
되지만 이는 표준이 아니다. 그런데도 왜 우리는 abbr 태그를 사용해 시간을
표시한 것일까? HTML5의 새 time 엘리먼트에는 약간 논란되는 부분이 있어
표준에서 제외되었다가 다시 들어 왔다. time 엘리먼트는 어떤 면에서 좀 더
정확하므로, 브라우저에서는 해당 서식을 기계가 읽듯이 읽어 '캘린더에 추
가'하는 기능을 구현할 때 사용한다. 그럼에도 abbr 엘리먼트를 사용한 이유

는 그저 오래된 브라우저를 지원하려고 그러는 것이지만 시간이 지날수록 의미를 잃게 될 것이다. 현재 인터넷익스플로러 9를 포함한 대부분의 데스크탑, 모바일 브라우저에서는 어떤 면에서 더 정확한 time 엘리먼트를 지원한다.

나머지 HTML은 잘 알려진 태그 그리고 나중에 엘리먼트를 선택하려고 추가한 CSS 클래스 같은 마커 같이 모두 표준으로 구성됐다.

자바스크립트로 이 내용을 살펴보자. 먼저 표준 제이쿼리 document-ready 함수를 사용해 보자.

```
$(document).ready(function() {
```

그 후에는 allowFuture를 true로 설정해 timeago 플러그인을 기본 설정이 아닌 미래 시각으로 동작할 수 있게 설정했다.

```
jQuery.timeago.settings.allowFuture = true;
```

timeago가 직접 abbr이나 time 엘리먼트에 적용됐다면 자동으로 계산이 이뤄지므로 아무것도 손대야 할 일이 없다.

```
$(".timeago").timeago();
$("time").timeago();
```

또한 자바스크립트로부터 직접 주어진 날짜의 텍스트를 가져와 보기 적절하게 표시한다.

```
$(".page-opened").text( $.timeago(now));
```

부연 설명

애플리케이션 국제화와 현지화 작업에 있어 몇 가지 더 설명해야 할 것들이 있다. 우선 첫 번째로 timeago가 자동으로 다루는 시간대에 관한 문제가 있다. 확실히 짚고 넘어가야 할 것은 애플리케이션에서 사용하는 타임스탬프는 ISO 8601(http://en.wikipedia.org/wiki/ISO_8601) 시간 형식과 시간대 지명(Time Zone

Designator, http://en.wikipedia.org/wiki/ISO_8601#Time_zone_designators)을 준수한다는 사실이다. 그 밖에도 언어 지원에 관한 문제가 있는데 플러그인으로 많은 언어를 지원하므로 상당한 문제가 해결됐다. 프로그래머가 https://github.com/rmm5t/jquery-timeago/tree/master/locales에 저장된 코드를 사용하면 이렇게 할 수 있다.

또한 비슷한 일을 하는 구현물도 다소 있다. 예를 들어 존 레식John Resig은 http://ejohn.org/blog/javascript-pretty-date/라는 그의 블로그에 'pretty date'를 올려 두었다.

수식 표시

기술 문서를 작성할 때면 문서 안에 수식을 표시해야 할 때가 종종 있다. 예전에는 특수 마크업으로 서버에 이미지를 만들어 두거나 별도의 프로그램을 사용해 이미지를 직접 만들어 표시하는 식으로 수식을 표시했다. 하지만 MathML이 등장한 이후에는 더 이상 이런 별도의 작업을 하지 않아도 되어 시간을 절약할 수 있게 되었고, 레이아웃 이슈문제를 더 이상 고민하지 않아도 됐으며, 대부분의 브라우저에서 수식을 표현할 수 있게 되었다. 이 책을 집필하는 시점에서 대부분의 기능 표준이 완성됐음에도 불구하고 모든 브라우저가 MathML을 지원하지는 않는다.

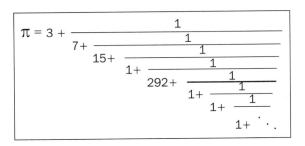

수식 마크업 언어MathML, Mathematical Markup Language는 애플리케이션에서 수식을 표시하는 표준 방법으로, 웹 뿐만 아니라 그 밖의 애플리케이션에서도 사용할 수 있다.

http://www.w3.org/Math/Software/ 페이지에서는 W3C가 관리하는 MathML을 사용할 수 있는 소프트웨어 리스트를 확인할 수 있다. 표준 중 일부는 워킹그룹(http://www.w3.org/Math/)에서 만들었고 최신 표준은 버전 3이다(http://www.w3.org/TR/MathML3/).

HTML5에서는 HTML 안에 MathML 문서를 넣을 수 있게 지원한다.

이번 예제에서는 위 그림에 나오는 파이(π) 표식을 MathML 수식으로 표시한다.

예제 구현

1. 이 예제에서는 MathJax라고 하는 라이브러리를 라이브러리 작성자의 CDN에서 직접 참조하거나 별도로 내려 받아서 프로젝트에 포함시켜 사용한다.

```
<script type="text/javascript" src="http://cdn.mathjax.org/mathjax/
latest/MathJax. js?config=TeX-AMS-MML_HTMLorMML">
</script>
```

2. MathML 예제를 다음처럼 추가한다.

```
<math xmlns="http://www.w3.org/1998/Math/MathML">
    <mrow>
        <mi>π</mi>
        <mo>=</mo>
        <mfrac>
            <mstyle scriptlevel="0">
                <mn>3</mn>
            </mstyle>
            <mstyle scriptlevel="0">
                <mrow>
```

```
            <mn>7</mn>
            <mo>+</mo>
            <mfrac numalign="left">
                <mstyle scriptlevel="0">
                    <msup><mn>1</mn></msup>
                </mstyle>
            </mfrac>
        </mrow>
      </mstyle>
    </mfrac>
  </mrow>
</math>
```

여기에 나오는 엘리먼트의 기초 사항을 나중에 설명하겠지만, 이 코드에 나오는 여러 엘리먼트가 중첩되어 수식 예제를 읽기 힘들다는 사실은 알 수 있을 것이다. 이는 MathML을 수작업으로 형성하는 게 아니고 일부 애플리케이션에서 서식으로 사용되기 때문이다.

3. 그러면 사람들이 쉽게 마크업을 편집하는 아주 간단한 방법은 없을까? 가장 간단한 선택지로는 ASCIIMath라는 것이 있는데, 이를 사용하려면 다음처럼 요청 내역에 들어 있는 config 매개변수를 변경해야 한다.

```
<script type="text/javascript" src="http://cdn.mathjax.org/mathjax/
latest/MathJax.js?config=AM_HTMLorMML-full"> </script>
```

일반적으로는 모든 가능한 입력 포맷과 렌더링 옵션을 사용하지만 이런 경우 자바스크립트 파일 크기에 이슈가 발생한다.

그러면 얼마나 수식이 간단해질까? 이전 수식을 다음처럼 표현할 수 있다.

```
<p>
  `π = 3+1/(7+1/(15+1/(1+1/...)))`
</p>
```

 수식은 억음 부호(Grave accent[1])라고 알려진 ` 문자로 표현됨을 주의하라.

---

1 낮은 발음 강세라는 뜻으로 억음 악센트나 저 악센트라고 부르기도 한다. — 옮긴이

예제 분석

대부분의 브라우저에서는 MathJax 라이브러리 없이 MathML만을 직접 사용할 수 없다. 그러나 MathJax 라이브러리를 함께 사용하면 자동으로 SVG 또는 표준 이미지로 렌더링되어 출력된다. MathML 예제를 살펴보면 XML 같은 모습인 중첩 엘리먼트로 표현되며 mrow나 mfrac 같은 엘리먼트들은 모두 MathML 네임스페이스의(http://www.w3.org/1998/Math/MathML) math란 루트 엘리먼트에 정의되어 있다. 예제의 개념은 매우 간단하지만 외부 소프트웨어 없이는 수식을 만들기 매우 어렵다.

또한 MathML은 모든 브라우저에서 지원하지 않는다는 것이 단점이다.

이에 비해 ASCIIMath는 매우 간단하며 직관적이다. '`' 문자 즉, 억음 부호에 포함되어 있다면 HTML과 CSS 또는 그 밖의 설정된 렌더링 메소드로 렌더링을 한다.

부연 설명

ASCIIMath 메소드는 매우 간단하고 인기 있어 Khan Academy(https://www.khanacademy.org/)나 Math StackExchange(http://math.stackexchange.com/) 같은 주요 웹 사이트에서 사용한다. ASCIIMath의 사용법을 좀 더 알고 싶다면 공식 웹 페이지 http://www1.chapman.edu/~jipsen/mathml/asciimath.html를 참조하자. 또한 MathJax에서는 그 밖에 테크Tex나 라테크Latex 같은 마크업 포맷 언어를 사용해 렌더링할 수 있다.

 테크는 미국 스탠포드 대학교의 도널드 너스Donald Knuth 교수가 그의 유명한 저서를 집필하려고 만든 조판 포맷이다. 라테크는 테크를 조판 포맷으로 사용하는 문서 마크업이다. 이 언어를 더 알고 싶으면 http://en.wikipedia.org/wiki/TeX and http://www.latex-project.org/를 참조하자.

끝이 없는 스크롤 리스트 생성

끝이 없는 스크롤 리스트는 페이스북이나 트위터 같은 소셜 네트워킹 웹 사이트에서 선호한다. 해당 웹 사이트들의 목표는 전체 콘텐츠를 미리 로드한 것처럼 착각을 불러일으키는 데 있다. 또한 이 기술을 사용하면 사용자가 일반 스크롤을 사용했을 때 다음 페이지의 버튼을 찾게 되는 동작을 피할 수 있다.

또한 필요하지 않은 대역폭을 피할 수 있어 전체 데이터를 한꺼번에 로딩하지 않아도 된다.

이 기술의 해결법은 사용자의 스크롤을 감시해 페이지 끝에 다다랐는지를 알아내는 데 있다. 사용자가 충분히 페이지 끝에 다다르게 되면 자동으로 다음 페이지의 콘텐츠를 로드해 현재 페이지의 콘텐츠 끝에 붙인다.

준비

이 예제를 살펴보려면 페이지를 기반으로 한 콘텐츠를 생산하는 서비스가 필요하다. 이 예제는 HTTP 서버에 다음 페이지를 위한 에이잭스_{Ajax}를 요청할 수 있게 기본 설정이 아닌 완전한 기능으로 만들어야 한다.

예제 구현

HTML 페이지, CSS 스타일, 자바스크립트 코드를 작성한다.

1. index.html 파일을 만들어 예제의 HTML, CSS, 자바스크립트 코드를 담는다. HTML 문서에 DOCTYPE을 삽입해야 한다. 그렇지 않으면 브라우저는 '퀴크 모드_{quirks mode}'로 동작해 높이 함수인 `$(window).height()`가 동작하지 않는다.

```
<!DOCTYPE HTML>
```

페이지에 콘텐츠가 위치할 엘리먼트를 추가한다.

```
<div id="content"></div>
```

2. 데모 목적으로 페이지를 표시할 수 있게 다음과 같은 CSS 코드를 추가한다. 이 CSS 코드를 생략해도 된다.

```
div.page {
   height: 1200px;
   width: 800px;
   background-color:#f1f1f1;
   margin:0.3em;
   font-size: 3em;
}
div.error {
   color: #f00;
}
```

3. 마지막으로 자바스크립트 코드를 추가한다. 먼저 제이쿼리를 로드한다.

```
<script src="http://ajax.googleapis.com/ajax/libs/jquery/1.8.2/
jquery.min.js">
</script>
```

그리고 예제 스크립트를 넣는다.

```
<script type="text/javascript">
(function() {
```

페이지를 가져오는 함수에서는 널 에러 인자와 페이지 숫자라는 내용을 담고 있는 간단한 문자열(예를 들어 Page 1)이 있는 콜백 함수를 호출한다. 그뿐만 아니라 에이잭스 요청도 수행한다. 다음 코드를 보고 에이잭스 요청을 위해 어떻게 코드를 수정해야 하는지 살펴보자.

이 함수는 강제로 콘텐츠를 10페이지로 제한한다. 열 번째 페이지 이후에는 콜백 함수가 에러를 호출해 더 이상 다음 페이지가 없다는 것을 알려준다.

```
var page = 1;
function getPage(callback) {
   if (page <= 10)
```

```
          callback(null, 'Page ' + page);
    else
      callback("No more pages");
    page += 1;
};
```

4. 코드에서는 triggerPxFromBottom로 다음 페이지 로딩 시작을 설정한다.
    triggerPxFromBottom 픽셀이 스크롤되기 위해 남아 있을 때 다음 페이
    지 로딩이 시작된다. 이 변수의 값이 0으로 설정되면 사용자가 현재 페이
    지의 끝에 도달해 로딩 작업을 시작해야 하는 것을 의미한다.

```
var currentlyLoading = false;
var triggerPxFromBottom = 0;
```

5. loadNext 함수는 다음 페이지를 #content div에 덧붙인다. 그러나 콜백
    함수가 에러로 호출되면 **No more content**(더 이상 내용이 없음)가 페이지 밑에
    표시된다. 에러 이벤트 후에는 더 이상 페이지가 전혀 로드되지 않는다.
    즉, getPage가 에러를 반환하면 새로운 페이지 로딩을 멈춘다. 이는 의도
    한 동작이다.

```
function loadNext() {
    currentlyLoading = true;
    getPage(function(err, html) {
        if (err) {
            $("<div />")
                .addClass('error')
                .html("No more content")
                .appendTo("#content");
        } else {
            $("<div />")
                .addClass('page')
                .html(html).appendTo("#content");
            currentlyLoading = false;
        }
    });
}
```

6. 이 이벤트 핸들러는 페이지가 스크롤됐을 때 호출된다. 이벤트 핸들러에서는 남아 있는 스크롤 픽셀의 수를 계산한다. 픽셀의 수가 충분히 작아지고 현재 페이지를 로딩하지 않을 경우에는 페이지 로딩 함수를 호출한다.

```
$(window).on('scroll', function() {
    var remainingPx = $(document).height()
        - $(window).scrollTop()
        - $(window).height();
    if (remainingPx <= triggerPxFromBottom
        && !currentlyLoading)
        loadNext();
});
```

7. 마지막으로 첫 번째 페이지 로드를 위해 loadNext()를 호출한다.

```
loadNext();
}());
</script>
```

예제 분석

브라우저에서 뷰포트라고 불리는 표시영역은 $(window) 객체에서 제이쿼리의 $.fn.height() 함수를 호출해 면적을 가져올 수 있다. 또한 $(document).height()로 페이지의 전체 콘텐츠의 높이를 가져올 수 있으며 $(window).scrollTop()으로 스크롤 오프셋을 구할 수 있다.

이 세 함수를 사용해 스크롤할 수 있는 남은 픽셀을 계산할 수 있다. 그래서 사용자가 페이지를 스크롤할 때마다 남은 픽셀을 재계산하고 값을 점검한다. 남은 픽셀이 충분히 작아지면 로딩 함수를 호출한다. 그리고 동시에 현재 페이지 로딩이 완료될 때까지 새로운 페이지 로딩을 중지한다. (즉, 콘텐츠 로딩을 기다리는 동안 사용자의 스크롤 동작으로 복수의 페이지를 로드할 수 있다).

다음은 getPage 함수에 있는 에이잭스 동작이다. 이 함수는 /page/〈number〉 경로에 있는 같은 도메인의 요청 핸들러에 다음 페이지 HTML 콘텐츠를 반환하는 에이잭스 요청을 보낸다.

```
function getPage(cb) {
    $.get('/pages/' + page)
        .success(function(html) { cb(null, html); })
        .error(function() { cb("Error"); }
    page += 1;
}
```

이 코드를 동작하게 하려면 서버에 요청 핸들러를 처리하는 코드가 있어야 한다.

서버 코드에서 더 이상 콘텐츠가 없다는 의미의 404 같은 에러를 반환할 수 있다. 그러면 제이쿼리에서는 성공 콜백을 호출하지 않아 더 이상 새로운 페이지는 로딩되지 않는다.

끝이 없는 스크롤 리스트는 훌륭한 사용자 경험을 제공하지만 중대한 결점이 있다. contents 엘리먼트 밑에는 중요한 페이지 콘텐츠가 없어야 한다. 즉, 밑에 있는 페이지 엘리먼트(보통 풋터 링크나 카피라이트 메시지)에는 다다를 수 없게 해야 한다.

정렬할 수 있는 페이지가 있는 테이블 생성

웹 페이지를 만들 때 마주칠 수 있는 가장 공통적인 문제로는 리스트와 테이블을 표시하는 일이다. 대부분의 기법들이 서버 측에서 데이터를 정렬하며 페이징하고 렌더링하는 식이다. 하지만 여기에서 다루는 솔루션은 완전히 클라이언트에서 동작하고 적은 양의 데이터에 적합하다. 클라이언트에서 동작하는 솔루션은의 장점은 속도에 있다. 데이터를 정렬하고 페이지를 이동하는 동작을 즉시 수행할 수 있다.

이 예제에서는 클라이언트에서 동작하는, 정렬할 수 있는 페이지가 있는 테이블을 만들어 본다.

준비

여기서는 JSON 객체에 담긴 데이터를 제공하는 서비스를 가정한다. JSON 객체에는 배열의 배열 형태인 data 프로퍼티가 있다.

```
{data:[["object1col1", "object1col2"], ["object2col1", "object2col2"],…]}
```

예제에서는 가까이 있는 사람들의 리스트를 표시한다. 테이블에 있는 모든 사람에게는 ID, 이름, 나이, 거리 그리고 교통편이 있다.

거리는 km로 표시하고 사람의 성으로 정렬할 수 있는 리스트를 살펴본다.

테이블을 표시하는 데 있어 문제가 많으므로 예제에서는 사용하지 않는다. 대신 멋진 제이쿼리 데이터 테이블 플러그인(http://datatables.net/)을 사용한다.

예제 코드 다운로드

구매한 팩트 출판사 책의 예제코드는 구입한 계정으로 http://www.packtpub.com에서 다운받을 수 있다. 그 밖의 곳에서 책을 구입한 경우에는 http://www.packtpub.com/support에 가서 등록하면 예제를 다운할 수 있는 이메일을 받을 수 있다.

예제 구현

먼저 HTML 페이지, CSS 스타일, 자바스크립트 코드를 만들어보자.

1. 먼저 빈 테이블이 있는 HTML 페이지를 생성한다. 그리고 테이블에 기본 DataTables 스타일을 입힌 CSS를 추가한다. 스타일시트는 DataTables를 프로젝트에 포함시켜 사용할 수 있다. index.html 파일은 아래와 같다.

```
<!DOCTYPE HTML>
<html>
```

```
<head>
    <title>Sortable paged table</title>
    <style type="text/css">
    @import "http://live.datatables.net/media/css/demo_page.css";
    @import "http://live.datatables.net/media/css/demo_table.css";

    #demo, #container {
        width:700px;
    }
    #demo td {
        padding: 0.2em 2em;
    }
    #demo_info {
        width:690px;
        height:auto;
    }
    </style>
</head>
<body>
    <div id="container">
        <table id="demo">
            <thead>
                <tr>
                    <th>Id</th><th>Name</th><th>Age</th><th>Distance</th><th>Transportation</th>
                </tr>
            </thead>
            <tbody>
            </tbody>
        </table>
    </div>
    <script src="http://ajax.googleapis.com/ajax/libs/jquery/1.8.2/jquery.min.js"></script>
    <script type="text/javascript" src="http://datatables.net/download/build/jquery.dataTables.min.js"></script>
    <script type="text/javascript" src="example.js"></script>
</body>
</html>
```

위 예제에는 공식 웹 사이트에서 제공한 DataTables 최소 버전의 링크가 포함되어 있다.

DataTables 플러그인에는 테이블 밑에 pager와 info 엘리먼트를 붙인다. 이 작업으로 container 엘리먼트 안으로 테이블을 래핑할 수 있다.

2. example.js 파일은 다음과 같다.

```javascript
(function() {
  $.extend($.fn.dataTableExt.oSort, {
    "lastname-sort-pre": function(a) {
      return a.split(' ').reverse().join(' ');
    },
    "lastname-sort-asc": function(a, b) {
      return a < b ? -1 : a > b ? 1 : 0;
    },
    "lastname-sort-desc": function(a, b) {
      return a > b ? -1 : a < b ? 1 : 0;
    },
    "unitnumber-pre": function(a) {
      return new Number(a.split(' ')[0]);
    },
    "unitnumber-asc": function(a, b) {
      return a - b;
    },
    "unitnumber-desc": function(a, b) {
      return b - a;
    }
  })
  var fetchData = function(callback) {
    var data = [
      [1, 'Louis Garland', 12, 32, 'Walking'],
      [2, 'Misty Lamar', 32, 42, 'Bus'],
      [3, 'Steve Ernest', 32, 12, 'Cycling'],
      [4, 'Marcia Reinhart', 42, 180, 'Bus'],
      [5, 'Lydia Rouse', 35, 31, 'Driving'],
      [6, 'Sean Kasten', 80, 42, 'Driving'],
      [7, 'Patrick Sharkey', 65, 43, 'Cycling'],
```

```
        [8, 'Becky Rashid', 63, 51, 'Bus'],
        [9, 'Michael Fort', 34, 23, 'Walking'],
        [10, 'Genevieve Blaine', 55, 11, 'Walking'],
        [11, 'Victoria Fry', 58, 14, 'Walking'],
        [12, 'Donald Mcgary', 34, 15, 'Cycling'],
        [13, 'Daniel Dreher', 16, 23, 'Walking'],
        [14, 'Valerie Santacruz', 43, 35, 'Driving'],
        [15, 'Jodi Bee', 23, 13, 'Walking'],
        [16, 'Jo Montana', 14, 31, 'Cycling'],
        [17, 'Stephanie Keegan', 53, 24, 'Driving'],
        [18, 'Philip Dewey', 12, 29, 'Cycling'],
        [19, 'Jack Clemons', 11, 44, 'Walking'],
        [20, 'Steve Serna', 14, 60, 'Cycling']

    ];
    callback(data);
};


var table = window.table = $("#demo").dataTable({
    'bLengthChange': false,
    'bFilter': false,
    'iDisplayLength': 10,
    'aoColumnDefs': [{                     .
        aTargets: [3], // distance
        mRender: function(data) {
            return data + ' km';
        },
        sType: 'unitnumber'
    }, {
        aTargets: [1],
        sType: 'lastname-sort'
    }]
});

var setData = window.tableSetData = function(data) {
    table.fnClearTable();
    table.fnAddData(data);
```

```
        table.fnDraw();
    };

    fetchData(function(data) {
        window.tableData = data;
        setData(data);
    });

}());
```

예제의 `fetchData`에서는 하드코딩된 데이터 예제를 제공한다. 이 부분은 간단하게 서비스에 요청하는 부분으로 바꿀 수 있다. `setData`는 테이블 데이터를 변경하는 편리한 함수이며 여러 예제에 걸쳐 데이터를 설정하는 같은 스크립트를 사용할 것이다. 마지막으로 코드의 나머지 부분은 DataTables를 설정하는 부분이며 다음 장에서 설명한다.

예제 분석

다음 이미지는 결과로 형성된 테이블을 보여준다.

Id ▲	Name	Age	Distance	Transportation
1	Louis Garland	12	32 km	Walking
2	Misty Lamar	32	42 km	Bus
3	Steve Ernest	32	12 km	Cycling
4	Marcia Reinhart	42	180 km	Bus
5	Lydia Rouse	35	31 km	Driving
6	Sean Kasten	80	42 km	Driving
7	Patrick Sharkey	65	43 km	Cycling
8	Becky Rashid	63	51 km	Bus
9	Michael Fort	34	23 km	Walking
10	Genevieve Blaine	55	11 km	Walking

Showing 1 to 10 of 20 entries

◀ Previous Next ▶

dataTable이라는 초기화 함수를 사용해 테이블을 초기화한다. 이 함수에는 여러 옵션을 전달해 사용할 수 있다. 예를 들어 페이지 당 아이템을 열 개 설정하고자 한다면 iDisplayLength 프로퍼티를 10으로 설정하면 된다.

Distance 열(3번 열)은 그냥 렌더링하는 것과는 다르다. aoColumnDefs 옵션을 설정해 사용자 정의 렌더링 함수를 열에 적용한다. 이 함수는 간단히 km이라는 문자열을 숫자에 덧붙이지만 좀 더 정교한 함수를 설정할 수도 있다(사용자 정의 날짜 형식이나 단위 변환 등).

DataTables에서는 자동으로 페이지 작업을 수행한다. 이 플러그인에서는 앞뒤 페이지에 접근할 수 있는 페이지 콘트롤을 제공한다. 또한 정렬도 자동으로 동작한다. 하지만 예제에서는 "성, 이름"으로 표시되어 있음에도 불구하고 Name 열에 특별한 정렬을 한다. 이 작업을 위해 lastname-sort 열에 사용자 정의 정렬을 설정한다. 또한 Distance 열에는 unitnumber라는 특별한 정렬을 설정한다.

DataTables에서는 플러그인으로 사용자 정의 정렬 타입을 정의할 수 있다. 사용자 정의 정렬에는 다음과 같은 프로퍼티가 있다.

- ▶ 정렬 함수에 전달하기 전에 열 값을 먼저 처리하는 선행 처리 함수
- ▶ 전달된 두 인자의 값을 비교해 반환하는 오름차순 정렬 함수
- ▶ 오름차순 정렬 함수와 비슷하게 동작하는 내림차순 정렬 함수

이러한 프로퍼티는 Name 열을 성으로 정렬할 수 있게 하고 Distance 열을 거리 순으로 정렬할 수 있게 한다.

부연 설명

다음은 fetchData 함수를 대치하는 에이잭스 요청이다. 에이잭스 요청은 같은 도메인의 경로 /people에서 동작하는 요청 핸들러에 요청을 보내 데이터 배열을 반환받는다.

```
function fetchData(cb) {
    $.get('/people/').success(cb);
}
```

이 솔루션이 큰 데이터에서는 잘 동작하지 않는다. 최근 클라이언트에서 대량 데이터를 처리할 때는 대역폭 또한 고려해야 한다. 이 솔루션을 사용하기 전에 요구되는 대역폭이나 목표 클라이언트(데스크탑 또는 모바일)에서 미리 테스트를 해봐야 한다.

복수 선택 필터 생성

테이블을 표시하는 데 있어 가장 공통적인 작업으로는 테이블의 데이터를 어떤 기준을 만족하는 하위 그룹으로 필터링하는 작업이 있다. 복수 선택 테이블 필터는 열의 한정된 값이나 숫자에서 동작한다. 예를 들어 한 열에 사람들의 데이터와 그 사람들이 이용하는 교통수단의 데이터가 있다면 그 열의 필터는 복수 선택 필터multiple-choice filter여야 한다. 사용자는 한 개 혹은 복수의 교통편을 선택할 수 있고 테이블은 선택된 교통편을 이용하는 사람들을 표시한다.

준비

이번 예제에서는 이전 예제의 코드와 데이터를 그대로 사용한다. 테이블에는 사람들의 리스트와 그 사람들이 이용하는 교통편이 정렬할 수 있는 형태로 표시되어 있고, DataTables라는 제이쿼리 플러그인을 사용해 페이지가 있는 테이블을 표시한다. 이 예제는 이전 예제의 파일을 복사해 이번 예제 동작을 구현해 추가한다.

필터에 필요한 데이터는 이미 `tableData` 전역 변수에 있으므로 이 데이터를 필터링할 수 있으며 필터링된 테이블을 `tableSetData` 전역 함수를 사용해 표시한다.

또한 Transportation 필드에서 필터가 동작한다.

이전 예제를 수정해 복수 선택 필터를 테이블에 추가하자.

1. 이전 예제의 index.html 파일에서 `<body>` 태그 이후에 다중 선택 리스트를 추가한다.

```
<select id="list" style="width:100px;" multiple>
</select>
```

2. `</body>` 태그보다 앞 부분에 filter.js를 위한 스크립트 엘리먼트를 추가한다.

```
<script type="text/javascript" src="filter.js"></script>
```

3. 또한 example.js 끝에 있는 `fetchData` 함수를 수정해 데이터를 가져오고 설정하는 감시자에 사용자 정의 이벤트 통지를 하게 한다.

```
$(function() {
    fetchData(function(result) {
        window.myTable.data = result.data;
        setData(result.data);
        $("#demo").trigger("table:data");
    });
});
```

위 코드는 페이지 로딩 이벤트 이후에 동작할 수 있게 래핑됐다. 페이지 로드 이전에는 이벤트가 전혀 발생하지 않는다.

4. filter.js 파일을 생성하고 아래와 같은 코드를 삽입한다.

```
(function() {
    function getUnique(data, column) {
        var unique = [];
        data.forEach(function(row) {
            if (unique.indexOf(row[column]) < 0) unique.
push(row[column]);
        });
```

```
        return unique;
    }

    function choiceFilter(valueList, col) {
        return function filter(el) {
            return valueList.indexOf(el[col]) >= 0;
        }
    }

    $("#demo").on('table:data', function() {
        console.log("table:data");
        getUnique(window.tableData, 4).forEach(function(item) {
            $("<option />").attr('value', item).html(item).
appendTo("#list");
        });
    });

    $("#list").change(function() {
        var filtered = window.tableData.filter(choiceFilter($("#list").
val(), 4));
        window.tableSetData(filtered);
    });
}());
```

예제 분석

복수 선택 필터의 사용자 인터페이스 동작은 복수 선택 엘리먼트를 사용해 쉽게 구현할 수 있다.

또한 사용할 수 있는 데이터가 있는 엘리먼트가 필요하다. 이 동작을 위해 데이터(서버 혹은 그 밖의 방법으로 가져온 데이터)를 가져온 후 새로운 사용자 정의 이벤트인 table:data 이벤트를 발생시킨다. 그러면 이벤트 리스너에서는 Transportation 열의 유일한 값을 제공하며 사용자가 설정한 옵션대로 선택된 리스트가 표시된다.

선택이 변경되면 선택된 값(배열 형태로 된 값)을 가져와 고차 함수인 `choiceFilter`를 사용해 새로운 필터 함수를 생성한다. 고차 함수는 새로운 필터링 함수를 반환한다. 이 필터링 함수는 테이블의 행 인자를 가져와 해당 행의 4번 열 값이 특정 리스트에 포함된 경우에 `true`를 반환한다.

필터링 함수는 Array.filter에 전달돼 필터링 함수가 `true`를 반환하는 행만 배열에 담아 반환한다. 필터링된 데이터는 원본 데이터 대신 테이블에 표시된다.

범위 필터 생성

테이블에서는 숫자 데이터가 있는 열을 필터링할 수도 있다. 예를 들어 주어진 테이블의 각 행에는 사람이 있고 그 중 한 열에는 사람의 나이가 있다. 이런 경우에 필터는 설정된 나이 범위에 있는 사람을 필터링 한다. 이 동작을 구현하려면 범위 필터를 사용한다.

준비

이 예제에서는 '정렬할 수 있는 페이지가 있는 테이블 생성' 예제에 있는 코드와 데이터를 사용한다. 예제에는 이전 예제와 마찬가지로 DataTables라는 제이쿼리 플러그인을 사용해 정렬할 수 있는 페이지가 있는 테이블에 사람과 나이의 리스트를 표시한다. 이번 예제는 이전 예제의 파일을 복사해 이번 예제의 필터링 코드를 추가한다.

이 예제에 필요한 필터는 이미 `tableData` 전역 변수에 있다. 이를 이용해 데이터를 필터링하고 `tableSetData` 전역 함수를 사용해 필터링된 데이터를 표시한다.

필터는 **Age** 필드에서 동작한다.

이전 예제 코드를 수정하고 범위 필터를 테이블에 추가한다.

1. 이전 예제의 index.html 파일의 \<body\> 태그 뒤에 입력 엘리먼트 두 개를 추가한다.

```
Age: <input id="range1" type="text">
to <input id="range2" type="text"> <br>
```

2. \</body\> 태그 전에 filter.js를 넣을 스크립트 엘리먼트를 추가한다.

```
<script type="text/javascript" src="filter.js"></script>
```

3. 마지막으로 filter.js 스크립트를 만든다.

```javascript
(function() {
    function number(n, def) {
        if (n == '') return def;
        n = new Number(n);
        if (isNaN(n)) return def;
        return n;
    }

    function rangeFilter(start, end, col) {
        var start = number(start, -Infinity),
            end = number(end, Infinity);
        return function filter(el) {
            console.log(start, el[col], end);
            return start < el[col] && el[col] < end;
        }
    }
    $("#range1,#range2").on('change keyup', function() {
        var filtered = window.tableData.filter(
            rangeFilter($("#range1").val(), $("#range2").val(), 2));
        window.tableSetData(filtered);
```

```
        });
    }());
```

배열 데이터를 필터링하는 가장 쉬운 방법은 자바스크립트에 내장된 `Array.filter` 함수를 사용하는 것이다. 이 고차 함수는 첫 번째 인자로 함수를 설정해 행 인자를 받고 행 인자가 필터링된 배열에 추가된 경우에는 `true`, 행이 벗어난 경우에는 `false`를 반환한다.

이러한 기능은 이 예제에서만 사용하는 고차 함수를 만들어 시작과 끝 범위를 주고 특정 열을 설정한다. 반환된 결과는 모든 행을 필터링하는 함수다.

또한 빈 값이나 올바르지 못한 값이 입력돼 이를 무시할 경우에는 숫자 함수를 사용한다. 입력 필드가 빈 값이거나 숫자가 아닌 데이터가 입력될 경우 기본 값을 반환한다. (시작 이전의 값으로 -Infinity, 끝 이후의 값으로 +Infinity를 사용한다.) 또한 이 작업으로 단방향 범위의 필터링을 할 수 있다.

`Array.filter` 함수는 필터에 통과한 모든 엘리먼트의 배열을 반환해 테이블에 표시한다.

결합된 복잡한 필터 생성

가끔 테이블을 표시할 때 여러 열에 여러 기준으로 테이블 엘리먼트를 정렬하고 싶을 때가 있다. 예를 들어 이름, 나이, 교통편 같은 정보가 있는 사람들의 테이블이 있을 때 서른 살이 넘고 버스를 이용하는 사람들만 표시하고 싶을 때가 있다. 또한 여기에 사람들을 이름으로도 필터링 하고 싶을 때가 있다. 이런 작업을 구현하려면 나이 범위 필터, 복수 선택 필터, 텍스트 필터 같은 복수 필터를 동시에 데이터에 적용해야 한다. 이런 작업을 가장 쉽게 하려면 필터 조합 함수를 만들면 된다.

이 예제에서는 '정렬할 수 있는 페이지가 있는 테이블 생성' 예제에 있는 코드 와 데이터를 사용하며 앞선 두 예제처럼 이 예제에서 사용하는 필터를 추가한 다. 이번 예제에서는 필터 조합을 추가한다.

예제 구현

앞선 코드를 수정해 테이블에 복수 필터를 추가한다.

1. \<body\> 태그 뒤에 있는 페이지의 입력에 관련된 필터를 추가한다.

```
<select id="list" style="width:100px;" multiple>
</select>
Age: <input id="range1" type="text">
to <input id="range2" type="text">,
Name: <input type="text" id="name"> <br>
```

2. \</body\> 태그 앞에 filter.js 스크립트를 추가한다.

```
<script type="text/javascript" src="filter.js"></script>
```

3. example.js를 수정해 데이터를 추가한다. 추가되는 시점은 페이지가 로드 되고 데이터가 표시된 다음 table:data 이벤트가 발생한 후다.

```
$(function() {
   fetchData(function(data) {
      window.tableData = data;
      setData(data);
      $("#demo").trigger("table:data");
   });
});
```

4. 그리고 앞선 두 예제의 코드를 합쳐 filter.js를 생성한다.

```javascript
(function() {
    function getUnique(data, column) {
        var unique = [];
        data.forEach(function(row) {
            if (unique.indexOf(row[column]) < 0) unique.
push(row[column]);
        });
        return unique;
    }

    function choiceFilter(valueList, col) {
        return function filter(el) {
            return valueList.indexOf(el[col]) >= 0;
        }
    }

    function number(n, def) {
        if (n == '') return def;
        n = new Number(n);
        if (isNaN(n)) return def;
        return n;
    }

    function rangeFilter(start, end, col) {
        var start = number(start, -Infinity),
            end = number(end, Infinity);
        return function filter(el) {
            return start < el[col] && el[col] < end;
        }
    }

    function textFilter(txt, col) {
        return function filter(el) {
            return el[col].indexOf(txt) >= 0;
        }
    }
    $("#demo").on('table:data', function() {
```

```
        getUnique(window.tableData, 4).forEach(function(item) {
            $("<option />").attr('value', item).html(item).
appendTo("#list");
        });
    });
    var filters = [null, null, null];
    $("#list").change(function() {
        filters[0] = choiceFilter($("#list").val(), 4);
        filterAndShow();
    });
    $("#range1,#range2").on('change keyup', function() {
        filters[1] = rangeFilter($("#range1").val(), $("#range2").val(),
2);
        filterAndShow();
    });
    $("#name").on('change keyup', function() {
        filters[2] = textFilter($("#name").val(), 1);
        filterAndShow();
    });

    function filterAndShow() {
        var filtered = window.tableData;
        filters.forEach(function(filter) {
            if (filter) filtered = filtered.filter(filter);
        });
        window.tableSetData(filtered);
    };
}());
```

예제 분석

앞선 예제와 같이 이번 예제에서도 `Array.filter` 함수를 테이블에 사용했다. 이번에는 복수 필터를 적용했으며 배열에 모든 필터 함수를 저장했다.

입력이 바뀔 때마다 적절한 필터 함수를 갱신하고 필터링된 데이터를 표시하는 `filterAndShow()`를 다시 호출한다.

DataTables는 많은 옵션과 풍부한 API를 제공하는 매우 유동성 있는 테이블 라이브러리다. 좀 더 자세한 정보나 예제를 공식 웹 사이트 http://www.datatables.net/에서 찾아볼 수 있다.

HTML로 코드 표시

종종 HTML안에 코드를 표시해야 하거나 HTML 코드를 HTML안에 표시해야 할 경우가 있다. 특히 기술 문서나 블로그에서 그러하다. 이런 동작은 코드 블럭을 이미지로 만들어 페이지에 삽입해 많이 해결한다. 하지만 코드가 이미지 안에 있으면 검색 엔진에서 검색을 못하게 되고 또한 특정 페이지 레이아웃이나 스크린 크기에 제한된다. 이런 동작이 요즘 같은 모바일 환경에는 적합하지 않다.

준비

이 예제에서는 데이터가 적절하게 변환되어 표시되면 된다. 즉, <p>awesom </p>은 &lt;p&gt;awesome &lt;/p&gt;로 변환된다. 이 변환은 서버에서 저장하기 전에 이뤄진다.

예제 구현

1. 이 예제에서는 'Google code prettify'를 사용한다. 현재 이 라이브러리를 CDN에서 전혀 사용할 수 없어서 그렇다. 이 라이브러리를 http://code.google.com/p/google-code-prettify/에서 받을 수 있다.

2. 그 후 변환 코드를 <pre /><code /> 블럭에 추가한다.

```
<body onload="prettyPrint()">
    <div>
        <pre class="prettyprint">
```

```
<code>
    SELECT *
    FROM Book
    WHERE price &lt; 100.00
    ORDER BY name;
</code>
    </pre>
  </div>
</body>
```

3. 위 두 태그 중 하나에 prettyprint CSS 클래스가 포함되어 있다. 추가로 `onload="prettyPrint()"` 속성을 포함시켜야 한다.

4. 또한 자바스크립트의 다른 이벤트 리스너에서 `prettyPrint()` 함수를 호출해도 된다.

```
<script>
    window.addEventListener('load', function (e){
        prettyPrint();
    }, false);
</script>
```

예제 분석

prettyprint 클래스는 자동으로 지정된 모든 블럭을 적절한 CSS 클래스로 선택하고 자동으로 프로그래밍 언어를 감지해 강조한다.

렉서lexer는 대부분의 언어에서 동작한다. 또한 리스프 기반 언어 같은 특정 언어에 따른 사용자 정의 스크립트도 있다.

부연 설명

prettyprint는 자동으로 소스 언어를 감지하므로 더 괜찮은 결과를 얻으려면 추가적으로 더 설정해야 한다. 예를 들어 XML을 표시하려면 다음과 같은 코드가 필요하다.

```
<pre class="prettyprint"><code class="language-xml">...</code></pre>
```

prettyprint에는 거의 모든 언어에 적용할 수 있는 CSS 클래스가 있다.

prettyprint는 가장 오래된 스크립트 중에 하나이다. 하지만 자바스크립트 API보다 더 많은 사용자 정의 옵션을 제공하는 그 밖의 라이브러리도 있다.

예를 들어 SyntaxHighliter(http://alexgorbatchev.com/SyntaxHighlighter/), Rainbow(http://craig.is/making/rainbows), Highlight.js(http://softwaremaniacs.org/soft/highlight/en/)를 많은 사이트에서 사용한다.

마크다운 렌더링

마크다운Markdown은 인기 있는 경량 마크업 언어다. 마크다운은 간결함을 강조하는 측면에서 봤을 때 위키 마크업(위키피디아에서 사용하는)과 비슷하다. 이 언어의 주요 목적은 사용자가 스타일을 적용한 일반 텍스트를 HTML 형태로 출력하게 하는 데 있다. 마크다운은 레딧, 스택 오버플로우, 깃허브 등과 같은 인기 있는 웹 사이트에서 덜 직관적인 BB코드BBcode를 대체한다.

사용자는 마크다운을 이용해 페이지에 완전한 HTML 에디터 없이 형식이 있는 텍스트 입력을 가장 빠르게 할 수 있다. 마크다운 렌더링을 할 때는 여러 라이브러리를 사용할 수 있으나 이 예제에서는 markdown-js 스크립트를 사용해 실시간으로 마크다운을 렌더링한다.

예제 구현

마크다운 렌더링은 매우 쉽다. 다음은 마크다운을 사용한 작은 예제다.

```
<!DOCTYPE HTML>
<html>
<head>
    <title>Render markdown</title>
    <style type="text/css">
```

```
        #markdown, #render { width: 48%; min-height:320px; }
        #markdown { float: left; }
        #render { float: right; }
    </style>
</head>
<body>
    <textarea id="markdown">
        # Markdown example.
        This is an example of markdown text. We can link to [Google](http://
www.google.com)
        or insert google's logo:
        ![Google Logo](https://www.google.com/images/srpr/logo3w.png)

        ## Text formatting
        We can use *emphasis* or **strong** text,
        > insert a quote
        etc.</textarea>
        <div id="render"></div>
        <script src="http://ajax.googleapis.com/ajax/libs/jquery/1.8.2/
jquery.min.js"></script>
        <script src="https://raw.github.com/spion/markdown-js/master/lib/
markdown.js"></script>
        <script type="text/javascript">
        function rendermd(val) { $("#render").html(markdown.
toHTML($("#markdown").val())); }
        $("#markdown").on('keyup', rendermd); $(rendermd);
        </script>
    </body>
    </html>
```

예제 분석

페이지가 로딩되면 textarea 엘리먼트에 있는 마크다운 텍스트는 오른쪽에 있는 #render 엘리먼트에 렌더링된다. 또한 임의의 키를 입력하면 렌더링 엘리먼트의 스크립트가 업데이트된다.

마크다운 포맷에 관한 더 자세한 설명을 공식 웹 페이지(http://daringfireball.net/projects/markdown/)에서 찾아볼 수 있다.

자동 업데이트 필드

최근 많이 사용하는 자동 업데이트 필드는 부여된 선택 사항이나 표시 이미지나 글 덩어리 중 하나를 반환한다. 이 동작의 한 예로는 암호 길이 계산이 있다. 또한 그 밖의 예로 '환율 계산기'를 구글에서 검색하면 미국 달러화와 유로화로 환율을 계산한 결과가 검색 창에 나온다. 이런 방법으로 필드를 링크하면 두 개 혹은 그 이상의 것들을 논리적으로 링크할 수 있거나 임의의 것을 그 밖의 것의 링크 결과로 만들 수 있다.

이 동작을 설명하려고 이 예제에서는 온도 변환기를 만들어 값을 링크시켜 필드 중 하나를 업데이트해 그 밖의 것을 변경하게 한다.

이 예제를 이해하려면 제이쿼리의 기본을 알고 있어야 하며, 섭씨와 화씨를 변환하는 간단한 공식이 필요하다.

섭씨 = (화씨 -32) x (5/9)

또는

화씨 = 섭씨 x(9/5) +32

1. 먼저 HTML 부분을 만들고 자동으로 업데이트되는 입력 필드 두 개를 만든 뒤 적절한 라벨을 부여한다.

```
<div>
    <label for='celsius'>C&deg;</label>
    <input id='celsius' type='text' /> =
    <label for='fahrenheit'>F&deg;</label>
    <input id='fahrenheit' type='text' />
</div>
```

2. 그러고 나서 제이쿼리를 포함시킨다.

```
<script src="http://ajax.googleapis.com/ajax/libs/jquery/1.8.2/
jquery.min.js"> </script>
```

3. 그 다음에 필드를 바인딩하는 스크립트를 추가한다.

```
$(document).ready(function() {
    $('#celsius').keyup(function(event) {
        var celsius = new Number(event.currentTarget.value);
        var fahrenheit = celsius * (9 / 5) + 32;
        $('#fahrenheit').val(fahrenheit);
    });

    $('#fahrenheit').keyup(function(event) {
        var fahrenheit = new Number(event.currentTarget.value);
        var celsius = (fahrenheit - 32) * (5 / 9);
        $('#celsius').val(celsius);
    });
});
```

위 코드는 자동으로 온도를 계산하며 서로 연결되어 있다.

예제 분석

먼저 웹 페이지 표시 부분을 살펴보자. 특별히 눈여겨 봐야 할 부분이 없다. 여기에는 간단한 텍스트 입력 필드와 적절한 라벨이 부여되어 있다. 또한 확장 문자 &deg를 사용해 온도를 의미하는 기호를 표시했다.

제이쿼리의 keyup 이벤트를 살펴보면 해당 엘리먼트에서 키보드의 키 눌림이 해제되었을 때 실행되는 핸들러를 확인할 수 있다. 이 이벤트를 모든 HTML 엘리먼트에 붙일 수 있지만 포커스를 가지고 있는 엘리먼트에서만 실행된다. 그래서 대부분의 입력 엘리먼트에서 사용할 수 있다. 또한 keyup 이벤트에는 이벤트 객체를 받는 함수를 실행할 수 있는 옵션이 있어 다음처럼 사용할 수 있다.

```
$('#celsius').keyup(function(event) {
```

event 객체를 확인해보면 이벤트가 실행된 객체와 그 값에 접근할 수 있다.

```
event.currentTarget.value
```

그리고 나서 온도 계산(celsius *(9/5) + 32)을 하고 화씨를 나타내는 그 밖의 엘리먼트에 계산 결과를 표시한다.

```
$('#fahrenheit').val(fahrenheit);
```

양쪽에 같은 방식대로 바인딩해야 하므로 같은 동작을 하는 코드를 화씨 쪽에도 추가한다.

```
$('#farenheit').keyup(function(event) {
```

물론 섭씨를 반환하는 적절한 계산식((fahrenheit-32)*(5/9))도 추가한다.

부연 설명

이 예제를 살펴보는 동안 텍스트 입력 필드 업데이트 내역을 보려고 제이쿼리의 event를 간단하게 살펴봤다. 또한 텍스트뿐만 아니라 구글 인스턴스 검색처럼 박스 또는 기능을 자동으로 업데이트하는 데도 사용할 수 있다. 이 예제에서 설명하고자 하는 개념은 HTML 엘리먼트 한 개나 두 개를 묶을 수 있다는 것이다. 특히 데이터와 그 데이터에서 파생된 데이터는 같은 소스에서 나왔다고 할 수 있다.

2

그래픽 데이터 표시

2장에서는 자주 사용하는 다음 그래픽 작업을 다뤄본다.

- 꺾은선형 차트 만들기
- 막대형 차트 만들기
- 파이 차트 만들기
- 영역형 차트 만들기
- 혼합형 차트 표시
- 거품형 차트 만들기
- 위치를 표시한 지도 보이기
- 경로가 있는 지도 표시
- 게이지 표시
- 트리 표시
- 웹 글꼴로 나타내는 LED 점수판

소개

2장에서는 최신 HTML5 표준을 바탕으로 한 여러 자바스크립트 라이브러리를 사용해 그래픽을 표시하는 방법을 알아본다. 주로 캔버스와 SVG 데이터로 이뤄진 문서로 2D 그래픽 비주얼 부분을 다루면서 해법이 담긴 여러 예제를 살펴본다.

꺾은선형 차트 만들기

꺾은선형 차트line char[1]는 가장 기본이 되는 차트이며 연속된 데이터를 선으로 연결한다. 꺾은선형 차트는 시간으로 구분되는 연속된 데이터를 시각화하는 데 많이 사용된다.

꺾은선형 차트의 기능을 구현하는 데 쓰는 여러 유료, 무료 라이브러리들이 있지만 이 예제에서는 플롯Flot이라는 차트 라이브러리를 사용한다. 이 라이브러리는 무료이며 간단하고 사용하기 쉬우며 지난 4년간 매우 활발하게 개발되어 왔다. 또한 미적으로 훌륭한 차트를 만들 수 있게 도와준다.

이 예제에서는 24시간 동안 외부 온도 변화를 시간에 따라 표시하는 차트를 만들어 본다.

준비

플롯 라이브러리의 공식 웹 페이지인 http://www.flotcharts.org/에서 라이브러리를 내려받고 flot이라는 별도 폴더를 만들어 압축을 푼다.

예제 구현

HTML과 자바스크립트를 만든다.

---

1 즉, 꺾은선 그래프 — 옮긴이

1. 예제 차트를 담을 기본 HTML 페이지를 만든다. 또한 제이쿼리(플롯 라이브러리에서 필요하다)와 플롯을 포함한다. 플롯은 div 엘리먼트에 차트 캔버스를 그리므로 div 엘리먼트가 필요하다. 그리고 차트가 담길 div 엘리먼트의 높이와 너비를 설정해야 한다. 그렇지 않으면 차트가 제대로 그려지지 않는다.

```html
<!DOCTYPE HTML>
<html>
<head>
    <title>Chart example</title>
</head>
<body>
    <div id="chart" style="height:200px; width:800px;"></div>
    <script src="http://ajax.googleapis.com/ajax/libs/jquery/1.8.2/
jquery.min.js"></script>
    <script src="flot/jquery.flot.js"></script>
    <script type="text/javascript" src="example.js"></script>
</body>
</html>
```

2. 예제 example.js에 차트를 그리는 코드를 추가한다. getData 함수는 진짜 같이 보이는 랜덤 데이터를 만든다. 이 함수는 추후에 서버에서 받는 데이터 로직으로 쉽게 바꿀 수 있다. 차트에 사용되는 데이터는 엘리먼트가 두 개인 배열이다. 배열에 들어가는 엘리먼트 중 첫 번째 값(x축)은 자바스크립트에서 공통적으로 사용하는 밀리초 단위로 된 유닉스 타임스탬프다. 두 번째 값(y축)은 온도를 나타낸다.

3. 차트를 그리기는 매우 쉽다. $.plot 함수는 차트가 들어갈 엘리먼트에 지정한 데이터와 설정된 옵션으로 차트를 그린다.

```javascript
$(function() {
  function getData(cb) {
    var now = Date.now();
    var hour = 60 * 60 * 1000;
    var temperatures = [];
```

```
    // 신빙성 있어 보이는 랜덤 데이터 생성
    for (var k = 24; k > 0; --k)
        temperatures.push([now - k * hour,
            Math.random() * 2 + 10 * Math.pow((k - 12) / 12, 2)]);
    cb(temperatures);
}
getData(function(data) {
    $.plot("#chart", [{ data: data }], { xaxis: { mode: 'time' }});
});
});
```

이것이 전부다. 다음은 그려진 차트다.

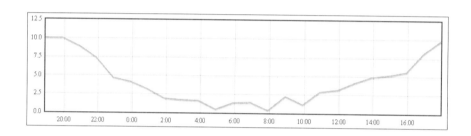

예제 분석

$.plot 함수에는 인자 세 개가 있다.

▶ 차트가 들어갈 자리를 나타내는 선택자selector. 이 부분에 플롯 라이브러리가 차트를 그린다.

▶ 차트를 그릴 연속된 데이터의 배열. 플롯은 동시에 같은 차트에 여러 연속된 데이터를 그릴 수 있다. 모든 연속된 데이터는 적어도 data 프로퍼티가 있는 객체다. 이 프로퍼티는 x와 y값을 가진 연속된 데이터를 의미하는 엘리먼트가 두 개인 배열이다. 추가로 이 프로퍼티로 차트에 그릴 특수한 데이터를 제어할 수 있다. 다음 예제에서 이 부분을 좀 더 자세히 다룬다. 기본적으로 플롯은 미리 설정된 색으로 차트에 라인을 그린다.

▶ 차트 라벨, 축, 차트용어, 그리드의 확장 차트 옵션을 담은 options 객체.

이 예제에서는 x 축에 'time' 모드를 설정해 플롯이 적절하게 시, 일, 월, 년을 축에 표시할 수 있게 했다. (데이터의 타임스탬프에 따라 표시된다).

다음은 에이잭스를 사용해 만든 getData의 대체 함수다. 이 함수는 같은 도메인의 /chart 경로에 있는 요청 핸들러에 에이잭스 요청을 해 차트 데이터를 가져온다.

```
function getData(cb) {
    $.get('/chart').success(cb);
}
```

막대형 차트 만들기

보통 평균값이나 순간 값을 표시하는 꺾은선형 차트와는 다르게 막대형 차트 bar chart[2]는 그룹별 데이터를 시각화하는 데 사용한다. 막대형 차트의 예로는 일별, 월별, 주별 판매 실적(일, 월, 주에 따른 그룹), 사용자 페이지 방문수, 각 차마다 연료 소비량 등이 있다.

플롯 차트 라이브러리는 막대형 차트도 지원한다. 이번 예제에서는 지난 7일간의 일별 판매 실적을 시각화한다. 또한 각기 쌓여진 품목별 판매실적도 표시한다.

플롯 라이브러리는 공식 웹 사이트인 http://www.flotcharts.org/에서 내려 받고 별도 폴더인 flot에 압축을 푼다.

---

2 즉, 막대 그래프 — 옮긴이

이전 예제인 꺾은선형 차트 코드를 수정해 막대형 차트를 그린다.

1. 먼저 꺾은선형 차트 예제에서 HTML 페이지를 가져와 수정을 한다. 스택 바를 그리기 위해서는 스택 플러그인이 필요한데 이는 jquery.flot.stack.js 파일에 있다. 차트가 위치할 엘리먼트의 높이는 각 스택바를 잘 그리기 위해 이전 예제에 비해 높아졌다.

```
<!DOCTYPE HTML>
<html>
<head>
    <title>Chart example</title>
</head>
<body>
    <div id="chart" style="height:300px; width:800px;"></div>
    <script src="http://ajax.googleapis.com/ajax/libs/jquery/1.8.2/
jquery.min.js"></script>
    <script src="flot/jquery.flot.js"></script>
    <script src="flot/jquery.flot.stack.js"></script>
    <script type="text/javascript" src="example.js"></script>
</body>
</html>
```

2. 그리고 example.js 스크립트를 만든다.

```
$(function() {
   var day = 24 * 60 * 60 * 1000;
   function getData(cb) {
      var now  = new Date();
      now = new Date(now.getYear(), now.getMonth(), now.getDate()).
getTime();
      var products = [];
      for (var product = 1; product < 4; ++product) {
         var sales = { label: "Product " + product, data: [] };
         for (var k = 7; k > 0; --k)
```

```
                    sales.data.push([now - k*day, Math.round(Math.
random()*10)]);
                products.push(sales);
            }
            cb(products);
        }


        getData(function(data) {
            $.plot("#chart", data, {
                series: {
                    stack: true, lines: { show: false },
                    bars: { show: true, barWidth: 0.8 * day, align:'center'
}
                },
                xaxis: {mode: 'time'}, yaxis: {label: 'sales'}
            });
        });
    });
```

코드를 다음 절에서 설명한다. 다음은 그려진 차트의 모습이다.

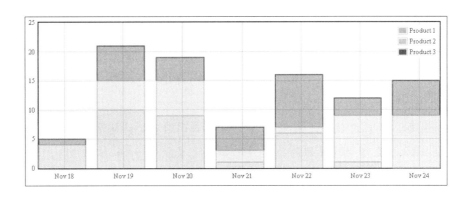

예제 구현

이전 예제와 같이 $.plot 함수의 인자는 세 개다. 첫 번째 인자는 차트가 위치할
엘리먼트, 두 번째 인자는 데이터, 세 번째 인자는 차트 옵션이 담긴 객체다.

다음은 차트에 사용한 입력 데이터의 스키마다.

```
[
    {label: "Product 1", data:[
        [timestamp, value],
        [timestamp, value], …]},
    {label: "Product 2", data: […]},
    {label: "Product 3", data: […]}
]
```

위 입력 데이터는 연속 데이터로 구성한 배열이다. 각 배열은 상품 판매량을 나타낸다. 연속 데이터 객체에는 상품을 나타내는 label 프로퍼티가 있고 데이터를 나타내는 data 프로퍼티가 있다. 각 데이터는 요소가 둘인 배열로 되어 있다. 배열의 첫 번째 요소는 정확히 일자의 시작을 나타내는 유닉스 타임스탬프로 만들어진 날짜다. 두 번째 요소는 일일 판매량이다.

날짜를 좀 더 쉽게 조절하려면 날짜의 밀리초의 수를 나타내는 변수를 정의하면 된다. 추후에 이 변수는 차트 바의 너비 정의에 이용한다.

플롯은 데이터를 표시할 때 미리 정해진 목록에서 색을 자동으로 선택한다. (물론 이어지는 예제에서 알 수 있듯이 필요에 따라 색을 별도로 지정할 수 있다).

또한 코드에는 몇 가지 설정한 옵션이 있다. 코드에서는 stack 프로퍼티를 true로 설정해 데이터를 쌓을 수 있게 했다. 또한 라인도 숨김 설정했다. 라인 설정은 기본적으로 표시로 설정되어 있다.

바를 x축의 일별로 나타난 칸의 중간에 오게 하려면 bar 객체의 align 프로퍼티를 center로 설정하면 된다.

각 입력 데이터에는 라벨이 있다. 이 라벨을 사용해 플롯은 오른쪽 위에 범례 legend를 자동으로 만들어 위치시킨다.

각 축의 경계는 자동으로 플롯이 지정한다. 하지만 option 객체를 사용해 축의 경계도 설정할 수 있다.

파이 차트 만들기

전체의 비율이나 퍼센트를 시각화해야 할 때 파이 차트_{pie chart}[3]를 사용한다. 파이 차트는 충분히 간단하게 그릴 수 있지만 좀 더 부드럽고 예쁘게 그리려면 플롯 차트 라이브러리와 해당 라이브러리에 들어 있는 파이_{pie} 플러그인을 함께 사용해야 한다.

플롯의 파이 플러그인은 범례를 표시/비표시하면서 파이를 그리며 라벨의 위치를 제어할 수 있는 확장 옵션을 지녔다. 또한 파이 또는 도넛[4]의 기울기를 제어할 수도 있다. 또한 상호작용이 가능한 파이도 지원한다.

이 예제에서는 방문자 브라우저의 파이 차트를 만들어 본다.

준비

플롯 라이브러리의 공식 웹 사이트인 http://www.flotcharts.org/에서 내려 받고 별도 폴더인 flot에 압축을 푼다.

예제 구현

HTML과 자바스크립트 코드를 작성한다.

1. 다음과 같은 HTML을 index.html에 만든다.

```
<!DOCTYPE HTML>
<html>
<head>
    <title>Chart example</title>
    <style type="text/css">
    #chart .pieLabel div {
        font-size:14px !important; color:white !important;
    }
```

---

3 즉, 원형 그래프 — 옮긴이
4 가운데가 빈 원형 그래프 — 옮긴이

```
        </style>
    </head>
<body>
    <div id="chart" style="height:350px; width:600px;"></div>
    <script src="http://ajax.googleapis.com/ajax/libs/jquery/1.8.2/
jquery.min.js"></script>
    <script src="flot/jquery.flot.js"></script>
    <script src="flot/jquery.flot.pie.js"></script>
    <script type="text/javascript" src="example.js"></script>
</body>
</html>
```

위 HTML 페이지에는 차트가 위치할 엘리먼트가 있다.

제이쿼리 라이브러리에 의존하는 플롯이 포함되어 있다. 파이 차트를 그리기 위해 플롯의 파이 플러그인도 포함했다.

2. example.js 스크립트를 만든다.

```
$(function() {
    var day = 24 * 60 * 60 * 1000;
    function getData(cb) {
        var browsers = [
        {label: 'IE', data: 35.5, color:"#369"},
        {label: 'Firefox', data: 24.5, color: "#639"},
        {label: 'Chrome', data: 32.1, color: "#963"},
        {label: 'Other', data: 7.9, color: "#396"}
        ];
        cb(browsers);
    }

    getData(function(data) {
        $.plot("#chart", data, {
            series: {
                pie: {
                    show: true,
                    radius: 0.9,
                    label: {
                        show: true,
```

```
                radius: 0.6,
            },
            tilt: 0.5
        }
    },
    legend: { show: false }
  });
});
});
```

위 코드를 실행하면 다음과 같은 파이 차트가 표시된다.

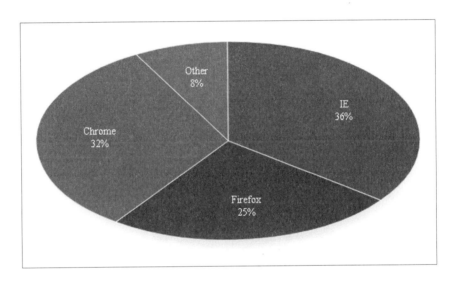

예제 분석

먹는 파이처럼 분할할 수 있는 데이터를 객체 배열 형태로 플롯에 제공해야
한다. 제공되는 모든 객체에는 다음과 같은 프로퍼티가 두 개가 있다.

▶ label: 각 파이 조각의 라벨

▶ data: 각 파이 조각에 넣을 수를 말하는데 어떤 수치라도 가능하다. (단, 이
  데이터는 퍼센트가로 나타낸 비율이 아닌 실제 수치여야 한다.)

$.plot 함수의 첫 번째 인자는 파이 차트가 그려질 엘리먼트, 두 번째 인자는 파이 차트에 입력될 데이터 배열 그리고 세 번째 인자는 파이 옵션 객체다.

파이를 표시하는 데 필요한 최소한의 options 객체는 다음과 같다.

```
{pie: {show: true}}
```

기본 파이를 사용자 기호에 따라 설정할 수 있게 다음처럼 pie 프로퍼티에 추가 설정을 한다.

- ▶ radius: 캔버스의 퍼센트에 따른 파이의 크기를 설정한다.
- ▶ label: show(불boolean 값) 프로퍼티는 true로 설정해 파이 라벨을 표시하고 radius 프로퍼티는 파이 중간에서부터 라벨까지의 거리를 제어한다.
- ▶ tilt: 파이의 3D 경사도를 제어한다. 가 옵션이 설정되지 않으면 경사도가 없는 원 형태의 파이를 렌더링한다.

부연 설명

다음과 같은 추가 옵션이 있다.

- ▶ innerRadius: 이 옵션을 0.5로 설정해 도넛 차트를 만든다.
- ▶ combine: 이 프로퍼티는 작은 데이터 조각들을 하나의 조각으로 병합한다. 이 객체에는 다음과 같은 프로퍼티가 있다.
  - ■ threshod: 파이 전체의 퍼센트를 나타낸다. 예를 들어 0.1 값을 사용한다.
  - ■ color: 파이의 조각 중 그 밖의 것을 렌더링할 때 사용하는 색을 지정한다. 예를 들어 #888 값을 사용한다.

좀 더 자세한 설명을 http://people.iola.dk/olau/flot/examples/pie.html에 있는 파이 예제에서 살펴보길 바란다.

영역형 차트 만들기

영역형 차트area chart[5]는 꺾은선형 차트의 한 부분으로 사용하며 모아진 여러 결과를 차트로 나타낼 때 사용한다. 또한 어떤 상황에서 차트의 시각적인 요소를 강조하기도 한다.

이 예제에서는 시각적인 요소를 강조해 산악 고도 데이터를 표시하는 영역형 차트를 다뤄본다.

고도가 8km인 언덕에서 걸어 내려 온 다음에 평지를 12km 걷는 일을 시각화한다고 하자. 또한 차트에서 산에 해당하는 부분을 표시하려고 한다. 마지막으로 낮은 고도는 초록색, 중간 고도는 노란색, 높이를 나타내는 선 밑을 하얀 색으로 채워 산악구조 지도처럼 높은 고도를 표시하려고 한다.

준비

이 예제에서도 플롯 차트 라이브러리를 사용하므로 라이브러리 공식 웹 사이트인 http://www.flotcharts.org/에서 라이브러리를 내려 받고 flot이라고 명명한 폴더에서 압축을 푼다.

예제 구현

1. 예제의 HTML 파일에는 차트가 그려질 엘리먼트가 있고 필요한 스크립트를 포함한다. 다음은 HTML 파일의 내용이다.

```
<!DOCTYPE HTML>
<html>
<head>
    <title>Chart example</title>
    <style type="text/css">
    #chart { font-family: Verdana; }
```

---

5 즉, 면적 그래프 — 옮긴이

```
        </style>
    </head>
    <body>
        <div id="chart" style="height:200px; width:800px;"></div>
        <script src="http://ajax.googleapis.com/ajax/libs/jquery/1.8.2/
jquery.min.js"></script>
        <script src="flot/jquery.flot.js"></script>
        <script type="text/javascript" src="example.js"></script>
    </body>
    </html>
```

2. 다음과 같은 코드가 담긴 example.js에서 차트를 그린다.

```
$(function() {
    function getData(cb) {
        var now  = Date.now();
        var hour = 60 * 60 * 1000;
        var altitudes = [];
        // 신빙성 있어 보이는 랜덤 데이터
        for (var k = 0; k < 20; k += 0.5)
            altitudes.push([k, Math.random()*50 + 1000*Math.
pow((k-15)/15,2)]);
        cb(altitudes);
    }

    getData(function(data) {
        $.plot("#chart", [{data: data}], {
            xaxis: {
                tickFormatter: function(km) { return km + ' km'; }
            },
            lines: {
                fill: true,
                fillColor: {colors: ["#393", "#990", "#cc7", "#eee"] }
            },
            grid: {
                markings: [{ xaxis: { from: 0, to: 8 }, color: "#eef" }]
            }
        });
```

```
        });
    });
```

다음 그림은 차트를 실행한 결과다.

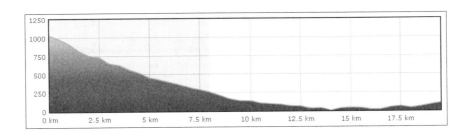

고도를 나타내는 선 밑의 영역을 등고선 지도의 색을 연상시키는 색으로 채웠다. 산 부분을 파란 영역으로 표시했는데 이는 markings 객체로 생성한 것이다.

예제 분석

example.js에 있는 예제의 getData 함수는 랜덤 데이터를 발생시키고 전달된 콜백 함수를 데이터와 함께 호출한다. 이 함수는 추후에 제이쿼리를 사용해 서버에서 데이터를 가져오는 로직으로 쉽게 변경할 수 있다.

$.plot은 영역형 차트를 그린다. 첫 번째 인자는 차트가 그려질 타겟 엘리먼트다. 두 번째 인자는 그릴 연속된 데이터의 배열이다. 이 예제에서는 단일 데이터다.

세 번째 인자는 좀 더 복잡하다. 이 인자는 다음처럼 구성된다.

▶ xaxis 프로퍼티는 차트의 x축을 설정한다. 이 프로퍼티 설정에서 기본 라벨을 새롭게 재정의하는 형식 지정자를 사용한다. 이 형식 지정자에서는 원본 값에 'km'를 추가한다.

▶ lines 프로퍼티는 꺾은선형 차트에 사용하는 옵션을 설정한다. 예제에서는 산 같이 보이는 그레디언트 효과로 채우는 요구조건이 있으므로 {color: [array of colors]} 같이 CSS 컬러 문자열의 배열이 담긴 그레디언트 객체를 설정했다.

▶ grid 프로퍼티는 차트에서 산 영역을 표시한다. 여기서는 x 축 기준 0~8km까지의 영역을 밝은 파란색으로 표시했다.

플롯에 더 많은 영역형 차트들이 있는데. 배포판에 들어 있는 API 문서에서 찾아볼 수 있다.

이 예제를 실전처럼 사용하려면 서버로부터 데이터 배열을 받아야만 한다. 다음 코드는 getData에서 사용할 간단한 에이잭스 로직이다. 이 로직은 데이터를 가져오려고 같은 도메인 경로인 /areachart에 있는 핸들러에 에이잭스 요청을 보낸다. 이 로직은 매우 간단하다.

```
function getData(cb) {
    $.get('/areachart').success(cb);
}
```

혼합형 차트 표시

혼합형 차트combiled charts는 한 개 이상의 x 축 또는 y 축을 가지고 있는 차트며 여러 종류의 차트 데이터(선, 막대, 영역)를 지닌다. 가끔 여러 상이한 타입의 데이터를 차트 한 개에 표시해 데이터들의 상관관계를 시각화할 경우가 있다.

이 예제에서는 차트 한 개에 고도와 온도를 나타내 등산 과정을 시각화하려고 한다. 고도 데이터는 등고선 지도처럼 고도에 따라 색이 변하는 영역형 차트로 표시하고 온도는 꺾은선형 차트로 표시하되 19도 이상인 경우에는 빨간색으로 19도 이하일 때는 파란색으로 표시한다.

이런 요구조건을 위해 y 축 두 개를 제어할 수 있는 차트 라이브러리가 필요하다. 이번 예제에서도 마찬가지로 x 축 또는 y 축을 지원하는 플롯 차트 라이브러리를 두 개 이상 사용한다.

이전 예제와 같이 플롯의 공식 웹 페이지인 http://www.flotcharts.org/에서 라이브러리를 내려 받고 flot으로 명명한 별도의 폴더에서 압축을 푼다.

예제 구현

아래와 같이 HTML과 자바스크립트를 작성한다.

1. 예제 HTML 파일에는 차트가 그려질 엘리먼트와 제이쿼리, 플롯 그리고 예제가 동작할 스크립트가 필요하다. 특히 이번 예제에서는 threshold 플러그인을 사용해 두 온도 색을 설정한다. 다음은 예제의 HTML 코드다.

```
<!DOCTYPE HTML>
<html>
<head>
    <title>Chart example</title>
    <style type="text/css">
    #chart { font-family: Verdana; }
    </style>
</head>
<body>
    <div id="chart" style="height:200px; width:800px;"></div>
    <script src="http://ajax.googleapis.com/ajax/libs/jquery/1.8.2/
jquery.min.js"></script>
    <script src="flot/jquery.flot.js"></script>
    <script src="flot/jquery.flot.threshold.js"></script>
    <script type="text/javascript" src="example.js"></script>
</body>
</html>
```

2. 예제 차트는 다음 코드와 같이 example.js에서 그려진다.

```
$(function() {
    function getData(cb) {
        var altitudes = [], temperatures = [];
```

```
    // 신빙성 있어 보이는 랜덤 데이터 생성
    for (var k = 0; k < 20; k += 0.5) {
        altitudes.push([k, Math.random()*50 + 1000*Math.
pow((k-15)/15,2)]);
        temperatures.push([k, Math.random()*0.5 + k/4 + 15]);
    }
    cb({alt:altitudes, temp:temperatures});
    }

    getData(function(data) {
        $.plot("#chart", [
        {
            data: data.alt, yaxis:1,
            lines: {fill:true, fillColor: {
                colors: ["#393", "#990", "#cc7", "#eee"] } }
        },
        {
            data: data.temp, yaxis:2, color: "rgb(200, 20, 30)",
            threshold: { below: 19, color: "rgb(20, 100, 200)" }
        }
        ], {
            xaxis: {
                tickFormatter: function(km) { return km + ' km'; }
            },
            yaxes: [ { }, { position: "right"}],
            grid: {
                markings: [{ xaxis: { from: 0, to: 8 }, color: "#eef" }]
            }
        });
    });
});
```

다음은 차트가 그려진 결과다.

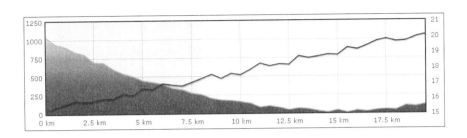

예제 분석

getData 함수에서는 차트에서 사용하는 데이터 두 개를 생성한다. 그 중 한 개는 온도 데이터이며 나머지 한 개는 고도 데이터다.

차트를 그릴 때 getData 함수를 먼저 호출한다. 그리고 제공된 콜백 함수 안에서 데이터를 가져오고 $.plot 함수에 전달한다. $.plot 함수에는 차트가 그려질 엘리먼트, 데이터 배열, 차트 옵션이 전달된다.

첫 번째 데이터 배열에는 고도 데이터가 있다. 예제에는 y 축 두 개가 필요하므로 이 차트 데이터에서 사용할 첫 번째 y 축을 선언해야 한다. 나머지 매개변수는 그레디언트로 색칠할 것을 선언했다. 이 부분의 자세한 설명은 영역형차트 부분을 참고하길 바란다.

두 번째 데이터 배열에는 두 번째 y 축을 사용한다. 여기서 threshold 프로퍼티를 잠시 살펴보자. 이 프로퍼티에서는 19도 밑에서의 값을 설정하고 라인색상을 설정한다(빨간색이 아닌 파란색).

또한 options 객체에 있는 yaxes 프로퍼티(복수형임에 주의하자)를 사용해 두 번째 y 축을 설정한다. 이 프로퍼티는 y 축 옵션을 담은 프로퍼티 배열이다. 첫 번째 축에는 기본 값이 적용되어 빈 객체가 된다. 두 번째 축은 오른쪽에 위치한다.

x 축의 단위는 킬로미터이며 그 결과 tickformatter 함수에서 'km'라는 문자열을 추가했다.

마지막으로 0km에서 8km부분까지의 산악 부분을 그리드 마킹 옵션을 사용해파란색으로 표시했다.

다음은 getData 함수의 에이잭스 대체 코드다. 이 코드에서는 같은 도메인에 있고 경로 /charts에 위치한 요청 핸들러에 차트 데이터를 받기 위해 에이잭스 요청을 보내는 코드다. 핸들러는 다음과 같은 형식의 객체를 반환한다.

```
{alt: data1, temp: data2}
```

data1과 data2는 데이터를 담은 2차원 배열이다.

```
function getData(cb) {
    $.get('/charts').success(cb);
}
```

거품형 차트 만들기

거품형 차트bubble chart는 데이터를 물방울 형태로 표시한다. 거품형 차트에서 사용할 수 있는 데이터 집합의 크기는 10부터 100까지다. 특히 이 차트는 데이터를 크기 순으로 시각화하는 데 유용하며 어떤 부분에 있어서는 파이 차트를 대체하기도 한다.

거품형 차트는 좀 더 복잡하고 잘 사용되지 않아, 차트를 그리는 데 유동성 있는 라이브러리가 필요하다. D3 라이브러리(http://d3js.org/)는 거품형 차트를 그리는 데 있어 잘 맞고 훌륭한 라이브러리다. 이 라이브러리는 거품형 차트를 그리기 위한 도구(데이터 주도적인 DOM API와 잘 만들어진 데이터 레이아웃)를 제공한다.

이번 예제에서는 외부 웹 사이트에서 우리 웹 사이트로 들어오는 방문자 수를 표시하는 거품형 차트를 그려본다.

HTML과 자바스크립트 코드를 만든다.

1. 차트가 위치할 HTML을 생성한다. 여기에 D3 라이브러리를 포함시키고 거품형 차트를 그리는 코드가 있는 example.js 파일을 포함시킨다.

```
<!DOCTYPE HTML>
<html>
<head>
    <title>Chart example</title>
    <style type="text/css">
    #chart text { font-family: Verdana; font-size:10px; }
    </style>
</head>
<body>
    <div id="chart"></div>
    <script src="http://ajax.googleapis.com/ajax/libs/jquery/1.8.2/
jquery.min.js"></script>
    <script src="http://mbostock.github.com/d3/d3.v2.js?2.9.5"></
script>
    <script type="text/javascript" src="example.js"></script>
</body>
</html>
```

2. 그리고 다음 example.js 코드를 추가한다.

```
(function() {
    var getData = function(cb) {
        cb([
            {domain: 'google.com', value: 6413},
            {domain: 'yahoo.com', value: 831},
            {domain: 'bing.com', value: 1855},
            {domain: 'news.ycombinator.com', value: 5341},
            {domain: 'reddit.com', value: 511},
            {domain: 'blog.someone.com', value: 131},
            {domain: 'blog.another.com', value: 23},
            {domain: 'slashdot.org', value: 288},
            {domain: 'twitter.com', value: 327},
            {domain: 'review-website.com', value: 231}
            ]);
```

```
}

// r은 거품형 차트의 면적이다.
var r = 640,
    fill = d3.scale.category20c();

// 차트가 위치할 엘리먼트 생성
var vis = d3.select("#chart").append("svg")
    .attr("width", r)
    .attr("height", r)
    .attr("class", "bubble");

// 버블이 위치할 레이아웃 생성
var bubble = window.bubble = d3.layout.pack()
    .sort(null)
    .size([r, r])
    .padding(1.5);

    getData(function(json) {
        // 레이아웃으로 데이터 처리
        var data = bubble.nodes({children:json});
        // 모든 마지막 데이터 엘리먼트를 위한 노드 생성
        var selection = vis.selectAll("g.node")
            .data(data.filter(function(d) { return !d.children; }));
        var node = selection.enter().append("g");

        node.attr("class", "node");

        node.append("title")
            .text(function(d) { return d.domain });

        node.attr("transform", function(d) { return "translate(" +
d.x + "," + d.y + ")"; });
        node.append("circle")
            .attr("r", function(d) { return d.r; })
            .style("fill", function(d) { return fill(d.domain); });
```

```
            node.append("text")
               .attr("text-anchor", "middle")
               .attr("dy", ".3em")
               .text(function(d) { return d.domain.substring(0, d.r / 3);
            });
         });
      }());
```

다음 절에서는 D3의 작동 방법과 거품형 차트를 생성하는 방법을 설명한다.

예제 분석

그 밖의 차트 라이브러리와는 달리 D3에는 그릴 수 있는 사전 정의 차트 타입이 없다. 대신 모듈로 된 도구가 제공되어 자유롭게 혼합하고 맞춰 어떤 종류라도 데이터 주도적인 문서를 생성할 수 있다.

하지만 D3에는 매우 시각적인 특성을 지닌 도구가 내장되어 있다.

예를 들어 d3.scale.category20c는 순서를 생성한다. 생성된 순서는 입력 값과 완전히 분리된 출력 값을 매핑시킨다. 이 예제에서는 입력된 데이터와 20개의 미리 정의된 출력 색이 매핑된다. 순서를 정하는 것은 함수며, 입력 값과 출력 값을 매핑한다. 물론 명시적으로 입력 값과 출력 값을 매핑할 수 있으나 그렇지 않은 경우에는 순서를 추론해서 사용된다. 예제의 경우를 비추어보면 첫 번째 도메인 이름이 첫 번째 색상과 매핑되며 두 번째 도메인이 두 번째 색상 등으로 매핑된다.

또한 이 예제에서는 제이쿼리 같은 DOM 선택 도구를 포함한 그 밖의 도구를 사용해 SVG 엘리먼트를 차트가 위치할 엘리먼트에 추가한다.

그 밖에 살펴봐야 할 주제는 D3 레이아웃이다. 거품형 차트를 그리는 데는 반드시 팩 레이아웃이 필요하다. 레이아웃은 차트에 입력될 데이터가 있는 객체를 어떤 규칙에 근거해 출력에 설정하는 것이다 유명한 예제로는 포스force 레이아웃이 있는데 이 레이아웃은 그래픽 노드간 가상의 힘으로 나열한 방법으로 객체를 배치하는 그래프 레이아웃이다.

이번 예제에서는 구조적으로 객체를 원으로 포장한 팩 레이아웃을 사용했다. 예제 차트에서 사용한 데이터는 일차원적이라, 팩 레이아웃은 데이터를 원 안에 자동으로 배치한다. 팩 레이아웃은 생성된 후 bubble 변수에 할당됐다.

팩 레이아웃은 bubble.node 함수를 입력 데이터로 적용해 동작한다. 이 함수는 입력 데이터의 각 객체의 value 프로퍼티를 찾는다. 이 프로퍼티(원의 반지름으로 여겨진다)와 레이아웃의 크기에 기반해 데이터에 x, y, r 같은 프로퍼티를 추가하고 객체 배열을 반환한다.

이 시점에서 거품형 차트에 사용되는 대부분의 데이터를 한 번씩 짚고 넘어갔다. 그러므로 버블의 위치와 크기가 정해졌다. 이제 해야 할 일은 처리한 데이터를 적절한 SVG 엘리먼트로 변환하는 일이다. 이 작업에 필요한 도구는 D3의 selectAll 함수다.

D3의 selectAll은 제이쿼리 선택자_{selector}와는 다르게 문서와 데이터 객체 양쪽 모두에서 사용할 수 있다. 매핑된 데이터 배열은 selection 변수에 .data 함수를 사용해 설정했다.

그 다음에는 .enter 함수로 데이터 배열에 엘리먼트를 추가한다. 예제에서는 새로운 SVG 그래픽 엘리먼트를 SVG 캔버스에 추가했고 node 변수에 할당했다.

node 변수는 SVG 엘리먼트를 항상 보유하고 있지 않음을 주의하자. 오히려 노드 집합 안에 있는 모든 그래픽 SVG 엘리먼트는 추후에 새로운 데이터 엘리먼트가 selection에 들어올 때 생성된다. 이러한 이유로 노드의 동작은 나중에 추가된 SVG 엘리먼트에서 실행된다.

또한 예제에서는 모든 노드에 title 속성을 설정했다. (마우스 포인터가 위에 오면 나타난다.) 이 타이틀 텍스트는 데이터 배열의 특정 엘리먼트에 종속적이다. 이를 설명하려고 우리는 .text()에 함수를 인자로 전달한다. 이 함수의 첫 번째 인자는 특정 노드의 데이터 엘리먼트며 반환되는 값은 타이틀로 사용될 텍스트다.

이와 비슷하게 거품을 팩 레이아웃에서 계산한대로 위치를 변경한다. 그런 다음에는 팩 레이아웃에서 계산한 반지름대로 거품을 그린다. 그리고 생성된 색상을 거품에 부여한다.

마지막으로 텍스트 노드도 같은 방식대로 만들어진다.

다음은 차트가 실행된 결과다.

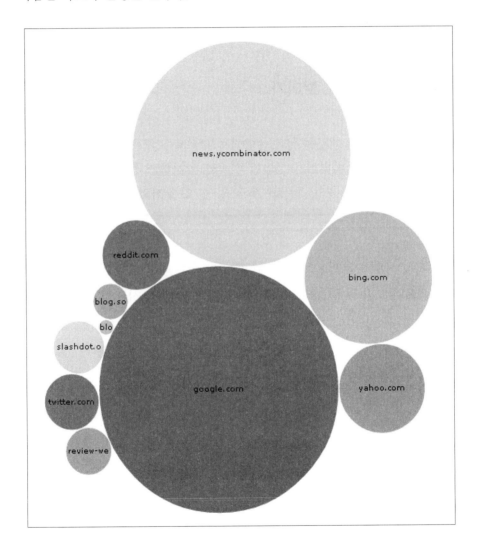

이 예제에서는 차트를 그리기 위해 SVG_{scalable vector graphics}를 사용했다. 대부분의 최신 브라우저는 SVG를 지원한다. 하지만 인터넷익스플로러 9 이전의 인터넷 익스플로러에서는 SVG를 지원하지 않는다. 그러나 D3는 SVG에 국한하지 않고 이전 버전의 인터넷 익스플로러에서도 구동될 수 있게 HTML 엘리먼트를 생성하기도 한다.

위치를 표시한 지도 보이기

구글맵의 눈부신 발전과 그 뛰어난 API로 인해 웹 사이트에 지도를 탑재할 수 있게 되었다. 탑재된 지도는 여러 측면에서 유용하다. 사용자가 가봤던 장소를 표시하거나 특별한 이벤트가 있었던 위치를 표시하거나 업무적으로 가봤던 가게들의 위치를 표시하는 등 많은 일을 할 수 있게 되었다. 또한 웹 사이트에 표시된 지도에는 텍스트로만 된 주소도 표시된다.

이번 예제에서는 간단한 지도에 한 장소를 표시해 보인다. 이 작업을 하려고 플리커, 포스퀘어, 위키미디어, 크레이그리스트 같은 유명 사이트에서 사용하는 것으로 알려진 리플렛(http://leafletjs.com/) 라이브러리를 사용한다.

또한 오픈 스트리트 맵 레이어를 표시한다. 오픈 스트리트 맵(http://www.openstreetmap.org/)은 위키피디아 같이 모두가 함께 만든 개방형 지도이다.

또한 특정 장소를 클릭했을 때 나타나는 말풍선을 추가한다.

HTML과 자바스크립트 코드를 만든다.

1. 리플렛의 스타일 시트를 HTML에 파일에 추가하고 이와 더불어 IE8 이전 버전을 위한 확장 CSS를 추가한다.

```
<link rel="stylesheet" href="http://cdn.leafletjs.com/leaflet-0.4/
leaflet.css" />
<!--[if lte IE 8]>
<link rel="stylesheet" href="http://cdn.leafletjs.com/leaflet-0.4/
leaflet.ie.css" />
<![endif]-->
```

2. 리플렛 라이브러리의 자바스크립트 파일을 추가한다.

```
<script src="http://cdn.leafletjs.com/leaflet-0.4/leaflet.js"></script>
```

3. 지도를 표시할 엘리먼트를 페이지에 만든다. 이 엘리먼트는 높이를 반드
   시 설정해야 한다. 그렇지 않으면 리플렛Leaflet은 정상적으로 동작하지 않
   는다.

```
<div id="map" style="height:200px;"></div>
```

4. example.js를 추가해 자바스크립트 코드를 추가한다.

```
<script src="example.js"></script>
```

5. 마지막으로 example.js에 지도map를 생성하는 코드를 추가한다.

```
var map = L.map('map').setView([51.505, -0.09], 13)

L.tileLayer('http://{s}.tile.openstreetmap.org/{z}/{x}/{y}.png',{
        attribution:'Copyright (C) OpenStreetMap.org',
        maxZoom:18
        }).addTo(map);

var marker = L.marker([51.5, -0.09]).addTo(map);
marker.bindPopup("<b>Hello world!</b><br>I am a popup.").openPopup();
```

예제 분석

대부분의 지도 라이브러리는 타일 이미지 레이어tile image layer를 사용해 지도를
그린다. 타일 이미지 레이어는 미리 정해진 이미지로 격자를 구성한 것이다.

지도는 여러 이미지로 나뉘어 타일 서버에 미리 렌더링되어 있다.

지도는 배율zoom level이라는 확대/축소 포인트를 사용하며 각 배율에 맞춰 각기 다른 타일 이미지를 사용한다.

배율이 크면 서버는 저장 공간 용량을 초과하는 이미지를 캐시하려고 즉시 타일을 렌더링한다. 예를 들어 오픈 스트리트 맵은 19배율을 사용한다. 첫 번째 배율은 하나의 타일을 사용하며 두 번째 배율은 타일을 4개의 타일로 나누어 렌더링한다. 그리고 세 번째 타일은 16개로 나누며 이와 같은 일이 계속해서 일어난다. 19배율에서는 한 개 타일 크기가 평균 10kb의 타일이 480억 개를 사용하며 이는 480테라바이트 만큼에 해당하는 용량을 차지한다.

사용자가 지도를 스크롤할 경우 이전에 표시된 타일은 언로드unload되고 즉시 새로운 타일이 컨테이너에 로드load된다. 사용자가 배율을 변경할 경우 이전 배율에 맞춘 타일이 모두 제거되고 새로운 타일이 추가된다.

예제의 example.js 파일에서는 리플렛의 함수(L 네임스페이스 객체 안에 있는 함수)를 사용해 지도를 생성한다. 예제에서의 지도는 [위도, 경도]를 나타내는 배열을 사용해 런던의 중심가를 표시한다. 다른 매개변수는 배율이며 예제에서는 13으로 설정했다.

타일 레이어를 추가한 후에는 오픈 스트리트 맵에서 사용하는 서버 패턴을 다음처럼 정의한다.

```
http://{s}.tile.openstreetmap.org/{z}/{x}/{y}.png
```

위 코드에서 s는 서버 문자(a나 b나 c)를 나타내며 z는 배율을 나타낸다. 그리고 x, y는 타일의 좌표를 나타낸다. 예를 들어 배율 1의 경우 각 x, y는 1 또는 2가 되며 배율 2의 경우는 1부터 4까지 값을 가지며 그 이후에도 마찬가지의 값을 사용할 수 있다. 또한 최대 배율을 설정했다.

그리고 예제에서는 지도에 특정 위치를 마킹했다. 초기 매개변수는 [위도, 경도]다. 그 후에는 마커 안에서 텍스트가 표시되는 팝업을 추가했다. 이 팝업은 페이지가 열리자마자 즉시 표시된다.

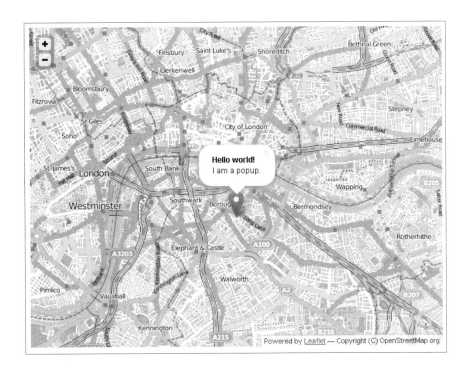

경로가 있는 지도 표시

지도를 표시할 경우 가끔 위치뿐만 아니라 더 많은 정보를 표시하길 바랄 때가 있다. 특히 위치를 표시하는 마커 외에 지도에서는 경로와 영역 등을 많이 표시한다.

이번 예제에서는 경로와 영역을 표시하는 지도를 생성해본다.

HTML과 자바스크립트 코드를 작성한다.

1. '위치를 표시한 지도 보이기'의 예제와 같이 적절한 CSS와 스크립트를 포함시킨다. 다음은 HTML 파일 예제다.

```
<!DOCTYPE HTML>
<html>
<head>
   <title>Map example</title>
   <link rel="stylesheet" href="http://cdn.leafletjs.com/leaflet-0.4/
leaflet.css" />
<!--[if lte IE 8]>
<link rel="stylesheet" href="http://cdn.leafletjs.com/leaflet-0.4/
leaflet.ie.css" />
<![endif]-->
</head>
<body>
   <div id="map" style="height:480px; width:800px;"></div>
   <script src="http://ajax.googleapis.com/ajax/libs/jquery/1.8.2/
jquery.min.js"></script>
   <script src="http://cdn.leafletjs.com/leaflet-0.4/leaflet.js"></
script>
   <script type="text/javascript" src="example.js"></script>
</body>
</html>
```

2. 그러고 나서 다음 코드를 example.js에 추가한다.

```
var map = L.map('map').setView([51.505, -0.09], 13)

L.tileLayer('http://{s}.tile.openstreetmap.org/{z}/{x}/{y}.png',{
   attribution:'Copyright (C) OpenStreetMap.org',
   maxZoom:18
}).addTo(map);

var polyline = L.polyline([
   [51.519, -0.08],
   [51.513, -0.06],
   [51.52, -0.047]
   ]).addTo(map);

var polygon = L.polygon([
   [51.509, -0.08],
```

```
    [51.503, -0.06],
    [51.51, -0.047]
], {
    color:"#f5f",
    stroke: false,
    fillOpacity:0.5
}).addTo(map);
```

예제에서는 L.map 함수를 사용해 맵을 생성하고 [위도, 경도] 배열과 배율을
설정해 setView 함수로 지도 상의 위치를 설정했다.

먼저 표준 폴리라인polyline[6]을 아무 설정 없이 생성하고 추가했다. 리플렛은 타
당한 디폴트 색, 투명도, 두께 등을 사용한다. 폴리라인 생성자는 [위도, 경도]
배열을 사용해 경로를 표시한다.

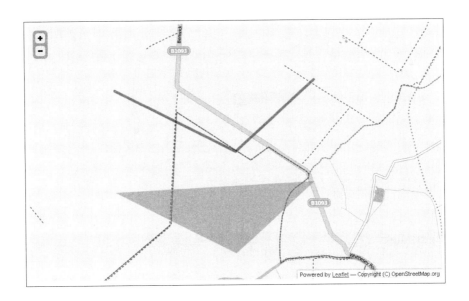

---

6 선분들을 이어 만든 도형 — 옮긴이

그 후에는 사용자 정의 다각형polygon을 생성한다. 폴리라인 생성자와 같이 다각형 또한 [위도, 경도] 배열을 사용한다. 또한 배경색을 설정하고 다각형 테두리를 삭제했으며 다각형의 투명도를 50%로 설정했다.

게이지 표시

아날로그 게이지gauge는 최솟값과 최댓값 사이에서 시간에 따라 변화하는 데이터를 시각화하는 데 많이 사용한다. 아날로그 게이지의 예로는 연료량, 현재 속도, 디스크 공간, 성능 및 메모리 사용량 등을 들 수 있다.

이번 예제에서는 매우 유연한 데이터 주도 제이쿼리 게이지 플러그인을 사용한다. 이 플러그인을 사용해 자동차의 아날로그 속도계를 만들어 본다. 다음 그림은 속도계의 모습을 나타낸다.

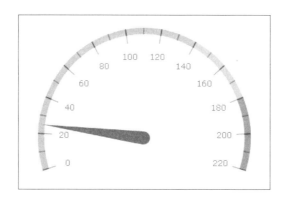

예제에서는 HTML 캔버스의 확장을 사용한다.

예제 구현

예제의 HTML 코드를 작성하며 게이지 플러그인과 이를 엮는 코드를 추가한다.

1. 게이지를 그릴 캔버스가 있는 HTML 코드를 만든다.

```
<!DOCTYPE HTML>
<html>
<head>
    <title>Gauge example</title>
</head>
<body>
    <canvas id="gauge" width="400" height="400"></canvas>
    <script src="http://ajax.googleapis.com/ajax/libs/
        jquery/1.8.2/jquery.min.js"></script>
    <script type="text/javascript" src="example.js"></script>
</body>
</html>
```

2. 게이지 플러그인 코드를 example.js에 작성한다.

```
(function($) {
```

3. 다음 코드는 `Array.forEach`를 대체하는 함수며, 단일 아이템과 단일 배열 모두에서 동작하는 함수다. 예제의 게이지는 복수의 눈금, 바늘, 틱tick[7]을 지원한다. 하지만 이 또한 아이템이 제공돼야 동작한다.

```
function eachOrOne(items, cb) {
    return (items instanceof Array ? items : [items]).map(cb);
}
```

4. 다음은 중심을 나타내는 c를 기준으로 pt 포인트만큼 돌아가는 함수다. (각도의 크기는 a다.) 방향은 시계방향이다.

```
function rotate(pt, a, c) {
    a = - a;
    return { x: c.x + (pt.x - c.x) * Math.cos(a) - (pt.y-c.y)
        * Math.sin(a),
        y: c.y + (pt.x - c.x) * Math.sin(a) + (pt.y-c.y)
        * Math.cos(a) };
}
```

---

7 한 칸의 움직임. 즉, '째깍거리며 한 칸을 움직임.' — 옮긴이

5. 다음은 게이지 플러그인이다.

```
$.gauge = function(target, options) {
    var defaults = {
        yoffset: 0.2,
        scale: {
            type: 'linear',
            values: [1, 200],
            angles: [0, Math.PI]
        },
        strip: {
            scale: 0, radius: 0.8, width: 0.05,
            color: "#aaa", from: 0, to: 200
        },
        ticks: {
            scale: 0, radius: 0.77, length: 0.1, width: 1,
            color: "#555",
            values: {from: 0, to:200, step: 10},
        },
        labels: {
            scale: 0, radius: 0.65,
            font: '12px Verdana', color: "#444",
            values: {from: 0, to:200, step: 20}
        },
        needle: {
            scale: 0, length: 0.8, thickness: 0.1,
            color: "#555", value: 67
        }
    };
```

기본적으로 예제에 나오는 게이지는 다음 특성을 지닌다.

- 최상단에서 20%만큼 지나 있음

- 1부터 200까지의 선형 비례, 0부터 180도까지의 각도

- 폭이 80%인 회색 띠 한 개로 되어 있고 0부터 200까지 움직이는 전체
  반경의 5% 너비를 가진 반경

- 0부터 200까지 움직이고 한 번에 10씩 움직이는 틱 배열 한 개
- 0부터 200까지 움직이고 20씩 움직이는 라벨
- 바늘의 값은 67로 설정

6. 다음 코드는 사용자로 하여금 옵션을 재정의할 수 있게 하고 이전에 살펴봤던 구성 요소 중 한 개 이상 설정할 수 있게 한다.

```
var options = $.extend(true, {}, defaults, options);
for (var key in defaults) if (key != 'yoffset')
   options[key] = eachOrOne(options[key], function(item)
   {
      return $.extend(true, {}, defaults[key], item);
   });
var $target = $(target);
var ctx = $target[0].getContext('2d');
```

7. 다음 코드는 scale 함수를 생성하고 실제 배열로 값의 범위를 설정하는 객체를 대체했다. range 객체 대신 실제 배열로 설정할 수 있음을 주의하자.

```
options.scale = eachOrOne(options.scale, function(s) {
   return $.gauge.scale(s);
});
eachOrOne(options.ticks, function(t) {
   return t.values = $.gauge.range(t.values);
});
eachOrOne(options.labels, function(l) {
   return l.values = $.gauge.range(l.values);
});
```

8. 다음은 차트를 그리는 코드다.

```
function draw(options) {
```

9. 게이지의 중심점을 참조해 캔버스를 초기화한다.

```
var w = $target.width(), h = $target.height(),
   c = {x: w * 0.5, y: h * (0.5 + options.yoffset)},
```

```
    r = w * 0.5,
    pi = Math.PI;
  ctx.clearRect(0, 0, w, h);
```

10. 그러고 나서 모든 띠를 호 모양으로 그린다.

```
// 띠
eachOrOne(options.strip, function(s) {
  var scale = options.scale[s.scale || 0];
  ctx.beginPath();
  ctx.strokeStyle = s.color;
  ctx.lineWidth = r * s.width;
  ctx.arc(c.x, c.y, s.radius * r, scale(s.to),
      scale(s.from), true);
  ctx.stroke();
});
```

11. 그러고 나서 모든 틱을 그린다(매우 짧고 두껍게). 예제에서의 scale 함수는 range에 있는 값을 각도로 바꾼다.

```
// 틱들
eachOrOne(options.ticks, function(s) {
  var scale = options.scale[s.scale || 0];
  ctx.strokeStyle = s.color;
  ctx.lineWidth = r * s.length;
  var delta = scale(s.width) - scale(0);
  s.values.forEach(function(v) {
    ctx.beginPath();
    ctx.arc(c.x, c.y, s.radius * r,
        scale(v) + delta, scale(v) - delta, true);
    ctx.stroke();
  });
});
```

12. 라벨을 그린다. 가장 오른쪽에서 수직 방향의 중앙에 둔다. 그러고 나서 값에 비례하게 시계방향으로 회전한다.

```
// 라벨들
ctx.textAlign = 'center';
ctx.textBaseline = 'middle';
eachOrOne(options.labels, function(s) {
    var scale = options.scale[s.scale || 0];
    ctx.font = s.font;
    ctx.fillStyle = s.color;
    s.values.forEach(function(v) {
        var pos = rotate({x: c.x + r * s.radius,
            y:c.y},
            0 - scale(v), c);
        ctx.beginPath();
        ctx.fillText(v, pos.x, pos.y);
        ctx.fill();
    });
});
```

13. 마지막으로 바늘을 그린다. 바늘은 게이지가 회전하는 중앙에 위치하게 하고 바늘 모양의 삼각형으로 확장한다. 그리고 나서 라벨을 회전시키는 것과 같이 바늘모양의 삼각형을 회전한다.

```
// 바늘
eachOrOne(options.needle, function(s) {
    var scale = options.scale[s.scale || 0];
    var rotrad = 0 - scale(s.value);
    var p1 = rotate({x: c.x + r * s.length, y: c.y},
        rotrad, c),
    p2 = rotate({x: c.x, y: c.y + r*s.
        thickness/2}, rotrad, c),
    p3 = rotate({x: c.x, y: c.y - r*s.
        thickness/2}, rotrad, c);
    ctx.fillStyle = s.color;
    ctx.beginPath();
    ctx.arc(c.x, c.y, r * s.thickness / 2, 0, 2*Math.
        PI);
    ctx.fill();
    ctx.beginPath();
```

```
        ctx.moveTo(p1.x, p1.y);
        ctx.lineTo(p2.x, p2.y);
        ctx.lineTo(p3.x, p3.y);
        ctx.fill();
    });
    }
    draw(options);
```

14. 전체 게이지를 그린 후에는 gauge 함수는 게이지 바늘 값을 변경하고 다시 그리는 함수를 반환한다.

```
    return function(val, i) {
        i = i || 0;
        options.needle[i].value = val;
        draw(options);
    }
};
```

15. 다음은 공통 함수다. range 함수는 값의 배열을 생성하고 scale 함수는 한 범위에서 다른 범위까지의 비례 값을 생성한다. 두 함수 모두 로그 비례logarithmic scale를 지원한다.

```
$.gauge.range = function(opt) {
    if (opt instanceof Array) return opt;
    var arr = [], step = opt.step;
    var last = opt.from;
    for (var k = opt.from; k <= opt.to; k+= step)
        arr.push(opt.log ? Math.pow(opt.log, k) : k);
    return arr;
};
$.gauge.scale = function(opt, f) {
    if (opt.type == 'linear') opt.type = function(x) { return
        x; };
        else if (opt.type == 'log') opt.type = Math.log;
        var f = opt.type,
        v0 = f(opt.values[0]),
        v1 = f(opt.values[1]);
```

```
        return function(v) {
            return (f(v) - v0) / (v1 - v0)
            * (opt.angles[1] - opt.angles[0]) + Math.PI +
            opt.angles[0];
        };
    }
}(jQuery));
```

위 코드의 익명함수는 $ 범위의 제이쿼리 객체로 실행된다. 이런 방식은 제이쿼리 범위로 들어오는 제이쿼리 플러그인을 만드는 전형적인 방식이며 $가 제이쿼리의 전역 네임스페이스와 같다는 점과는 상관없이 $ 범위 안으로 들어와 제이쿼리를 사용할 수 있게 한다.

16. 다음 example.js는 예제의 게이지를 그린다.

```
$(function() {
    var g = $.gauge("#gauge", {
        scale: {
            angles: [-0.3, Math.PI+0.3],
            values: [0, 220]
        },
        strip: [
        { from: 0, to: 140, color:"#ada" },
        { from: 140, to: 180, color:"#dda" },
        { from: 180, to: 220, color:"#d88" }
        ],
        ticks: [{
            color: "rgba(0,0,0,0.33)",
            values: { from: 0, to: 220, step:10 },
            length:0.05, radius:0.8, width:0.3
        }, {
            color: "rgba(0,0,0,0.33)",
            values: { from: 0, to: 220, step:20 },
            length:0.11, radius: 0.77, width:0.3
        }],
        labels: {
            color: "#777",
```

```
                values: { from: 0, to: 220, step:20 },
                radius: 0.62
            },
            needle: { color:"#678" }
        });
        g(25);
    });
```

이번 예제에서는 중간 밑으로 조금씩 움직이고 속도 값이 0부터 220까지인 선형 게이지를 살펴봤다. 게이지에 띠 세 개를 생성해 두었다. 녹색 띠는 0~140km/h 범위를 나타내고 노란색은 140~180km/h를 나타내며 빨간색은 180~220km/h 범위를 아우른다. 이 예제에서는 띠를 두 개 사용하는데 큰 것은 20km/h 단위고 작은 것은 10km/h이며 둘 다 반투명이다. 마지막으로 파란색 바늘을 추가했다.

마지막에는 복귀된 함수로 게이지 값을 25km/h로 설정했다.

트리 표시

이번 예제에서는 데이터를 트리tree[8]로 표시하는 방법을 알아본다. 구체적으로는 JSON 파일로 표현한 여러 파생 리눅스에 관한 정보를 트리 형태로 표시한다. 또한 D3.js 파일을 사용해 DOM data를 표시한다.

---

8 나무 모양 즉, 수형 — 옮긴이

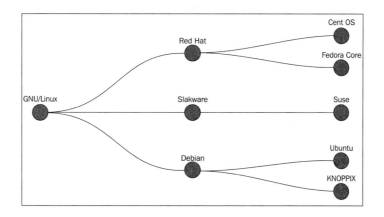

먼저 차트에 표시할 데이터가 있어야 한다. 예제에서는 tree.json 파일을 사용한다.

HTML 파일과 JSON에서 데이터를 만드는 자바스크립트 코드를 준비한다.

1. 먼저 JSON 데이터의 구조를 살펴보자.

```
{
    "name": "GNU/Linux",
    "url": "http://en.wikipedia.org/wiki/Linux",
    "children": [
    {
        "name": "Red Hat",
        "url": "http://www.redhat.com",
        "children": [ .. ]
    } ]
    ...
}
```

각 객체에는 이름을 나타내는 `name` 속성이 있고 공식 웹 페이지의 링크를 나타내는 `url` 속성이 있다. 그리고 추가적으로 `children` 속성이 있어 다른 객체의 리스트를 담는다.

2. 다음 단계로 HTML 형식의 페이지를 만들어 D3.js를 추가하고 tree.css라는 CSS 파일을 추가한다.

```html
<!DOCTYPE html>
<html>
<head>
    <title>Linux Tree History</title>
    <script src="http://d3js.org/d3.v2.js"></script>
    <link type="text/css" rel="stylesheet" href="tree.css"/>
</head>
```

3. body 섹션에서는 id가 location인 `<div>` 태그를 추가해 차트가 그려질 엘리먼트로 준비하고 데이터를 매핑하는 로직이 담긴 tree.js 자바스크립트를 포함시킨다.

```html
<body>
    <div id="location"></div>
    <script type="text/javascript" src="tree.js"></script>
</body>
</html>
```

4. 이번에는 tree.js 파일에 화면표시 영역을 생성하자. 먼저, 내부에서 사용하는 변수의 프라이빗 상태를 제공하는 익명 함수를 만든다.

```javascript
(function() {
```

5. 그리고 생성되는 이미지 크기를 `width`와 `height`으로 설정한다. 예제의 간결성을 위해 고정 값으로 설정했다.

```javascript
var width = 1000,
        height = 600;
```

6. 그 후에는 표준 D3 레이아웃 트리를 설정한다.

```
var tree = d3.layout.tree()
        .size([height, width - 200]);

  var diagonal = d3.svg.diagonal()
        .projection(function(d) {
          return [d.y, d.x];
        });
```

7. 이번 단계에서는 실제 SVG를 생성하고 지정할 수 있게 HTML에서 location이라는 id를 가진 엘리먼트를 가져와 SVG 엘리먼트를 붙인다.

```
var vis = d3.select("#location").append("svg")
        .attr("width", width)
        .attr("height", height)
        .append("g")
        .attr("transform", "translate(60, 0)");
```

8. 그리고 tree.json으로부터 데이터를 읽어 노드를 생성하고 주어진 구조대로 링크를 만든다.

```
d3.json("tree.json", function(json) {
    var nodes = tree.nodes(json);

    vis.selectAll("path.link")
        .data(tree.links(nodes))
        .enter().append("path")
        .attr("class", "link")
        .attr("d", diagonal);

    var node = vis.selectAll("g.node")
        .data(nodes)
        .enter().append("g")
        .append("a")
        .attr("xlink:href", function(d) {
            return d.url;
```

```
            })
        .attr("class", "node")
        .attr("transform", function(d) {
            return "translate(" + d.y + "," + d.x + ")";
        });

    node.append("circle")
        .attr("r", 7);

    node.append("text")
        .attr("dx", -10)
        .attr("fill", "white")
        .attr("dy", -10)
        .style("font-size", "16")
        .text(function(d) {
            return d.name;
        });
```

9. 이번 단계에서는 CSS를 사용해 페이지의 링크 배경색과 동그라미의 배경색을 입힌다.

```
.node circle {
  fill: #fc0;
  stroke: steelblue;
  stroke-width: 1px;
}

.link {
  fill: none;
  stroke: #fff;
  stroke-width: 1.5px;
}

body{
  background-color: #000;
  color: #fff;
}
```

d3.layout.tree() 함수는 기본 설정으로 새로운 트리 레이아웃을 생성한다. 이 함수에서는 각 입력 데이터 엘리먼트에 자식 배열이 있다고 가정한다.

d3.svg.diagonal() 함수에서는 기본 접근 함수로 발생기generator를 생성한다. 복귀된 함수는 부드럽게 접하는 곡선을 지닌 3차 베지어 연결 노드 경로로 데이터를 발생시킨다.

 베지어 곡선을 더 자세히 알고 싶다면 http://en.wikipedia.org/wiki/Bezier_curve를 참조하라. 이 자료를 참조하려면 수학적 지식이 다소 필요하나 간단히 설명해 보자면, 임의의 점에 영향을 받는 선분을 선택해 곡선을 정의한다는 내용이다.

예제에서는 트리의 기본 설정으로 위에서 아래 방향으로 표시하지 않고 왼쪽에서 오른쪽으로 표시한다. 따라서 projection 코드로 기본 동작을 변경한다.

```
var diagonal = d3.svg.diagonal()
        .projection(function(d) {
          return [d.y, d.x];
        });
```

위 함수에서는 기본 설정인 [d.x, d.y]를 사용하지 않고 [d.y, d.x]를 사용한다. 여기서 주의해야 할 점은 .append("g")가 SVG의 g 엘리먼트를 추가하는 함수라는 것이다. g 엘리먼트는 여러 연관된 엘리먼트를 함께 그룹화하는 엘리먼트 컨테이너다. 이 엘리먼트는 안에 임의의 엘리먼트를 품고 있는 여러 자식 엘리먼트가 있으며 임의의 깊이를 가지고 있고 여러 단계에 걸쳐 그룹을 만들수 있게 한다.

```
<g>
   <g>
      <g>
      </g>
   </g>
</g>
```

JSON 데이터를 읽는 코드는 다음과 같다.

```
d3.json("tree.json", function(json) { … }
```

위 코드는 tree.json 파일을 대상으로 에이잭스 호출을 한다.

 기본적으로 브라우저는 크로스 도메인 요청을 용납하지 않는데, 이는 로컬 파일 시스템 도 마찬가지다. 이를 해결하려면 로컬 웹 서버를 설치한다. 부록 A에 나온 로컬 웹 서버 설치 방식에서는 Node.js와 npm을 사용한다. 그 밖에도 훌륭한 대체 수단이라고 할 수 있는 JSONP를 사용하는 방법이 있지만 보안을 위한 제한 기능이 덜하다. 8장 서버 통신 에서는 이러한 문제를 다뤄보며 이러한 제한이 생긴 이유를 알아본다.

더 자세한 사항은 W3C 페이지 http://www.w3.org/TR/cors/를 살펴보길 바란다.

그 후에는 `tree.nodes(json)`을 사용해 JSON 파일로부터 데이터를 자동으로 매핑하는데, `tree.nodes(json)`에는 예제에서 사용하는 데이터가 담겨져 있으며, 이 데이터는 부모, 자식 관계로 구성되어 있다.

다음으로 제이쿼리와 비슷한 형태를 띤 W3C 선택자를 사용해 path.link를 선택한다.

```
vis.selectAll("path.link")
```

.data를 사용해 tree.links로부터 반환된 링크 정보를 바인딩한다.

```
.data(tree.links(nodes))
```

백그라운드에서 일어나는 일은 다음과 같다. 먼저 D3의 트리 레리아웃의 노드 배열을 받는 `links` 함수로 각 노드 당 부모에서 자식으로 이어지는 링크를 나타내는 객체의 배열을 반환받는다. 최하위 자식 노드의 링크는 생성되지 않는다. 반환된 객체에는 source에 해당하는 부모 노드와, target에 해당하는 자식 노드의 정보가 담겨있다. 다음으로 `.enter()` 함수는 D3의 마술과도 같은 존재다. 자세히 살펴보면 `.data([배열])`로 가져오고 DOM과는 연관이 없는 배열의 모든 엘리먼트를 간단히 데이터 안으로 진입해 `.append`, `.insert`, `.select`

또는 .empty 연산을 사용할 수 있게 한다. 예제에서는 link라는 CSS 클래스가 있고 이전에 정의한 diagonal 함수로 계산된 d 속성이 있는 SVG 경로 엘리먼트를 생성한다.

```
.enter().append("path")
.attr("class", "link")
.attr("d", diagonal);
```

그래서 각 데이터 엘리먼트는 `<path class='link' d='dataCalucatedBy Diagonal' />`를 생성한다.

SVG의 경로path 엘리먼트는 펜으로 라인을 그리는 데 사용되는 개념이다. 여기에는 여러 기하 도형적 배열과 표현이 있다. d 속성은 moveto(M), lineto(L), curve(2, 3차 베지어), arc(A), closepath(Z), vertical lineto(V)등을 나타내는 경로 데이터를 담는다.

명확히 이해할 수 있게 D3가 동작하는 방식을 알아보자. 다음과 같은 단순한 선분이 있다고 하자.

SVG 노드는 다음과 같아야 한다.

```
<svg xmlns="http://www.w3.org/2000/svg" version="1.1">
   <g style="stroke: red; fill: none;">
      <path d="M 10 30 L 200 10"/>
   </g>
</svg>
```

경로 데이터를 살펴보면 펜pen(M)으로 (10, 30)에서 (200, 10)까지 선분line(L)을 그리는 것을 알 수 있다.

트리 예제에서는 경로를 사용해 라인을 그리고 다음에는 노드를 그렸다. 선택한 모든 g.node 엘리먼트와 노드 데이터에는 같은 절차를 적용했다. 대신에

<path/> 엘리먼트를 만들지 않고 "g"를 붙이고 <xlink:href> 속성을 가진 〈a〉 엘리먼트를 추가했다.

```
.append("a")
   .attr("xlink:href", function(d) {
      return d.url;
   })
```

예제에서는 이미 모든 데이터 노드를 반복 순환했으므로 각 노드의 URL을 나타내는 d.url에 접근하고 나중에 추가할 모든 내부 엘리먼트로의 링크로 설정한다.

그리고 트리는 왼쪽에서 오른쪽으로 표시하므로 좌표를 회전해야 한다.

```
.attr("transform", function(d) {
   return "translate(" + d.y + "," + d.x + ")";
});
```

그 후에는 각 엘리먼트에 그 밖의 엘리먼트를 추가할 수 있으므로 동그라미를 생성해 다음처럼 추가한다.

```
node.append("circle")
   .attr("r", 20);
```

이는 SVG 동그라미를 반지름 20px로 생성한다. 또한 이름을 표시하는 <text/> 엘리먼트를 추가한다.

```
node.append("text")
   .attr("dx", -19)
   .attr("dy", -19)
   ...
```

동그라미 및 직선과 글을 겹치지 않게 하려고 text 엘리먼트를 (-19, -19)로 이동했다.

예제를 완성한 후에는 이미지 크기나 텍스트 오프셋 같이 상수 값으로 지정된 값을 이리저리 바꿔보는 것이 좋다. 이런 작업은 레이아웃에 미치는 영향을 이해하는 데 큰 도움을 준다. 레이아웃을 생성하는 함수는 많이 있다. 이를 이용해 방사상의 모양이나 삐죽 튀어나온 모양을 만들 수도 있다.

또한 코드 일부를 수정해 어떤 부분에 애니메이션을 추가하던지 SVG안에 HTML을 삽입하는 등의 여러 인터랙션을 추가할 수 있다.

웹 글꼴로 나타내는 LED 점수판

이번 예제에서는 농구 경기장에서 많이 사용하는 것 같은 LED 점수판을 멋진 웹 글꼴을 사용해 만들어 본다. 예제의 주요 목적은 웹 글꼴과 그 기능을 소개하는 데 있다.

 W3C가 만든 웹 글꼴의 완전한 표준을 http://www.w3.org/TR/css3-webfonts/에서 찾아볼 수 있다.

시작하기 전에 예제에서 사용할 글꼴을 받아야 한다. 글꼴 파일은 예제 코드에 있으며 파일 이름 앞에 RADIOLAND 접두사가 있다.

점수판을 만들려면 HTML 페이지, 타이머를 업데이트하는 자바스크립트 코드, 데이터 그리고 웹 글꼴을 사용하는 CSS 파일이 필요하다.

1. 먼저 HTML 페이지를 만든다. head 섹션에서는 stylesheet.css와 제이쿼리를 포함시킨다.

```
<link rel="stylesheet" href="stylesheet.css" type="text/css"
charset="utf-8">
<script src="http://ajax.googleapis.com/ajax/libs/jquery/1.8.2/
jquery.min.js"></script>
```

2. body 부분에서는 점수판이 위치할 div 엘리먼트를 추가하고 scoreboard. js 파일을 추가한다.

```
<div class="counter"></div>
<div class="score">
  <div class="home"></div>
  <div class="guests"></div>
</div>
</div>
<script type="text/javascript" src="scoreboard.js"></script>
```

3. 이제 stylesheet.css 파일을 만들어 LED처럼 보이는 웹 글꼴을 정의한다.

```
@font-face {
  font-family: 'RadiolandRegular';
  src: url('RADIOLAND-webfont.eot');
  src: url('RADIOLAND-webfont.eot?#iefix') format('embedded-
opentype'),
    url('RADIOLAND-webfont.woff') format('woff'),
    url('RADIOLAND-webfont.ttf') format('truetype'),
    url('RADIOLAND-webfont.svg#RadiolandRegular') format('svg');
  font-weight: normal;
  font-style: normal;
}
```

4. 글꼴이 RadiolandRegular로 저장되었으므로 이를 직접 참조할 수 있다.

```
div.counter{
    font: 118px/127px 'RadiolandRegular', Arial, sans-serif;
    color: green;
}
.score {
    font: 55px/60px 'RadiolandRegular', Arial, sans-serif;
    letter-spacing: 0;
    color: red;
    width: 450px;
}
.period {
    font: 35px/45px 'RadiolandRegular', Arial, sans-serif;
    color: white;
}
div.display {
    padding: 50px;
}
```

5. 이번에는 게임 정보를 담은 game 임시 객체를 사용하는 자바스크립트를 생성할 차례다. 보통 에이잭스를 사용해 이 객체를 서버로부터 반환받지만 예제의 간결함을 위해 미리 정의한 값으로 이뤄진 객체를 사용한다.

```
var game = {
    periodStart: 1354838410000,
    currentPeriod: 1,
    score: {
        home: 15,
        guests: 10
    }
};
```

6. 표시 객체를 생성하는 로직을 만들고 데이터를 대입시키기 위해 함수를 만든다.

```
function fetchNewData() {
    // 서버 데이터
    var game = {
        periodStart: new Date().getTime(),
        // 서버에서는 periodStart: 형식으로 반환한다.
        1354838410000,
        currentPeriod: 1,
        score: {
            home: 15,
            guests: 10
        }
    };

    // 표시 데이터 반환
    return {
        periodStart: game.periodStart,
        counter: '00:00',
        period: game.currentPeriod + ' Period',
        score: {
            home: game.score.home,
            guests: game.score.guests
        }
    };
}
```

7. 또한 config 객체를 만들어 게임 매개변수를 정의한다. 게임 매개변수에는 피리어드$_{period}$[9] 수나 피리어드 시간 등의 정보가 있다.

```
var config = {
    refreshSec: 1,
    periods: 4,
    minPerPeriod: 12
};
```

---

9 한 경기를 구성하는 각 시기를 나타내는 농구 용어 — 옮긴이

8. 그리고 점수판과 시간 계산을 하는 `updateCounter()`와 `updateScore()` 함수를 정의한다. 이 함수에서는 현재 시간이 게임 시작시간보다 작은 경우에는 00:00을 표시하고 현재 시간이 최대 게임 시간보다 큰 경우에는 피리어드의 최대 시간을 표시한다.

```
function updateCounter() {
    var now = new Date(),
    millsPassed = now.getTime() - displayData.periodStart;
    if (millsPassed < 0) {
        displayData.counter = '00:00';
    } else if (millsPassed > config.minPerPeriod * 60 * 1000)
    {
        displayData.counter = config.minPerPeriod + ':00';
    } else {
        // 시간 카운트
        var min = Math.floor(millsPassed/60000);
        if (min<10) {
            min = '0' + min;
        }
        var sec = Math.floor((millsPassed % 60000)/1000);
        if (sec<10) {
            sec = '0'+sec;
        }
        displayData.counter = min+':'+sec;
    }
    $('.counter').text(displayData.counter);
    $('.period').text(displayData.period);
```

9. 다음에는 점수를 업데이트하는 함수를 추가한다.

```
function updateScore(){
    $('.home').text(displayData.score.home);
    $('.guests').text(displayData.score.guests);
}
```

10. 마지막으로 `setInterval` 함수를 호출해 500밀리초마다 모든 업데이트를 하게 한다.

```
setInterval(updateCounter, 500);
setInterval(updateScore, 500);
```

예제 분석

이 예제의 HTML과 자바스크립트는 매우 직관적이다. 하지만 CSS와 글꼴 파일은 좀 더 깊게 살펴봐야 한다.

@font-face를 추가함으로써 엘리먼트에 온라인 글꼴을 적용할 수 있게 되었다. 그리고 클라이언트 머신에서는 사용할 수 없는 그 밖의 글꼴을 사용할 수 있게 되었다.

@font-face 정의 안에서는 font-family를 추가해 나중에 임의의 엘리먼트에 적용할 이름을 정의했다. 예를 들어 다음 예제를 보면 someName으로 글꼴을 호출할 수 있다.

```
@font-face {
   font-family: someName;
   src: url(awesome.woff) format("woff"),
       url(awesome.ttf) format("opentype");
}
```

sytlesheet.css뿐만 아니라 위 코드에서는 url 다음에 fotmat("woff")를 사용해 형식 정의를 했다. 정의할 수 있는 형식은 다음과 같다.

▶ .woff : 이 표준은 웹 개발 글꼴 형태WOFF, Web Open Font Format라고 하며 모질라에서 개발한 최신 표준이다. 완전한 표준을 http://www.w3c.org/TR/WOFF에서 참조하라. 이 형태의 목표는 사용하는 데 라이센스가 필요한 그 밖의 형태를 대체하기 위함이다. 또한 이 형태를 사용해 라이센스를 담을 수 있는 메타데이터를 파일에 붙일 수 있다.

▶ .ttf와 .otf : 트루타입 글꼴TTF, TrueType Font과, 오픈타입 글꼴OTF, OpenType Font의 확장버전은 가장 많이 사용하는 타입이다. 애플 컴퓨터가 포스트스크립트PostScript 표준을 대체하려고 80년대 말에 트루타입 표준

을 개발했다. 트루타입 글꼴은 개발자로 하여금 유연성을 제공하고 사용자가 글꼴을 다양한 크기로 잘 볼 수 있게 했다. 트루타입은 그 기능과 많은 인기 때문에 윈도우와 같은 그 밖의 플랫폼으로 많이 확산됐다. 오픈타입은 트루타입에 기반해 만들어진 글꼴 타입이다. 마이크로소프트가 표준을 정했으며 어도비 시스템이 함께 했다. OpenType어라는 등록상표를 마이크로소프트가 소유한다. 더 자세한 표준을 http://www.microsoft.com/typography/otspec/default.htm에서 찾아볼 수 있다.

▶ .eot : 내장형 오픈타입 글꼴Embeded OpenType Font은 웹 페이지에서 사용하는 오픈타입 글꼴의 형태다. 임베디드 버전에서 동작하는, 이 글꼴의 확장판은 복제 방지 기능을 제공한다. 쉽게 복제할 수 있는 글꼴들과는 달리 EOT는 사용자가 사용하는 문자의 일부분만 제공해 전부를 복제하는 것을 어렵게 한다. EOT의 상세한 정보를 W3C 표준 http://www.w3.org/Submission/EOT/에서 참조하라.

▶ .svg와 .svgz: SVG와 .svgz 확장자를 가진 그집gzip으로 압축 해제한 버전으로 글꼴을 나타낼 수도 있다. 글꼴 정의는 SVG 그림문자로 저장되어 쉽게 제공된다. SVG 글꼴의 좀 더 자세한 정보를 http://www.w3.org/TR/SVG/fonts.htm에서 참조하라. 하지만 이 책을 쓰고 있는 현재까지는 인터넷익스플로러와 파이어폭스에서 지원하지 않는다.

@font-face는 font-style, font-weight, font-stretch와 같은 그 밖의 일부 속성들을 지원한다. 또한 unicode-range 값을 설정해 유니코드에서 사용하는 문자의 범위를 설정한다. 표준에 맞춰 사용할 수 있는 값은 다음과 같다.

▶ unicode-range: U+0-7F: 기본 아스키 문자 범위

▶ unicode-range: U+590-5ff: 히브리어 문자 범위

그 밖의 웹 글꼴 문제점으로 CSS2 표준에서 특정한 형태를 사용할 수 없다는 점을 들 수 있다. 그래서 때론 크로스 브라우저 환경을 구축할 수 있게 그 밖의 형태를 제공해야 한다.

웹 글꼴은 웹 페이지를 구축하는 데 있어 가장 기본적인 벽돌 역할을 하게 되었는데, 그러므로 보기 좋은 활자체가 필요할 때면 웹 글꼴을 사용할 일을 염두에 두어야 한다. 이미지Images, SVG, 쿠폰Coupfons 및 그 밖의 유사한 글꼴이 글자에만 잘 적용되는 것은 아니다. 이와 같은 글꼴로 텍스트를 아주 보기 좋게 할 수는 있지만, 그러한 글꼴을 적용한 텍스트를 검색엔진이 접근하지 못할뿐더러, 접근성이 좋은 소프트웨어도 대부분 이를 무시하고, 게다가 페이지 크기도 늘어난다. 반면에, 텍스트를 사용하면 CSS에서 선택자를 사용해 조작할 수 있다. 예를 들면 :fitst-letter, :first-line, :lang 등이 있다.

부연 설명

구글에서는 여러 좋은 글꼴을 http://www.google.com/fonts에서 제공한다. 구글에서 제공하는 글꼴은 비단 표준 글꼴뿐만 아니라 자바스크립트 기반의 글꼴 로더도 제공한다. Flash of Unstyled Text(FOUT)이라고 알려진 이 로더는 실제 글꼴이 로딩되고 있는 동안 텍스트를 렌더링할 수 있어 좋은 문제 해결법으로 꼽힌다. 예를 들어 이 로더는 다음처럼 'Noto Sans' 글꼴 호출을 포함해 사용할 수 있다.

```
< script type = "text/javascript" >
    WebFontConfig = {
        google: {
            families: ['Noto+Sans::latin']
        }
};
(function() {
    var wf = document.createElement('script');
    wf.src = ('https:' == document.location.protocol ? 'https' :
        'http') +
```

```
        '://ajax.googleapis.com/ajax/libs/webfont/1/webfont.js';
    wf.type = 'text/javascript';
    wf.async = 'true';
    var s = document.getElementsByTagName('script')[0];
    s.parentNode.insertBefore(wf, s);
})(); < /script>
```

그 다음에는 간단하게 CSS에 `font-family: 'Noto Sans', 'sans-serit'`를 추
가한다.

 구글 글꼴의 상세한 설명을 https://developers.google.com/fonts/에서 참조하라. 또
한 FOUT과 FOUT에 대치되는 기술을 다룬 폴 아이리쉬의 글을 읽어보길 바란다(http://
paulirish.com/2009/fighting-the-font-face-fout/).

3

디퓨즈 셰이딩

3장에서는 다음과 같은 내용을 알아본다.

- 모션 차트 만들기
- 방향 그래프 표시
- 실시간 범위 차트 필터 만들기
- 이미지 캐러셀 만들기
- 차트 주밍과 패닝
- 웹 통지 API 사용
- 데이터 집합을 사용해 지구를 나타내는 지도를 생성

소개

우리는 현재 정보화 시대에 살고 있으며 매일 엄청난 양의 데이터가 발생한다. 이런 무시무시한 양의 데이터는 사용자가 알 수 있는 형식으로 표현돼야 한다.

3장에서는 약간의 인터렉션으로 데이터를 애니메이션 처리해 시각화하는 몇 가지 방법을 알아본다. 3장에 나오는 대부분의 예제는 모두 데이터 기반 문서로, D3와 데이터를 애니메이션하는 데 사용하는 몇 가지 메소드들에 연결되어 있다.

 이 책에서는 전반적으로 D3를 사용하므로 D3의 배경을 알아두는 편이 좋다. D3 라이브러리의 코어를 만든 마이크 보스탁은 박사과정 중에 프로토비스(Protovis)라는 웹 표준을 준수하며 성능 향상에 중점을 둔 라이브러리를 만들었다. 또한 뉴욕타임즈를 위한 시각적인 효과가 있는 리스트를 만들었는데, http://bost.ocks.org/mike/에서 확인해 볼 수 있다.

모션 차트 만들기

시간 기반의 데이터를 다루며 이를 확인하고자 할 때는 시간을 중심으로 시각화해야 한다. 이런 작업이 가능한 방법 중 하나는 시간을 업데이트하는 모션 motion 차트를 사용하는 것이며 이번 예제에서 다룰 내용이다.

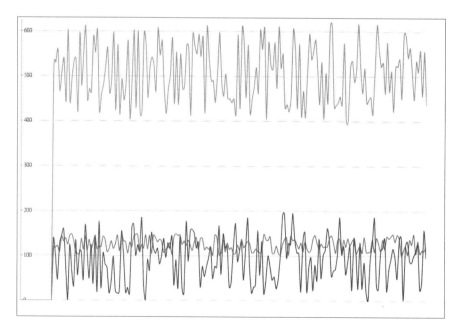

이번 예제에서는 상호작용성이 있는 그래프를 만들기 위해 릭쇼Rickshaw라는
툴킷을 이용한다. 릭쇼를 http://code.shutterstock.com/rickshaw/에서 내려
받을 수 있다. 또한 릭쇼에서는 D3.js를 사용하므로 D3.js도 필요하다.

예제 구현

예제를 만들려면 랜덤 데이터를 생성하고 릭쇼를 사용해 인터렉티브한 그래
프를 만드는 자바스크립트 코드를 추가해야 한다.

1. 먼저 외부 자바스크립와 CSS 파일을 헤더부분에 추가한다. 관습상 외부
   라이브러리는 js/vendor와 css/vendor 폴더에 넣는다.

```html
<!doctype html>
<head>
  <link type="text/css" rel="stylesheet" href="css/vendor/graph.css">
  <title>Motion chart</title>
  <script src="http://d3js.org/d3.v2.js"></script>
  <script src="js/vendor/rickshaw.js"></script>
</head>
```

2. 차트가 위치할 부분을 바디에 추가한다.

```html
<div id="content">
  <div id="chart"></div>
</div>
```

3. 메인 파트인 js/example.js로 들어가 먼저 컬러 팔레트를 만들고 업데이
   트 주기를 설정한다.

```javascript
(function () {
    //컬러 팔레트 생성
    var palette = new Rickshaw.Color.Palette({scheme: 'munin' });
    // 밀리초 단위로 업데이트 주기 설정
    var refreshRate = 500;
```

4. 다음에는 너비가 900px이고 높이가 600px인 직선형 SVG로 Rickshaw. Graph를 만든다. 그리고 이전에 설정한 업데이트 주기와 컬러 팔레트를 사용한다.

```
// 그래프 생성
var graph = new Rickshaw.Graph({
  element: document.getElementById("chart"),
  width: 900,
  height: 600,
  renderer: 'line',
  series: new Rickshaw.Series.FixedDuration([
    {name: 'one'},
    {name: 'two'},
    {name: 'three'}
  ], palette, {
    timeInterval: refreshRate,
    maxDataPoints: 50
  })
});
```

5. 그리고 생성한 그래프에 Y축을 추가한다.

```
var yAxis = new Rickshaw.Graph.Axis.Y({
  graph: graph
});
```

원하는 객체를 생성한 뒤에는 .render를 호출해 스크린으로 렌더링을 한다.

```
graph.render();
yAxis.render();
```

6. 데이터를 표시할 수 있게 랜덤 데이터를 생성하고 그래프에 추가한다. 데이터를 일정 주기로 추가하려면 업데이트 주기에 setInterval 함수를 사용한다.

```
//랜덤 유틸
function getRandomInRange(n){
```

```
        return Math.floor(Math.random() * n);
    }
    // 랜덤 데이터를 생성하고 그래프에 추가
    setInterval( function() {
        var data = {
            one: getRandomInRange(50) + 100,
            two: Math.abs(Math.sin(getRandomInRange(30)+1) ) *
            (getRandomInRange(100) + 100),
            three: 400 + getRandomInRange(110)*2
        };
        graph.series.addData(data);
        //업데이트
        graph.render(); yAxis.render();
    }, refreshRate );
```

여기까지 작업하면 예제의 첫 부분에 나오는 그림과 비슷한 결과를 확인할 수 있다.

예제 분석

예제에서 선택한 Rickshaw.Color.Palette는 munin 타입이다. 또한 여기에 spectrum14 또는 cool 타입을 설정할 수도 있다. 그래프의 컬러를 자동으로 간단히 선택할 때는 팔레트를 사용한다. 예를 들어 다음처럼 수동으로 .color() 메소드를 여러 번 호출해 컬러 선택을 할 수도 있다.

palette.color()
"#00cc00"
palette.color()
"#0066b3"
palette.color()
"#ff8000"

위에 나온 함수 .color()는 항상 다음 컬러를 반환한다. 팔레트는 주어진 규칙에 따라 선택할 수 있는 미리 정의된 컬러의 집합이다. 예를 들어 닌텐도 게임보이에는 모든 게임에서 사용할 수 있는 4가지 타입의 녹색이 있다. 릭쇼 팔레트의 동작 원리를 자세히 살펴보려면 미리 정의된 컬러 리스트를 확인하면 된다. 다음은 릭쇼의 cool 타입 소스 코드의 일부분이다.

```
this.schemes.cool = [
    '#5e9d2f',
    '#73c03a',
    '#4682b4',
    '#7bc3b8',
    '#a9884e',
    '#c1b266',
    '#a47493',
    '#c09fb5'
    ];
```

Rickshaw.Graph 생성 부분을 살펴보려면 SVG 크기 말고도 그래프가 렌더링될, ID가 chart인 엘리먼트를 살펴봐야 한다.

```
element: document.getElementById("chart")
```

또한 예제에서는 renderer 타입을 line으로 설정했다. 하지만 결과에 따라 여기에 area, stack, bar, scatterplot의 타입을 설정할 수도 있다.

series 프로퍼티에는 다음과 같은 코드를 사용한다.

```
series: new Rickshaw.Series.FixedDuration([
    {name: 'one'},
    {name: 'two'},
    {name: 'three'}
    ], palette, {
    timeInterval: refreshRate,
    maxDataPoints: 50
    })
```

위 코드의 첫 번째 인자는 데이터 이름이며 그 다음은 팔레트다. 그리고 timeInterval을 설정한 옵션 객체가 뒤따르며 마지막으로 maxDataPoints를 50으로 설정해 현재 표시하는 데이터 샘플을 지정한다. 즉, 지난 50개의 데이터를 표시한다는 의미다.

이 다음에는 graph와 yAxis 객체의 .render() 메소드를 호출한다. 그리고 setInterval() 메소드를 호출해 매번 데이터가 변경될 때마다 재렌더링을 실시한다. 렌더링 데이터는 다음과 같은 형식을 따른다.

```
var data = {
    one: someNumber,
    two: someNumber,
    three: someNumber
    };
```

위 코드와 같은 형식은 특정 시간에 따른 선분 값 세 개를 표현한다.

이 데이터 객체는 series 프로퍼티의 최신 업데이트를 설정하는 Rickshaw.Series.FixedDuration에 정의된 addData() 메소드를 호출해 차트에 전달된다.

```
graph.series.addData(data);
```

현재 표시된 차트의 데이터를 가져오려면 graph.series.dump() 메소드를 호출한다.

이를 예제에서 호출한다면 다음과 같은 결과가 나온다.

```
Object:
    color: "#00cc00"
    data: Array[50]
    name: "one"
```

부연 설명

필터 정보, 콘트롤 추가, 리모트 서버로부터 데이터 입력 등 차트를 사용자 요구사항에 맞게 수정하는 방법은 여러 가지가 있다. 차트에 범례를 추가하려면 그래프가 렌더링되기 전에 다음과 같은 객체를 그래프 객체에 추가하면 된다.

```
var legend = new Rickshaw.Graph.Legend({
    element: document.getElementById('legend'),
    graph: myGraph
});
```

방향 그래프 표시

이번 예제는 윌리엄 세익스피어의 햄릿을 연기한 배우를 그래프로 나타낸다. 이 그래프에서는 배우들의 관계를 재미있게 인터렉티브한 방법으로 시각화한다. 이런 그래프의 타입을 방향force directed 그래프라고 한다.

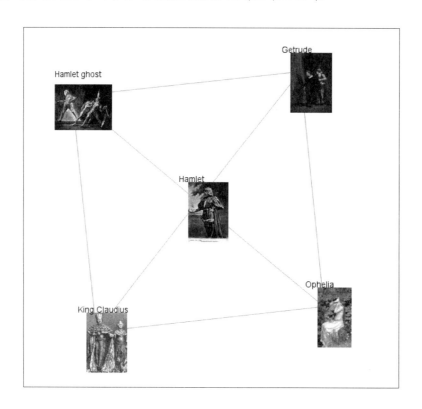

배우들의 관계를 시각화하려면 우선 어떤 식으로든 배우를 저장해야 한다. 예제 코드에는 예제 코드에서 사용하는 샘플 data.json 파일이 있다. 물론 독자가 알고 있고 실제 존재하는 배우들의 데이터를 사용해도 되지만 예제의 간결함을 위해 예제에서 제공하는 데이터를 사용하자.

먼저 배우 관계와 이미지 정보가 있는 JSON 파일을 만들고 HTML과 자바스크 립트 코드를 만든다.

1. 예제에서 사용하는 데이터를 만들어보자. 우선 nodes 리스트를 정의한 다. 이 nodes는 노드의 이름을 나타내는 name 프로퍼티와 이미지 URL을 담고 있는 icon 프로퍼티 그리고 그룹 정보가 담겨져 있는 객체다.

```json
{
    "nodes": [
    {
        "name": "Hamlet",
        icon":"http://upload.wikimedia.org/
        wikipedia/commons/thumb/4/4e/
        Bernhardt_Hamlet2.jpg/
        165px-Bernhardt_Hamlet2.jpg"
    },
    {
        "name": "King Claudius",
        "icon": "http://upload.wikimedia.org/wikipedia/commons/thumb/
b/b4/Massalitinov_and_Knipper_in_Hamlet_1911.jpg/167px-Massalitinov_
and_Knipper_in_Hamlet_1911.jpg"
    },
```

2. 다음에는 데이터에 노드를 추가하고 노드를 연결할 정보를 마련한다. 이 를 위해 links 리스트를 모델에 추가한다.

```json
"links": [
    {
        "source": 1,
        "target": 0
    }
    {
        "source": 3,
        "target": 0
    }
]
```

3. 이제 HTML 파일을 만든다. 예제 동작 구현을 위해 D3.js가 필요하므로 이를 HTML 파일에 추가하고 CSS 클래스 두 개를 설정한다. 하나는 링크 정보가 있는 CSS며 그 밖의 것은 노드 텍스트를 위한 CSS다.

```
<script src="http://d3js.org/d3.v2.min.js"></script>
<style>
.link {
    stroke: #aaa;
}
.node text {
    pointer-events: all;
    font: 14px sans-serif;
    cursor: pointer;
    user-select: none;
}
</style>
```

4. 이후에는 메인 스크립트 부분을 추가한다. 먼저 이전 예제와 같이 크기가 정해진 SVG를 바디에 추가한다.

```
(function (){
    var width = 960, height = 600;
    var svg = d3.select("body").append("svg")
        .attr("width", width)
        .attr("height", height);
}
```

5. 이제 그래프를 위한 레이아웃을 정할 차례다.

```
var force = d3.layout.force()
    .gravity(.04)
    .distance(350)
    .charge(-200)
    .size([width, height]);
```

6. 다음 단계는 JSON 파일로부터 레이아웃을 위한 데이터를 매핑하고 모든 links와 nodes를 생성한다.

```
d3.json("data.json", function(json) {
  force.nodes(json.nodes)
  .links(json.links)
  .start();

  var link = svg.selectAll(".link")
  .data(json.links)
  .enter().append("line")
  .attr("class", "link");

  var node = svg.selectAll(".node")
  .data(json.nodes)
  .enter().append("g")
  .attr("class", "node")
  .call(force.drag);
}
```

7. 이번에는 icon에 정의된 image와 노드 이름을 나타내는 text를 모델에 추가한다.

```
node.append("image")
  .attr("xlink:href", function(d){return d.icon;})
  .attr("x", -32)
  .attr("y", -32)
  .attr("width", 100)
  .attr("height", 100);

node.append("text")
  .attr("dx", -32)
  .attr("dy", -32)
  .text(function(d) { return d.name });
```

8. 또한 방향 그래프를 변경하고 업데이트한다. 그리고 링크와 노드 위치를 업데이트하는 리스너를 설정한다.

```
force.on("tick", function() {
  link.attr("x1", function(d) { return d.source.x; })
```

```
        .attr("y1", function(d) { return d.source.y; })
        .attr("x2", function(d) { return d.target.x; })
        .attr("y2", function(d) { return d.target.y; });

    node.attr("transform", function(d)
        { return "translate(" + d.x + "," + d.y + ")"; });
    });
}());
```

예제 분석

먼저 CSS에서 `pointer-events`를 `all`로 설정한 것을 살펴보자. 이 설정을 함으로써 엘리먼트는 마우스 이벤트의 타겟이 되어, 마우스 포인터가 노드의 내부 혹은 경계면에 위치했을 때 마우스 이벤트가 발생한다. 이 설정은 SVG 엘리먼트에 한해 할 수 있다. 또한 텍스트 선택을 비활성화하려면 `user-select` CSS 프로퍼티를 `none`으로 설정한다.

user-select는 모든 브라우저에서 동작하지 않는다.그러므로 이를 사용하려면 브라우저에 종속적인 CSS 설정을 다음처럼 해야 한다.

```
-webkit-touch-callout: none;
-webkit-user-select: none;
-khtml-user-select: none;
-moz-user-select: none;
-ms-user-select: none;
user-select: none;
```

이 예제에서 사용한 레이아웃은 고정된 시각적 표현을 생성하지 않고 `friction`, `distance`, `gravity strength` 같은 매개변수를 정의할 수 있는 `d3.layout.force()`다. 이를 설정해 데이터와 마우스 인터렉션에 한해 다른 결과를 얻을 수 있다.

```
var force = d3.layout.force()
    .gravity(.04)
    .distance(350)
    .charge(-200)
    .size([width, height]);
```

매개변수와 `links`, `nodes` 데이터 정보를 설정한 후에 레이아웃을 다시 만들려면 `start()` 메소드를 호출한다.

```
force.nodes(json.nodes)
    .links(json.links)
    .start();
```

또한 예제에서는 데이터의 모든 노드에 g 엘리먼트를 생성하고 적절한 CSS 클래스를 할당했다.

```
var node = svg.selectAll(".node")
    .data(json.nodes)
    .enter().append("g")
    .attr("class", "node")
    .call(force.drag);
```

그리고 `.call(force.drag)`를 호출해 드래깅이 사용 가능해졌다.

g 엘리먼트는 그 밖의 엘리먼트를 그룹화하는 컨테이너다. 따라서 g 엘리먼트뿐만 아니라 모든 자식 노드에도 변환 등의 동작을 일괄적으로 적용할 수 있다. 이런 동작이 지원됨으로써 차트의 일부분을 한 번에 정렬할 수 있다.

 g 엘리먼트의 자세한 정보를 SVG 표준(http://www.w3.org/TR/SVG/struct.html#Groups)에서 찾아볼 수 있다.

`d3.layout.force` 메소드에는 `force.drag()` 메소드가 정의되어있다. `mouserover` 이벤트에서 동작하는 드래그 이벤트로 노드가 이동할 수 있다. `mousedown` 이벤트를 받으면 마우스 이벤트에 따라 노드가 드래깅된다. 또한 드래깅은 iOS나 안드로이드 같은 모바일 장치에서도 지원된다. 그리고 드래깅

중 마우스 이벤트를 비활성화하려면 mouseup을 캡쳐해 이벤트 확산을 중지하면 된다.

노드 이미지 생성은 SVG의 image 태그를 추가해 xlink:href에 d.icon에 저장되어 있는 URL을 설정하면 된다.

```
node.append("image")
    .attr("xlink:href", function(d){return d.icon;})
```

레이아웃을 업데이트하려면 매번 업데이트되는 주기를 나타내는 tick 이벤트를 사용하면 된다. 엘리먼트를 지속적으로 업데이트하려면 이벤트 리스너를 추가한다.

```
force.on("tick", function() {
   link.attr("x1", function(d) { return d.source.x; })
      .attr("y1", function(d) { return d.source.y; })
      .attr("x2", function(d) { return d.target.x; })
      .attr("y2", function(d) { return d.target.y; });
   node.attr("transform", function(d)
      { return "translate(" + d.x + "," + d.y + ")"; }
      );
});
```

위 리스너는 link와 node 움직임의 올바른 위치를 설정한다.

부연 설명

차트에 인터렉션을 추가하는 좀 더 많은 옵션이 있다. 노드에는 접힐 수 있는 특성이 있으며 링크도 추가할 수 있다. 그리고 노드 간 관계를 좀 더 상세하게 정의할 수도 있다. 또한 일정시간 뒤에 어떤 위치에서 차트를 업데이트하는 방법도 있다. 그리고 필요한 경우에는 이미 정의되어 있는 레이아웃으로 노드를 구성할 수도 있다.

D3 방향 그래프와 그 기능에 관한 상세한 설명을 https://github.com/mbostock/d3/
wiki/Force-Layout에서 참조하라.

실시간 범위 차트 필터 만들기

대량 데이터로 작업을 할 때는 데이터를 정선filtering하거나 선별해서 보여준다.
이번 예제에서는 그래프의 간단한 범위 필터를 다뤄보고 시간 변화에 따른 데
이터를 보여주는 차트를 만들어 본다.

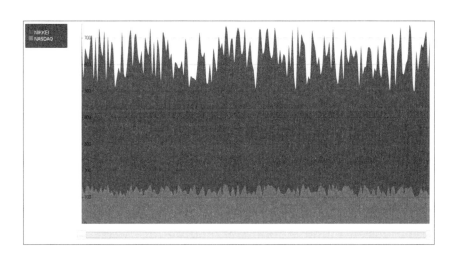

준비

이번 예제에서는 인터렉티브 그래프를 만들기 위해 모션 차트 만들기 예제에
서 사용한 같은 도구를 사용한다. 필요한 라이브러리인 릭쇼를 http://code.
shutterstock.com/rickshaw에서 받을 수 있으며 코드의 일부분으로 사용한다.
그 외에 릭쇼에서 사용하는 D3도 필요하다.

HTML과 자바스크립트 파일을 만든다. 자바스크립트에서는 그래프의 랜덤 데이터를 만들고 필터링 엘리먼트를 추가한다.

1. 먼저 HTML 페이지를 만들고 라이브러리에서 사용하는 CSS를 추가한다.

```
<!DOCTYPE html>
<html>
  <head>
    <link type="text/css" rel="stylesheet" href="css/vendor/graph.
css">
    <link type="text/css" rel="stylesheet" href="css/vendor/legend.
css">
    <link rel="stylesheet" type="text/css" href="http://code.
jquery.com/ui/1.9.2/themes/base/jquery-ui.css">
  </head>
```

2. 위 코드에서는 그래프 범례의 레이아웃 정보를 담고 있는 legend.css 파일을 추가했다. 또한 사용자 정의 CSS 파일을 추가한다.

```
<link type="text/css" rel="stylesheet"href="css/main.css">
```

3. HTML 파일에 그래프, 범례, 슬라이드가 위치할 div 엘리먼트를 만든다.

```
<div id="content">
<div id="chart"></div>
<div id="legend"></div>
</div>
<div style="clear:both"></div>
<div id="slider"></div>
```

4. 의존성이 있는 라이브러리를 추가한다. 먼저 추가한 릭쇼와 D3 외에 제이쿼리와 제이쿼리 UI를 추가해 예제에서 사용한다. 그리고 자바스크립트 본체에서는 컬러 팔레트와 업데이트 주기를 정의한다.

```
var refreshRate = 300;
var palette = new Rickshaw.Color.Palette( { scheme: 'munin' } );
```

5. 다음에는 차트 엘리먼트에 있는 그래프를 900px, 500px 크기로 생성한다.

```
var graph = new Rickshaw.Graph( {
    element: document.getElementById("chart"),
    width: 900,
    height: 500,
    renderer: 'area',
    series: new Rickshaw.Series.FixedDuration([{
        color: palette.color(),
        name: 'NASDAQ'
    },
    {
        color: palette.color(),
        name: 'NIKKEI'
    }], palette, {
        timeInterval: refreshRate,
        maxDataPoints: 200,
        timeBase: new Date().getTime() / 1000
    })
});
```

6. 릭쇼에서는 생성한 그래프와 연결할 수 있는 콘트를을 제공한다. 이를 slider 프로퍼티와 연결한다.

```
var slider = new Rickshaw.Graph.RangeSlider({
    graph: graph,
    element: $('#slider')
});
```

7. Y축을 그리기 전에 먼저 생성하고 그래프에 연결한다.

```
var yAxis = new Rickshaw.Graph.Axis.Y({
    graph: graph
});
```

8. 그래프에 표시할 데이터 샘플 이름과 컬러의 범례는 릭쇼에 있는 컨트롤을 사용해 생성하고 그래프에 연결한다. 그리고 렌더링될 엘리먼트를 설정한다.

```
var legend = new Rickshaw.Graph.Legend({
    graph: graph,
    element: $('#legend').get(0)
});
```

9. 예제에서 사용하는 시간에 따른 랜덤 데이터를 생성한다. 데이터 생성 후
   에는 graph.series.addData(data)를 호출하고 graph와 yAxis 프로퍼티
   를 재렌더링해 데이터를 업데이트하고 매번 refreshRate로 정의한 밀리
   초 시간마다 렌더링을 한다.

```
function getRandomInRange(n){
    return Math.floor(Math.random() * n);
}
setInterval( function() {
    var data = {
        one: getRandomInRange(50) + 100,
        two: 400 + getRandomInRange(110) *2
    };
    graph.series.addData(data);
    graph.render();
    yAxis.render();
}, refreshRate );
```

예제 분석

그래픽 시리즈의 입력 매개변수를 살펴보자.

```
series: new Rickshaw.Series.FixedDuration([{
    color: palette.color(),
    name: 'NASDAQ'
    }, {
    color: palette.color(),
    name: 'NIKKEI'
    }], palette,
```

위 코드에서는 그래프 데이터 외에 name과 color 프로퍼티가 있다. 여기서 color 프로퍼티가 왜 필요하며 이 프로퍼티에 팔레트의 컬러를 입력했을까? 그 이유는 그 밖의 플러그인이 이 정보를 읽을 수 있게 하기 위함이다.

정보를 읽는 그 밖의 플러그인 중 하나는 Rickshaw.Graph.Legend 플러그인이며 표시되는 각 데이터 스트림마다 범례 박스를 생성한다.

또한 X축에 Rickshaw.Graph.RangeSlider를 사용해 범위 필터를 추가했다.

```
var slider = new Rickshaw.Graph.RangeSlider({
    graph: graph,
    element: $('#slider')
});
```

위 코드의 백그라운드에서는 slider 프로퍼티에 제이쿼리 UI 컨트롤을 사용해 range:true를 설정했다. 그리고 현재 그래프 데이터에 최솟값과 최댓값을 사용했다. 또한 slider 프로퍼티에는 slide 이벤트가 있어 그래프에 표시되는 샘플 데이터의 크기를 제한한다.

그래프에서는 연속적으로 데이터가 추가되므로 slider 프로퍼티의 최솟값, 최댓값은 그래프 이벤트에따라 설정된다. 이런 부분은 사용자정의 컨트롤을 개발할 때 생각해야 할 부분이다.

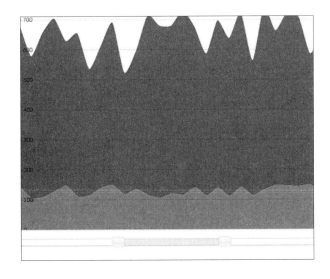

위 그림을 보듯이 슬라이더는 주어진 시간에 위치한다. 시간이 변경됨에 따라 슬라이더가 데이터를 따라 움직이기 때문이다.

이미지 캐러셀 만들기

이미지 캐러셀image carousel[1]은 웹 사이트에서 가장 인기 있는 마케팅 수단이자 쇼케이스 도구다. 그리고 이미지 갤러리나 프리젠테이션을 보여주는 도구다.

이번 예제에서는 이미지 캐러셀을 만들어 본다. 예제는 시간에 따라 이미지가 바뀌며 마우스가 이미지 캐러셀 위에 위치하면 이미지 변동을 중지한다. 또한 이미지 캐러셀에는 사각형 모양의 네비게이션 영역이 있어 현재 이미지와 총 남아있는 이미지를 알 수 있다.

이 예제에서는 CSS 3D 변환 같은 HTML5 기능을 사용해 3D 캐러셀을 만든다.

준비

우선 예제를 만들기 위해 3개의 이미지를 준비한다. 이 이미지들의 이름을 1.jpg, 2.jpg, 3.jpg으로 한다.

예제 구현

제이쿼리, HTML5, CSS 변환을 사용해 이미지 캐러셀을 만든다.

1. 먼저 HTML 페이지를 만들고 캐러셀과 회색 이미지 컨트롤을 만든다. 네비게이션 컨트롤을 이미지 캐러셀 중간 아래에 배치한다.

```
<!DOCTYPE html>
<html>
    <head>
        <title>Image carousel</title>
        <style type="text/css">
```

---

1 회전목마처럼 회전하듯이 변하는 이미지 — 옮긴이

156

2. 깊이가 있는 3D 뷰를 만들기 위해 메인 컨테이너에는 `perspective` 프로퍼티를 만든다. 이 프로퍼티는 스크린으로부터 이미지까지의 거리를 나타낸다. 즉, 가까이에 있는 것은 크게 보이게 하고 먼 데 있는 것은 작게 보이게 한다.

```
#carousel {
    perspective: 500px;
    -webkit-perspective: 500px;
    position:relative; display:inline-block;
    overflow:hidden;
}
```

3. 이제 스스로 회전하는 회전기에 이미지를 배치한다. 이 회전 동작을 위해 자식 엘리먼트의 3D 변환을 설정한다.

4. 그리고 `transition` 프로퍼티를 추가하고 설정해 회전기와 이미지가 변환 애니메이션을 만들게 한다. 예제에서 변환은 1초 동안 일어난다.

```
#rotator {
    transform-style: preserve-3d;
    -webkit-transform-style: preserve-3d;
    position:relative;
    margin:30px 100px;
    width:200px; height:200px;
    transition: transform 1s;
    -webkit-transition: -webkit-transform 1s;
}
#rotator img {
    position:absolute;
    width: 200px; height:200px;
    transition: transform 1s;
    -webkit-transition: -webkit-transform 1s;
}
#controls {
    text-align: center;
    position:absolute;
    left:0; bottom:0.5em;
```

```
        width:100%;
      }
      #controls span {
        height: 1em; width: 1em;
        background-color:#ccc;
        margin: 0 0.5em;
        display: inline-block;
      }
    </style>
  </head>
  <body>
    <div id="carousel">
      <div id="rotator">
        <img class="image" src="1.jpg">
        <img class="image" src="2.jpg">
        <img class="image" src="3.jpg">
      </div>
      <div id="controls"></div>
    </div>
    <script src="http://ajax.googleapis.com/ajax/libs/jquery
    /1.8.2/jquery.min.js"></script>
    <script type="text/javascript" src="example.js">
    </script>
  </body>
</html>
```

5. 캐러셀 애니메이션 동작과 클릭할 수 있는 컨트롤 생성 코드는 example.
   js에 있다.

```
(function() {
  $("#carousel").on('mouseover', pause);
  $("#carousel").on('mouseout', start);
  var position = 0;
  var all = $("#carousel").find('.image');
  var total = all.length;
```

6. 이미지는 3D 공간에서 적절한 위치에 놓이게 되고 각 이미지는 여러 각
   도로 회전하며 계산된 만큼 이동한다. 더 자세한 사항은 예제 분석을 참
   조하라.

```
var angle = (360 / total);
var deg2radfac = 2 * Math.PI / 360;
var zMovement = $("#rotator").width() / 2 *
   Math.tan(deg2radfac * angle / 2);
all.each(function(k) {
   var trans = 'rotateY(' + (angle * k).toFixed(0) + 'deg)'
      + 'translateZ('+ zMovement.toFixed(0) + 'px)';
   $(this).css('transform', trans);
});

$("#rotator").css('transform', 'translateZ('+ (0 - zMovement).
toFixed(0) + 'px)');
```

7. 생성한 캐러셀 콘트롤에 있는 이미지는 회전을 시작한다.

```
for (var k = 0; k < all.length; ++k) {
   $('<span />').attr('data-id', k).appendTo("#controls");
}
$("#controls").on('click', 'span', function() {
   changeTo(position = $(this).attr('data-id'));
});
ctrls = $("#controls span");
start();
```

8. 마지막으로 캐러셀의 위치를 변경하는 함수를 다룬다. change 함수는
   dir 엘리먼트로 위치를 변경하고 changeTo 함수는 특정 엘리먼트로 위
   치를 변경한다. 그리고 캐러셀 타이머를 시작한다.

```
function change(dir) {
   dir = dir || 1;
   position += dir;
   if (position >= all.length) position = 0;
   else if (position < 0) position = 0;
```

```
        changeTo(position);
    }
    function changeTo(position, cb) {
        ctrls.css({'opacity': 0.33});
        ctrls.eq(position).css({'opacity': 1});
        $("#rotator").css('transform',
            'translateZ('+ (0 - zMovement).toFixed(0) + 'px) ' +
            'rotateY(' + (angle * position).toFixed() + 'deg) ');
    }

    function start() { timer = setInterval(change, 5000); }

    function pause() {
        if (timer) { clearInterval(timer); timer = null; }
    }
}());
```

예제 분석

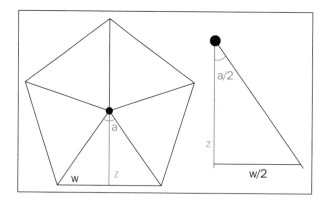

캐러셀은 사용하고자 하는 이미지 개수에 맞춰 만들어진다. 각 이미지 변환이 일어날 때의 동작을 자세히 알려면 캐러셀의 상단 뷰를 살펴봐야 한다. 위 그림에는 캐러셀에 5개의 면이 있다. 각 면은 z 거리만큼 떨어져 있는 중앙을 기점으로 회전한다. 그리고 a 각도만큼 여러 번 회전한다. 각도를 다음처럼 계산한다.

160

```
a = 360 / 총 면수
```

z 변환은 좀 더 계산하기 어렵다. 이를 계산하려면 z와 각 면의 길이의 반을 너비로 하는 삼각형을 봐야 한다. 여기에 다음과 같은 삼각함수를 적용한다.

```
tan(a/2) = (w/2) / z
```

이 식에서 다음처럼 z를 계산한다.

```
z = w/2 / tan(a/2)
```

캐러셀 회전을 살펴보면 rotator는 5초마다 a 각도만큼 회전한다. 또한 사용자가 회전을 변경할 수 있게 클릭을 지원한다.

또한 캐러셀 앞면과의 거리 z를 항상 같게 설정해 rotator를 반대방향으로 이동해 마치 회전하지 않은 것처럼 할 수도 있다.

이 예제에서는 HTML의 새 기능을 사용해 약간은 지루한 캐러셀 만들기에 재미와 참신함을 넣었고 사용자는 이 기능에 놀랄 것이다.

 이 책을 쓰고 있는 현재 CSS3 기능 중 일부를 어떤 브라우저는 지원하지 않는다. 인터넷 익스플로러 9에서는 HTML5의 많은 기능을 지원하지 않으며 인터넷 익스플로러 10에서는 지원한다. 그러므로 이러한 기법을 사용하려면 먼저 브라우저의 요구 사항부터 찾아봐야 한다.

차트 주밍과 패닝

지금까지 이 책에서 다뤘던 차트는 모두 정적인 차트다. 그래서 모두 분량이 제한된 데이터만을 시각화했다. 하지만 데이터가 점점 더 커지면서 사용자는 차트에서 데이터 영역을 선택하려고 했다.

이런 동작을 위해 주밍zooming[2]과 패닝panning[3] 동작을 할 수 있는 컨트롤을 만들어 본다. 플롯 차트 라이브러리는 네비게이션 플러그인을 사용해 주밍과 패닝 같은 동작을 쉽게 구현할 수 있다.

이번 예제에서는 일주일간의 온도 변화를 30분마다 확인하는 차트를 구현한다. 그리고 시간에 따른 주밍과 패닝이 가능한 컨트롤을 배치한다.

준비

플롯 라이브러리를 http://www.flotcharts.org/에서 내려 받을 수 있으며 별도 폴더 이름인 flot에 압축 해제한다.

예제 구현

이 예제를 만들 수 있게 HTML 파일을 만들고 플롯, 제이쿼리를 추가한다.

1. 먼저 기본 HTML 페이지를 만들고 차트가 위치할 엘리먼트를 만든다. 그리고 제이쿼리(플롯에 필요하다)를 추가하고 플롯 라이브러리와 플롯 네비게이션 플러그인을 추가한다. 플롯은 div 엘리먼트에 차트를 그리므로 div 엘리먼트도 준비한다. 또한 엘리먼트의 width와 height를 CSS로 설정한다. 너비와 높이를 설정하지 않으면 플롯이 올바른 동작을 하지 않는다.

```
<!DOCTYPE HTML>
<html>
<head>
    <title>Chart example</title>
</head>
<body>
    <div id="chart" style="height:200px; width:800px;"></div>
    <script src="http://ajax.googleapis.com/ajax/libs/jquery/1.8.2/
jquery.min.js"></script>
```

---

2 카메라 렌즈를 앞뒤로 움직여 배율을 조절하는 중에 나타나는 영상 효과 — 옮긴이
3 상하좌우로 카메라를 움직일 때 나타는 영상 효과 — 옮긴이

162

```
      <script src="flot/jquery.flot.js"></script>
      <script src="flot/jquery.flot.navigate.js"></script>
      <script type="text/javascript" src="example.js"></script>
   </body>
   </html>
```

2. example.js에 다음과 같은 코드를 추가한다.

```
$(function() {
    var now = Date.now();
    var hour = 60 * 60 * 1000, day = 24*hour;
    var weekAgo = now - 7*day;
    var zoomOut = null;
    function getData(cb) {
        var temperatures = [];
        // 실제 데이터 같은 랜덤 데이터 생성.
        for (var k = 24 * 7; k >= 0; --k)
            temperatures.push([now - k*hour,
                Math.random()*2 + 10*Math.sin(k/4 + 2)]);
        cb(temperatures);
    }
    getData(function(data) {
        var p = $.plot("#chart", [{data: data}], {
            xaxis: {
                mode: 'time',
                zoomRange: [day / 2, 7 * day],
                panRange: [weekAgo, now]
            },
            yaxis: { zoomRange: false, panRange: false },
            zoom: { interactive: true },
            pan: { interactive: true }
        });
        zoomOut = p.zoomOut.bind(p);
    });
    $('<input type="button" value="zoom out">').appendTo("#chart")
        .click(function (e) {
            e.preventDefault();
            zoomOut && zoomOut();
```

```
        });
    });
```

차트를 그리기 위해 우리는 먼저 getData 함수를 작성해 실제같은 온도 랜덤 데이터를 생성한다. 온도 랜덤 데이터는 낮동안에는 온도가 올라가고 밤에는 떨어진다. 이 함수는 콜백 기반으로 되어 있어 나중에 서버로부터 데이터를 받는 함수로 대체할 수 있다.

$.plot 함수에는 세 인자가 있다. 첫 번째 인자는 차트가 위치할 엘리먼트며 두 번째 인자는 차트에 그릴 데이터 집합이다. 그리고 세 번째 인자는 옵션이다. 예제에서는 이 함수에 데이터 집합을 한 개만 적용한다.

또한 이번 예제에서 차트에 추가할 새로운 옵션은 줌 아웃 버튼이다. 이 옵션은 축을 기반으로 주밍과 패닝 범위를 설정한다. 예제에서는 Y 축을 기반으로는 주밍과 패닝을 설정하지 않는다. 그래서 이를 비활성화했다.

zoomRange 옵션은 주밍의 최솟값과 최댓값을 설정한다. 예제에서는 최소 반나절부터 최대 일주일까지를 설정했다.

panRange 옵션은 X축에서 최솟값과 최댓값을 설정한다. 예제에서 설정한 값으로는 최소 weekAgo 전과 최대 now 이상으로는 패닝이 불가능하다.

마지막으로 주밍과 패닝을 활성화한다. 즉, 사용자로 하여금 더블클릭으로 줌인zoom-in을 할 수 있게 하고 마우스 드래그로 패닝을 할 수 있게 한다.

또한 사용자가 주밍을 재설정하려고 **zoomOut** 버튼을 추가해 zoomOut 함수를 호출할 수 있게 했다. 이 함수는 $.plot 함수로부터 반환된 객체가 데이터를 변경하므로 매번 차트가 다시 그려질 때마다 갱신된다. 더불어 getData 함수도 여러 번 호출된다.

이 예제의 기법을 사용하면 사용자가 보고자 하는 데이터의 범위를 차트에 지정해 여러 동작을 추가할 수 있다. 플롯 네비게이션은 모든 차트에서 잘 동작하며 이전 예제에서 다뤘던 차트도 모두 지원한다.

웹 통지 API 사용

웹 통지web notification는 최신 브라우저에 추가된 새로운 기능 중에 하나다. 이는 웹 페이지 밖에 있는 사용자를 대상으로 경고처럼 동작한다. 예를 들어 모바일 브라우저를 사용할 때 디바이스의 홈 스크린으로 웹 통지를 할 수 있는데, 이는 브라우저에서 의도하는 바라고 할 수 있다. 적어도 모든 데스크탑 환경에서 스크린 오른쪽 하단에 경고처럼 보여진다.

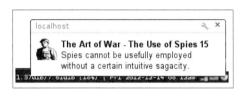

준비

이 예제에서는 구텐베르크 프로젝트 http://www.gutenberg.org/의 데이터를 사용한다. 이 데이터는 손자병법에 나오는 간첩 활용법에서 힌트를 얻었으며 예제 코드 data.json에 있다.

예제 구현

이 예제를 만들기 위해 HTML 파일을 생성하고 간결함을 위해 제이쿼리를 사용한다.

1. 먼저 HTML 부분부터 시작하자. HTML 페이지에 간단한 버튼과, 브라우저에서 웹 통지를 지원하지 않을 경우 예제에서 사용할 ID fallback으로 div 엘리먼트를 만든다.

```
<body>
    <button id="show">Show quote</button>
    <div id="fallback" ></div>
    <script src="http://ajax.googleapis.com/ajax/libs/jquery/1.8.2/
```

```
jquery.min.js"></script>
    <script src="js/notification.js"></script>
    <script src="js/display.js"></script>
</body>
```

2. 이제 notification.js 파일을 만들어 simpleNotifations.show(data)를 생성할 유틸리티로 사용한다. 먼저 webkitNotifications로 지원 여부를 체크해야 한다.

```
var simpleNotification = (function () {
    var my = {};
    my.show = function (data) {
        if (window.webkitNotifications) {
            // webkitNotifications 지원 여부 체크
            if (window.webkitNotifications.checkPermission() == 0) {
                var notification = webkitNotifications
                    .createNotification(data.icon, data.title, data.body);
                notification.show();
                //set timeout to hide it
                setTimeout(function(){
                    notification.cancel();
                }, data.timeout);
            } else {
                webkitNotifications.requestPermission(function () {
                    //call the same function again
                    my.show(data);
                });
            }
        }
    }
}
```

3. 다음은 실제 표준 기반의 웹 통지 객체를 체크할 차례다. 가까운 미래에는 모든 브라우저에서 지원할 것이므로 아래 코드는 한 줄이면 충분할 것이다.

```
else if (window.Notification) {
    if ("granted" === Notification.permissionLevel()) {
        var notification = new Notification(data.title, data);
```

```
        notification.show();
    } else if ("default" === Notification.permissionLevel() ) {
        Notification.requestPermission(function () {
            //같은 함수 호출
            my.show(data);
        });
    }
}
```

4. 마지막으로 브라우저에서 웹 통지를 지원하지 않는 경우다. 이런 경우에
   는 예외 처리를 해 애플리케이션을 종료한다.

```
    }else{
        //웹 통지를 지원하지 않는 경우의 예외 처리
        data.errorCallback();
    }
};
return my;
}());
```

5. 다음으로 display.js 파일을 만들어 랜덤 데이터를 생성한다. 그리고 이전
   에 정의한 simpleNotification.show() 메소드를 호출한다. 먼저 데이터
   를 가져온다.

```
function fetchRandomQuote(location,data){
    $.ajax(
    {
        url:location,
        dataType:'json',
        success: function(result){
            var quoteNumber = Math.floor(Math.random()*26)+1;
            var obj = result.quotes[quoteNumber];
            for(var key in obj){
                data.title += key;
                data.body = obj[key];
            }
            simpleNotification.show(data);
        }}
```

```
        );
    };
```

6. 다음은 웹 통지 설정에 아이콘, 기본 메시지, 예외처리 등 기본 동작을 data 객체를 사용해 설정한다.

```
$(document).ready(function() {
    $("#show").click(function (){
        var data = {
            icon: "images/war.png",
            title: "The Art of War - The Use of Spies ",
            body: "text",
            timeout : 7000,
            errorCallback: function(){
                $("#fallback").text(this.body);
            }
        };
        fetchRandomQuote('js/data.json',data);
    });});
```

예제 분석

웹 통지 로직이 있는 notification.js 파일을 자세히 살펴보자. 웹 통지 여부 확인을 if (window.webkitNotifications)와 if (window.Notification)로 하는데, 브라우저에 이러한 객체가 있는지를 확인하는 방법이다. 이런 객체가 없다면 브라우저에서는 웹 통지를 지원하지 않는다는 의미고, if 조건이 맞는 경우에는 지원한다는 의미다. 그리고 다음처럼 허가 여부를 확인한다.

```
if (window.webkitNotifications.checkPermission() == 0)
```

위 코드 이후에는 웹 통지를 자유롭게 사용할 수 있으며 다음처럼 icon, title, body 매개변수를 사용해 웹 통지를 사용할 수 있다.

```
var notification = webkitNotifications.createNotification(data.icon, data.title, data.body);
notification.show();
```

일정 시간 이후에 웹 통지를 숨기고 싶다면 다음과 같은 함수를 추가한다.

```
setTimeout(function(){
    notification.cancel()
}, data.timeout);
```

한편 웹 통지 표시 허가를 받지 못한 경우에는 사용자에게 확인하는 메시지를
다음과 같은 코드를 사용해 표시한다.

```
webkitNotifications.requestPermission(function () {
    my.show(data);
}
```

 허가 요청은 임의의 HTML 엘리먼트에서 발생하는 사용자 이벤트다. 예제의 경우에는 버
튼에 onClick 함수로 이를 구현했다. 더 자세히는 제이쿼리의 $("#show").click(function (){
...}을 사용했다.

데이터를 가져오는 부분을 더 자세히 설명하지 않아도 된다. 그리고 웹 통지
기본 객체에는 images/war.png 값을 가진 icon 매개변수가 있어 웹 통지에 사
용되며 예외 처리 함수와 timeout 설정도 있다.

```
var data = {
    icon: "images/war.png",
    title: "The Art of War - The Use of Spies ",
    body: "text",
    timeout : 7000,
    errorCallback: function(){
    $("#fallback").text(this.body);
} };
```

 이 책을 쓰고 있는 현재 크롬에서만 웹 통지를 전부 지원한다. 하지만 사파리 6.0과 파이
어폭스 22 오로라 또한 처음으로 지원을 시작했다.

웹 통지의 전체 표준을 http://www.w3.org/TR/notifications/에서 찾아볼 수 있다.

데이터 집합을 사용해 지구를 나타내는 지도를 생성

이번 예제에서는 멋지고 상호작용성이 있는 지구 지도 차트를 만들고 데이터를 표시하기 위한 방법을 알아본다. 이런 지구 차트는 광범위한 지리학적 지역의 통계를 표시하는 데 자주 사용하는데, 보통 투표 결과를 나타내거나 지구 온난화 통계 조사 등에 많이 사용한다. 예제에서는 여러 나라를 아우르는 지도를 표시하며 영연방 회원국과 영연방 후보 국가를 시각화해 표시한다.

 영연방은 54개의 독립국가로 이뤄져 있다. (회원국 중 한 곳은 현재 회원 자격이 중지 중이다.) 영연방 대부분은 영국 식민지였거나 식민지에 의존했던 국가다. 영연방 국가는 서로 압력을 행사하지 않으며 정치적 공동체로 유지한다. 오히려 연방 국가 간의 관계는 국제기구처럼 유지되며 질병, 정치, 경제 문제 등에 협력한다. 그리고 연방 국가들은 싱가폴 선언에 나와 있는 공동 목적과 목표를 지니고 행동한다.

(http://en.wikipedia.org/wiki/Member_states_of_the_Commonwealth_of_Nations)

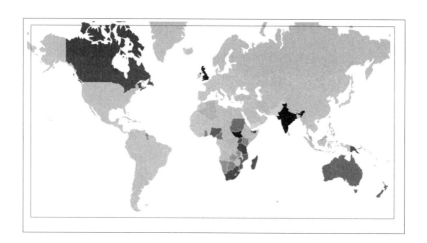

준비

여러 지역 경계가 정의되어 있고 공용 데이터에서 가져온 데이터(http://www.naturalearthdata.com/downloads/)가 있는 JSON 객체가 있다.

예제에서는 이 데이터를 world-data.json 파일로 두고 사용한다. 이 파일은 예제 코드에 있다.

예제 구현

world-data.js 파일을 가져온 후에는 HTML과 자바스크립트 파일을 만든다.

1. 먼저 world-data.json 파일에 잇는 각 국가간 경계를 살펴보자. 예를 들어 바하마를 살펴보면 다음과 같다.

```
{
    "type":"Feature",
    "properties":{
        "name":"The Bahamas"
    },
    "geometry":{
        "type":"MultiPolygon",
        "coordinates":[":[
        [
            [
                [
                    -77.53466,
                    23.75975
                ],
                [
                    -77.78,
                    23.71
                ], …
            ]}}
```

위 JSON 데이터는 나라 이름을 프로퍼티로 가지며 나라의 지역 정보를 여러 점으로 나타낸 다각형으로 지닌다.

경계 데이터를 만들고 표현하는 데는 여러 방법이 있다. 자신만의 경계를 만들거나 이미 사용할 수 있는 데이터를 가져오기 위해서는 오픈 스트리트 맵(http://www.openstreetmap.org/)을 사용한다. 오픈 스트리트 맵은 이 옵션을 제공하는 훌륭한 프로젝트다. 예를 들어 프로젝트 도구 중 하나인 오스모시스(Osmosis)를 사용해 여러 배율에 맞춰 특정 객체의 벡터 데이터를 가져올 수 있다(http://wiki.openstreetmap.org/wiki/Osmosis).

2. CSS와 D3.js를 HTML 헤드 부분에 추가한다.

```
<style>
.frame {
    stroke: #333;
    fill: none;
    pointer-events: all;
}
.feature {
    stroke: #ccc;
}
</style>
<script src="http://d3js.org/d3.v2.js"></script>
```

3. HTML의 바디 부분에서는 유럽 지역의 각 나라 이름이 있고 그 수와 색의 랜덤 데이터를 만드는 자바스크립트 코드가 시작된다.

```
<script>
var commonwealth = [
"Australia", "Algeria",
"The Bahamas", "Bangladesh",
"Belize", "Botswana",
"Brunei", "Cameroon",
"Canada", "Cyprus",
"Gambia", "Ghana",
"Guyana", "India",
"Jamaica", "Kenya",
"Lesotho", "Malawi",
"Malaysia", "Mozambique",
```

```
"Madagascar", "Namibia",
"New Zealand", "Nigeria",
"Pakistan", "Papua New Guinea",
"Rwanda", "Sierra Leone",
"Solomon Islands", "Somaliland",
"South Africa", "South Sudan",
"Sudan", "Sri Lanka",
"Swaziland", "United Republic of Tanzania",
"Trinidad and Tobago", "Yemen",
"Uganda", "United Kingdom",
"Vanuatu", "Zambia"
];
function random(number) {
    return Math.floor(Math.random()*number).toString(16)
}
function randomColor() {
    return "#"+random(255)+random(255)+random(255);
}
```

4. 나라가 위 코드에서 기술한 내용에 있으면 #bbb를 반환하고 그렇지 않은
   경우에는 임의의 색상을 반환하는 함수를 추가한다.

```
function getColorForCountry(name){
    if(commonwealth.indexOf(name)<0){
        return "#bbb";
    }else {
        return randomColor();
    }
}
```

5. 다음에는 멋진 테두리를 만들기 위해 주변 여백을 설정한다.

```
var margin = {
    top: 10, right: 10,
    bottom: 10, left: 10
},
width = 960 - margin.left - margin.right,
height = 500 - margin.top - margin.bottom;
```

6. 다음에는 투사projection 방식, 확대 축소zoom 방식, 경로path 형태를 정의하는데, 확대 축소 기능에는 콜백을 추가해 zoom 이벤트를 move() 메소드로 전달한다.

```
var projection = d3.geo.mercator()
    .scale(width)
    .translate([width / 2, height / 2]);
var path = d3.geo.path()
    .projection(projection);
var zoom = d3.behavior.zoom()
    .translate(projection.translate())
    .scale(projection.scale())
    .scaleExtent([height, 10 * height])
    .on("zoom", move);
```

7. SVG 이미지를 이전에 설정한 너비와 높이로 생성한다. 그리고 줌을 호출해 설정한 배율을 가져온다.

```
var svg = d3.select("body").append("svg")
    .attr("width", width + margin.left + margin.right)
    .attr("height", height + margin.top + margin.bottom)
    .append("g")
    .attr("transform", "translate(" + margin.left + "," + margin.top
+ ")")
    .call(zoom);
```

8. 이번에는 지도에서 feature를 선택해 g 엘리먼트를 추가한다.

```
var feature = svg.append("g")
    .selectAll(".feature");
```

9. 그리고 SVG 사각형을 만들어 지도 주변으로 프레임을 만든다.

```
svg.append("rect")
    .attr("class", "frame")
    .attr("width", width)
    .attr("height", height);
```

10. 이제 world-data.json 파일에서 데이터를 가져온다. 그리고 국가 경로를 만들고 d.properties.name에 따라 적절한 컬러를 선택해 채운다.

```
d3.json("js/world-data.json", function(data) {
    feature = feature
    .data(data.features)
    .enter().append("path")
    .attr("class", "feature")
    .attr("d", path)
    .style("fill", function(d)
        {return getColorForCountry(d.properties.name)});
});
```

11. 마지막으로 줌에 따라 move() 함수를 호출한다.

```
function move() {
    projection.translate(
    d3.event.translate).scale(d3.event.scale);
    feature.attr("d", path);
}
```

예제 분석

먼저 d3.geo.mercator()은 구체 데이터로부터 메르카토르 도법을 만든다.

 메르카토르 도법은 제라더스 메르카토르(Gerardus Mercator)가 1959년에 만든 원통형 도법이다. 지도를 표현할 때 이 도법을 아주 많이 사용하지만 적도에서 극점으로 이동할수록 객체가 왜곡되어 그 크기와 모양이 변질되는 단점이 있다. 메르카토르 도법을 더 알고 싶다면 https://en.wikipedia.org/wiki/Mercator_projection와 https://en.wikipedia.org/wiki/File:Cylindrical_Projection_basics2.svg를 참조하라

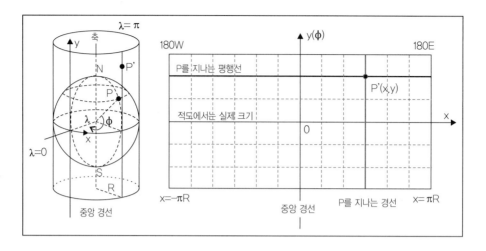

d3.geo.path() 메소드는 이미 정의된 설정으로 새로운 지리적 경로를 생성한다. 이 경로 생성기를 projection 타입에 사용한다.

```
var path = d3.geo.path()
    .projection(projection);
```

d3.behavior.zoom() 메소드는 projection 타입에 scaleExtent로 크기와 줌범위를 적용해 자동 줌 기능을 추가한다.

```
d3.behavior.zoom()
    .scale(projection.scale())
    .scaleExtent([height, 10 * height])
    .on("zoom", move);
```

국가를 생성 시에는 world-data로부터 데이터를 가져와 각 국가의 경계를 나타내는 SVG 경로를 생성한다. 그리고 여기에 스타일과 컬러를 입힌다.

```
d3.json("js/world-data.json", function(data) {
    feature = feature
    .data(data.features)
    .enter().append("path")
```

이런 종류의 지도를 주제도choropleth map라고 하는데, 이는 특정 주제에 맞춘 지도라는 의미이며, 이 지도에 통계 변수를 표시한다.

js/world-data.json 파일에는 메타데이터 조금과 각 국가의 경계 데이터가 있다. 메타데이터는 영연방 국가 리스트와 매치된다. 그리고 매치되는 국가에는 컬러가 적용된다. 또한 예제에는 지도 데이터에 없는 국가도 있다.

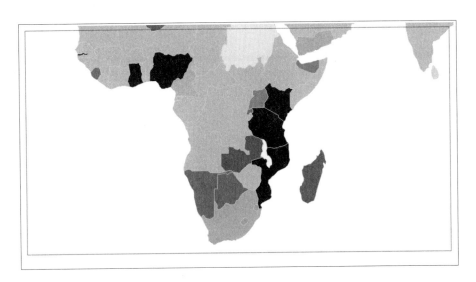

부연 설명

자바스크립트와 지도로 작업할 때는 주로 두 개 포맷을 사용한다. 하나는 GeoJSON(http://www.geojson.org)으로 다양한 지리 데이터 구조를 위한 포맷이며 그 밖의 하나는 TopoJSON(https://github.com/mbostock/topojson)으로 GeoJSON의 확장이며 지형 정보를 지닌다. TopoJSON은 GeoJSON의 특성을 더 살리기 위해 아크라는 선분을 사용한다.

또한 CartoDB(http://cartodb.com/)라는 지도를 만드는 회사가 있으며 D3를 확장시켜 사용해 지도를 만든다. 이 회사의 지도는 상용 버전도 있지만 여러 옵션과 함께 무료로도 사용할 수 있다.

HTML5 입력 컴포넌트 사용

4

4장에서는 HTML5에 추가된 새로운 엘리먼트 타입을 알아본다. 4장에서 다룰
주제는 다음과 같다.

- text 입력 필드 사용
- textarea 사용
- 날짜 입력
- 시간 입력
- 전화번호 입력
- 범위 입력 필드
- 컬러 선택 입력
- 단일 선택 드롭다운 사용
- 다중 선택 리스트 사용
- 지리 위치 입력
- 클라이언트에서 파일 입력 사용
- 드래그앤드롭 파일 영역 사용

소개

폼은 웹 애플리케이션 개발에서 일상적인 작업 중 하나다. 우리는 입력 기능들을 만들기 위해 이미 있는 것을 수없이 다시 만들기도 했다 . HTML5에 새로운 입력 유형, 그리고 기존 구조를 확장하는 속성과 확장 기능이 추가되었다. 이 새로운 기능 중 대부분은 이미 최신 브라우저에서 사용할 수 있어 좀 더 편리한 애플리케이션을 개발할 수 있게 되었다. 아직 만들어지지 않은 기능에 대해서는, 유물이 되어 버린 구형 시스템legacy system에서 동작하는 대체시스템 fallback을 사용할 수 있다. 그러므로 적어도 현존하는 기능 중 일부를 지닌채로 개발에 착수하지 않을 이유는 없어 보인다.

 HTML5 기능을 확인하는 방법은 여러 가지가 있다. 많은 웹 사이트에서 HTML5의 기능 지원 여부를 알려 주지만 그 중 http://caniuse.com/과 http://html5please.com/를 확인 하길 바란다. 대체시스템을 추가하기 원치 않는다면 두 사이트에서 정보를 참고할 수 있다.

text 입력 필드 사용

여기서는 HTML `<input type="text">`로 데이터 입력의 기본 사용법을 알아본다. 이 입력 유형input type은 입력 값의 라인 브레이크를 자동으로 제거하므로, 다음 그림과 같이 한 줄 짜리 텍스트에 많이 사용한다.

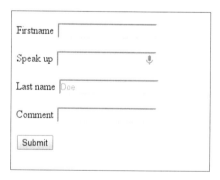

HTML 문서의 바디 부분에서는 text 타입의 입력 폼을 생성해 배치한다.

1. 먼저 가장 기본 입력 유형인 text를 추가한다.

```
<form>
  <p>
    <label>Firstname  <input name="firstname" type="text" /> </label>
  </p>
```

2. 다음으로 오디오 입력을 추가한다.

```
    <p>
       Speak up <input name="quote" type="text" x-webkit-speech
speech>
       </p>
```

3. 또한 placeholder 속성과 autofocus 속성을 추가한다.

```
<p>
   Last name: <input name="lastname" type="text"
   placeholder="John Doe">
</p>
<label>
   Comment <input name="comment" type="text" title="This
   is area to insert your opinion" autofocus > </label>
```

4. 마지막으로 submit을 추가하고 폼을 닫는다.

```
   <input type="submit" >
</form>
```

`<input name="firstname" type="text">` 엘리먼트는 가장 기본적인 HTML 입력 엘리먼트며 폼을 제출하면 다음과 같은 질의$_{query}$ 파라미터가 사용된다.

```
?firstname=someText&...
```

그 다음 입력 엘리먼트에는 `x-webkit-speech speach` 속성이 있는데 이 속성은 크롬만의 음성 입력 속성이며 마이크를 사용해 소리로 텍스트를 입력할 수 있다.

 이러한 음성 입력 기능은 구글 서버에서 소리를 분석하며 곧 표준이 될 것이다. 하지만 이러한 기능은 웹의 개방 정신과는 거리가 있다. 이러한 기능이 넓게 퍼지려면 구글 말고 도 음성 인식기를 개방적으로 선택할 수 있어야 한다.

세 번째 입력 엘리먼트에서는 `placeholder` 속성을 사용해 입력 필드 안에 힌트를 표시했다.

HTML5에 새로 추가된 기능으로 `autofocus` 속성이 있다. 이 속성은 불boolean 값을 가지며 페이지가 처음 로딩됐을 때 포커스가 갈 엘리먼트를 설정할 수 있다. 예제에서는 이 속성을 한 줄로 표현했다. 하지만 이는 `autofocus="true"`와 같은 뜻이다. 여기서 기억해야 할 점 하나는 이 속성이 초기 포커스를 얻는 엘리먼트여서 폼 엘리먼트에 덧붙여질 수 있다는 사실이다.

한편 `input type="hidden"`으로 설정된 엘리먼트에는 적용될 수 없다. 이는 통용되지 않는 방법이기 때문이다.

부연 설명

음성 데이터 입력의 대비책을 준비하자면 아래와 같이 간단하게 브라우저에서 지원되는지 체크하면 된다.

```
var hasSupportForSpeach =
document.createElement("input").webkitSpeech != undefined;
```

또한 음성 입력 사용이 가능한 경우 이벤트를 발생시켜 줄 수도 있다.

```
onwebkitspeechchange="myOnChangeFunction()"
```

개발되어 있는 음성 입력에 대한 개방형 대책으로는 Web Speech API가 있다. Web Speech API는 음성를 입력받아 텍스트로 출력하는 기능을 개발자들에게 공급하는 데 주된 목적이 있다. API 정의에는 음성 인식을 하는 곳이 정의되어 있지 않다. 즉, 서버에서 인식할지 클라이언트에서 인식할지는 브라우저 회사에 달렸다. 이 API의 더 자세한 정보를 https://dvcs.w3.org/hg/speech-api/raw-file/tip/speechapi.html에서 참조하자.

HTML5에서 음성 인식을 위한 표준 그리고 초기 요구사항을 정리한 워킹그룹에 대해서는 http://www.w3.org/2005/Incubator/htmlspeech/을 참조하자.

textarea 사용

이번 예제에서는 textarea 엘리먼트를 살펴보고 사용할 수 있는 속성이 있는 간단한 폼을 생성해본다. textarea는 여러 줄에 걸친 텍스트를 입력할 때 많이 사용한다.

예제 구현

textarea 엘리먼트 사용 방법을 보여주기 위해 form을 만든다.

1. 먼저 placeholder 속성이 설정된 textarea 엘리먼트를 추가한다.

```
<form>
    <label>Short info: <textarea placeholder="some default text"></
textarea>
    </label>
```

2. 그리고 rows와 cols 속성을 설정한 textarea를 추가한다.

```
<label>
    Info with default size set: <textarea  rows="4" cols="15"
placeholder="some default text"></textarea>
</label>
```

3. maxlength 속성을 설정한 textarea를 추가한다.

```
<label>
    Max area limited to 5 characters <textarea maxlength="5"
placeholder="Inset text here limit 5 char"></textarea>
</label>
```

4. title 속성을 설정한 것도 하나 더 추가한다.

```
<label>
    Tip on hover <textarea maxlength="5" title="add an super awesome
comment"></textarea>
</label>
```

5. 마지막으로 submit을 추가하고 form을 닫는다.

```
    <input type="submit"/>
</form>
```

예제 분석

이번 예제에서는 복수 라인과 줄 바꿈이 허용되는 `<textarea />` 엘리먼트를
살펴봤다. 또한 rows, cols 같은 속성을 사용해 초기 크기를 설정했다. 이는 아
래와 같이 CSS로도 초기 설정을 할 수 있다.

```
textarea{
    width:300px;
    height:100px;
}
```

대부분의 최신 브라우저에서는 텍스트 영역 오른쪽 밑에 마우스로 드래그할
수 있는 영역이 있어 크기를 변경할 수 있다. 이런 크기 변경은 CSS에서 max-
width, max-height를 설정해 비활성화할 수도 있다.

또한 maxlength를 사용해 문자 수를 제한할 수도 있다. 예를 들어 maxlength
="5"로 설정하면 최대 5개 문자만 입력할 수 있다.

그리고 title 속성을 설정해 사용자에게 입력 필드의 힌트를 제공할 수도
있다.

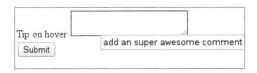

 title, maxlength, placeholder 같은 속성은 textarea에만 국한된 것은 아니며 그 밖의 엘
리먼트에서도 사용할 수 있다. 예를 들어 title 엘리먼트는 HTML5에서 가장 많이 사용하
는 속성 중 하나며 모든 엘리먼트에 추가할 수 있다. 다음 코드를 참고하자.

```
<input type="text" autofocus maxlength="10"
placeholder= "Awesome">
```

입력 속성과 전역 엘리먼트 속성의 자세한 정보를 http://www.whatwg.org/specs/
web-apps/current-work/multipage/elements.html#global-attributes에서 참조하자.

날짜 입력

HTML5 이전에는 날짜 입력을 하는데 있어 사용자 정의 콘트롤을 만들어 사용
했으며 항상 기능이 부족했고 모든 브라우저에서 원활하게 동작하지 않았다.
하지만 지금은 별도의 날짜 입력 유형이 생겼고 이번 예제에서는 날짜 입력
사용방법을 알아본다. 그러나 아직은 여러 브라우저에서 완전하게 사용할 수
는 없지만 서서히 나아지는 중이다.

예제 구현

기본 HTML 문서를 만들고 바디 부분에 폼을 생성한다.

1. 먼저 바디 부분에 form을 추가하고 안에 date input 엘리먼트를 추가한다.

```
<form>
  <label>
    Select date  <input name="theDate" type="date">
  </label>
```

2. 비슷하게 month와 week 입력 엘리먼트를 추가한다.

```
<label>
  Select month <input name="theMonth" type="month">
</label>
<label>
  Select week <input name="theWeek" type="week">
</label>
```

3. 마지막에는 submit을 추가하고 폼을 닫는다.

```
    <input type="submit" />
</form>
```

브라우저 지원 여부에 따라 날짜 입력 필드는 빈 입력 필드 또는 완전한 날짜 입력 콘트롤로 표시된다.

`<input type="week" />`을 오페라 v12.11에서 렌더링한 모습

폼을 제출하면 폼의 유효한 문자열이 다음과 같은 매개변수로 전송된다.

```
?theDate=2012-12-21&theMonth=2012-12&theWeek=2012-W5
```

날짜, 주, 월의 생성과 동작은 대부분의 프로그래밍 언어에서 사용하고 있는 ISO 8601에 따라 동작하거나 데이터에 접근하고 표현하는 별도의 표준 방법을 사용한다. 또한 min과 max 속성을 설정해 날짜, 주, 월의 문자열을 올바르게 제어할 수 있으며 step을 설정해 선택 콘트롤의 최소 변경 단위를 설정할 수 있다. 기본 값은 1로 설정되어 있다.

시간 입력

이번 예제에서는 시간 입력 컨트롤의 사용 방법과 날짜 선택 컨트롤과 함께 사용하는 방법을 알아본다. 시간 입력 컨트롤은 브라우저에 시계를 렌더링하고 동시에 입력으로도 사용한다. 또한 시간대를 포함하는 옵션과 일반 시간을 표시하는 옵션, 그리고 다음 그림과 같이 간단한 폼을 생성해 설정한 시간을 가져오는 옵션을 알아본다.

Select time 05 : 01 PM ⬍

예제 구현

다른 예제와 비슷하게 입력 필드가 있는 폼을 생성한다.

1. 먼저 폼을 만들고 time 입력 엘리먼트를 추가한다.

```
<form>
  <label>
    Select time <input name="time" type="time" />
  </label>
```

2. dateitem-local 입력을 추가한다.

```
<label>
    Date and time local <input name="datetime-local" type="datetime-local" />
</label>
```

3. 또한 datetime 입력을 추가한다.

```
<label>
    Select date and time <input name="datetime" type="datetime" />
</label>
```

4. 마지막으로 폼을 제출하고 닫는다.

```
    <input type="submit">
</form>
```

예제 분석

폼을 제출하면 선택된 시간 값은 다음과 같은 질의 매개변수 형태로 URL에 나타난다.

```
/?time=00%3A00%3A00.00&datetime-local=2012-11-
02T12%3A00&datetime=2012-12-21T12%3A00Z/
```

위 문자열 중 time 매개변수는 00:00:00의 값을 가지며 %3A는 :를 URL로 인코딩한 문자다.

이와 비슷하게 datetime-local의 값 2012-11-02T12%3A00는 2012-11-02T12:00을 나타내며 YYYY-MM-DDThh:mm:ss 패턴으로 시간을 나타낸 값이다.

datetime 변수는 YYYY-MM-DDThh:mm:ssTZD 형식의 문자열이며 시간대 정보가 있다.

사용자가 시간 입력 엘리먼트에 올바르게 입력하면 최적화된 컨트롤이 있는 브라우저에서는 다음처럼 표시된다.

전화번호 입력

이번 예제에서는 전화번호 입력 유형을 살펴본다. 많은 국가의 전화번호 형식은 각기 다르므로 특별히 명시하지 않았다면 전화번호 입력에는 어떤 특정한 패턴이 없다. 특정한 패턴이 필요할 경우에는 6장 데이터 검증에서 다루는 검증 방법을 사용하면 된다.

텍스트 입력 유형의 주된 장점은 좀 더 정확히 사용할 수 있으며 모바일 장치에 최적화되어 있다는 점에 있다.

앞선 예제와 같이 간단하게 HTML의 바디 부분에 input 엘리먼트를 추가한다.

```
<form>
    <label>
```

```
    Inset phone <input type="tel" />
  </label>
</form>
```

예제 코드를 살펴보면 input type="text" 엘리먼트와 거의 비슷하다. 하지만 예제에서 사용한 방법은 좀 더 의미 면에서 정확한 방법이다. 그러면 왜 이 방법이 중요하며 왜 이 방법을 주의 깊게 사용해야 할까?

모바일 장치에서는 전화번호 입력 엘리먼트를 전화번호로 여겨 자동으로 숫자 입력 키패드를 표시하는데, 안드로이드 장치에 표시되는 키패드 모양을 예로 들면 다음 그림과 같다.

입력 유형에는 input type="url", input type="search", input-type="email"과 같은 종류가 있으며 각 엘리먼트에 의미를 부여하고 모바일

190

장치에서는 상황에 알맞은 키보드를 표시할 수 있게 한다. 또한 입력 유형에 따라 입력 데이터를 검증하는 로직이 있을 수 있으며 좀 더 특별한 함수를 설정할 수도 있다. 검증 부분에 대해서는 검증 예제를 참조하자.

HTML5의 모든 입력 유형에는 inputmode라고 하는 속성이 추가됐는데, 이는 **입력 양식**Input modalities로부터 유래됐다. 이 속성은 브라우저에 어떤 키보드를 사용해야 할지에 대한 힌트를 제공한다. 이 속성은 다음 값을 지닌다.

- **verbatim**: 이 값은 사용자 이름, 키워드, 패스워드와 같은 단문장에서 많이 사용하는 문자 또는 숫자를 의미한다.

- **latin**: 이 값은 라틴어 입력을 의미하며 사용자가 모바일 장치에서 문자를 입력할 때 입력 예상 단어를 표시하는 입력 도움 도구를 제공한다.

- **latin-name**: 이 값은 latin과 같은 의미이나 이름에만 사용된다.

- **latin-prose**: 이 값은 latin과 같은 의미이나 이메일, 채팅, 답글 같은 동작에서 완전한 입력 보조 도구를 제공한다.

- **full-width-latin**: 이 값은 latin-prose와 같은 의미이나 사용자의 제 2 외국어인 경우다.

- **kana, katakana**: 이 값은 일본어의 가나kana 문자 또는 일본어의 로마자romaji 입력을 의미하며 보통 전각full-width 문자를 사용한 히라가나 입력을 말한다. 또한 한자 변환을 지원한다. 가타가나katakana는 가나에 연관된 또 다른 형식이며 이 두 값은 모두 일본어 입력용이다. 일본어 쓰기 시스템에 관한 자세한 정보를 http://en.wikipedia.org/wiki/Japanese_writing_system 에서 참조하라.

- **numeric**: 이 값은 0~9까지의 숫자 문자를 의미하며 천 자리에서 쉼표가 표시되고 음수를 표시할 수 있다. 이 값의 목적은 주소나 신용카드를 위한 숫자 코드 입력이다. 다만 input type = "number"를 사용할 수 있는 경우에는 사용하는 편이 더 좋으며 의미를 더 지닌다.

- **tel, email, url**: 이 값은 각 입력 유형에 따라 힌트가 제공되며 이 값을 사용한 입력 유형이 더 좋은 방법이다.

브라우저가 모든 경우를 지원하지 않는 대신에 브라우저에는 예외 처리 구조
가 있다. 지금까지 다뤘던 내용은 거의 모바일 또는 특별한 목적의 디바이스
에서 사용한다.

범위 입력 필드

가끔 슬라이더를 사용해 주어진 범위 안에서 값을 선택해 입력해야 하는 경우
가 있다. 이런 경우 HTML5에서는 `<input type="range">` 엘리먼트 타입을 추
가해 부정확한 범위에서 값을 선택할 수 있게 했다.

예제 구현

몇 가지 간단한 작업으로 HTML5에서 사용하는 범위 컨트롤을 여러 기능으로
만들어보자.

1. HTML 페이지를 추가하고 다음과 같은 코드를 body에 추가한다.

```
<form>
  <label>
     Select the range <input name="simpleRange" type="range" />
  </label>
  <br/>
  <label>
     Select within range <input id="vertical"
name="simpleRangeLimited" min="20" max="100" type="range" />
  </label>
  <br/>
  <label>
     Custom step <input id="full" name="simpleRangeSteped"
type="range" value="35" min="0" max="220" step="5" />
  </label>
  <span id="out"> </span>
  <br/>
  <label>
```

```
Temperature scale
<input min="0" max="70" type="range" name="themp"
list="theList">
</label>
<datalist id="theList">
    <option value="-30" />
    <option value="10" label="Low" />
    <option value="20" label="Normal" />
    <option value="45" label="High" />
    <option value="some invalid Value" />
</datalist>
<br/>
<input type="submit" />
</form>
```

2. 슬라이더 한 개를 수직으로 표시하려고 HTML 헤드 태그 안에 CSS를 추가한다.

```
#vertical {
    height: 80px;
    width: 30px;
};
```

3. 또한 자바스크립트를 사용해 선택된 값을 표시할 수도 있다.

```
<script src="http://ajax.googleapis.com/ajax/libs/jquery/1.8.2/
jquery.min.js"></script>
<script type="text/javascript">
(function($){
    var val = $('#full').val();
    var out  = $('#out');
    out.html(val);
    $('#full').change(function(){
        out.html(this.value);
    });
}($));
</script>
```

type="range"를 사용하면 브라우저는 이를 인식하고 min이 0이고 max가 100
이고 step이 1로 설정된 슬라이더를 생성한다.

슬라이더를 수직으로 표시하려면 CSS를 사용해 너비와 높이를 설정하면 된다.
하지만 크롬에서는 크기 변경에 의해 수직으로 렌더링이 되지는 않으므로 다
음과 같은 코드를 CSS에 추가해 강제로 수직으로 표시한다.

```
-webkit-appearance: slider-vertical;
```

또한 슬라이더가 움직임에 따라 즉시 표시 값을 업데이트하려면 자바스크립
트로 범위 입력 엘리먼트에 이벤트 리스너를 추가한다.

```
$('#full').change(function(){
    out.html(this.value);
});
```

그리고 input type = "range" 엘리먼트에 미리 정의된 옵션으로 한 번 움직
이는 단계를 생성하는 datalist 연결 옵션이 있다.

```
<datalist id="theList">
    <option value="-30" />
    <option value="10" label="Low" />
    <option value="20" label="Normal" />
    <option value="45" label="High" />
    <option value="some invalid Value" />
</datalist>
```

datalist 엘리먼트 옵션에 설정된 값은 올바르지 않은 값이거나 min과 max로 설정된 값의 범위에서 벗어날 수도 있는데 이런 경우에는 무시된다. 또한 올바른 범위의 값은 슬라이더의 선택할 수 있는 영역인 마커 옆에 표시된다.

또한 datalist에는 label 속성도 있는데 설정된 label 속성 값은 마커 옆에 표시된다. 라벨 표시 기능은 브라우저에서는 아직 지원하지 않지만 표준의 일부다.

컬러 선택 입력

새로운 입력 유형 중 하나로 input type="color" 엘리먼트가 있다. 이 엘리먼트를 사용해 컬러를 선택하고 선택된 컬러에는 간단한 컬러 표현식이 할당되며 이 컬러 표현식에는 16진수 컬러 표현식이 지정된다. 이번 예제에서는 컬러 선택기 폼을 생성하고 사용하는 예제를 알아본다.

예제 구현

이번 예제에서는 HTML 바디 부분에 컬러 선택기가 있는 간단한 폼을 생성한다.

```
<form>
   <label>
      Select your favorite color <input type="color" value="#0000ff"/>
   </label>
   <br />
   <input type="submit"/>
</form>
```

예제 분석

컬러 선택 입력기에는 사용자가 선택한 컬러가 표시된다. 예제에서 컬러 버튼을 클릭하면 시스템의 컬러 선택기 컨트롤로부터 직접 메뉴를 선택할 수 있다.

선택된 컬러 값은 # 문자와 6개 문자로 이뤄진 컬러 문자열이며 대소문자 구분 없는 16진수 문자열이다.

브라우저에서 이런 기능을 지원하지 않는다면 사용자 정의 형태로 이를 제어할 수 있다. 브라우저 지원 여부를 체크하는 방법 중 하나는 modernizer.js 메소드가 있다.

```
<script src="http://cdnjs.cloudflare.com/ajax/libs/modernizr/2.6.2/
modernizr.min.js"></script>
<script type="text/javascript">
```

```
if(!Modernizr.inputtypes.color){
//다른 컬러 선택기를 실행한다.
console.log("Browsers has no support for color going with fallback")
}
</script>
```

위 코드를 실행하면 컬러 선택기가 지원되는 브라우저들과는 달리 별도의 컬러 선택기를 실행할 수 있는 방법을 제공한다.

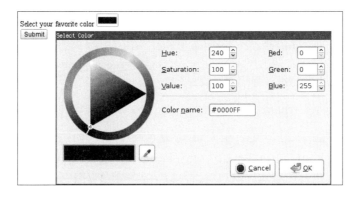

단일 선택 드롭다운 사용

단일 선택 드롭다운single-choice dropdowns은 표준 HTML 컴포넌트다. 이 컴포넌트의 사용법은 매우 직관적이지만 가끔은 개발자에게나 사용자에게나 매우 실망스럽기도 하다. 우선 브라우저에서 선택된 아이템에는 "selected" 속성이 추가된다. 엘리먼트 선택을 프로그래밍적으로 설정하려면 먼저 현재 선택된 엘리먼트를 찾아 "selected" 속성을 제거하고 설정하고자 하는 아이템의 값을 찾아 "selected" 속성을 추가한다.

그러나 개발자들은 드롭다운의 값을 설정하는 좀 더 쉬운 방법을 바란다. 간단히 방법을 살펴보면 값에 속성을 추가하는 것만으로도 충분하다. 이번 예제에서는 새로운 속성을 추가하는 방법으로 이런 문제를 살펴본다.

예제를 살펴보자.

1. HTML 페이지에 드롭다운을 추가해 생성한다. HTML의 드롭다운을
   select 엘리먼트로 만들었다. 그리고 select 엘리먼트에 선택 옵션을
   한 개나 여러 개 추가한다. 일반적으로 미리 선택된 엘리먼트의 옵션은
   selected 속성을 추가해 구현한다.

```html
<select name="dropdown">
   <option value="1">First</option>
   <option value="2" selected="selected">Second</option>
   <option value="3">Third</option>
</select>
```

2. 하지만 1번과 같은 방법은 서버 측 또는 클라이언트 측 템플릿에서 편리
   하지 않은 방법이다. 리스트 엘리먼트는 변경될 수 있는 정적인 값이다.
   index.html을 다른 형식으로 만들어 예제를 간단하게 해 보자.

```html
<!DOCTYPE HTML>
<html>
<head>
   <title>Dropdown</title>
</head>
<body>
   <select name="dropdown" data-value="2">
      <option value="1">First</option>
      <option value="2">Second</option>
      <option value="3">Third</option>
   </select>
   <script
   src="http://ajax.googleapis.com/ajax/libs/jquery/1.8.2/
   jquery.min.js">
   </script>
   <script type="text/javascript" src="example.js">
   </script>
```

198

```
  </body>
  </html>
```

3. 그리고 example.js에서 값을 설정한다.

```
$(function() {
  $('body').on('change', 'select[data-value]', function() { $(this).
attr('data-value', $(this).val()); });
  window.updateDropdowns = function() {
    $('select[data-value]').each(function() {
      $(this).val($(this).attr('data-value'));
    });
  }
  updateDropdowns();
});
```

예제의 example.js는 페이지가 로딩될 때 실행되며 이때에 data-value 속성을 가진 모든 선택 엘리먼트를 검색한다. 그리고 제이쿼리의 유용한 함수 $fn. val을 사용해 selected 옵션을 설정한다. 또한 전역 이벤트를 data-value 속성을 가진 현재 또는 앞으로 선택할 모든 선택 아이템에 바인딩한다. 그리고 바인딩된 전역 이벤트에서는 값을 실제 값으로 동기화한다.

이 방법이 단일 선택 드롭다운의 좀 더 자연스러운 사용 방법이다.

이번 절에서 소개한 예제 코드는 페이지가 로딩된 후에 클라이언트 측에서 생성되는 HTML에서는 올바르게 동작하지 않는다. 이를 바로 잡으려면 select 엘리먼트가 페이지에 새로 추가된 후에 updateDropdowns 메소드를 호출해야 한다.

다중 선택 리스트 사용

선택 리스트를 사용하면 한 번에 여러 개를 선택할 수 있다.

다중 선택 리스트에는 특별한 직렬화 모델이 있다. 이번 예제에서는 모델 동작 방법과 사용 방법을 알아본다.

예제에서는 다중 선택 리스트를 담은 폼이 있는 페이지를 생성한다. 이 폼은 GET 요청을 자바스크립트로 선택된 아이템을 가져오는 그 밖의 페이지로 전송한다.

다음 단계를 살펴보자.

1. 다음 코드와 같이 다중 선택 리스트를 담은 폼이 있는 기본 페이지를 만든다.

```
<!DOCTYPE HTML>
<html>
  <head>
      <title>Dropdown</title>
  </head>
  <body>
      <form method="get" action="result.html">
        <select name="multi" multiple>
            <option value="1">First</option>
            <option value="2">Second</option>
            <option value="3">Third</option>
            <option value="4">Fourth</option>
            <option value="5">Fifth</option>
        </select>
        <input type="submit" value="Submit">
      </form>
  </body>
</html>
```

2. 그리고 리스트가 있고 선택된 값을 표시하는 페이지를 만든다.

```
<!DOCTYPE HTML>
<html>
  <head>
      <title>Dropdown</title>
  </head>
  <body>
      <div id="result">
      </div>
      <script
      src="http://ajax.googleapis.com/ajax/libs/jquery/1.8.2/jquery.
min.js"></script>
      <script type="text/javascript" src="example.js">
      </script>
  </body>
</html>
```

3. 다음은 결과를 표시하는 example.js다.

```javascript
$(function() {
    var params = window.location.search.substring(1).split('&').
    map(function(param) {
        var nameval = param.split('=');
        return { name: nameval[0], value: nameval[1] };
    });
    console.log(params);
    var selectValues = params.
    filter(function(p) { return p.name == 'multi'; }).
    map(function(p) { return p.value; })
    $("#result").text("Selected: " + selectValues.join(','));
});
```

예제 분석

폼 제출로 생성된 URL은 다음과 같다.

```
result.html?multi=2&multi=3
```

일반적으로 유명한 프레임워크에서는 폼 데이터를 자연스럽게 만들지만 위와 같은 형식은 그렇지 않다. 종종 데이터는 이름 한 개에 값 한 개가 설정되는 사전 형식으로 다뤄진다. 하지만 이 예제의 경우에는 데이터가 사전 형식으로 다뤄지지 않았다. 다중 선택 리스트는 복수 매개변수로 다뤄 같은 이름에 여러 값이 설정될 수 있기 때문이다.

이와는 반대로 매개변수는 리스트로 다뤄 설정된 복수 값을 추출하고 필터링할 수 있다.

지리 위치 입력

HTML5의 새로운 기능 중 가장 흥미로운 기능 중에 하나는 지오로케이션 API geolocation API다 (http://www.w3.org/TR/geolocation-API/). 개발자들은 이 API를 사용해

사용자의 위치를 질의할 수 있다. 또한 위도와 경도 같은 지리학적 좌표를 가져올 수도 있다.

HTML5 지오로케이션 API가 출현하기 전에는 GeoIP 데이터베이스 같은 약간 조잡한 방법을 사용했었어야만 했다. 조잡한 이 방법은 정확도도 떨어졌다. 하지만 HTML5 지오로케이션 API는 사용자의 브라우저, 디바이스 그리고 GPS 기능을 사용해 불과 몇 미터 오차밖에 안 나는 정확도를 달성한다.

이번 예제에서는 지도에 사용자의 위치를 표시한다. 이를 위해 예제에서는 리플렛Leaflet 라이브러리를 사용한다. 지도를 표시할 때 사용하는 리플렛 라이브러리는 2장, '그래픽 데이터 표시'에서 한 번 다뤘었다.

예제 구현

예제를 만들어보자.

1. 우선 HTML 페이지를 만들고 지도를 배치할 엘리먼트를 추가한다. 그리고 리플렛 라이브러리(CSS와 자바스크립트 파일 포함)를 추가하고 사용자 위치를 가져오고 표시하는 코드를 example.js에 추가한다. 다음은 HTML 페이지 코드다.

```html
<!DOCTYPE HTML>
<html>
  <head>
    <title>Geolocation xample</title>
    <link rel="stylesheet" href="http://cdn.leafletjs.com/
leaflet-0.4/leaflet.css" />
    <!--[if lte IE 8]>
    <link rel="stylesheet" href="http://cdn.leafletjs.com/leaflet-0.4/
leaflet.ie.css" />
    <![endif]-->
  </head>
  <body>
    <div id="map" style="height:480px; width:640px;"></div>
    <script src="http://ajax.googleapis.com/ajax/libs/jquery/1.8.2/
```

```
jquery.min.js"></script>
    <script src="http://cdn.leafletjs.com/leaflet-0.4/leaflet.js"></
script>
    <script type="text/javascript" src="example.js"></script>
  </body>
</html>
```

2. 그리고 다음 코드를 example.js에 추가한다.

```
$(function() {
  var map = L.map('map').setView([51.505, -0.09], 13)

  L.tileLayer('http://{s}.tile.openstreetmap.org/{z}/{x}/{y}.png',{
    attribution:'Copyright (C) OpenStreetMap.org',
    maxZoom:18
  }).addTo(map);

  if ("geolocation" in navigator) {
    var marker = L.marker([51.5, -0.09]).addTo(map);
    navigator.geolocation.watchPosition(function(position) {
      var userLatLng = new L.LatLng(position.coords.latitude,
position.coords.longitude);
      marker.setLatLng(userLatLng);
      map.panTo(userLatLng);
    });
  }
  else alert("Sorry, geolocation is not supported in your browser");
});
```

예제 분석

navigator 객체에 있는 geolocation 객체로 지오로케이션 API를 사용할 수
있으며 다음과 같은 메소드를 지원한다.

▶ getCurrentPosition: 이 메소드는 위치가 정해진 후에 한 번 콜백 함수
를 호출한다.

▶ watchCurrentPosition: 이 메소드는 위치 정보가 업데이트될 때마다 콜백 함수를 호출하며 왓쳐_{watcher} ID를 반환한다.

▶ clearWatch: 이 메소드는 반환된 왓쳐 ID로 콜백 함수를 초기화한다.

예제에서는 마커의 위치를 설정하려고 watchCurrentPosition과 콜백 함수를 사용했다. 브라우저는 이 웹 페이지를 로딩하면 먼저 사용자에게 자신의 위치 정보의 접근허가를 물어본다. 사용자가 허가한 이후에는 사용자의 위치를 찾고 콜백 함수에 위치 객체를 넣어 호출한다.

위치 객체에는 timestamp와 coords 프로퍼티가 있는데 coords 프로퍼티에는 위도와 경도 정보가 있다. 그리고 timestamp 프로퍼티에는 위치 정보가 업데이트된 유닉스 UTC 타임스탬프다.

부연 설명

이 예제를 직접 파일로 열면 잘 동작하지 않는다. 예제를 테스트해보려면 로컬 웹 서버로 테스트해 보아야 한다. 로컬 웹 서버에 관한 자세한 설명을 부록 http 서버 설치와 사용법에서 참고하라.

클라이언트에서 파일 입력 사용

HTML에는 사용자의 파일을 읽을 수 있는 메소드가 늘 부족하다. HTML5 이전에는 클라이언트에서 사용자의 파일에 접근하려면 파일 유형으로 된 입력 엘리먼트를 사용해 파일을 서버로 업로드하고 서버에서 다시 클라이언트 브라우저로 파일 내용을 전송해야만 했다.

하지만 HTML5에서는 자바스크립트 코드를 사용해 브라우저에서 직접 사용자의 파일을 읽을 수 있다. 이 동작은 파일 입력 엘리먼트의 확장기능이며 추가적인 API가 제공된다.

이번 예제에서는 사용자가 새로운 HTML5 파일 API(http://www.w3.org/TR/FileAPI/)를 사용해 텍스트 파일을 선택하고 파일의 내용을 표시한다.

예제를 살펴보자.

1. HTML 페이지를 생성한다. 그러고 나서 input 필드를 추가하고 선택한 파일의 내용을 보여주는 div 엘리먼트를 추가한다.

```html
<!DOCTYPE HTML>
<html>
<head>
    <title>File API example</title>
</head>
<body>
    <input type="file" id="file" value="Choose text file">
    <div id="content"></div>
    <script src="http://ajax.googleapis.com/ajax/libs/jquery/1.8.2/
jquery.min.js"></script>
    <script type="text/javascript" src="example.js"></script>
</body>
</html>
```

2. 그런 다음에 example.js에 선택한 파일을 읽는 코드를 추가한다.

```javascript
$(function() {
    $("#file").on('change', function(e) {
```

이제 입력 엘리먼트의 files 프로퍼티로 선택한 파일을 읽을 수 있다.

```javascript
for (var k = 0; k < this.files.length; ++k) {
    var f = this.files[k];
```

3. 파일 내용을 읽으려면 FileReader 객체를 사용한다. 우선 객체를 초기화하고 어떤 파일을 읽을지 지정한다(읽을 파일 유형도 지정한다). 그리고 파일 내용에 접근 읽기가 끝났을 때 실행되는 이벤트 리스너를 추가한다. 코드는 다음과 같다.

```
var fr = new FileReader();
  if (f.type && f.type.match('image/.+'))
    fr.readAsDataURL(f);
  else
    fr.readAsText(f);
```

4. onload 함수가 호출되면 f 변수는 마지막 파일의 값으로 설정되는데 문제는 매번 onload 함수가 호출될 때마다 f 값이 변경된다는 점이다. 이 문제를 회피하려면 익명 함수 패턴으로 변수를 잡아야 한다.

```
(function(f) {
  fr.onload = function(e) {
```

5. 이벤트 리스너는 이벤트 객체와 함께 호출되는데 이 객체에는 읽은 파일의 프로퍼티가 있어 읽기 결과 또는 전체 파일의 텍스트가 담겨있다.

```
            if (f.type && f.type.match('image/.+'))
              $("<img />").attr('src', e.target.result).
                appendTo("#content");
            else
              $("<pre />").text(e.target.result).
                appendTo("#content");
          }
        }(f));
      }
    });
  });
```

예제 분석

HTML5 파일 API는 다음처럼 새롭게 추가된 내용으로 구성됐다.

▶ 파일 입력 엘리먼트에는 선택된 파일의 리스트를 담는 files 프로퍼티가 있다.

▶ FileReader라고 하는 새로운 타입의 객체는 선택된 파일을 내장된 메소드를 사용해 여러 방법으로 읽을 수 있다. 내장된 메소드에는 readAsBinaryString, readAsText, readAsDataURL, readAsArrayBuffer가 있다. 또한 이벤트 리스너도 제공해 파일이 로드됐을 때 파일의 내용을 가져오고 에러가 발생하면 에러 처리 이벤트가 발생한다.

예제에서는 텍스트 파일을 표시하려고 FileReader 객체의 readAsText 프로퍼티를 사용했다. 그리고 FileReader의 onload 이벤트 리스너에서 파일의 내용을 가져왔다. 파일의 내용은 간단한 문자열이며 div 엘리먼트 콘텐츠에 추가해 텍스트로 표시했다.

이미지는 readAsDataURL로 가져와 새로운 이미지 엘리먼트를 생성하고 이미지 엘리먼트의 src 속성에 데이터 URL을 설정한다. 그리고 생성한 이미지 엘리먼트를 div의 콘텐츠에 추가한다.

예제에서 폴더를 선택한 경우에는 텍스트와 이미지를 포함한 폴더의 전체 내용을 표시한다.

부연 설명

파일 선택 대화 상자에 필터를 설정해 사용자가 선택할 파일의 종류를 제한할 수 있다. 예를 들어 accept="image/*"를 설정하면 브라우저는 이미지 종류의 파일만 선택할 수 있게 표시하고 accept="image/jpeg"를 설정하면 브라우저는 JPEG 이미지만 선택할 수 있게 표시한다. 이런 필터는 기본적으로 미디어 타입에 근거한다. 사용할 수 있는 미디어 유형을 더 자세히 알고 싶다면 http://www.iana.org/assignments/media-types를 참조하자.

 인터넷익스플로러 9가 HTML5를 많이 지원하지만 HTML5 파일 API는 지원하지 않는다. HTML5 파일 API는 인터넷익스플로러 10부터 지원한다.

드래그앤드롭 파일 영역 사용

그 밖에도 HTML5에는 파일을 읽을 수 있는 방법이 있는데, 드래그앤드롭drag and drop(끌어 놓기) 영역을 사용하는 방법도 있다. 사용자는 여타 수정, 조작 방법보다 드래그앤드롭 방식을 선호하고, 더 직관적이라 생각한다.

드래그앤드롭은 그 밖의 윈도 또는 탭으로부터 엘리먼트를 드래그할 수도 있다. 즉, 일반적인 파일 업로드 버튼보다 유용하다.

이번 예제에서는 이미지 파일 드래그앤드롭 영역을 만들어 본다. 또한 드래그된 파일과 다른 윈도 또는 탭에서 드래그된 이미지 양쪽 모두를 알아본다.

 HTML5 드래그앤드롭 표준의 자세한 사항을 http://www.whatwg.org/specs/web-apps/current-work/multipage/dnd.html에서 참조하자.

예제 구현

코드를 작성한다.

1. 드롭 영역이 있는 HTML 페이지를 만든다. 좀 더 쉽게 드롭할 수 있게 패딩, 여백, 테두리를 추가한다.

```
<!DOCTYPE HTML>
<html>
<head>
   <title>File API example</title>
   <style type="text/css">
   #content {
      padding:0.5em;
      margin:0.5em;
      border: solid 1px; #aaa;
   }
   </style>
</head>
```

```
<body>
    <div id="content"><p>Drop images here</p></div>
    <script src="http://ajax.googleapis.com/ajax/libs/jquery/1.8.2/
jquery.min.js"></script>
    <script type="text/javascript" src="example.js"></script>
</body>
</html>
```

2. 그리고 그 밖의 웹 사이트에서 드롭한 파일 또는 이미지를 읽는 코드를
   example.js에 추가한다.

```
$(function() {
    $("#content").on('drop', function(e) {
```

브라우저의 기본 드롭 동작은 드롭된 아이템을 순환하는 것이다. 하지만
예제에서는 이런 경우에 기본 동작을 막는다.

```
e.preventDefault();
e.stopPropagation();
var files = e.originalEvent.dataTransfer.files;
```

3. 이미지를 FileReader의 readAsDataURL로 읽고 텍스트는 readAsText로
   읽는다.

```
for (var k = 0; k < files.length; ++k) {
    var f = files[k];
    var fr = new FileReader();
    if (f.type && f.type.match('image/.+'))
        fr.readAsDataURL(f);
    else
        fr.readAsText(f);
```

4. 클로저 안의 onload 콜백 함수 안에서는 각 파일을 참조해 내용을 가져
   올 수 있다. 가져온 파일 내용을 아래 코드와 같이 콘텐츠 엘리먼트에 추
   가한다.

```
(function(f) {
  fr.onload = function(e) {
    if (f.type && f.type.match('image/.+'))
      $("<img />").attr('src', e.target.result)
        .appendTo("#content");
    else
      $("<pre />").text(e.target.result)
        .appendTo("#content");
  }
}(f));
}
```

5. 한편 아이템이 그 밖의 윈도나 탭에서부터 드래그된 경우에는 아이템 프
   로퍼티로 읽는다. text/html 타입의 아이템은 다음처럼 찾는다.

```
var items = e.originalEvent.dataTransfer.items;
for (var k = 0; k < items.length; ++k) {
  if (items[k].type == 'text/html') {
    items[k].getAsString(function (html) {
      $(html).appendTo("#content");
    });
  }
}
});
});
```

예제 분석

example.js의 처음 부분에서는 표준 HTML5 API를 사용했으며 이 부분의 더
자세한 사항은 이전 예제 '클라이언트에서 파일 입력 사용'을 참조하자. 이전
예제 내용을 간단히 요약하면 표준 HTML5 파일 API를 사용해 파일을 텍스트
나 DataURL로 읽고 그 내용을 HTML 페이지에 추가할 수 있다는 내용이다.

이 부분은 이미지 파일과 텍스트 파일 양쪽 모두를 지원한다.

예제의 두 번째 코드 부분은 내용이 약간 다르며 그 밖의 웹 페이지로부터 엘리먼트나 이미지를 드래그할 때 호출되는 코드 내용이다. 이 코드는 드래그할 수 있는 HTML 엘리먼트에서만 동작하며 해당 엘리먼트는 HTML 형식으로 웹 페이지에 추가될 수 있다. 이미지는 지원하지 않는다.

정리하자면 이번 예제에서 사용한 API는 매우 강력해 온라인 리치 텍스트, UI, 그래픽 에디터에서 많이 사용한다. 이 방법은 이미지 업로드 서비스에 사용할 수 있으며 드롭 영역이 있는 미리 만들어진 여러 엘리먼트가 있는 패널에도 사용할 수 있다.

부연 설명

이번 예제에서 보듯이 HTML 드래그앤드롭 API는 비단 파일에만 국한되지 않는다. draggable="true" 속성을 설정하면 어떤 페이지에 있는 어떤 엘리먼트라도 드래그가 가능하게 만들 수 있다.

dragstart 이벤트는 draggable 엘리먼트에서 드래깅을 시작할 때 발생한다. 엘리먼트를 드롭할 영역으로 엘리먼트를 이동하는 동안 dragenter, dragover, dragleave 이벤트가 발생한다. 마지막으로 엘리먼트를 드롭하면 drop 이벤트가 발생하고 추가로 dragend 이벤트가 발생한다.

마지막으로 좀 더 기능을 활발하게 사용할 수 있게 드래그된 객체의 콘텐츠를 프로그래밍적으로 DataTransfer 객체를 사용해 제어한다. 예를 들어 다음 dragStart 핸들러는 draggable 엘리먼트에 있다.

```
function onDragStart(e) {
    e.dataTransfer.setData('text/html', '<p>Hello world</p>');
}
```

위 코드는 브라우저가 드래그된 객체에 특정 HTML 콘텐츠를 할당하게 한다.

사용자 정의 HTML5 draggable 엘리먼트의 가장 큰 장점은 시스템에 있는 그 밖의 애플리케이션과도 작업할 수 있다는 점이다. 브라우저에서 드래그할 수 있는 객체를 메일 클라이언트나 이미지 에디터 등 브라우저 밖에 있는 그 외 애플리케이션에도 드래그할 수 있다. 즉, HTML5 앱은 운영체제에서 사용하는 가장 대표적인 애플리케이션까지 한 단계 더 가까이 갔다.

5 사용자 정의 입력 컴포넌트

5장에서는 다음과 같은 내용을 알아본다.

- 기본 리치 텍스트 입력을 위한 contentEditable 사용
- 진화된 리치 텍스트 입력
- 드롭다운 메뉴 만들기
- 사용자 정의 대화 상자 만들기
- 입력 내역 자동 완성 기능 만들기
- 사용자 정의 단일 선택 리스트 만들기
- 다중 선택 리스트 만들기
- 지도를 사용한 지리적 위치 입력

소개

지금까지 사용자로부터 입력을 받는 여러 방법을 살펴봤다. HTML5는 입력 컴포넌트의 기능을 활성화하는 많은 기능을 제공하는데, 이 점을 이전에 자바스크립트를 사용해 살펴봤다.

하지만 가끔 표준 기능을 확장해야 할 때가 있다. 5장에서는 사용자 정의 입력 컴포넌트를 생성하는 방법을 알아본다. 그리고 이미 동작하고 있는 기능에 확장 함수나 사용자 경험을 단순화하기 위한 함수를 추가해본다.

기본 리치 텍스트 입력을 위한 contentEditable 사용

HTML5의 새로운 contentEditable 속성으로 모든 엘리먼트를 리치 텍스트rich text 필드로 바꿀 수 있다. 이론상으로는 이 속성을 사용하면 브라우저 안에서 동작하는 리치 텍스트 에디터를 만들 수 있다.

살펴봐야 할 것들 중 수정 명령에 사용하는 새로운 API가 있는데 이 API는 document.execCommand 함수를 사용해 동작하며 이 함수는 첫 번째 인자로 명령 문자열, 세 번째 인자로 옵션을 받는다.

실전에서는 브라우저의 인터페이스가 저마다 약간 다르게 동작한다. 그러나 대부분의 최신 브라우저에서는 이를 완전히 지원한다.

브라우저 호환성을 http://tifftiff.de/contenteditable/compliance_test.html에서 테스트할 수 있지만, 테스트는 똑같은 명령에 어떤 브라우저가 다르게 동작하는지에 대한 가능성을 고려하지 않고 진행된다.

이번 예제에서는 몇 개 명령(문단 스타일, 입력취소(undo)/입력반복(redo), 굵게/이탤릭/밑줄, 글머리기호, 번호 매기기)을 지원하는 매우 간단한 contentEditable 필드를 만들어 본다.

예제 구현

contentEditable 속성을 가진 div 엘리먼트가 있는 HTML 페이지를 만들어 보자.

1. div 엘리먼트를 클릭하기 쉽게 여백을 조금 추가한다. 그리고 div 엘리먼트 위에 글꼴을 변경하는 버튼과 드롭다운을 배치한다.

```html
<!DOCTYPE HTML>
<html>
    <head>
        <title>Simple rich text editor</title>
        <style type="text/css">
            #edit { margin: 0.5em 0.1em; padding:0.5em; border: solid
1px #bbb; }
        </style>
    </head>
    <body>
    <div>
        <select class="btn style">
        </select>
        <button class="btn undo">Undo</button>
        <button class="btn redo">Redo</button>
        <button class="btn bold">B</button>
        <button class="btn italic">I</button>
        <button class="btn under">U</button>
        <button class="btn bullet">Bullet</button>
        <button class="btn number">Number</button>
    </div>
    <div id="edit" contentEditable="true">
    </div>
    <script src="http://ajax.googleapis.com/ajax/libs/jquery/1.8.2/
jquery.min.js"></script>
    <script type="text/javascript" src="example.js"></script>
    </body>
</html>
```

2. 그리고 글꼴 수정 동작을 example.js 파일에 구현한다.

```javascript
$(function() {
    var editCommand = function(cmd, arg) { return document.
execCommand(cmd, true, arg); };
```

3. 모든 editCommand 바인딩을 한 객체에 둔다.

```javascript
var bindings = {
  '.undo': editCommand.bind(this, 'undo'),
  '.redo': editCommand.bind(this, 'redo'),
  '.bold': editCommand.bind(this, 'bold'),
  '.italic': editCommand.bind(this, 'italic'),
  '.under': editCommand.bind(this, 'underline'),
  '.bullet': editCommand.bind(this, 'insertUnorderedList'),
  '.number': editCommand.bind(this, 'insertOrderedList')
};
```

4. 그리고 위의 객체를 적절한 수정 컨트롤에 적용한다.

```javascript
for (var key in bindings) $(key).on('click', bindings[key]);
```

5. 마지막으로 문단 스타일 동작을 정의하고 추가한다.

```javascript
var styles = {
  'Normal': 'P',
  'Heading 1': 'H1',
  'Heading 2': 'H2',
  'Heading 3': 'H3',
};

for (var key in styles)
    $('<option>').html(key).attr('value', styles[key]).
appendTo('.style');

$('.style').on('change', function() {
    editCommand('formatBlock', $(this).val());
});

});
```

예제 분석

예제에서는 `document.execCommand` 함수를 사용해 현재 활성화된 `contentEditable` 필드에 명령을 보냈다. 보낸 명령은 일반적인 리치 텍스트

에디터의 툴바 버튼처럼 동작한다. 예를 들어 'bold' 명령으로 다음 자바스크립트 이벤트에서 텍스트를 두꺼운 글꼴로 변경이 되며 되돌리기 기능을 위해 원 상태를 저장한다. 이 함수는 다음과 같은 인자 세 개를 사용한다.

- ▷ `commandName`: 실행할 명령의 이름
- ▷ `showDefaultUI(boolean)`: UI가 필요하다면 해당 명령에 따른 기본 UI 표시 여부를 브라우저에게 알려준다.
- ▷ `Value`: 명령 타입에 따른 명령 인자를 전달한다. 예를 들어 bold, italic, underline 명령은 불 인자를 받는다.

이번 예제에서는 현재 커서 선택 상태를 따로 추적tracking하지는 않았다. 커서를 추적하면 에디터를 좀 더 편리하게 만들 수 있으나 이 예제를 여기서는 다루지 않는다. 그러나 `document.queryCommandState` 함수는 현재 커서 위치의 명령 상태를 반환한다는 사실은 짚고 넘어간다(또는 현재 활성화된 선택에 따른 상태).

진화된 리치 텍스트 입력

contentEditable 기반의 기본 리치 텍스트 입력 필드는 문서 편집에 필요한 기능에 거의 대응할 수 있지만 가끔 기능이 부족할 경우가 있다. 사용자는 이미지나 테이블 같은 좀 더 복잡한 객체를 에디터에 삽입하길 원할 수도 있다.

이번 예제에서는 이미지나 기본 테이블 삽입을 지원하는 좀 더 진보적인 리치 텍스트 에디터를 만들어 본다.

이 진보된 에디터는 이전 절 '기본 리치 텍스트 입력을 위한 contentEditable 사용' 예제를 기반으로 만든다.

준비

이번 예제는 '기본 리치 텍스트 입력을 위한 contentEditable 사용' 예제에서 시작해 좀 더 기능을 향상시킨다.

코드를 만들어 보자.

1. 이전 예제의 index.html과 example.js 파일을 준비한다. 여기서 HTML을 수정한다. HTML 페이지에 테이블 버튼과 이미지 삽입을 위한 파일 선택기를 추가한다.

```
<!DOCTYPE HTML>
<html>
<head>
    <title>Simple rich text editor</title>
    <style type="text/css">
#edit {margin: 0.5em 0.1em;padding:0.5em;border:solid
    1px #bbb;}
    #edit table td { border: solid 1px #ccc; }
    </style>
</head>
<body>
    <div>
        <select class="btn style">
            <option value="P">Normal</option>
        </select>
        <button class="btn undo">Undo</button>
        <button class="btn redo">Redo</button>
        <button class="btn bold">B</button>
        <button class="btn italic">I</button>
        <button class="btn under">U</button>
        <button class="btn bullet">Bullet</button>
        <button class="btn number">Number</button>
        <button class="btn table">Table</button>
        <input type="file" class="btn image">Image</input>
    </div>
    <div id="edit" contentEditable="true">
    </div>
    <script src="http://ajax.googleapis.com/ajax/libs/jquery/1.8.2/
jquery.min.js"></script>
```

```
        <script type="text/javascript" src="example.js"></script>
        <script type="text/javascript" src="example-table.js"></script>
        <script type="text/javascript" src="example-image.js"></script>
    </body>
    </html>
```

2. 테이블을 리치 텍스트에 추가하려고 example-table.js라는 새로운 스크
   립트 파일을 생성한다. 테이블 버튼에는 두 가지 기능이 있다. 기능 하나
   는 현재 활성화된 테이블의 행/열의 수를 변경하는 기능이다. 활성화된
   테이블이 없는 경우에는 설정된 행/열 개수에 맞춰 새 테이블을 삽입한
   다. 다음은 example-table.js의 코드 내용이다.

```
$(function() {
    var editCommand = function(cmd, arg) {
        return document.execCommand(cmd, true, arg);
    };
    $('.table').on('click', function() {
        var rows = prompt("How many rows?"),
        cols = prompt("How many columns?");
        var loc = document.getSelection().getRangeAt(0)
        .startContainer.parentElement;
        while (loc.id != 'edit'
            && loc.nodeName.toLowerCase() != 'table')
            loc = loc.parentElement;
        var isInTable = loc.nodeName.toLowerCase() == 'table';
        var contents;
        if (isInTable)
            contents = $(loc).find('tr').toArray().
        map(function(tr) {
            return $(tr).find('td').toArray().map(function(td)
            {
                return td.innerHTML;
            });
        });
        var table = $('<table />');
        for (var k = 0; k < rows; ++k) {
```

```
            var row = $('<tr />').appendTo(table);
            for (var i = 0; i < cols; ++i) {
                var cell = $('<td />').appendTo(row);
                if (contents && contents[k] && contents[k][i])
                    cell.html(contents[k][i]);
                else cell.html(' ');
            }
        }
        if (isInTable) $(loc).remove();
        editCommand('insertHTML', table[0].outerHTML);
    });
});
```

3. 이미지를 리치 텍스트에 추가하려고 example-image.js이라는 새로운 스크립트 파일을 생성한다. 이미지 선택기는 사용자가 선택한 이미지를 특정 위치에 삽입한다. 다음은 example-image.js의 코드 내용이다.

```
$(function() {
    var editCommand = function(cmd, arg) {
        return document.execCommand(cmd, true, arg);
    };
    $(".image").on('change', function(e) {
        for (var k = 0; k < this.files.length; ++k) {
            var f = this.files[k];
            var fr = new FileReader();
            if (f.type && f.type.match('image/.+'))
                fr.readAsDataURL(f);
            else
                fr.readAsText(f);
            (function(f) {
                fr.onload = function(e) {
                    if (f.type && f.type.match('image/.+'))
                        editCommand('insertHTML',
                            $("<img />").attr('src', e.target.
                                result)[0].outerHTML);
                }
            }(f));
```

```
        }
    });
});
```

리치 텍스트 에디터에는 테이블 컨트롤table control과 이미지 삽입 컨트롤insert image control이라는 새로운 컨트롤 두 개가 추가됐다.

우선 사용자는 테이블 컨트롤을 사용해 행/열 개수를 설정한다. 그러면 현재 커서 위치의 부모 엘리먼트를 분석해서 사용자가 현재 테이블 안에 있는지 파악한다. 테이블이 발견되면 테이블의 콘텐츠가 저장된다.

그 후 새로운 테이블은 설정한 행/열 수에 맞춰 생성된다. 이전 테이블에서 설정한 행/열 위치에 콘텐츠가 있는 경우에는 새롭게 만들어진 테이블 셀에 콘텐츠를 복사한다. 마지막으로 이전 테이블이 아직 있는 경우 삭제되고 새로운 테이블이 insertHTML 명령을 사용해 추가된다.

이미지 삽입 컨트롤은 파일 입력을 위해 HTML5 File API를 사용해 사용자가 선택한 이미지 파일을 데이터 URL로 읽는다. 파일을 읽은 후에는 같은 insertHMTL 명령을 사용해 콘텐츠에 추가한다.

예제의 메소드를 사용하면 어떤 타입의 콘텐츠도 contentEditable 필드에 추가할 수 있는 새로운 컨트롤을 쉽게 만들 수 있기 때문에, 특정 기능을 지닌 사용자 정의 리치 텍스트 또는 페이지 에디터를 만들 수 있다.

하지만 페이지에 일반적인 기능을 갖는 리치 텍스트 에디터를 두는 게 목표라면 타이니엠씨이(TinyMCE, http://www.tinymce.com)처럼 이미 사용 가능하며 훌륭한 에디터 컴포넌트를 사용하기를 추천한다.

드롭다운 메뉴 만들기

웹 애플리케이션에서는 확장된 기능을 표현할 때 드롭다운 메뉴를 자주 애용한다. 개발자들은 자주 사용하지 않는 기능 혹은 소수의 사용자를 위한 기능을 드롭다운 메뉴에 추가해 좀 더 깔끔한 인터페이스를 만들기도 한다.

드롭다운 메뉴는 HTML5와 CSS3 표준을 사용해 완전히 CSS로만 구현할 수 있다. 이번 예제에서는 이런 드롭다운 메뉴를 만들어 본다.

준비

드롭다운 메뉴의 구조부터 알아보자. 다음처럼 드롭다운 메뉴에는 자기자신을 표시하거나 좀 더 많은 아이템을 표시하는 활성화 버튼이 있다.

- ▶ 일반(동작) 아이템
- ▶ 분리선 아이템
- ▶ 서브메뉴 아이템(서브 메뉴로 동작)

예제의 HTML 엘리먼트 구조는 그대로 드롭다운 메뉴 구조에 반영된다. 그리고 예제의 CSS 코드는 메뉴의 위치와 나타나는 모습을 제어한다.

또한 예제의 세 버튼은 같은 구조이나 약간 다르게 메뉴를 표시한다.

먼저 첫 번째 드롭다운 메뉴는 왼쪽으로 정렬된 메뉴와 서브메뉴를 오른쪽에 표시한다.

두 번째 드롭다운 메뉴는 첫 번째 메뉴의 동작을 수정해 서브메뉴를 왼쪽으로 나타나게 한다.

마지막으로 세 번째 드롭다운 메뉴의 동작은 매우 어려운 동작이다. 서브메뉴가 위로 표시되면서 오른쪽으로 나타난다.

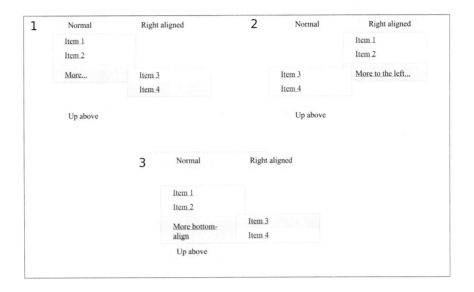

예제 구현

메뉴를 만들기 위해 HTML과 CSS를 사용한다.

1. 먼저 HTML 파일에 메뉴 구조를 생성한다. 근본적으로 이전에 했던 구조
와 같은 구조이므로 같은 코드를 세 번 복사하고 각 복사된 아이템 스타
일에 약간 변화를 줘 메뉴와 서브 메뉴를 가지고 있는 정렬되지 않은 리
스트 엘리먼트를 만든다.

```html
<!DOCTYPE HTML>
<html>
<head>
<title>Dropdown menu</title>
<link rel="stylesheet" type="text/css" href="example.css">
<style type="text/css">
.screen-bottom {
    position:fixed;
    bottom:3em;
}
</style>
</head>
```

```
<body>

<div class="dropdown-menu">
    <a class="btn">Normal</a>
    <ul class="menu">
        <li><a href="item1">Item 1</a>
        <li><a href="item2">Item 2</a>
        <li class="separator"></li>
        <li class="dropdown-menu">
        <a href="#" class="submenu">More...</a>
        <ul class="menu">
            <li><a href="item3">Item 3</a>
            <li><a href="item4">Item 4</a>
        </ul>
        </li>
    </ul>
</div>

<div class="dropdown-menu">
    <a class="btn">Right aligned</a>
    <ul class="menu right-align">
        <li><a href="item1">Item 1</a>
        <li><a href="item2">Item 2</a>
        <li class="separator"></li>
        <li class="dropdown-menu">
        <a href="#" class="submenu">More to the left...</a>
        <ul class="menu left-side">
            <li><a href="item3">Item 3</a>
            <li><a href="item4">Item 4</a>
        </ul>
        </li>
    </ul>
</div>

<div class="screen-bottom">
    <div class="dropdown-menu">
```

226

```
        <a class="btn">Up above</a>
        <ul class="menu up">
            <li><a href="item1">Item 1</a>
            <li><a href="item2">Item 2</a>
            <li class="separator"></li>
            <li class="dropdown-menu">
            <a href="#" class="submenu bottom-align">More bottom-
align</a>
            <ul class="menu bottom-align">
                <li><a href="item3">Item 3</a>
                <li><a href="item4">Item 4</a>
            </ul>
            </li>
        </ul>
    </div>
</div>

</body>
</html>
```

2. 그리고 example.css에 메뉴에 적절한 CSS를 추가한다. 여기서 border-box 크기 모델을 사용한다. 일반 박스 모델에서는 테두리와 여백이 엘리먼트 크기(너비 또는 높이) 밖에 있지만 border-box 모델은 여백과 테두리가 지정한 크기 안에 있다.

```
.dropdown-menu * {
    -webkit-box-sizing: border-box; /* 사파리, 크롬, 웹킷 */
    -moz-box-sizing: border-box; /* 파이어폭스, 그 밖의 겟코Gecko 엔진) */
    box-sizing: border-box;
}
div.dropdown-menu {
    display:inline-block;
    position:relative;
    margin:0 1em;
}
```

3. 그리고 코드에서는 메뉴 그 자체와 드롭다운을 표시하는 메뉴 아이템에 스타일을 추가한다. 기본적으로 안쪽 메뉴는 남은 콘텐츠 밑에 절대 위치로 배치되어 있다.

```css
a.btn {
    padding: 0.5em 2em;
    background-color:#f1f1f1;
}
.dropdown-menu ul.menu {
    width:auto;
    background-color:#f9f9f9;
    border: solid 1px #ddd;
    display:none;
    position:absolute;
    top:50%;
    left:0;
    list-style:none;
    padding:0;
    min-width:170px;
}
```

4. 버튼이 활성화되면 보여지는 메뉴를 만든다.

```css
.dropdown-menu:hover > ul.menu,
.dropdown-menu:active > ul.menu {
    display:block;
}
```

5. 서브 아이템에 그 부모 아이템과 비례한 위치를 설정한다.

```css
.dropdown-menu > ul.menu > li {
    position:relative;
}
```

6. 일반 아이템과 분리선 아이템의 스타일을 설정한다.

```css
.dropdown-menu > ul.menu > li:hover {
    background-color:#eee;
```

```
}
.dropdown-menu > ul.menu > li > a {
    padding:0.3em 1.5em;
    display:block;
}
.dropdown-menu > ul.menu > li.separator {
    height:0.01em;
    margin:0.3em 0;
    border-bottom: solid 1px #ddd;
}
```

7. 일반 서브메뉴를 약간 다르게 배치한다. 자신의 부모 아이템의 왼쪽 끝 90% 지점부터 안쪽으로 표시한다.

```
li.dropdown-menu ul.menu {
    left:90%;
    right:auto;
    top:0em;
}
```

8. 마지막으로 오른쪽 정렬, 위로 표시되는 메뉴의 스타일을 적용한다. 이와 더불어 서브메뉴는 자신 부모의 하단 방향으로 되어있다.

```
.dropdown-menu ul.menu.right-align {
    left:auto;
    right:0;
}
.dropdown-menu ul.menu.up {
    top: auto;
    bottom:50%;
}
li.dropdown-menu ul.menu.left-side {
    right: 90%;
    left: auto;
}
li.dropdown-menu ul.menu.bottom-align {
    top:auto;
```

```
    bottom:0;
  }
```

메뉴를 동적으로 표시하려고 CSS 유사 선택자_{pseudo-selector}인 hover와 active 를 사용한다. 이 유사 선택자를 사용하면 커서가 엘리먼트 위에 위치하거나 엘리먼트가 active로 마크될 때 엘리먼트 스타일을 다르게 적용할 수 있다. 또한 메뉴 안에 전체 메뉴를 넣으면 메뉴 아이템의 유사 선택자를 사용해 전체 메뉴를 표시할 수 있다.

그리고 부모 메뉴 아이템에 position:relative, 서브 메뉴 자식 아이템에 position:absolute를 함께 사용해 메뉴와 서브 메뉴를 표시할 수 있다. 이런 조합을 사용하면 자식 위치 속성은 아이템이라고 하는, 처음으로 연관된 부모 와 상대 위치가 설정된다.

이를 이용해 메뉴를 어느 곳에서든지 배치할 수 있다. 기본으로는 부모 밑에 배치할 수 있고, 위에 배치하게 선택할 수도 있다. (서브메뉴는 기본으로 오른쪽, 옵션 으로는 왼쪽에 배치한다.) 또한 서브메뉴 정렬도 원하는대로 할 수 있는데 기본으로 왼쪽, 옵션으로는 오른쪽에 배치할 수 있다. (서브메뉴는 기본으로는 위쪽 정렬을 하지만 아래쪽으로도 정렬할 수 있다.)

이러한 조합으로 메뉴가 스크린 밖으로 나갈 걱정 없이 임의의 장소에 메뉴를 구성할 수 있다.

사용자 정의 대화 상자 만들기

사용자 정의 대화 상자는 모든 종류의 사용자 입력에서 사용한다. 예를 들어 사용자에게 폼을 채우게 요청할 수도 있다(구체적 예로 대화 상자로 표시되는 로그인 폼). 또한 사용자 정의 대화 상자를 사용해 사용자에게 즉시 응답을 요구하는 동작을 구현할 수도 있다. (예를 들어 대화 상자로 "선택한 파일을 지울까요?"를 물어볼 수 있다.)

이론적으로는 대화 상자 안에서 다른 페이지를 표시할 수 있으므로 유연한 메소드 한 개만으로도 동작을 구현하기에 충분하다. 프로그램의 유연성을 위해서는 대화 상자를 뷰view, 모델model, 콘트롤러controller라는 세 부분으로 나누는 방법이 가장 쉽다.

이번 예제에서는 일반적인 대화 상자를 만들어 본다. 이 대화 상자는 뷰(자바스크립트 템플릿을 지원하는 HTML), 모델(템플릿에서 사용할 수 있는), 그리고 컨트롤러를 만드는 이벤트 바인딩 리스트로 구성되어 있다.

이번 예제는 고급 예제다. 독자가 임베디드 자바스크립트 템플릿(EJS)에 대한 지식이 부족하다면 이번 예제를 살펴보기 전에 9장 클라이언트 템플릿의 EJS 예제를 먼저 읽어보길 바란다.

준비

이번 예제에서는 존 레식John Resig의 EJS 같은 템플릿의 간단한 동작을 사용한다. 이는 컴파일러로써 EJS 템플릿을 자바스크립트 함수로 변환한다. 컴파일러 부분은 상세히 설명하지는 않는다. 다만 템플릿 콘텐츠에 있는 엘리먼트 ID를 받아 템플릿 함수를 반환하는 내용만 알고 있으면 된다. 이 함수를 객체에 적용하면 HTML 출력을 한다.

다음은 템플릿 컴파일러 함수다.

```javascript
// 간단한 자바스크립트 템플릿
// 존 레식(John Resig) - http://ejohn.org/ - MIT Licensed
(function(){
  var cache = {};

  this.tmpl = function tmpl(str, data){
    // 템플릿을 가져오는지 또는 템플릿을 로드할 필요가 있는지 알아낸다.
    // 그리고 결과를 저장해야한다.
      var fn = !/\W/.test(str) ?
      cache[str] = cache[str] ||
        tmpl(document.getElementById(str).innerHTML) :

      // 템플릿 발생기을 제공하는 재사용이 가능한 함수를 만든다.
      // (그리고 만든 함수는 저장된다.)
      new Function("obj",
      "var p=[],print=function(){p.push.apply(p,arguments);};" +

      // with(){}를 사용해 데이터를 지역 변수로 한다.
      "with(obj){p.push('" +

      // 템플릿을 자바스크립트로 변환
      str
        .replace(/[\r\t\n]/g, " ")
        .split("<%").join("\t")
        .replace(/((^|%>)[^\t]*)'/g, "$1\r")
        .replace(/\t=(.*?)%>/g, "',$1,'")
        .split("\t").join("');")
        .split("%>").join("p.push('")
        .split("\r").join("\\'")
    + "');}return p.join('');");

    // 사용자에게 기본적인 결과를 제공한다.
    return data ? fn( data ) : fn;
  };
})();
```

예제 구현

페이지 코드와 대화 상자 라이브러리를 작성한다.

1. index.html 파일을 만든다. 이 파일에는 비밀 div 영역 그리고 username
   을 미리 표시하고 에러 메시지를 보여주는 로그인 대화 상자를 위한 템
   플릿이 있다.

```html
<!DOCTYPE HTML>
<html>
    <head>
        <title>Simple rich text editor</title>
        <link rel="stylesheet" type="text/css" href="dialog.css">
        <style type="text/css">
        .dialog.tmplExample .button-area {
            margin-top: 20px;
            text-align:right;
        }
        .dialog.tmplExample p.error.hidden {
            display:none;
        }
        .dialog.tmplExample p.error {
            color:#c00;
        }
        div.secret { display:none; }
        </style>
    </head>
    <body>
    <div>
        <div class="secret">
            Welcome to the secret place, where only authenticated
users may roam.
```

```html
        </div>
    </div>
    <script id="tmplExample" type="text/html">
        <p class="error hidden"></p>
        <p><label for="user">User:</label>
          <input name="user" type="text" value="<%= user %>" ></p>
        <p><label for="pass">Pass:</label>
          <input name="pass" type="password" value="<%= pass %>" ></p>
        <p class="button-area">
            <button class="login" type="button">Login</button>
        </p>
    </script>
    <script src="http://ajax.googleapis.com/ajax/libs/jquery/1.8.2/
jquery.min.js"></script>
    <script type="text/javascript" src="tmpl.js"></script>
    <script type="text/javascript" src="dialog.js"></script>
    <script type="text/javascript" src="example.js"></script>
    </body>
</html>
```

2. 다음으로 대화 상자 API 동작이 구현된 example.js를 생성한다. 이 코드
   가 동작하면 즉시 로그인 대화 상자가 표시되며 올바른 패스워드를 입력
   하면 바로 대화 상자가 닫힌다. 그리고 비밀 콘텐츠가 표시된다. 올바른
   패스워드가 아닌 경우에는 대화 상자 안에 에러 메시지가 표시된다.

```javascript
$(function() {
   dialog("tmplExample", {title: 'Login to continue', user:
      'jack.r', pass: ''}, {
         'button.login => click': function(dialog, ev) {
            var data = dialog.data();
            if (data.pass == 'secret') { dialog.close(); $('.
               secret').show(); }
            else { dialog.find('p.error').text('Invalid
               password').show(); }
         }
   });
});
```

3. 다음으로 dialog.js를 만든다. 이 코드에서는 인자 세 개를 갖는 `dialog` 함수를 외부로 노출시킨다. 첫 번째 인자는 대화 상자 템플릿 ID이고 두 번째 인자는 템플릿에 채워놓을 데이터이고, 마지막 인자는 이벤트 바인딩이 있는 객체다.

```
(function () {
    window.dialog = function(template, data, bindings) {
```

1. 먼저 dialog 껍데기를 만든다.

```
        var holder = $("<div />").addClass('dialog').
addClass(template);
        var titlebar = $("<div />").addClass('title').
appendTo(holder);
        var titletext = $("<span />").addClass('titletext').
appendTo(titlebar);
        var close = $("<span />").addClass('close').html('x').
appendTo(titlebar);
        var form = $("<form />").addClass('dialog').
appendTo(holder);
```

2. HTML 템플릿에 위의 내용을 채우고 타이틀을 설정하고 표시한다.

```
        form.html(tmpl(template, data));
        $(titletext).text(data.title || "Dialog");
        holder.appendTo('body');
```

3. selector => event 형식으로 바인딩을 적용한다.

```
        for (var key in bindings) if (bindings.
hasOwnProperty(key)) (function(key) {
            var selectorEvent = key.split(/\s+=>\s+/);
            form.find(selectorEvent[0]).on(selectorEvent[1],
function() {
                var args = [].slice.call(arguments);
                args.unshift(self);
                bindings[key].apply(this, args);
```

```
        });
    }(key));
```

4. 반환할 `dialog` 객체를 만든다. 필드를 위한 `find()` 함수를 만들고 이 벤트 바인딩과 모든 폼 데이터를 JSON 객체로 변환할 `data()` 함수를 만든다. 그리고 함수를 닫는다.

```
var self = {};
self.find = form.find.bind(form);
self.data = function() {
    var obj = {};
    form.serializeArray().forEach(function(item) {
        if (obj[item.name]) {
            if (!(obj[item.name] instanceof 'array'))
                obj[item.name] = [ obj[item.name] ];
            obj[item.name].push(item.value);
        }
        else obj[item.name] = item.value;
    });
    return obj;
}
self.close = function() { holder.trigger('dialog:close');
holder.remove(); };
self.on = holder.on.bind(holder);
close.on('click', self.close);
return self;
};
}());
```

5. 마지막으로 대화 상자에 있는 dialog.css에서 위치와 스타일을 설정한다.

```
div.dialog {
    position:fixed;
    top:10%;
    left: 50%;
    margin-left: -320px;
    width:640px;
```

```
        height:auto;
        border: solid 1px #ccc;
        background-color:#fff;
        box-shadow: 2px 2px 5px #ccc;
}
div.dialog div.title {
        border-bottom: solid 1px #eee;
}
div.dialog div.title span {
        padding: 0.5em 1em;
        display:inline-block;
}
div.dialog div.title span.close {
        float: right;
        cursor: pointer;
}
div.dialog form.dialog {
        padding: 1em;
}
```

예제 분석

유연한 대화 상자 라이브러리를 만들려면 보여줄 데이터를 뷰, 모델, 컨트롤러로 나눠야 한다.

tmpl.js 라이브러리는 제공된 모델 객체를 사용해 EJS 템플릿을 처리하는 함수를 제공한다. 이 함수의 코드 내용은 예제 설명 범위에서 벗어난다.

dialog 함수는 타이틀 바, 닫힘 버튼, 폼을 담고 있는 크롬 영역을 만든다. 그후 템플릿과 데이터로 폼을 채운다. 마지막으로 바인딩한 것을 폼의 내용으로 적용한다. 바인딩은 제이쿼리의 selector=>event 형식으로 되어 있으며 모든 사용자 입력에 반응한다.

이 함수는 변수 형식으로 만들어진 dialog 객체를 반환한다. 반환된 객체는 다음과 같은 편리한 함수를 제공한다.

- ▶ find: 사용자는 이 함수로 선택자를 사용해 폼에 있는 엘리먼트를 검색한다.
- ▶ data: 모든 데이터 입력을 폼으로 추출한다. 추출한 데이터는 사용하기 쉬운 JSON 객체 형태다.
- ▶ close: 대화 상자를 닫는다.
- ▶ on: 이를 사용해 사용자가 별도의 바인딩을 추가한다(예를 들어 dialog:close 이벤트).

또한 객체에서는 대화 상자가 닫혔을 때 발생하는 dialog:close라는 편리한 이벤트를 제공한다.

대화 상자 스타일은 dialog.css로 설정한다. 대화 상자의 위치는 fixed-width 와 네가티브 마진을 사용해 순수 CSS 기반의 위치 메소드로 정한다. 또한 윈도우의 너비를 따로 가져오지 않아 자바스크립트를 사용하지 않고 관리할수 있다.

유연한 템플릿 언어를 사용해 복잡한 콘텐츠라도 무엇이든 생성할 수 있으며 bindings 문법으로 모든 사용자 입력을 제어할 수 있다. 또한 이런 템플릿과 바인딩을 조금 사용해 공통 대화 상자 생성을 간단하게 할 수 있다.

이러한 일반적인 메소드로 간단한 메시지 박스, 일반적인 텍스트 프롬프트 또는 여러 필드가 있는 복잡한 대화 상자 폼을 똑같이 쉽게 만들 수 있다.

입력 내역 자동 완성 기능 만들기

입력 또는 검색 필드에서는 검색 데이터의 일부분을 타이핑하고 난 후에 자동으로 예측하는 기능을 많이 사용한다. 이 기능은 직원 이름 같은 데이터베이스를 지닌 모든 필드에서 사용할 수 있다. 이번 예제에서는 입력 사항을 자동으로 완성하는 기능을 만들 수 있게 하는 방법을 알아본다. 예제에서 다루는 내용으로 독자의 요구사항에 맞는 방법을 결정한다.

이번 예제에서는 가상으로 REST API로부터 반환받았다고 가정하는 샘플 JSON 파일을 사용한다. 예제에서 사용하는 샘플 JSON 파일의 이름은 countries.json 이며 각 국가에서 사용하는 언어와 국가가 매핑되어 있는 객체 리스트가 담겨 있다. 또한 예제에서는 제이쿼리UI(http://jqueryui.com/)와 초즌(Chosen, https://github.com/harvesthq/chosen) 라이브러리를 사용한다. 그럼 왜 두 라이브러리 모두를 사용할까? 물론 이 중 하나만을 사용하거나 모두 사용하지 않아도 되지만 이 두 라이브러리를 사용하면, 리스트 중에서 선택하는 일과 관련해 훌륭한 GUI를 생성하는 여러 방법을 설명할 수 있기 때문이다. 또한 가상 REST 서비스를 위해 서버 구동이 필요하다. 서버 운용에 관한 자세한 사항은 부록 A, 'Node.js 설치와 npm 사용'을 참고하라.

예제 구현

예제에서는 HTML 그리고 HTML과 함께 사용되는 자바스크립트, CSS를 사용한다.

1. 먼저 HTML의 헤드 섹션에 제이쿼리UI와 초즌 라이브러리에서 사용하는 CSS를 추가한다. 또한 초즌에서 사용하는 단일 선택자single selector 크기를 정의하는 작은 CSS 섹션을 추가한다.

```
<head>
    <meta charset="utf-8">
    <title>Autocomplete</title>
    <link rel="stylesheet" href="//cdnjs.cloudflare.com/ajax/
libs/jqueryui/1.10.2/css/lightness/jquery-ui-1.10.2.custom.css"
type="text/css" media="all">
    <link rel="stylesheet" type="text/css" href="//cdnjs.
cloudflare.com/ajax/libs/chosen/0.9.11/chosen.css">
    <style type="text/css">
    .marker{
        width:350px;
    }
    </style>
</head>
```

2. 그리고 HTML 바디 부분에 폼을 생성해 추가한다. 먼저 제시된 과일 리스트와 연결된 입력 텍스트 필드가 있는 블럭을 생성한다.

```
<div>
    <label>
        Your favorite fruit is <input name="favFruit" type="text"
list="fruit" placeholder="ex:'Apple'" />
    </label>
    <datalist id="fruit">
        <option value="apple" label="Apple" />
        <option value="apricot" />
        <option value="banana" />
        <option value="berries" />
    </datalist>
</div>
```

3. 다음 국가 선택 입력 필드다. 여기에서는 컨트롤 일부에 자동 완성 기능을 하는 초즌 타입 선택자를 사용한다.

```
<div>
    <label for="country">Your country </label>
    <select id="country" name="country" data-placeholder="Choose
```

```
a Country..." class="marker">
            <option value=""></option>
            <option value="United States">United States</option>
            <option value="United Kingdom">United Kingdom</option>
            <option value="Afghanistan">Afghanistan</option>
            <option value="Aland Islands">Aland Islands</option>
            <option value="Andorra">Andorra</option>
            <option value="Angola">Angola</option>
            <option value="Anguilla">Anguilla</option>
            <option value="Antarctica">Antarctica</option>
            <option value="Antigua and Barbuda">Antigua and Barbuda</
option>
            <!--Note that for simplicity other countries are removed,
in practical use case there are list of countries form ISO 3166-
1 also there are list of countries available on the chosen web site
for example -->
        </select>
    </div>
```

4. 다음은 언어 선택 입력 엘리먼트다. 이 엘리먼트에는 서버에서 받은 JSON 데이터를 사용하지만 예제의 경우에는 JSON 파일을 직접 사용한다. 또한 occupation 입력과 submit 버튼을 추가한다.

```
<div>
    <label for="language">Language</label>
    <input type="text" id="language" name="language"
placeholder="ex:English"/>
    </div>
    <div>
    <label for="occupation">Occupation</label>
    <input type="text" id="occupation" name="occupation"
placeholder="ex:prog"/>
    </div>
    <div>
     <input type="submit" />
    </div>
```

5. 위 블록을 제출해야 하므로 form의 일부분이 되어야 함을 잊지 말자. 엘리먼트에 form 속성을 지정하는 방법을 사용할 수도 있다.

```
<input type="text" id="occupation" name="occupation"placeholder="Exa
mple: prog" form ="someFormId" >
```

6. 위와 같은 설정은 엘리먼트의 주인을 설정하는 것과 같아 해당 엘리먼트를 HTML 문서 어디든 배치할 수 있다. 다만 이런 엘리먼트 설정을 폼 한 개에만 할 수 있다.

7. 다음은 제이쿼리, 제이쿼리UI, 초즌 같은 외부 자바스크립트를 포함시킬 차례다.

```
<script src="//cdnjs.cloudflare.com/ajax/libs/jquery/1.8.3/jquery.
min.js"></script>
 <script src="//cdnjs.cloudflare.com/ajax/libs/chosen/0.9.11/chosen.
jquery.min.js"></script>
 <script src="http://ajax.googleapis.com/ajax/libs/jqueryui/1.9.2/
jquery-ui.min.js" type="text/javascript"></script>
```

8. 이후에는 제이쿼리 셀렉션과 로직을 시작한다.

```
$(function() { ...}
```

9. 엘리먼트에 초즌을 사용하려면 다음처럼 간단하게 해당 엘리먼트를 선택하고 플러그인을 직접 호출한다.

```
$(".marker").chosen();
```

10. 제이쿼리UI의 autocomplete 플러그인을 사용하는 방법이 또 있는데, 로컬데이터를 가지고 임의의 셀렉션에 적용하는 방법이 있다.

```
var occupation = ["programmer","manager","doctor","designer"];
$("#occupation").autocomplete({
    source:occupation,
    minLength:2,
    delay:200
});
```

11. 컴포넌트 설정에서 source 속성에는 가능한 문자열 옵션의 리스트를 설정하고 minLength 속성에는 자동 완성 기능이 시작되기 전에 입력해야 할 최소 문자 숫자를 설정한다. 그리고 delay에는 키 입력과 소스 데이터 검색 사이의 시간을 밀리초 단위로 설정한다.

 delay를 low로 설정하면 데이터 소스로 많은 요청을 만들므로 나쁜 결과를 초래한다.

12. 또한 데이터는 리모트 서버에 있을 수 있고 플러그인에 소스로 반환되므로 여기에 필터링 기능을 추가해 적용할 수도 있다.

```
$("#language").autocomplete({
        source: function (request, response) {
            //mathcer for terms filtering on client side
            var matcher = new RegExp( "^" + $.ui.autocomplete.
escapeRegex( request.term ), "i" );
            //simulate a serverside json api
            $.getJSON("countires.json?term=" + request.term,
function (data) {
                response($.map(data, function (value, key) {
                  for(var name in value) {
                    var result = {};
                    if(matcher.test( value[name])){
                      result.label=value[name]+" "+name;
                      result.value=value[name];
                      return result;
                    }
                  }
                })
              );
            });
        },
        minLength: 2,
        delay: 100
    });
```

자동 완성 기능을 구현하는 방법 중 가장 간단한 방법은 표준 HTML5 태그를 사용하는 방법이다. 다음 코드를 살펴보자.

```
<input name="favFruit" type="text" list="fruit"
placeholder="Example:'Apple'" />
```

위 코드에서 `list="fruit"` 속성은 입력 필드를 `datalist`로 연결한다. 이 속성은 사용자에게 제시하는 이미 정의된 리스트를 정의할 때 사용한다.

그 밖의 구현 방법으로는 초즌을 사용하는 방법이 있다. 초즌 자바스크립트 플러그인은 사용자에게 친숙한 셀렉션을 제공한다. 사용방법은 아래 HTML 코드와 같다.

```
<select id="country" name="country" data-placeholder="Choose a Country..."
class="marker">
  <option value=""></option>
  <option value="United States">United States</option>
  <!-- … 다른 옵션 -->
</select>
```

위와 같은 코드로 만들면 제이쿼리 선택자로 선택해 플러그인 엘리먼트로 활성화할 수 있다.

```
$(".marker").chosen();
```

초즌 라이브러리는 자동으로 셀렉션과 자동 완성 기능의 스타일을 정의한다. 그리고 `data-placeholder` 속성을 설정한 경우에는 표준 HTML5 `placeholder` 속성 같이 동작한다.

 예제에서는 예제의 간결함을 위해 ISO 3166-1((http://www.iso.org/iso/country_codes.htm)에서 정의한 국가 리스트에서 일부 국가를 삭제하고 사용했다. 그리고 이에 관련된 위키피디아 페이지는 http://en.wikipedia.org/wiki/ISO_3166-1를 참조하자.

그 밖의 자동 완성 방법은 제이쿼리UI 자동완성 컴포넌트를 사용하는 것이며 우리가 자세히 서버 측의 데이터 소스와 예제를 분석하려고 하는 이유다. 여기에는 옵션이 세 개다.

- **클라이언트 측 필터링** 이 옵션은 완전한 JSON 문서 또는 목적이 같은 그 밖의 문서를 가져와 클라이언트에서 데이터를 필터링하는 방법이다. 이 방법은 사용할 수 있는 방법 중 가장 훌륭한 방법이지만 모든 경우에 이런 방법을 사용할 수는 없다. 데이터 리스트는 매우 큰 크기를 가지고 있을 수 있다. 예를 들어 검색 엔진의 경우에는 데이터 리스트가 매우 클 수가 있다.

- **서버 측 필터링** 이 옵션은 어떤 질의 문자열로 필터링된 데이터를 가져오는 방법이다. 필터링은 서버 측에서 행해지며 대부분의 방법 중 느린 편이다. 이 방법은 서버 측에서 데이터 처리를 많이 안하고 즉시 반환하는 경우에도 추가적인 요청이 있으므로 더 느려질 수 있으며 서버에서 데이터를 더 처리하는 경우에는 더 느려진다.

- **서버 측 그리고 클라이언트 측 필터링** 큰 데이터 집합인 경우에는 서버, 클라이언트의 두 방법을 같이 조합해 사용하며 가장 최선의 방법이 된다. 또한 이 방법은 어떤 추가적인 데이터 요청 상황을 만나더라도 서버에 추가적인 데이터를 요청할 수도 있다.

 약간 내용에서는 벗어나지만 알아두면 좋은 사실이 있다. 검색 입력 필드는 HTML5의 input="search" 필드로 만드는 편이 좋다. 이 컨트롤은 싱글 라인 입력 필드이며, autosave 속성이 추가되면 이전에 검색했던 내용을 입력 필드에 추가할 수 있다. 코드는 아래와 같다.

```
<input id="mySearchField" type="search" autosave>
```

서버에서 반환된 데이터를 사용자 타입으로 사용할 경우에는 설정에서 source 속성으로 함수를 추가할 수 있다.

```
source: function (request, response) {
```

request 객체 안에서 input 엘리먼트에 request.term 속성으로 삽입된 현재 데이터를 가져올 수 있다. 그리고 클라이언트 측에서 데이터를 필터링하고 싶은 경우에는 JSON 파일에서 하듯이 RegExp 메소드를 사용해 필터 기능을 수행할 수 있다.

```
var matcher = new RegExp( "^" + $.ui.autocomplete.escapeRegex(request.term ), "i" );
```

그리고 서비스로 에이잭스 호출을 보내 데이터를 읽는다.

```
$.getJSON("countries.json?term=" + request.term, function (data) {
```

대부분의 REST API에는 request 파리미터를 사용한 자신만의 필터링 기능이 있다. 하지만 이번 예제에는 이런 기능이 없지만 다음처럼 쉽게 이런 기능을 구현할 수 있다.

```
'countries.json?term=' + request.term
```

그래서 콜백 함수는 필터링되지 않은 데이터로 구성된 JSON 데이터를 받는다. 이 동작은 jQuery.map(arrayOrObject, callback(value, indexOrKey))를 사용해 구현한다. 제이쿼리의 map 함수는 callback 함수에 정의되어 있는 규칙에 따라 원본 객체 배열에서 모든 아이템을 새로운 배열로 받아 변환한다.

예제에서 JSON은 다음과 같은 형식으로 되어있다.

```
[
  {
    "Afghanistan": "Pashto"
  },
  {
    "Albania": "Albanian"
  }
  …
]
```

데이터를 language 이름을 사용해 필터링하려고 matcher에 정의된 규칙에 따른 객체의 서브 리스트를 반환한다.

```
function (data) {
    response($.map(data, function (value, key) {
        for(var name in value) {
            var result = {};
            if(matcher.test( value[name])){
                result.label=value[name]+" "+name;
                result.value=value[name];
                return result;
            }
        }
    }));
}
```

반환된 결과에 있는 label과 value 프로퍼티를 잠시 살펴보자. result 같은 형식의 객체는 객체 배열을 갖는 source 형식 중에 하나다.

데이터를 제어하는 제이쿼리UI 메소드와 초즌 라이브러리를 비교하면 제이쿼리UI는 여러 데이터 소스로 작업하기에 좀 더 유연한 편이다. 반면 초즌은 표준 HTML 엘리먼트 스타일이며 좀 더 사용하기에 편하다. 또한 초즌은 특정 작업을 더 훌륭히 하는 데 집중되어 있으며 매우 유려한 GUI을 만든다. 또한 제이쿼리UI에 비해 가볍다.

부연 설명

list 속성은 hidden, checkbox, radio, file 또는 무시되는 button 타입을 제외한 모든 입력 유형에 사용할 수 있다. 잘 생각해보면 이는 매우 당연한 일인데 위와 같은 입력 유형에서는 자동 완성 기능을 사용할 방법이 없기 때문이다.

오래된 브라우저에서 같은 기능 또는 폴백 모드로 구현하려면 datalist 엘리먼트의 콘텐츠를 배치하면 된다.

```
<datalist id="fruits">
    <label>
        or select on from this list of element:
        <select name="Fallback">
            <option value="">
                <option>Apple</option>
                <option>Orange</option>
                <!-- ... -->
            </select>
    </label>
</datalist>
```

위 코드와 같은 데이터는 표시되지 않는다. datalist 엘리먼트가 지원되면 오래된 브라우저에 지원할 수 있다.

제이쿼리UI 자동 완성 기능에서 사용할 수 있는 데이터 소스에는 JSONP, XML 등 여러 가지가 있다.

사용자 정의 단일 선택 리스트 만들기

이전 예제에서는 초즌 라이브러리를 사용했다. 이번 예제에서는 간단한 선택 박스로 좀 더 깊게 살펴본다. 이 선택 박스는 가장 사용자 친화적인 방법으로 박스에서 아이템을 선정한다.

준비

이번 예제에서는 초즌(https://github.com/harvesthq/chosen)을 사용하며 CDN에서 추가된 제이쿼리를 함께 사용한다.

예제 구현

HTML 파일과 자바스크립트 코드를 만든다.

1. 먼저 HTML 헤드 섹션부터 시작한다. 이 헤드 섹션에는 초즌 CSS 스타일이 있다.

```
<head>
    <meta charset="utf-8">
    <title>Single select list</title>
    <link rel="stylesheet" type="text/css" href="//cdnjs.cloudflare.com/ajax/libs/chosen/0.9.11/chosen.css">
    <style type="text/css">
      .drop-down{
       width: 250px;
      }
    </style>
 </head>
```

2. 간단한 폼을 만든다. 이 폼에서는 사용자가 가장 선호하는 프로그래밍 언어와 직업 타이틀을 선택할 수 있다. 이를 구현할 수 있게 여러 옵션이 있는 select 아이템을 추가한다.

```
        <form>
        <div>
          <label>
            Favourite programming language :
            <select id="programming" data-placeholder="Your favorite
programming language" class="drop-down">
              <option value=""></option>
              <option>Java</option>
              <option>Python</option>
              <option>Clojure</option>
              <option>C</option>
              <option selected>Java Script </option>
              <option>Lisp</option>
              <option>Pascal</option>
              <option>VB</option>
            </select>
          </label>
        </div>
```

3. 사용할 수 있는 옵션은 optgroup 엘리먼트를 사용해 그룹화할 수 있다.

```
<div>
<label>
  You consider your self to be a :
  <select id="occupation" data-placeholder="Occupation"
class="drop-down">
    <optgroup label="Software">
      <option>Java developer</option>
      <option>Node developer</option>
      <option>Software Achitect</option>
      <option selected>Engineer</option>
      <option>Manager</option>
    <optgroup>
    <optgroup label="Hardware">
      <option>Semiconductor</option>
      <option>Manager</option>
      <option>Computer Hardware Engineer</option>
    </optgroup>
  </select>
</label>
</div>
```

4. 다음에는 폼 제출을 추가한다.

```
<input type="submit" />
</form>
```

5. CDN으로부터 초즌 라이브러리를 추가한다.

```
<script src="//cdnjs.cloudflare.com/ajax/libs/jquery/1.8.3/jquery.
min.js"></script>
<script src="//cdnjs.cloudflare.com/ajax/libs/chosen/0.9.11/chosen.
jquery.min.js"></script>
```

6. 초즌 라이브러리를 적용할 엘리먼트는 제이쿼리 셀렉션을 사용해 지정
한다.

```
$(function() {
  $("#programming").chosen({allow_single_deselect:true});
  $("#occupation").chosen();
});
```

예제 분석

초즌의 최대 장점은 단순함이다. 사용할 때는 그저 제이쿼리로 대상 엘리먼트
를 선택하고 플러그인을 적용하면 된다. 또한 이런 종류의 엘리먼트를 생성하
는 동안 선택해제_{deselect}를 할 수 있는 옵션이 제공된다.

```
$("#programming").chosen({allow_single_deselect:true});
```

 초즌은 제이쿼리 대신 프로토타입(Prototype JS)로도 사용할 수 있는데 여기서 엘리먼트
선택은 new Chosen(someElement);과 같이 한다.

또한 data-placeholder 속성을 추가할 수도 있다. 이 속성에는 예제의
Occpation 처럼 기본 텍스트를 설정할 수 있다. 이 속성을 설정하지 않는 경
우에는 Select Some Option이 기본이다.

 select 엘리먼트를 추가 설명하자면 브라우저에서는 selectedIndex를 설정하지 않거나
selected 속성이 없는 경우에 첫 번째 엘리먼트를 선택하는 것을 기본으로 한다. 아무것도
선택하지 않게 하려면 첫 번째 옵션을 공란으로 두어 data-placeholder 동작으로 아무것
도 선택하지 않는 것처럼 꾸민다.

부연 설명

초즌 초기 생성 후에 변경된 데이터를 다시 적용하는 경우에는 선택한 필드
에 liszt:updated 이벤트를 발생시켜 동적으로 컴포넌트를 업데이트한다.
liszt:updated 이벤트는 초즌만의 특수한 내부 이벤트다. 이 이벤트가 호출

된 이후 초즌은 업데이트된 콘텐츠 리스트를 기반으로 해 다시 빌드한다. 예를 들어 ID가 countries인 엘리먼트에서는 다음처럼 이벤트를 발생시킨다.

```
$("#form_field").trigger("liszt:updated");
```

다중 선택 리스트 만들기

초즌으로 멋진 다중 선택 리스트를 만들 수 있다. 이번 예제에서는 폼에 초즌을 사용한 다중 선택 리스트가 있는 메뉴 주문 폼을 만들어 본다.

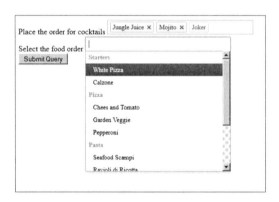

준비

이번 예제는 사용자 정의 단일 선택 리스트 만들기 예제를 기반으로 해 만든다.

예제 구현

사용자 정의 단일 선택 리스트 만들기의 예제로 시작해 다음과 같은 부분을 추가한다.

1. 먼저 drop-down CSS 클래스가 있는 선택 리스트를 헤드 섹션에 추가한다.

```
<div>
  <label for="cocktails">Place the order for cocktails</label>
```

```
        <select id="cocktails" data-placeholder="Add cocktails"
multiple class="drop-down" name="cocktails">
            <option value=""></option>
            <option>Black Velvet</option>
            <option>Moonwalk</option>
            <option>Irish coffee</option>
            <option>Giant Panda</option>
            <option selected>Jungle Juice</option>
            <option selected>Mojito</option>
            <option selected disabled>Joker</option>
            <option disabled>Long Island Iced Tea</option>
            <option disabled>Kamikaze</option>
    </select>
    </div>
```

2. 그리고 Starters와 Pizza 같이 select 엘리먼트에 섹션이 생기게 옵션을 그룹화한다.

```
    <div>
     <label for="food">Select the food order</label>
     <select id="food" data-placeholder="Select some off the menu
element" multiple class="drop-down" name="food">
    <optgroup label="Starters">
            <option>White Pizza</option>
            <option>Calzone</option>
     <optgroup>
    <optgroup label="Pizza">
            <option>Chees and Tomato</option>
            <option>Garden Veggie</option>
            <option>Pepperoni</option>
     <optgroup>
    <optgroup label="Pasta">
       <option>Seafood Scampi</option>
       <option>Ravioli di Ricotta</option>
     </optgroup>
    <optgroup label="Salads">
       <option>House Salad</option>
```

```
            <option>Cezar Salad</option>
            <option>Sopska</option>
        </optgroup>
    </select>
</div>
```

3. 간단하게 drop-down CSS 클래스가 있는 모든 엘리먼트를 선택해 초즌을
   적용한다.

```
<script type="text/javascript">
$(function() {
 $('.drop-down').chosen();
 }
</script>
```

초즌의 주된 기능에는 별다른 설정을 하지 않아도 엘리먼트를 기본으로 선택하는 기능이 있으므로 자바스크립트에서 간단히 사용할 수 있다. 또한 선택 리스트 아이템도 Mojito 같이 selected 속성을 설정해 페이지가 렌더링되기 전에 미리 선택된 상태로 할 수 있다. 그리고 disabled 속성을 사용해 선택 리스트에서 해당 아이템을 비활성화할 수도 있다. 예제에서는 Long Island Iced Tea가 비활성화돼 선택 리스트에 나타나지 않는다.

옵션그룹, 선택 상태, 복수 속성 및 그 밖의 속성들은 모두 HTML5 표준 동작에 기인한다. 즉, 특별한 작업 또는 폼을 제어하려고 서버에서 어떤 작업을 요구하지 않는다는 의미다.

지도를 사용한 지리적 위치 입력

HTML5 지오로케이션 API가 소개된 이래로 사용자 위치를 좀 더 쉽게 읽을 수 있게 되었다. 하지만 가끔은 사용자의 위치를 수정, 검증하거나 자기 위치가 아닌 그 밖의 위치로 설정하려는 요구가 있을 수 있다.

이번 예제에서는 사용자의 위치 설정이 가능한 위치 입력을 지도에 만들어 본다.

위치 선택은 링크 형태로 제공된다. 사용자가 링크를 클릭 입력 필드가 나타나는데 그 입력 필드를 사용해 위치를 검색할 수 있고 지도를 클릭해 위치를 선택할 수 있다.

이번 예제에서는 유명한 리플렛(Leaflet, http://leafletjs.com/)을 사용한다.

준비

이번 예제에서 지도 입력은 대부분의 입력 필드와 비슷하게 만든다. 특히 드롭다운 스타일 메커니즘을 사용해 날짜 선택 컴포넌트와 비슷하게 만든다. 사용자가 위치를 수정하려고 링크를 클릭하면 지도 드롭다운이 결과로 나타난다. 사용자가 나타난 결과 중 하나를 선택하면 드롭다운은 사라진다.

또한 사용자가 지도에서 원하는 위치를 찾을 수 있게 하는 검색 박스를 추가한다. 이 작업을 위해 오픈 스트리트 맵에서 제공하는 무료 지리정보 서비스인 노미나팀Nominatim(http://nominatim.openstreetmap.org/)을 사용한다. 다음은 노미나팀에서 제공하는 JSON 응답 샘플이다.

```
[{
    [snip]
    "lat": "52.5487969264788",
    "lon": "-1.81642935385411",
    "display_name": "135, Pilkington Avenue, Castle Vale, Birmingham,
    West Midlands, England, B72 1LH, United Kingdom",
    [snip]
}]
```

위 JSON 정보는 위도, 경도, 표시이름 등이 있는, 여러 필요 정보가 담긴 검색 결과다.

코드를 만들어보자.

1. 언제나 그렇듯이 HTML 페이지부터 만든다. 예제의 입력 필드는 컴포넌트 세 개로 구성됐다. 클릭할 수 있는 링크와 위도, 경도 데이터가 담긴 숨겨진 입력 필드, 지도 기반의 위치 선택기가 그것이다. 지도와 검색 박스는 HTML에는 없으며 요구에 따라 만들어진다.

   링크 밑에 지도 드롭다운은 지도가 들어가는 엘리먼트에 비례해 배치된다. 분리선을 따라 나타나는 자동으로 완성된 링크는 스타일을 block으로 설정해 사용할 수 있다.

```html
<!DOCTYPE HTML>
<html>
    <head>
        <title>Location input using a map</title>
        <style type="text/css">
            div[data-input-map] {
                position:relative;
            }
            div[data-map] {
                width: 480px;
                height: 320px;
                position:absolute;
                top:100%;
                left:0;
            }
            div[data-results] a {
                display:block;
            }
        </style>
        <link rel="stylesheet" href="http://cdn.leafletjs.com/
leaflet-0.4/leaflet.css" />
        <!--[if lte IE 8]>
        <link rel="stylesheet" href="http://cdn.leafletjs.com/
```

```
leaflet-0.4/leaflet.ie.css" />
        <![endif]-->
    </head>
    <body>
        <div data-input-map>
            <a href="#">Set location</a>
            <input data-location type="hidden" name="location"
value="51.5,-0.09" />
        </div>
        <script src="http://ajax.googleapis.com/ajax/libs/
jquery/1.8.2/jquery.min.js"></script>
        <script src="http://cdn.leafletjs.com/leaflet-0.4/leaflet.js"></
script>
        <script type="text/javascript" src="example.js"></script>
    </body>
</html>
```

2. 위치 선택 동작 구현을 위해 다음과 같은 코드를 example.js에 추가한다.

```
$('body').on('click', '[data-input-map] > a', function(e) {
    e.preventDefault();
    var par = $(this).parent();
    // Read the current location of the input
    var location = par.find('[data-location]');
    var latlng = location.val().split(',').map(parseFloat);
    // 지도 엘리먼트 생성, 지도를 중앙에 배치한다.
    // 위치에 마커를 추가한다.
    var mape = $('<div data-map />').appendTo(par)[0];
    var map = L.map(mape).setView(latlng, 13)
    L.tileLayer('http://{s}.tile.openstreetmap.org/{z}/{x}/{y}.
png', {
        attribution: 'Copyright (C) OpenStreetMap.org',
        maxZoom: 18
    }).addTo(map);
    var marker = L.marker(latlng).addTo(map);
    // 새로운 장소가 클릭되면 위치를 업데이트한다.
    map.on('click', function(e) {
        marker.setLatLng(e.latlng);
```

```
        location.val([e.latlng.lat, e.latlng.lng].join(','));
        setTimeout(function() {
            $(mape).remove();
            inpe.remove();
        }, 500);
    });


// 주어진 주소로 노미나팀을 사용해 이름과 위도, 경도 정보가 있는 위치 리스트를 반환
function findLocation(query, callback) {
    $.ajax('http://nominatim.openstreetmap.org/search', {
        data: {
            format: 'json',
            q: query
        },
        dataType: 'json'
    }).success(function(data) {
        callback(data.map(function(item) {
            return {
                latlng: [item.lat, item.lon],
                name: item.display_name
            };
        }));
    });
}


// 검색 박스 추가
var inpe = $('<input type="text" data-search />')
    .appendTo(par);
delaySearch = null;
// 입력이 중단되고 나서 1초 후에 검색을 시작한다.
// 리스트 결과를 표시한다.
inpe.on('keydown keyup keypress', function() {
    if (delaySearch) clearTimeout(delaySearch);
    delaySearch = setTimeout(function() {
        par.find('div[data-results]').remove();
        var autocomplete = $('<div data-results />').appendTo(par);
        findLocation(inpe.val(), function(results) {
```

```
        results.forEach(function(r) {
            $('<a href="#" />')
                .attr('data-latlng', r.latlng.join(','))
                .text(r.name).appendTo(autocomplete);
        });
        // 검색된 결과가 있으면 결과에 따른 위치를 지도 중앙에 배치한다.
        // 그리고 사용자가 정확한 위치를 선택할 수 있게 한다.
        autocomplete.on('click', 'a', function(e) {
            e.preventDefault();
            var latlng = $(this).attr('data-latlng')
                .split(',');
            map.setView(latlng, 13);
            autocomplete.remove()
        });
    });
}, 1000);
    });
});
```

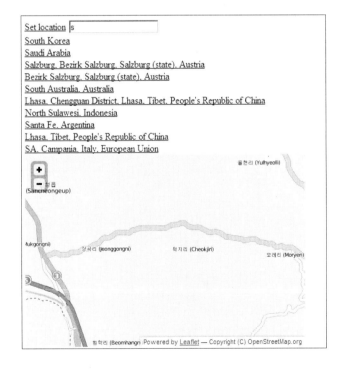

example.js의 코드에서 사용자는 **Set location**을 클릭해 지도에서 위치를 선택할 수 있다. 또한 새 위치를 페이지에 쉽게 추가하려고 `click` 이벤트 바인딩이 추가됐다.

그리고 숨겨진 입력 필드에 있는 위도와 경도를 문장 분석해 지도의 중심을 문장 분석한 좌표에 배치하고 마커를 표시한다.

사용자가 지도를 클릭하면 위치는 업데이트되고 맵은 500밀리초 후에 삭제된다. 이 시간은 사용자가 변경한 내용이 적용됐는지 인지하기에 충분한 시간이다.

또한 검색 박스를 링크 옆에 배치했다. 그리고 사용자가 검색 박스에 질의를 하면 노미나팀으로 에이잭스 요청을 보낸다. 검색은 서비스 오버로딩을 회피하려고 1초 후에 실행된다. 사용자가 1초 안에 다른 검색을 하면 먼저 한 검색은 취소되고 새로 한 검색이 1초 뒤에 수행된다.

서비스에서 결과가 오면 그 내용을 링크 리스트로 표시한다. 그리고 사용자가 링크를 클릭하면 지도를 재배치하고 지도의 중심을 클릭한 검색 결과 좌표에 배치한다. 뒤이어 검색 결과 리스트는 삭제되고 사용자는 원하는 더 정확한 위치를 찾을 수 있다.

6

데이터 검증

6장에서는 다음과 같은 내용을 알아본다.

- 텍스트 길이 검증
- 숫자 범위 검증
- 내장 패턴을 사용한 검증
- 내장된 제약과 사용자 정의 검증 고급 사용
- 패스워드 강도 계산
- 미국 우편번호 검증
- 서버 측 검증 기능을 비동기로 활용
- 클라이언트 검증 기능과 서버 검증 기능을 조합

소개

웹 애플리케이션 폼의 입장에서 보면 개발자는 사용자가 항상 특정 방식이나 규칙대로 데이터를 입력해주기를 기대한다. 이런 요구조건 사이에 데이터 검증이 있다. 서버 측 검증은 항상 해야 하는 작업이며 클라이언트 측 검증은 항상 생각해야 할 일이다.

애플리케이션의 입장에서는 검증 기능이 추가됨으로써 좀 더 사용자 친화적이 되었으며 시간을 절약하고 대역폭을 줄일 수 있게 되었다. 클라이언트 측과 서버 측 검증을 항상 해야 하며 그리고 각기 해야 한다. 6장에서는 HTML5로 클라이언트에서 체크할 수 있는 새로운 메커니즘을 살펴보며 공통적으로 발생하는 문제를 알아본다.

텍스트 길이 검증

클라이언트에서 하는 가장 기본적인 점검 사항으로는 폼으로 제출되거나 입력된 텍스트의 길이를 점검하는 일이 있다. 이 기본 검증을 자주 빼먹기도 하지만, 클라이언트뿐만 아니라 서버에서도 반드시 해야 하는 검증 중에 하나다. 입력에 아무 제한이 없다면 매우 큰 텍스트가 입력돼 서버에 부하가 걸려도 별다른 제약을 할 수 없게 된다.

예제 구현

간단한 HTML 폼에 몇 가지 서로 다른 입력을 만들어보자. 각 입력에는 어떤 제약이 걸린다.

1. 페이지의 헤드 부분은 그 밖의 예제와 동일하므로 바로 폼 생성으로 넘어간다. 먼저 20문자 제약이 있는 name 입력을 추가한다. 코드는 다음과 같다.

```
<form id="userForm">
    <div>
```

```
<label>
    Name <input id="name" type="text" name="name" maxlength="20"
title="Text is limited to 20 chars" placeholder="Firstname Lastname" />
    </label>
</div>
```

2. 그리고 초기 값으로 유효하지 않은 값을 가지는 그 밖의 입력 필드를 추가한다. 테스트를 목적으로 긴 문자열을 설정했다.

```
<div>
    <label>
        Initially invalid <input value="Some way to long value"
maxlength="4" name="testValue" title="You should not have more than
4 characters"/>
    </label>
</div>
```

3. 다음에는 spellcheck 속성을 가지는 textarea 태그를 다음처럼 추가했다.

```
<div>
    <label>
        Comment <textarea spellcheck="true" name="comment"
placeholder="Your comment here"> </textarea>
    </label>
</div>
```

4. 그리고 두 버튼을 추가했다. 버튼 하나는 폼 제출용이고 그 밖의 하나는 검증을 위한 자바스크립트 폴백을 활성화하는 코드다.

```
<button type="submit">Save</button>
<button id="enable" type="button">Enable JS validation</button>
```

5. 예제에서는 제이쿼리 검증 플러그인을 사용해 폴백을 구성했으므로 사용하는 두 라이브러리를 추가하고 예제 코드가 담긴 formValidate.js 파일을 추가했다. formValidate.js은 나중에 만든다.

```
<script src="//cdnjs.cloudflare.com/ajax/libs/jquery/1.8.3/jquery.
min.js"></script>
<script src="//cdnjs.cloudflare.com/ajax/libs/jquery-validate/1.10.0/
jquery.validate.min.js"></script>
<script src="formValidate.js" ></script>
```

6. 또한 폴백이 설정되어있는 버튼을 클릭하면 제출한 폼을 선택하고 자바 스크립트 기반의 플러그인 검증을 한다.

```
$(function() {
    //자바스크립트 검증 폴백
  $("#enable").click(function(){
    $("#userForm").validate({
      rules: {
        name : "required",
        comment: {
          required: true,
          minlength: 50
        }
      },
      messages: {
        name: "Please enter your name",
        comment: {
          required: "Please enter a comment",
          minlength: "Your comment must be at least 50 chars long"
        }
      },highlight: function(currentElement) {
          //에러.
          console.log("error on " +currentElement );
      }, unhighlight: function(currentElement) {
          // 검증 에러.
          console.log("no more error " +currentElement );
      }
    });
  });
});
```

예제 코드에서 검증 에러가 발생했을 때 나타나는 메시지를 추가한 것에 주의하자.

enable 버튼에 있는 자바스크립트 코드를 목적으로만 사용했다. 사실 실제 애플리케이션에서는 폴백으로 구성하거나 아니면 한 줄로 끝낼 것이다. 최대 길이만 체크하는 경우라면 HTML 페이지에 이미 유효하지 않은 값으로 설정한 값의 검증은 문제가 안 된다. 검증 메시지 같은 경우는 모든 최신 브라우저나 인터넷익스플로러 10에서 지원한다. 하지만 모바일 브라우저에서는 아직 지원하지 않는다. 브라우저에서 이런 기능을 제공하는 알고 싶다면 다음과 같은 코드로 알 수 있다.

```
if ('spellcheck' in document.createElement('textarea'))
{
    // 스펠링 체크 지원
} else {
    // 스펠링 체크 지원 안 함
}
```

예제 분석

예제에서는 처음에 `maxlength` 속성을 살펴봤다. 익히 알다시피 브라우저는 사용자 입력에 따라 정해진 제약으로 설정한 최대 문자가 입력된 이후에는 입력을 멈춘다.

그러면 예제에서는 어떻게 이런 제약이 깨졌을까?

초기에 유효하지 않은 값을 갖고 HTML이 렌더링되거나, 프로그래밍적으로 유효하지 않은 값으로 변경시켰을 경우에는 별다른 검증 없이 폼을 제출할 수 있다. 이는 정해진 동작이다. 브라우저에는 입력이 사용자에 따른 것인지 아닌지를 판단하는 더티 플래그dirty flag가 있다. 예제에서는 Intially invalid라는 라벨을 지닌 입력 엘리먼트에 아무런 변경도 하지 않았다. 그래서 폼은 성공적으로 제출할 수 있다. 반면 사용자가 입력 엘리먼트에 있는 텍스트를 변경했다면 폼 검증 에러가 나와 아래 그림과 같은 상태가 된다.

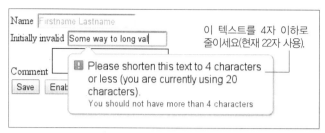

크롬 버전 28 개발 릴리즈에서 검증 팝업이 나타난 모습

검증 에러 팝업에 나타난 에러 메시지는 title 속성에 지정된 내용이 나타난다. 이 속성은 힌트를 제공하는 일 외의 목적으로도 사용한다. 이 메시지 박스는 각 브라우저에서 다르게 나타난다.

대부분의 컨트롤에서 하는 문법검사와 철자 확인을 사용자가 해야 하지만 spellcheck 속성이라는 것이 있어 스펠링 체크를 할 수 있게 브라우저에서 힌트를 줄 수도 있다. 예제에서 comment는 다음 그림과 같이 나타난다.

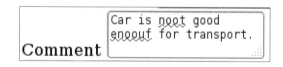

이 속성은 상속 개념을 갖고 있으며 lang 속성과 함께 사용할 수 있다. 예로 다음과 같은 코드를 살펴보자.

```html
<html lang="en">
<body spellcheck="true">
    <textarea></textarea>
    <div lang="fr">
        <textarea></textarea>
        <input type="text">
    </div>
</body>
</html>
```

위와 같은 코드에서 보듯이 철자법 검사 시 다른 언어를 선택할 수도 있다. lang="en"으로 속성을 설정하면 모든 엘리먼트 그리고 그 자식 엘리먼트에서

영어 사전을 사용할 수 있다. 그리고 div 엘리먼트에서 lang="fr"로 설정하면 해당 엘리먼트와 자식 엘리먼트(textarea와 input type=text)에서는 프랑스어 사전으로 체크할 수 있다.

 철자법 검사에 관한 더 자세한 사항을 WHATWG 페이지 http://www.whatwg.org/specs/web-apps/current-work/multipage/editing.html#spelling-and-grammarchecking에서 참조하자. 여기서 또 하나 짚고 넘어가야 할 점이 있다. 지난날에는 spellcheck 속성을 true 또는 false로 설정해야만 했다. 하지만 표준 최신판에서는 공란으로도 할 수 있게 했다(http://www.w3.org/TR/html-markup/global-attributes.html#common.attrs.spellcheck).

이 기능은 사용자에게 텍스트 수정과 관련한 모든 권한이 있다고 볼 수 있다. 철자법 검사 기능은 해당 속성으로 제공되므로 사용자가 철자법 검사를 하던 안 하던 제공된다. 또한 이 속성은 텍스트 입력에 연관된 엘리먼트와 수정이 가능한 콘텐츠가 있는 엘리먼트에만 적용된다.

폴백fallback이나 그 밖의 방법으로 자바스크립트를 사용해 텍스트 길이를 검증한다. HTML5에는 minlength가 없으므로 최소 길이를 검증하는 표준 방법은 없다. 그래서 이런 경우에는 제이쿼리 검증 플러그인을 사용해야 한다. 제이쿼리 검증 플러그인을 사용하는 방법은 pattern 속성이나 정규식을 사용해 수행한다. 자세한 사항은 '내장된 패턴을 사용한 검증' 예제를 살펴 보기 바란다.

검증하려면 폼을 선택하고 검증 규칙을 설정한다. 검증 규칙의 키는 폼 매개변수 이름이며 적용된 값은 검증을 하는 데 사용된다.

```
$("#userForm").validate({
   rules: {
     name : "required",
     comment: {
        required: true,
        minlength: 50
     }
   },
```

그리고 각 검증마다 메시지를 추가한다. 이 메시지의 키 또한 폼 매개변수 이름이다.

```
messages: {
    name: "Please enter your name",
    comment: {
        required: "Please enter a comment",
        minlength: "Your comment must be at least 50 chars long"
    }
```

또한 검증 규칙에는 폼 엘리먼트에 추가된 원래 속성이 포함된다. 예제에서는 Initially invalid 라벨의 입력 필드에 maxlength가 설정되었으므로 자바스크립트에서 설정한 다른 규칙의 일부분으로 추가된다. 또한 자바스크립트에서 정의한 규칙은 적절한 폼 엘리먼트의 일부분으로 이동할 수 있다. 마지막으로 자바스크립트 버전의 결과는 다음 그림과 같이 나타난다.

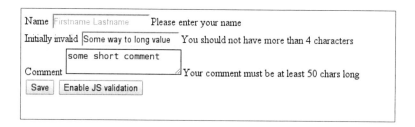

부연 설명

이번 예제에서 했듯이 제이쿼리 검증 플러그인을 사용해 입력 필드 옆에 검증 결과가 나타나게 하는 방법은 마치 라벨의 사용법과 같다. 여기에는 .error라는 간단한 CSS 클래스가 추가되는데 이 클래스는 검증 에러가 발생했을 경우 검증 문제가 발생되거나 삭제됐을 경우 해당 에러 CSS 클래스가 추가된다. 이 동작을 검증 엘리먼트 설정에서 구현한다.

```
highlight: function(currentElement) {
    console.log("error on " +currentElement );
```

```
}, unhighlight: function(currentElement) {
    console.log("no more error on " +currentElement );
}
```

검증 메시지 스타일과 연관된 엘리먼트를 다음에 다시 살펴본다.

숫자 범위 검증

폼에 입력되는 숫자는 주어진 범위에 따라 기본 검증을 실시한다. 이를 구현
하려고 숫자, 범위, 날짜/시간에 관련된 입력 필드에 min과 max 속성을 사용
한다.

범위 제한이 있는 입력 엘리먼트 몇 개를 만들어보자.

1. 먼저 폼을 만들고 최소 18세 이상만 입력받는 나이 입력 필드를 만든다.
   코드는 다음과 같다.

   ```
   <form>
       <div>
         <label>
           Age <input id="age" type="number" name="name" min="18"
   max="140" title="range 18 to 140" value="1" />
         </label>
       </div>
   ```

2. Bet에 range 입력을 추가한다. 코드는 다음과 같다.

   ```
       <div>
         <label>
           Bet <input id="deposit" value="1000" type="range"
   name="deposit" min="0" max="2000" />
           <output id="depositDisplay">1000</output>
   ```

```
        </label>
    </div>
```

3. 그리고 다음처럼 min, max, step 제한이 있는 입력을 추가한다.

```
<div>
    <label>
        Doubles <input value="4" type="number" name="doubles" min="0"
step="5" max="10" title="The value should be multiple of 5"/>
    </label>
</div>
<div>
    <label>
        Awesomeness <input id="awesomeness" value="10" type="range"
name="awesomeness" min="0" step="3" max="50" />
        <output id="awesomenessDisplay">10</output>
    </label>
</div>
```

4. 다음에는 제이쿼리, 예제 example.js를 포함시키고 submit 입력을 다음 처럼 설정한다.

```
    <input type="submit" />
</form>
<script src="//cdnjs.cloudflare.com/ajax/libs/jquery/1.8.3/jquery.
min.js"></script>
<script src="example.js"> </script>
```

5. 또한 간단하게 값을 표시할 수 있게 범위 입력과 출력 필드를 연결시킨다.

```
$(function() {
    $('#deposit').change(function() {
        $('#depositDisplay').html(this.value);
    });
    $('#awesomeness').change(function() {
        $('#awesomenessDisplay').html(this.value);
    });
});
```

예제에서는 나이 값으로 18에서 140까지 입력할 수 있다. 사용자가 설정된 범위 밖의 값을 입력하면 최솟값 제한에 걸리고 적절한 메시지로 "값은 {min} 이상이어야 합니다."가 표시된다. 이와 비슷하게 최댓값 제한에 걸리면 "값은 {max}이하여야 합니다."라는 메시지가 나온다.

range 입력 유형에서는 범위 밖의 값을 가져올 방법이 없다. 그리고 스텝으로 정의된 제약을 위반하면 에러 이벤트가 발생한다. 스텝 위반 에러는 초기 값이 min 값 이하에 있거나 step 속성으로 지정된 값의 배수 안에 없으면 발생한다.

```
<input value="11" type="range" name="awesomeness" min="0" step="3"
max="50" />
```

위 코드에서 11은 step 속성이 3으로 설정되어 있으므로 유효한 값이 아니다. 또한 슬라이더를 사용해서는 11이라는 값을 가져올 수 없다. 하지만 초기에 11이 설정되어 있으면 검증에러가 발생하지만 이는 브라우저마다 다르다. 대부분의 최신 브라우저에서는 설정된 초기 값은 항상 옳은 값으로 인식한다.

예제의 Double 입력을 제출하면 다음 그림과 같은 검증 에러 메시지가 출력된다.

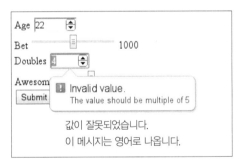

위와 같은 경우는 값이 4로 되어 있으므로 메시지가 출력된다. min="0" step="5" max="10"으로 설정되어 있다면 입력된 값은 반드시 5배수여야 한다.

사용자는 range 입력 유형을 사용해서는 검증 메시지를 받을 수 없다. 하지만 number 입력 유형에서는 사용자가 데이터를 직접 넣을 수 있어 검증을 할 수 있다.

내장 패턴을 사용한 검증

좀 더 복잡한 검증을 하려면 자바스크립트를 사용해야 하며 구현을 쉽게 개발하려면 pattern 속성을 input 필드에 적용해야 한다. 그러면 정규표현식을 검증에 사용할 수 있다. 이번 예제에서는 이런 방식의 검증을 하는 엘리먼트 예제를 살펴본다.

예제 구현

우선 다음처럼 간단한 HTML 파일을 만든다.

1. 바디 섹션에 폼을 추가하고 Username 필드를 추가한다.

    ```
    <div>
      <label>
        Username: <input type="text" title="only letters allowed"
    name="username" pattern="^[a-zA-Z]+$" />
      </label>
    </div>
    ```

2. 그리고 Phone을 다음처럼 추가한다.

    ```
    <div>
      <label>
        Phone <input type="tel" name="phone" pattern="[\+]?[1-9]+" />
      </label>
    </div>
    ```

3. Webpage를 url 타입으로 추가한다.

```
<div>
  <label>
    Webpage <input type="url" name="webpage" />
  </label>
</div>
```

4. Email과 Gmail을 다음처럼 추가한다.

```
<div>
  <label>
    Emails <input type="email" name="emails" multiple required />
  </label>
</div>
<div>
  <label>
    Gmail <input type="email" name="emails" pattern="[a-z]+@gmail.
com" maxlength="14"/>
  </label>
</div>
```

예제 분석

pattern 속성을 설정할 때는 이전 버전의 자바스크립트 정규표현식을 사용한다. 입력된 전체 텍스트는 주어진 정규표현식과 매치가 되어야 한다. 예제에서는 약간 느슨한 검증을 했다. 예를 들어 tel 입력에 숫자와 옵션으로 앞에 +를 사용할 수 있는 패턴 [\+]?[1-9]+을 설정했다.

URL과 email 같은 약간 다른 입력 유형에서는 내장된 검증을 사용했다. 모든 메일은 다음과 같은 정규표현식을 통과해야 한다.

/^[a-zA-Z0-9.!#$%&'*+/=?^_`{|}~-]+@[a-zA-Z0-9-]+(?:\.[a-zA-Z0-9-]+)*$/

이제 이메일에 검증이 적용됐다. 그리고 Gmail 라벨이 있는 입력에는 추가적인 검증을 설정했다. 제약을 조합할 수 있다. 또는 어떤 속성에 복수 속성 값을 적용할 수 있다면 이 속성에 따라 검증이 일어난다. 다음 이메일 예를 살펴보자.

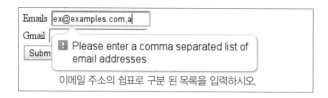

또한 검증에서는 타이틀이나 엘리먼트 속성 또는 여타 어떤 방법으로든 힌트를 만들어야 함을 기억하자. 사용자는 기본적으로 '요청한 형식대로 입력해주세요.'라는 메시지만 받으므로 어떤 부분에서 틀렸는지 알 수가 없기 때문이다.

부연 설명

http://html5pattern.com/이라는 사이트가 있다. 이 사이트는 일반적으로 사용하는 입력 패턴의 소스를 제공한다. 이 사이트는 매우 좋은 리소스가 되며 한 번 방문할 가치가 충분히 있다.

고급 내장 규칙과 사용자 정의 검증을 사용

지금까지 내장된 검증 메커니즘을 살펴봤다. 여기서는 검증 메커니즘을 좀 더 깊게 살펴보고 사용자 정의 검증 방법을 알아본다. 이번 예제에서는 내장된 검증 동작이 있는 폼을 생성하고 그 중 일부 엘리먼트의 검증이 비활성화됐을 때 스타일을 변경하고 진보된 검증을 적용하는 방법을 알아본다.

 현재 폼 검증에 관한 작업 초안(working draft version)을 http://www.whatwg.org/ specs/web-apps/current-work/multipage/forms.html#client-side-form-validation에서 참조하자.

274

CSS를 사용한 에러 메시지도 나오고, HTML과 자바스크립트를 사용해 사용자 정의 검증을 하는 폼을 만들어 본다.

1. 헤드 섹션부터 살펴보자. 여기에서는 example.css를 추가한다. 이 CSS 파일에는 input 엘리먼트에 대한 valid, invalid, optional, required 클래스가 있다.

```
<head>
  <title>Built In Validation</title>
  <link rel="stylesheet" href="main.css">
</head>
```

2. 다음에는 example.css 파일을 만든다. valid.png 이미지는 예제 소스에 있다. 실전에서는 폼의 표시 상태를 위해 아래와 같은 모든 상태를 사용하지는 않지만 예제에서는 데모 목적으로 모든 상태를 추가했다.

```
input:invalid {
   background-color: red;
   outline: 0;
}
input:valid {
   background-color: green;
   background: url(valid.png) no-repeat right;
   background-size: 20px 15px;
   outline: 0;
}
input:required{
   box-shadow: inset 0 0 0.6em black;
}
input:optional{
   box-shadow: inset 0 0 0.6em green;
}
```

3. 헤드 섹션 다음에 나오는 바디 섹션에서는 폼 엘리먼트를 추가한다. 먼저 name과 nickname 필드를 추가하고 required 상태로 만든다. 이 상태 값이 나중에 변경된다.

```
<div>
  <label>
    Name <input required name="name" x-moz-errormessage="We need
this."/>
  </label>
</div>
<div>
  <label>
    Nickname <input required name="nickname"/>
  </label>
</div>
```

4. 또한 여기에 날짜/시간 입력 두 개를 추가한다. 하나는 week이고 그 밖의 하나는 month다. week에는 2013년 두 번째 주부터 2014년 두 번째 주까지 선택할 수 있게 제한을 하고 month에는 모든 달을 입력할 수 있게 한다.

```
<div>
  <label>
    Start week <input type="week" name="week" min="2013-W02"
max="2014-W02" required />
  </label>
</div>
<div>
  <label>
    Best months <input value="2013-01" type="month" step="2"
name="month" />
```

```
</label>
  </div>
```

5. 또한 버튼 세 개를 추가한다. 하나는 폼 제출 버튼이고 그 밖의 하나는 자바스크립트를 사용한 검증 버튼이다. 그리고 마지막 하나는 검증과 제한 체크가 없는 폼 제출 버튼이다.

```
<button type="submit">Save</button>
<button type="submit" formnovalidate>Save but don't validate</button>
<button type="button">Check Validity</button>
```

6. 폼 밖으로 나와서는 로그 정보를 표시하는 div 엘리먼트 하나를 추가한다.

```
<div id="validLog"></div>
```

7. 자바스크립트로는 제이쿼리와 example.js를 추가한다.

```
<script src="//cdnjs.cloudflare.com/ajax/libs/jquery/1.8.3/jquery.min.js"></script>
<script src="main.js"></script>
```

8. example.js에서는 검증 버튼 이벤트를 추가한다. 이 이벤트에서 각 폼 엘리먼트에 대해 검증 에러가 발생한 경우 ValidityState를 validLog로 설정한다.

```
$(function() {
  var attemptNumber = 1;
  $("button[type=button]").click(function(){
    var message = (attemptNumber++)+"#<br/>";
    var isValid = $('form')[0].checkValidity();
    if(isValid){
      message += "Form is valid";
    }else{
      $("input").each(function( index ) {
        var validityState = $(this)[0].validity;
        var errors = "";
```

```
            If(!validityState.valid){
                message += "Invalid field <b> " + $(this).
                attr("name")+"</b>: ";
                for(key in validityState){
                    if(validityState[key]){
                        errors += key+" ";
                    }
                }
                message += " " + errors + " <br />";
            }
        });
    }
    message += "<hr />";
    $("#validLog").prepend(message);
});
```

9. 사용자 정의 검증을 추가할 때는 .setCustomValidity() 메소드를 사용
   한다. 이 메소드는 name과 nickname 값이 같은지 체크한다. 값이 같은
   경우에는 에러가 발생하고 그렇지 않은 경우에는 사용자 정의 체크를 삭
   제한다.

```
$("input[name='nickname']").change(function(){
    if($(this).val() === $("input[name='name']").val()){
        $(this)[0].setCustomValidity("You must have an awesome
            nickname so nickname and name should not match");
    }else{
        $(this)[0].setCustomValidity("");
    });
    $("input[name='name']").change(function(){
        if($(this).val() === $("input[name='nickname']").val()){
            $(this)[0].setCustomValidity("Nickname and name should not
                match");
        }else{
            $(this)[0].setCustomValidity("");
        }
    });
```

required 속성을 설정하면 폼 안에 있는 HTML 엘리먼트를 마킹해 폼이 제출되기 전에 설정한 요구 값인지 검사한다. 첫 번째 필드에 값이 입력되지 않은 상태로 폼을 제출하면 다음 그림과 같이 메시지가 표시된다.

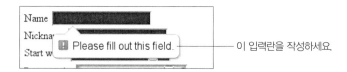

파이어폭스에서는 사용자에게 보여줄 사용자 정의 메시지를 만들 수 있는 여러 방법 중 x-moz-errormessage 속성을 사용하는 방법이 있다. 예제에서는 x-moz-errormessage="We need this."라고 설정했다. 하지만 이러한 설정은 파이어폭스에서만 동작한다. 크롬에서는 title 속성을 설정해 원래 메시지 옆에 추가적으로 메시지를 표시할 수 있다. 하지만 원래 메시지는 계속 표시된다. 그 밖에 메시지를 바꾸는 방법으로 자바스크립트를 사용해 값을 변경하는 방법이 있다.

```
<input type="text" required="required" oninvalid="this.
setCustomValidity('Please put some data here')">
```

폼 엘리먼트 스타일의 경우에는 required와 optional 같은 CSS 유사 클래스 선택자가 있다.

 웹킷에서는 웹킷 브라우저 전용 CSS 선택자가 있다. 이 선택자는 힌트 박스 스타일에서만 사용된다. 코드는 다음과 같다.

```
::-webkit-validation-bubble {…}
::-webkit-validation-bubble-message {…}
```

위 코드는 웹킷 브라우저 전용 코드라 실전에서는 크게 유용하지 않다.

min, max, step 속성은 숫자뿐만 아니라 날짜에 관련된 입력에서도 사용할 수 있다. 하루를 표현하는 유형에서 기본 구간은 1일이고 주를 표현하는 유형에서 기본 구간은 1주며 나머지도 이와 비슷하다. 여기서 기본 설정 대신 그 밖의 구간을 적용하고 싶은 경우가 있다. 예를 들어 월을 표현하는 유형에서 구간을 2로 설정해 사용자가 DatePicker 컨트롤에서 모든 월을 선택할 수 없게 한다. 그리고 사용자가 잘못된 날짜를 입력하면 stepMismatch가 발생한다.

검증은 폼이 제출되면 발생하지만 입력이 잘못됐을 경우 submit 이벤트는 발생하지 않는다. 하지만 검증 없이 데이터를 제출하려면 formnovalidate 속성을 다음처럼 사용할 수 있다.

```
<button type="submit" formnovalidate>Save but don't validate</button>
```

또한 폼과 입력 엘리먼트에 checkValidity() 메소드를 호출할 목적으로 자바스크립트로 엘리먼트의 validityState 값에 접근해야 할 경우가 있다. 이름에서 알 수 있듯이 validityState는 엘리먼트 상태를 체크한다. 그리고 폼에서 checkValidity()를 호출하면 모든 자식 엘리먼트는 검증을 시작한다. 그리고 input, select, textarea 같은 각 엘리먼트에서 이 메소드를 호출할 수도 있다. 예제의 폼에서는 다음처럼 했다.

```
$('form')[0].checkValidity();
```

위 코드에서 $('form')[0]를 호출하면 제이쿼리 객체에서 선택한 래핑된 DOM 엘리먼트를 가져오며 선택한 엘리먼트에서 .get()을 호출해 같은 결과를 가져올 수도 있다. 각 엘리먼트는 validitystate 값을 가지고 있으며 다음과 같은 방법으로 접근할 수 있다.

```
$("input").each(function(index) {
var validityState = $(this)[0].validity;
…
```

위 코드의 validityState 객체에서는 각 프로퍼티에 접근해 내장된 검증을 할 수 있다. 접근할 수 있는 프로퍼티는 valueMissing, typeMismatch, patternMismatch, tooLong, rangeUnderflow, rangeOverflow, stepMismatch, badInput, customError가 있다. 검증 실패가 일어나면 각 프로퍼티는 true 값을 반환한다. 예제에서는 제약 위반의 이름을 로그에 출력했다.

그러면 각 필드에서 동작하는 사용자 정의 검증 로직은 어떻게 구현할까? 이 부분은 해결할 수 있는 방법이 있어 문제가 없다. 우리는 setCustomValidity() 메소드를 각 필드에 따라 사용할 수 있다. 예제에서는 name과 nickname 입력이 달라야 하는 요구가 있었다. 그래서 입력 변경 이벤트 리스너를 추가했다. 그리고 같은 값이 입력되면 customValidity("your message here")를 설정했다. 추가적인 설명으로 검증을 제거하려면 빈 문자열을 메시지에 설정하면 된다.

```
$("input[name='nickname']").change(function(){
    if($(this).val() === $("input[name='name']").val()){
        $(this)[0].setCustomValidity("You must have an awesome nickname
            so nickname and name should not be the same");
    }else{
        $(this)[0].setCustomValidity("");
    }
});
```

또한 validityState 값에 따라 :valid, :invalid 같은 엘리먼트 스타일에 사용하는 CSS 유사 선택자가 있다.

클라이언트 측 폼 검증 표준을 http://www.whatwg.org/specs/web-apps/current-work/multipage/forms.html#client-side-form-validation에서 찾아볼 수 있다. 제약 API는 http://www.whatwg.org/specs/webapps/current-work/#the-constraint-validation-api에서 찾아볼 수 있다.

또 하나 중요하게 짚고 넘어가야 할 점이 있는데 브라우저는 모든 기능을 지원하지 않는다는 점이다. 예를 들어 인터넷익스플로러 9 같은 경우는 아무런 제약도 두지 않으며 새로운 입력 유형도 없다. 현재 브라우저 지원 정보를 http://caniuse.com/#search=form%20vali 과 http://www.quirksmode.org/compatibility.html에서 참조하라.

전체 폼 검증을 비활성화하려면 novalidate라고 하는 폼 속성을 사용하면 된다. 이 속성은 검증을 비활성화하지만 입력 유형 범위를 지정하는 min과 max 값은 허용한다.

또한 표준 브라우저 힌트 박스와 사용자 정의 힌트 박스를 비활성화하는 방법도 있다.

```
$('form').each(function(){
    $(this)[0].addEventListener('invalid', function(e) {
        e.preventDefault();
        console.log("custom popup");
    },true);
});
```

내장된 제약을 사용하기 전에 다음과 같은 것을 생각해 볼 수 있다.

▶ 사용자가 Submit 버튼을 클릭하는 순간을 알아야 하는가?

▶ 폼 검증 API를 지원하지 않는 브라우저에서 클라이언트 측 검증을 해야 하는가?

사용자가 폼을 제출하는 순간을 알아야 한다면 제출 버튼에 이벤트 리스너를 붙일 수 있다. 또한 오래된 브라우저를 위해 서버 측 검증이 반드시 필요하지만 클라이언트에서 검증 기능을 수행하길 원할 수도 있다. 이러한 검증은 웹심 webshim(http://afarkas.github.com/webshim/demos/index.html)을 추가해 해결할 수 있다.

이메일 주소의 쉼표로 구분 된 목록을 입력하시오.

패스워드 강도 계산

많은 웹 사이트에서는 회원 가입 시 사용자가 설정한 패스워드의 강도를 체크해 표시한다. 이번 예제는 사용자가 좀 더 훌륭한 패스워드를 사용할 수 있게 도와주는 것이 목표다. 강력한 패스워드는 쉽게 추측할 수 없으며 해킹할 수도 없다.

이번 예제에서는 패스워드 강도 계산기를 만들어 본다. 패스워드 강도는 패스워드를 추측하기 전에 잠재적인 공격자의 패스워드 해킹 시도 회수로 계산된다. 또한 사용자의 패스워드가 많이 사용하는 500개의 패스워드 목록에 있는지도 검사한다.

준비

시작하기 전에 잠재적인 공격자가 하는 패스워드 해킹 시도 회수 계산법을 알아본다. 여기서는 두 사실을 살펴본다. 하나는 패스워드의 길이이며 그 외 하나는 사용자가 사용하는 문자의 크기다.

문자 크기는 다음과 같은 요소들로 정해진다.

- 사용자가 패스워드로 소문자 알파벳을 사용하는 경우 문자 크기는 26 문자로 설정된다(알파벳 글자수).
- 여기에 사용자가 대문자를 패스워드 시작 부분이 아닌 곳에 사용하면 26 문자가 추가된다.
- 여기에 사용자가 숫자를 사용하면 10 문자가 추가된다.
- 여기에 사용자가 점, 쉼표, 중괄호, 앰퍼센트 등 특수문자를 사용하면 24 문자가 추가된다.
- 여기에 사용자가 그 밖의 테이블에 없는 유니코드 문자를 사용하면 20 문자가 추가된다.

HTML과 자바스크립트 코드를 만들어 본다.

1. 간단한 HTML 페이지를 만들어 password 입력을 추가하고 div 엘리먼 트를 추가한다. 추가한 div 엘리먼트에는 패스워드 강도 계산 결과가 업데이트된다. 많이 사용하는 패스워드 리스트는 common-password. js에 있다.

```html
<!DOCTYPE HTML>
<html>
   <head>
       <title>Password strength calculator</title>
   </head>
   <body>
   <input type="password" id="pass" value="" />
   <div id="strength">0 (very poor)</div>
   <script src="http://ajax.googleapis.com/ajax/libs/jquery/1.8.2/
jquery.min.js"></script>
   <script type="text/javascript" src="common-passwords.js"></script>
   <script type="text/javascript" src="example.js"></script>
   </body>
</html>
```

common-password.js 스크립트의 구체적인 내용은 책에 나와있지 않고 예제 코드에 있다.

2. 코드 체크 로직은 example.js에 있다.

```javascript
$(function() {
    function isCommon(pass) {
        return ~window.commonPasswords.indexOf(pass);
    }

    function bruteMagnitude(pass) {
        var sets = [
            { regex: /\d/g, size: 10 },
```

```
            { regex: /[a-z]/g, size: 26 },
            { regex: /[A-Z]/g, size: 26 },
            { regex: /[!-/:-?\[-`{-}]/g, size: 24 },
        ];
        var passlen = pass.length,
            szSet = 0;

        sets.forEach(function(set) {
            if (set.regex.test(pass)) {
                szSet += set.size;
                pass = pass.replace(set.regex, '');
            }
        });
        // 그 밖의 (유니코드) 문자열
        if (pass.length) szSet += 20;
        return passlen * Math.log(szSet) / Math.log(10);
    }

    var strengths = ['very poor', 'poor', 'passing', 'fair',
        'good', 'very good', 'excellent'];

    function strength(pass) {
        if (isCommon(pass) || !pass.length) return 0;
        var str = bruteMagnitude(pass);
        return str < 7  ? 0 // 강도 매우 약함
            : str < 9  ? 1 // 강도 약함: 10^7 ~ 10^9.
            : str < 11 ? 2 // 강도 보통: 10^9 – 10^11.
            : str < 13 ? 3 // 강도 적당: 10^11 – 10^13.
            : str < 15 ? 4 // 강도 좋음: 10^13 – 10^15.
            : str < 17 ? 5 // 강도 매우 좋음: 10^15 – 10^17.
            : 6;           // 강도 매우 훌륭: 10^17 이상.
    }
```

3. password 필드에 키가 입력되면 div 엘리먼트를 업데이트해 패스워드 강도를 표시한다.

```
$('#pass').on('keyup keypress', function() {
    var pstrength = strength($(this).val());
    $("#strength").text(pstrength + ' (' + strengths[pstrength]
        + ')');
});
});
```

예제 분석

패스워드 계산 부분은 두 부분으로 나뉘어 패스워드 공통성과 복잡성을 체크한다.

예제에서는 먼저 common-password.js에 있는 commonPasswords 배열에 사용자가 입력한 패스워드가 있는지를 확인해 패스워드 공통성을 체크한다. 사용자 패스워드가 배열에 없는 경우에 Array#indexOf는 1을 반환한다. 그리고 비트 부정 연산자 ~는 값을 0으로 설정해 false로 만든다. 반면 0보다 크거나 같은 모든 숫자는 음의 값을 지녀 true를 반환한다. 결과적으로 패스워드를 배열에서 찾을 수 없는 경우 전체 공통성 체크 표현식은 true를 반환한다.

bruteMagnitude 함수에서는 passwordLength와 setsize 메소드를 사용해 패스워드의 해킹 가능성 정도를 계산한다.

magnitude = log10(setSize passwordLength) = passwordLength *
log10(setSize)

위와 같은 공식의 결과는 패스워드 공격자가 패스워드를 해킹하려고 시도하는 횟수와 거의 일치한다.

또한 아래 정보에 따라 실제 패스워드 강도를 구할 수 있다. 패스워드가 공통적인 500 패스워드에 있다면 이 패스워드는 매우 강도가 약한 상태다. 다른 상태는 아래 테이블에 따라 정해진다.

규모	패스워드 수	순위
10의 7승 이하	1,000만개 이하	매우 약함
10의 7승 ~ 8승	1000만~10억 개	약함
10의 9승 ~ 10승	10억~1,000억 개	보통
10의 11승 ~ 12승	1,000억~10조 개	적당
10의 13승 ~ 14승	10조~1,000조 개	좋음
10의 15승 ~ 17승	1000조~10경 개	매우 좋음
10의 17승 이상	10경 개 이상	매우 훌륭

이런 분류는 사용자가 패스워드 필드에 키를 입력할 때마다 패스워드 필드 옆에 표시된다.

미국 우편번호 검증

클라이언트에서 하는 우편번호 검증은 웹 페이지의 주소 폼에서 유용하다.

숫자 입력은 오류가 발생하기 쉽다.그러므로 데이터 목록에서 즉시 에러를 검증해 사용자에게 알려주는 편이 좋다.

반면 완전한 우편번호 데이터베이스의 분량이 매우 크다. 그래서 데이터베이스를 클라이언트에 완전히 로드하는 것은 매우 어렵고 최적화와도 거리가 멀다.

이번 예제에서는 클라이언트에서 동작하는 우편번호 검증 함수를 만들어 본다. 이 함수에서는 적지 않은 크기의 우편번호 데이터데이스를 클라이언트에서 로드할 수 있을 정도의 작게 변환하는 방법을 알아본다.

먼저 우편번호 데이터베이스 파일을 내려 받는다. unitedstateszipcode.org 웹 사이트에서는 무료 우편번호 데이터베이스를 CSV 포맷으로 제공한다(http://www.unitedstateszipcodes.org/zip-code-database/).

예제에서는 내려 받은 데이터베이스를 클라이언트에서 로드할 수 있게 작은 데이터베이스로 만든다. 이 작업은 Node.js 스크립트로 하며 이를 위해 Node.js를 설치해야 한다. Node.js는 http://nodejs.org/에서 내려 받으면 되는데, 부록 A, 'Node.js 설치와 npm 사용'을 참고해서 설치하자.

Node.js는 크롬의 V8 자바스크립트 엔진 위에 만들어진 플랫폼이며 이를 이용해 빠른 비동기 네트워크 애플리케이션을 만들 수 있다. 또한 npm이라는 훌륭한 모듈 매니저가 있어 수천 개 정도의 라이브러리 모듈을 사용할 수 있다.

예제 구현

내려 받은 우편번호 파일인 zip_code_database.csv와 같은 디렉터리에 Node.js 스크립트를 만든다. 또한 CSV 파일 처리를 위해 CSV 문장 분석 라이브러리를 사용한다.

1. 우편번호 파일이 있는 디렉터리에서 명령 프롬프트를 열고 다음과 같은 명령으로 CSV 노드 모듈을 설치한다.

```
npm install csv
```

2. 그리고 createdb.js 파일을 만들어 CSV 파일을 문장 분석하고 미국의 각 주별 우편번호 코드 같은 최소한의 데이터를 가져온다.

```
var csv = require('csv');
var zips = {};
csv().from.path('zip_code_database.csv').on('record', function(zc) {
    // 0 열은 우편번호를 나타내고 5 열은 주를 나타낸다.
```

```
        // 12 열은 국가를 나타내고 13 열은 현재 사용 여부를 나타낸다.
        // 사용하고 있는 미국 우편번호.
        if (zc[12] == 'US' && !parseInt(zc[13])) {
            zips[zc[5]] = zips[zc[5]] || [];
            zips[zc[5]].push(parseInt(zc[0].trim(), 10));
        }


    }).on('end', function() {
```

3. 위 코드로 사용할 수 있는 우편번호 코드 배열을 가져왔다. 하지만 이를 직접 사용하면 JSON 배열로 400KB, GZIP으로 압축하면 150KB의 용량이 필요하다. 그러나 많은 유효한 우편번호 코드 숫자는 순차적이므로 이 특징을 이용해 범위로 사용할 수 있다. 이 기법으로는 115KB 크기의 파일, 압축된 파일로는 45KB의 용량이 필요하며 이 크기는 클라이언트에서 사용할 수 있을만한 크기다.

```
    var zipCodeDB = [];

    function rangify(arr) {
        var ranges = [], first = 0, last = 0;
        for (var k = 0; k < arr.length; ++k) {
            var first = arr[k];
            while (arr[k] + 1 >= arr[k + 1] && k < arr.length - 1) ++k;
            var last = arr[k];
            ranges.push(first != last? [first, last]:first);
            first = last = 0;
        }
        return ranges;
    }
```

4. 마지막으로는 주$_{state}$ 이름을 기준으로 정렬된 JSON 배열을 가져온다. 이 배열의 모든 엘리먼트는 주를 나타낸다. 그리고 속성 두 개가 있는데 첫 번째는 주 이름이며 두 번째는 숫자로 된 유효한 우편번호 또는 우편번호 범위를 나타내는 2차원 배열이다.

```
        var list = [];
        for (var state in zips) if (state != 'undefined')
            list.push({state: state, codes: rangify(zips[state])});
        list = list.sort(function(s1, s2) {
            return s1.state < s2.state ? -1
                 : s1.state > s2.state ?  1
                 :0;
        });
        console.log('window.zipCodeDB =', JSON.stringify(list));
    });
```

5. 명령행에서 `node createdb.js > zipcodedb.js` 명령을 실행하면 데이터베이스를 담고 있는 zipcodedb.js 파일이 나온다. 다음은 데이터베이스 JSON의 샘플이다.

```
window.zipCodeDB = [{
    "state": "AA",
    "codes": [34004, 34006, 34008, 34011, [34020, 34025],
        [34030, 34039], 3404, ...]
},
...
]
```

6. 이제 이 데이터베이스를 index.html에 포함시켜 기본 우편번호 검증을 하는 소스를 만들 수 있다. 이 페이지에는 간단한 주 선택 드롭박스가 있으며 우편번호 필드가 있다. 우편번호 밑에는 우편번호 검증 메시지가 표시된다.

```
<!DOCTYPE HTML>
<html>
    <head>
        <title>Zip code validator</title>
    </head>
    <body>
    <p>State: <select id="state"></select></p>
    <p>Zipcode: <input type="text" id="zipcode" value="" /></p>
    <div id="validate">Invalid zipcode</div>
```

```
    <script src="http://ajax.googleapis.com/ajax/libs/jquery/1.8.2/
jquery.min.js"></script>
    <script type="text/javascript" src="zipcodedb.js"></script>
    <script type="text/javascript" src="example.js"></script>
    </body>
</html>
```

7. 마지막으로 `lookup` 함수를 만들어 해당 우편번호가 데이터베이스에 있
는지 점검한다. 데이터베이스에서는 사용자 입력을 데이터베이스의 타입
으로 검증한다. 또한 동일한 데이터베이스를 사용해 주된 드롭다운 내용
을 채운다.

```
$(function() {
    function lookup(zipcode) {
        function within(zipcode, ranges) {
            for (var k = 0; k < ranges.length; ++k)
                if (zipcode == ranges[k]
                    || (ranges[k].length > 1
                        && ranges[k][0] <= zipcode
                        && zipcode <= ranges[k][1])) return k;
            return -1;
        }
        for (var k = 0; k < window.zipCodeDB.length; ++k) {
            var state = window.zipCodeDB[k],
                check = within(zipcode, state.codes);
            if (~check) return state.state;
        };
        return null;
    }
    window.zipCodeDB.forEach(function(state) {
        $('<option />').attr('value', state.state)
            .text(state.state).appendTo('#state');
    })
    $("#zipcode").on('keypress keyup change', function() {
        var state = lookup($(this).val());
        if (state == $("#state").val())
            $('#validate').text('Valid zipcode for ' + state);
```

```
            else $('#validate').text('Invalid zipcode');
        });
    });
```

클라이언트에서 우편번호를 검증하려면 먼저 데이터베이스를 작은 크기로 변경해야 한다.

내려 받은 데이터베이스에는 도시/우편번호 매핑, 우편번호 타입, 시간대와 좌표, 우편번호 사용가능 여부 데이터 같은 수많은 데이터가 있다. 예제에서는 데이터베이스에서 여분의 데이터를 삭제하고 우편번호 코드와 실제 해당 주에서 사용하고 있는지에 대한 여부만 남겨뒀다.

또한 데이터베이스를 더욱 더 줄이기 위해서 우편번호를 길지만 유효한 범위 배열로 변환했으며 변환된 배열에는 범위의 첫 번째와 마지막 숫자가 담겨있다. 이렇게 데이터베이스를 작게 만드는 작업으로 데이터베이스는 웹 사이트에서 사용하는 중간 크기의 이미지와 비슷한 크기가 된다.

그리고 데이터베이스를 사용하려고 간단히 lookup 함수를 만들었고 함수 내부에서는 데이터베이스 목록에서 주별 zipcode와 range 값을 비교해 찾고자 하는 주를 반환했다.

마지막으로 우편번호 검증은 사용자가 우편번호를 입력하는 동안 자동으로 업데이트된다.

서버 측 검증 기능을 비동기로 활용

검증 작업 중에는 서버에서 동작하는 검증 작업이 많이 있다. 다음은 이런 작업의 예다.

▶ 사용자 등록 폼을 검증할 때, 입력한 사용자 이름을 점검해야 한다.

▶ 사용자가 주소를 입력할 때, 올바른 주소인지를 외부 서비스에 질의해야 할 때가 있다.

서버 측에서 하는 검증은 비동기적으로 해야 하는 문제점이 있으며 검증 결과를 반환하는 함수를 자바스크립트로 작성할 수 없다는 문제가 있다.

이번 예제에서는 이런 문제를 해결하려고, 계산과정 전달 스타일을 사용하는 검증을 만들어 본다. 예제에는 서버에서 검증을 하는 사용자 이름 입력 필드가 있다. 그리고 서버에서는 등록에 유효한 사용자인지 또는 이미 다른 사람이 등록한 이름인지를 체크하는 사용자 이름 체크를 한다.

준비

이번 예제에서는 계산과정 전달 스타일을 자세히 살펴본다. 계산과정 전달 스타일은 서버 통신 같은 대부분의 비동기 동작 자바스크립트 라이브러리에서 사용한다. 예를 들어 제이쿼리에서는 다음과 같은 코드

```
data = $.getJSON('/api/call');
doThingsWith(data);
```

대신에 아래와 같은 코드를 사용한다.

```
$.getJSON('/api/call', function(data) {
    doThingsWith(data);
});
```

그리고 검증 함수에도 같은 코드 스타일을 적용할 수 있다.

```
var errors = validate(input)
if (errors.length) display(errors);
```

위와 같은 코드를 다음처럼 변경한다.

```
validate(input, function(errors) {
    if (errors.length) display(errors);
});
```

또한 validate 함수도 변경할 수 있다. 예를 들어 다음과 같은 함수

```
function validate(input) {
    if (condition(input))
        return [{message: "Input does not satisfy condition"}];
    else return [];
}
```

를 계산전달 과정 스타일로 변환해 다음처럼 변경할 수 있다.

```
function validate(input, callback) {
    condition(input, function(result) {
        if (result) callback([{message: "Input does not satisfy
condition"}]);
        else callback([]);
    });
}
```

위와 같은 코드는 서버 측 호출을 가능하게 한다. 예를 들어 $.getJSON 검증함
수는 다음과 같다.

```
function validate(input, callback) {
    $.getJSON('/api/validate/condition', function(result)
        if (result) callback([{message: "Input does not satisfy
condition"}]);
        else callback([]);
    });
}
```

이제 브라우저에서 서버 측 검증을 사용할 수 있다.

예제 구현

검증할 폼이 있고 검증 동작이 담긴 자바스크립트 코드가 있는 HTML 페이지
를 만든다.

1. HTML 페이지부터 시작한다. 이 페이지에는 사용자이름 입력과 검증 결
   과를 기본적으로 빨간 텍스트로 표시하는 폼이 있다.

```
<!DOCTYPE HTML>
<html>
<head>
<title>Async validation</title>
<style type="text/css">
p[data-validation-error] {
    display:none;
    color:red;
}
</style>
</head>
<body>
<form>
    <p>Username:</p>
    <p><input name="user" id="user" value="" /></p>
    <p data-validation-error="user"></p>
</form>
<script src="http://ajax.googleapis.com/ajax/libs/jquery/1.8.2/
jquery.min.js"></script>
<script type="text/javascript" src="example.js"></script>
</body>
</html>
```

2. example.js에 있는 검증코드에는 async(비동기) 서버 호출을 하는 함수가
   있다. 이 함수에서는 여러 번 호출할 수 없게 async 서버 호출을 지연 실
   행한다. 그리고 검증 결과를 표시한다.

```
$(function() {
    function validate(name, callback) {
        // 비동기 서버 호출 시뮬레이트
        setTimeout(function() {
            callback(~['user', 'example'].indexOf(name) ?
                'Username is already in use' : null);
        },500);
    }
    function createDelayed(ms) {
        var t = null;
```

```
            return function(fn) {
                if (t) clearTimeout(t);
                t = setTimeout(fn, ms);
            };
        };
        var delayed = createDelayed(1500);

        var user = $('input[name="user"]'),
            form = user.parents('form');
        user.on('keyup keypress', function() {
            delayed(validate.bind(null, $(this).val(), function
callback(err) {
                var validationError = form.find('p[data-validation-
error="user"]');
                console.log(validationError);
                if (err) validationError.text(err).show();
                else validationError.hide();
            }));
        });

    });
```

예제 분석

example.js의 `validate` 함수에 있는 코드는 `setTimeout` 함수를 사용해 서 버 호출을 시뮬레이팅한다.그러므로 이 부분을 검증 결과를 가져오는 jQuery. getJSON과 비슷한 실제 서버 검증 API 호출 코드로 쉽게 대체할 수 있다.

`createDelayed` 함수는 delayer 객체를 생성한다. delayer 객체는 지연할 함 수를 래핑한다. 이는 `setInterval`과는 다른데 delayer 객체를 지연 시작 전에 다시 호출하면 이전 타임아웃이 취소되고 다시 시작되기 때문이다. 이런 동작 은 사용자가 입력을 하지 않은 상태로부터 1500ms 후에 서버로 요청이 보내 지므로 사용자가 매번 키를 입력할 때마다 요청하는 본래 로직에 비해 서버 과부하를 막아준다.

예제에서는 사용자가 키를 입력할 때마다 delayer 객체를 호출하며 this를 null로 바인딩한다. 그리고 첫 번째 인자를 입력 필드의 현재 값으로 하고 callback 함수는 검증 에러가 있을 시 결과를 보여준다.

클라이언트 검증 기능과 서버 검증 기능을 조합

실제 웹 폼을 다룰 때는 다양한 필드에서 여러 종류의 검증을 해야 한다. 어떤 필드는 클라이언트에서 동작하는 체크가 필요하고 어떤 필드에서는 서버 측 검증이 필요할 경우가 있다.

이번 예제에서는 비동기 검증을 지원하는 사용자 정의 검증 플러그인을 디자인하고 구현한다. 예제 구성은 제이쿼리 검증과 유사하다. 또한 required, minLength, remote와 같은 기본 검증 메소드를 사용한다.

또한 예제에서는 간단한 사용자 등록 폼을 만들어 기본 검증 메소드를 사용하고 사용자가 유효한 데이터를 입력하는 동안에는 제출이 금지된다.

준비

디자인 작업 중 첫 번째 단계는 사용자 정의 검증에서 사용할 데이터 구조를 디자인하는 일이다. 이를 위해 제이쿼리 검증과 비슷한 API를 만들고 매개변수로 설정 객체를 사용한다. 하지만 HTML에 검증 규칙이 있는 HTML5 같이 좀 더 신식으로 만든다. 다음 코드를 살펴보자.

```
<form data-avalidate>
    <input name="field" data-v-ruleName="ruleParam" name="user" value="" />
    <span data-v-error="ruleName">{parameterized} rule error</span>
</form>
```

검증은 규칙과 메시지 구조를 지원할 수 있게 검증 플러그인 형태가 되어야 한다.

각 플러그인의 이름은 유일하다.

플러그인은 매개변수가 세 개인 함수인데 첫 번째 매개변수는 검증 엘리먼트이며, 두 번째 매개변수는 규칙 객체이며, 세 번째 매개변수는 검증이 완료됐을 때 호출되는 콜백 함수callback function다. 콜백 함수의 인자는 두 개다. 첫 번째 인자는 필드가 유효한지를 가르치고 두 번째 인자는 메시지 매개변수를 지닌다.

또한 플러그인은 필드의 검증이 확인되지 않으면 폼의 제출 동작을 금지한다.

예제 구현

HTML과 자바스크립트 코드를 작성한다.

1. index.html 페이지에는 검증 규칙이 내장된 폼이 있다. 여기에서는 표준 HTML 폼 검증을 함께 사용할 수 있다는 사실을 기억하자. 예를 들어 required 속성을 다음처럼 사용한다.

```html
<!DOCTYPE HTML>
<html>
<head>
<title>Async validation</title>
<style type="text/css">
[data-v-error] {
    display:none;
    color:red;
}
label {
    width: 10em;
    display:inline-block;
    text-align: right;
}
</style>
</head>
<body>
<form data-avalidate>
    <p>
    <label for="user">Username:</label>
```

```
    <input name="user"
        required
        data-v-minlen="6"
        data-v-server="/api/validate/unique"
        value="" />
    <span data-v-error="minlen">Must be at least {minlen} characters
long</span>
    <span data-v-error="server">{username} is already in use</span>
    </p>

    <p>
    <label for="email">Email:</label>
    <input name="email" type="email"
        required
        data-v-minlen="6"
        data-v-server="/api/validate/email"
        value="" />
    <span data-v-error="server">{email} is already in use</span>
    </p>


    <p><label for="pass">Password:</label>
    <input name="pass" type="password"
        required
        data-v-minlen="8"
        data-v-strength="3"
        value="" />
    <span data-v-error="minlen">Must be at least {minlen} characters
long</span>
    <span data-v-error="strength">Strength is {strength}</span>
    </p>

    <p><label for="pass2">Password (again):</label>
    <input name="pass2" type="password"
        required
        data-v-equals="pass"
        value="" />
```

```
      <span data-v-error="equals">Must be equal to the other password</
span>
      </p>

      <input type="submit">

</form>
<script src="http://ajax.googleapis.com/ajax/libs/jquery/1.8.2/
jquery.min.js"></script>
<script type="text/javascript" src="avalidate.js"></script>
<script type="text/javascript" src="avalidate-plugins.js"></script>
</body>
</html>
```

 위 HTML 내용 중에서 흥미로운 사실은 완전한 폼 검증을 지원하는데도 불구하고
avalidate.js와 avalidate-plugins.js외에 그 밖의 스크립트가 없다는 사실이다.

2. avalidate.js에 추가할 코드를 살펴보자.

```
;(function($) {
```

여기서는 적절하게 비동기 검증을 하려고 사용자가 입력을 중단할 때까
지 검증 요청을 지연해야 한다. 이 작업을 위해 각 호출에서 리셋되는 타
임아웃을 생성하는 createDelayed를 사용한다.

```
function createDelayed(ms) {
    var t = null;
    return function(fn) {
        if (t) clearTimeout(t);
        t = setTimeout(fn, ms);
    };
}
```

showError는 폼 옆에 적절한 에러를 템플릿 텍스트로 표시한다. 처음 이
함수가 동작하면 템플릿을 error 엘리먼트의 텍스트 밖으로 이동시키고
새로운 속성을 추가한다.

300

```
function showError(error, strings) {
    var tmpl;
    if (!error.attr('data-v-template')) {
        tmpl = error.text().toString();
        error.attr('data-v-template', tmpl);
    } else tmpl = error.attr('data-v-template');
    for (var key in strings)
        tmpl = tmpl.replace('{'+key+'}', strings[key]);
    error.text(tmpl).show();
}
```

elementVerifier는 개별 엘리먼트에서 실행된다. 이 함수는 data-v-pluginName 속성으로 설정된 모든 플러그인을 검색하고 그 속성으로부터 플러그인 옵션을 읽고 비동기 플러그인을 구동한다.

3. 모든 플러그인을 검색한 후 에러가 검출되지 않으면 엘리먼트를 유효한 엘리먼트로 마킹한다. 에러가 검출된 경우에는 에러를 표시한다.

```
function elementVerifier() {
    var isValid = true, waiting = 0, field = this;
    $.each(this.attributes, function(i, attr) {
        if (!attr.name.match(/data-v-/)) return;
        var plugin = attr.name.toString().replace('data-v-',''),
        options = attr.value;
        ++waiting;
        $.avalidate[plugin].call(field, options, function (valid,
strings) {
            var error = $(field).parent().find('[data-v-
error="'+plugin+'"]');
            if (!valid) {
                showError(error, strings);
                isValid = false;
            }
            else error.hide();
            if (!--waiting && isValid)
                $(field).attr('data-valid', 1);
        });
```

```
    });
  }
```

4. setupFormVerifier는 입력 필드 안에서 일어나는 키보드와 마우스 이벤트 같은 모든 변경을 바인딩해서 특정 폼의 검증을 처리한다. 또한 모든 엘리먼트에 별도의 delayer 변수를 생성해 elementVerifier 객체를 delayer로 실행한다. 마지막으로 elementVerifier로 모든 필드가 유효하다는 마킹이 되어 있지 않으면 폼 제출을 금지한다.

```
function setupFormVerifier(form) {
    form.on('change keyup mouseup', 'input,textarea,select',
function() {
        var $this = $(this);
        var delayer = $this.data('avalidate');
        if (!delayer) {
            delayer = createDelayed(800);
            $this.data('avalidate', delayer);
        }
        $this.attr('data-valid', 0);
        delayer(elementVerifier.bind(this));
    }).on('submit', function(e) {
        var all = $(this).find('input,textarea,select').
filter('[type!="submit"]'),
        valid = all.filter('[data-valid="1"]');
        if (all.length != valid.length)
            e.preventDefault();
    });
}
```

5. 다음은 수동 개입 없이 모든 작업을 처리하는 부분이다. 아래 함수에서는 body 객체에 오는 모든 이벤트를 리스닝한다. 여기서 검증을 해야 하는 폼에 이벤트가 오고 검증이 되지 않은 경우에는 setupFormVerifier을 실행한다.

```
$(function() {
    $('body').on('submit change keyup mouseup', 'form[data-
```

```
avalidate]', function() {
            if (!$(this).attr('data-avalidate-enabled')) {
                setupFormVerifier($(this));
                    $(this).attr('data-avalidate-enabled', 1)
            }
        });
    });


}(jQuery));
```

6. 플러그인을 작성하기는 더 쉽다. 다음은 avalidate-plugins.js다. 여기서 서버 플러그인을 setTimeout으로 시뮬레이팅했음을 기억하자. 이와 같은 원리는 에이잭스 호출을 할 때도 적용된다.

```
;(function($) {
    $.avalidate = {};
    $.avalidate.equals = function(name, callback) {
        var other = $(this).parents('form').find('[name="'+name+'"]').
val();
        · callback($(this).val() === other, {});
    };
    $.avalidate.minlen = function(len, callback) {
        callback($(this).val().length >= len || $(this).text().length
>= len, {minlen: len});
    };
    $.avalidate.server = function(param, cb) {
        setTimeout(function() {
            var val = $(this).val();
            if (~param.indexOf('mail'))
                cb('test@test.com' != val, {email: val });
            else
                cb('username' != val, { username: val });
        }.bind(this), 500);
    };
    $.avalidate.strength = function(minimum, cb) {
        cb($(this).val().length > minimum, {strength: 'Low'});
```

```
        };
}(jQuery));
```

이번 예제에서 사용하는 검증은 HTML5 데이터 속성 기능을 십분 활용한다. HTML5에서는 입력 엘리먼트 속성과 타입이 추가되어 동작하는 훌륭하고 새로운 검증 옵션이 있지만 이 정도로는 충분치 않을 수 있다. 이 문제를 해결하려고 HTML5 모델을 따라 사용자만의 검증 메소드를 위한 데이터 속성을 추가하고 검증 에러 메시지를 추가했다.

예제에서는 새로운 데이터 속성의 동작을 구현하려고 자바스크립트 코드를 로드했다. 하지만 자바스크립트로 엘리먼트를 초기화할 때는 문제가 생기는데 페이지에 엘리먼트를 추가할 때 이 초기화 함수를 반복적으로 호출해야 한다는 문제가 생긴다. 하지만 예제의 플러그인은 새로운 제이쿼리 바인딩 API를 사용해 이런 문제를 성공적으로 회피했다. 폼을 직접 바인딩하는 대신 body 객체에 리스너를 붙여 새롭게 추가되는 엘리먼트를 포함한 모든 폼 엘리먼트에서 동작하게 했다.

유연하게 만들어진 플러그인은 핵심부분을 수정하지 않고도 쉽게 검증 기능을 확장할 수 있다. 새롭게 추가할 검증 기능은 새로운 함수만 추가해 간단하게 확장할 수 있다.

마지막으로 검증 함수에서 제공하는 메시지 문자열로 사용자에게 친숙한 에러 메시지 템플릿을 만들었다.

 예제 코드에 나오는 자바스크립트 파일이 세미콜론(;)으로 시작한다. 세미콜론으로 시작하는 자바스크립트 코드는 자바스크립트 코드 연결성, 최소화에 있어 안전하다. 자바스크립트 앞에 괄호로 묶여져 있는 값(세미콜론 없이 전체 스크립트일 경우 함수 호출로 취급된다)으로 끝나는 스크립트가 그 밖에도 있다면 이 값은 함수 호출에 있어 인자로 취급된다. 이를 회피하려고 앞에 괄호가 시작되기 전에 세미콜론을 붙여 세미콜론을 잊은 자바스크립트 코드 문장을 종료시킨다.

7

데이터 직렬화

7장에서는 다음과 같은 내용을 알아본다.

- JSON에서 자바스크립트 객체로 역직렬화
- JSON 문자열로 객체 직렬화
- base64 방식으로 인코딩된 바이너리 데이터 디코딩
- 바이너리 데이터나 텍스트를 base64로 인코딩
- 바이너리 데이터를 JSON으로 직렬화
- 쿠키의 직렬화 및 역직렬화
- 폼을 직렬화해 요청 문자열로 형성
- XML 문서를 DOMParser로 읽기
- 클라이언트 측에서 하는 XML 문서 직렬화

소개

데이터 저장과 변환의 기본 개념 중 하나로 직렬화가 있다. 7장에서는 데이터를 그 밖의 환경으로 전송하거나 영구적으로 저장할 수 있게 데이터를 준비하는 여러 방법을 알아본다. 또한 직렬화된 데이터를 읽는 방법을 알아본다.

JSON에서 자바스크립트 객체로 역직렬화

데이터 변환 중 가장 간단한 일은 JSON을 읽어 자바스크립트 객체로 변환하는 것이다. JSON 형식으로 된 데이터는 가볍기도 하지만 JSON 자체가 자바스크립트의 일부분이기도 하다. JSON 데이터를 읽는 방법에는 여러 방법이 있다. 이번 예제에서는 간단한 JSON을 만들어보고 자바스크립트 객체로 변환해본다.

예제 구현

이번 예제는 매우 간단해 HTML 파일에서 작성한 스크립트로도 충분하고, 심지어 파이어버그나 크롬 개발자 툴에서의 콘솔에서도 할 수 있다.

1. 먼저 다음과 같이 직렬화된 JSON 문자열을 만들어 본다.

```
var someJSONString = '{"comment":"JSON data usually is
retrieved from server","who":"you"}';
```

2. 위 JSON 문자열을 외부 자바스크립트 라이브러리 없이 읽는 다양한 방법이 있다. 이런 방법 중 하나는 eval을 사용하는 것이고 그 밖의 하나는 json을 사용하는 것이다.

```
var evalData = eval('(' + someJSONString + ')');
var jsonData = JSON.parse(someJSONString);
```

3. 위 코드를 실행한 후에는 역직렬화된 객체의 속성에 접근해보자.

```
document.writeln(someJSONString.who + " access without conversion <br/>" );
document.writeln(jsonData.who + " with parse <br/>" );
document.writeln(evalData.who + " with eval <br/>");
```

위 코드를 실행해보면 첫 번째 라인의 document.writeln 메소드는 undefined 를 반환한다. 아직 역직렬화되지 않은 JSON 문자열에 바로 접근했기 때문이 다. 하지만 그 외 두 라인에서는 값을 가져 올 수 있다.

예제 분석

JSON은 독립적인 언어 포맷이지만 동시에 자바스크립트의 일부분이라 eval 함수를 사용할 수 있다. eval 함수는 자바스크립트의 최상위 함수여서 매우 간단하며 가져올 값을 문자열로 입력받는다. 하지만 인자로 전달된 문자열에 자바스크립트 코드가 들어가 있으면 eval은 이를 실행한다. 이 때 코드가 직 접 전달되므로 매우 위험하다. 이런 코드가 있다면 그 밖의 서드파티에서 악 의적으로 사용하는 코드일 가능성이 있으므로 신뢰해서는 안 된다. eval을 사 용해야 할 대부분의 경우에 좋은 대안이 이미 있다. 게다가 eval을 사용하면 디버깅조차 어려우므로 대부분의 코드에서는 eval을 쓰지 않는 편이 좋다.

다시 JSON 문장 분석을 살펴보면 대부분의 최신 브라우저에서는 자바스크립 트 1.7에서 추가된 JSON.parse(text[, reviver]) 문장을 사용한다. 이 함수 는 JSON 문자열을 문장 분석하며 문장 분석된 결과 값을 가져오는 reviver 인 자가 있다. 예를 들어 각 문장 분석된 값에 "a?"를 추가하려면 다음과 같은 코 드를 사용한다.

```
var transformed = JSON.parse(someJSONString, function(key, val) {
    if (key === "") return val;
        return val +' a?';
});
```

위 코드를 실행하고 `transformed.who`에 접근하면 "you a?"를 가져온다. 최종 객체는 다음과 같은 모습을 한다.

```
{comment: "JSON data usually is retrieved from server a?", who: "you a?"}
```

위 코드를 보면 원본 문자열에서 문장 분석된 각 값에 'a?'가 추가된 것을 알 수 있다. 그리고 순환을 거쳐 문장 분석된 각 키는 `comment`와 `who`가 된다.

`reviver` 함수가 `undefined` 또는 `null` 값을 반환하면 원본 값의 프로퍼티는 삭제된다. 또한 이는 필터링 메커니즘으로 사용되기도 한다.

부연 설명

JSON을 기본적으로 지원하지 않는 옛날 브라우저의 경우를 살펴보자. 여기에는 간단한 해결법이 있는데 JSON2 또는 JSON3를 추가하면 된다.

```
<script src="//cdnjs.cloudflare.com/ajax/libs/json3/3.2.4/json3.min.js"></
script>
<script src="//cdnjs.cloudflare.com/ajax/libs/json2/20121008/json2.js"></
script>
```

JSON3는 대부분의 모든 자바스크립트 플랫폼과 호환성이 있는, 다운로드 가능한 코드다. 또한 JSON2의 동작을 새롭게 구현했으므로 사용해야만 할 코드다. JSON2에는 올바르게 동작하지 않는 특수한 경우나 모순이 있고 이전 버전을 작성하는 시점에서 이미 널리 퍼져 있었다. 또한 JSON3 파서는 `eval` 또는 `regex`를 사용하지 않아 좀 더 안전하며 모바일 환경에서 높은 성능을 낸다.

웹 페이지에 제이쿼리를 포함한 상태라면 `jQuery.parseJSON(json)`을 사용하면 되고, 프로토타입 JS를 사용하는 경우라면 `String#evalJSON()`을 사용하면 된다.

따옴표 대신 작은따옴표를 사용할 경우 에러가 발생할 수 있다. 대부분의 JSON 동작에서는 간결함을 위해 작은따옴표를 허가하지 않는다. 더글라스 크록포드(Douglas Crockford)의 말을 인용하면 다음과 같다. "JSON의 디자인 목표는 최소화, 포터블, 텍스트화 그리고 자바스크립트의 일부분이 되는 것이다. 상호 연동을 하려면 더 적게 동의해야 더 쉽게 연동할 수 있다. "

JSON 문자열로 객체 직렬화

이번 예제에서는 이전 예제의 역방향인 자바스크립트 객체에서 JSON 문자열로 변환하는 방법을 알아본다. 비슷하게 JSON에 대한 브라우저 지원 문제에 있어 같은 규칙이 적용되지만 대부분의 브라우저에서는 문제가 되지 않는다. 예제를 구현하기 위한 한 가지 방법은 수동으로 문자열을 만드는 것이지만 이 방법은 에러가 발생하기 쉬우므로 그 밖의 방법을 알아본다.

예제 구현

예제에서는 자바스크립트만 사용하므로 HTML 파일 안에 간단한 스크립트를 구성한다.

1. 먼저 문자열로 직렬화할 데이터가 필요하다. 그래서 다음처럼 간단한 자바스크립트 객체를 만든다.

```
var someJSON = {
    "firstname":"John",
    "lastname":"Doe",
    "email":"john.doe@example.com"
};
```

2. toJSON() 함수에 사용할 다른 객체를 만든다.

```
var customToJSON = {
    "firstname":"John",
```

```
      "lastname":"Doe",
      "email":"john.doe@example.com",
      toJSON: function () {
         return {"custom":"rendering"};
      }
   };
```

3. 자바스크립트 객체를 문자열로 변환하려고 JSON.stringify(value [, replacer [, space]]) 함수를 사용한다.

```
var jsonString = JSON.stringify(someJSON);
var jsonStringCustomToJSON = JSON.stringify(customToJSON);
```

4. 다음에는 같은 함수에 다른 인자를 넣어본다. JSON.stringify 함수의 두 번째 인자 replacer에는 허가된 프로퍼티의 리스트를 할당하고 세 번째 인자에는 다른 옵션 두 개를 사용한다.

```
var allowedProperties=["firstname","lastname"];
var jsonCensured = JSON.stringify(someJSON , allowedProperties);
var jsonCensured3Spaces = JSON.stringify(someJSON,allowedProperti
es,30);
var jsonCensuredTab = JSON.stringify(someJSON,allowedProperties,"\t");
```

5. 간단하게 문서 객체에 출력 내역을 작성해 넣는다.

```
document.writeln(jsonString + "  <br/>" );
document.writeln(jsonStringCustomToJSON + "  <br/>" );
document.writeln(jsonCensured + "  <br/>" );
document.writeln(jsonCensured3Spaces + "  <br/>" );
document.writeln(jsonCensuredTab + "  <br/>" );
```

예제 분석

JSON의 stringify 메소드에는 인자 세 개가 있는데 마지막 두 개는 옵션이다. 이 함수를 인자 한 개로만 사용하면 자바스크립트 객체에서 JSON 문자열을 반환한다. 그리고 인자로 넘긴 객체 안에 정의되지 않은undefined 프로퍼티가 있으면, 해당 프로퍼티를 생략하거나 null로 설정한다. 이에 반해 toJSON() 함수는 안에 객체를 정의하고 있어 변환될 객체를 선택하는 데 사용한다. toJSON() 함수를 사용하면 객체를 자신만의 JSON으로 정의할 수 있다. 예제에서 했던 customToJSON의 JSON.stringify(customToJSON) 버전은 다음과 같은 결과를 낸다.

```
{"custom":"rendering"}
```

stringify 함수 정의는 다음과 같다.

```
JSON.stringify(value[, replacer ] [, space])
```

위 함수 정의에서 replacer는 속성을 필터링하기 위해 사용한다. replacer에는 String과 Number 객체로 된 매개변수 리스트 객체가 설정될 수 있다.

한편 space 인자에는 String 또는 Number 타입의 값을 설정할 수 있다. Number 타입의 값이 설정되면 빈칸으로 사용할 스페이스 문자의 숫자를 나타낸다. 이는 자동으로 만들어진 HTML을 브라우저로 오픈할 경우 나타난다. space 인자가 String일 경우에는 전달된 값의 첫 10 문자는 JSON 생성을 위한 공백으로 사용된다.

여기서 한 가지 주의깊게 살펴봐야 할 점은 직렬화된 속성의 순서를 배열이 아닌 객체에는 보장하지 않는다는 점이다. 그러므로 객체가 직렬화된 다음에 객체 안에서 프로퍼티 정렬을 하지 말아야 한다. 이런 이유로 직렬화 동작이 정확하지 않다고 말할 수 있으며, 이것이 또한 문자열화stringification라고 부르는 이유다.

부연 설명

JSON을 지원하지 않는 오래된 사용자 에이전트에 대한 문제가 있다. 이러한 이유로 JSON3를 추천한다.

```
<script src="//cdnjs.cloudflare.com/ajax/libs/json3/3.2.4/json3.min.js"></
script>
```

또한 stringify 함수는 특정한 방법으로 undefined 객체를 변환하므로 디버깅 목적으로 stringify 함수를 사용해서는 안 되며 사용할 경우 틀린 결과를 야기할 수도 있다. 이러한 잘못된 결과는 보통 정렬이나 JSON 호환성에 관련되어 있지만 일반적인 객체 디버깅에서는 사용할 수 있다.

base64 방식으로 인코딩된 바이너리 데이터 디코딩

최근까지 자바스크립트는 바이너리 데이터 타입 저장을 전혀 지원하지 않았다. 대부분의 바이너리 데이터를 문자열로 제어했다. 또한 문자열로 제어할 수 없는 바이너리 데이터(예를 들어 이미지)를 base64로 인코딩된 문자열로 제어했다.

 Base64는 바이트 그룹을 base64 숫자 그룹으로 변환해 바이너리 데이터를 인코딩하는 메소드다. 메소드의 목적은 Base64의 프린트할 수 있고 해석할 수 없는 문자로 바이너리 데이터를 표현해 데이터 손실을 피하는 데 있다.

하지만 HTML5에서는 바이너리 데이터를 더 잘 지원한다. 특히 바이너리 데이터는 어레이버퍼ArrayBuffer 클래스와 타입드어레이typed array 클래스를 사용해 저장할 수 있으며 다룰 수 있다. 그러나 레거시 라이브러리와 API에서는 여전히 base64 데이터를 사용한다.그러므로 최신 브라우저에서 바이너리 데이터를 좀 더 효과적으로 다루기 위해서는 base64 데이터를 어레이버퍼로 변환해야 한다.

이번 예제에서는 base64로 인코딩된 문자열을 어레이버퍼로 변환하는 함수를 만들어 본다.

준비

우선 변환 함수를 만들기 전에 base64 인코딩의 동작 원리를 알아보자.

바이너리 데이터를 접근하는 통상적인 방법은 한 번에 한 바이트씩 접근하는 것이다. 바이트는 8비트로 이뤄져 있다. 바이트를 숫자로 할당한다면 2^8=256가지에 해당하는 서로 다른 숫자로 표현할 수 있다. 즉, 바이트는 256개의 단일 숫자로 표현한다.

여기서는 바이너리 데이터를 base64 숫자로 표현한다. base64는 A-Z, a-z, 0-9, +, /, - 등 총 64개의 문자로 나타내며 이는 6비트 크기 데이터를 한 문자로 저장할 수 있다는 의미다. 그러기 위해서 바이너리 데이터로부터 6비트를 가져온다. 또한 6비트와 8비트의 최소 공분모는 24비트이므로 3바이트는 4개의 base64 숫자로 표현할 수 있다.

또한 디코딩에 있어서는 4개의 base64로 인코딩된 숫자를 3바이트로 표현할 수 있다.

하지만 전체 바이트가 3으로 나눠 떨어지지 않는 경우에는 어떻게 할까? Base64에는 맨 마지막 그룹에서 놓친 바이트의 숫자를 가르치는 = 문자가 있다. 그리고 문자 1개만 추가된 경우에는 마지막 그룹에는 1바이트의 손실이 있다는 의미며 문자 2개가 추가된 경우에는 마지막 그룹에는 2바이트의 손실이 있다는 의미다.

이제 base64의 동작 원리를 알았으므로 base64 디코더를 만들어보자.

예제 구현

코드를 살펴보자.

1. index.html을 만들고 텍스트를 입력하는 텍스트 필드를 배치한다. 그리고 div 엘리먼트 두 개를 만든다. 첫 번째 엘리먼트는 base64 문자열을 표시하고 그 밖의 하나는 변환된 바이트 값을 10진수 값으로 표시한다.

```
<!DOCTYPE HTML>
<html>
    <head>
        <title>Text to base64 and binary</title>
```

```
    </head>
    <body>
    <input type="text" id="text" value="Enter text here">
    <div id="base64"></div>
    <div id="bytes"></div>
    <script src="http://ajax.googleapis.com/ajax/libs/jquery/1.8.2/
jquery.min.js"></script>
    <script type="text/javascript" src="atobuf.js"></script>
    <script type="text/javascript" src="example.js"></script>
    </body>
</html>
```

2. example.js를 만들고 사용자가 텍스트를 입력할 때마다 페이지가 변하는 코드는 추가한다.

```
$(function() {
    $("#text").on('keyup keypress', function() {
        var base64 = btoa($(this).val()),
            buf = atobuf(base64),
            bytes = new Uint8Array(buf),
            byteString = [].join.call(bytes, ' ');
        $("#base64").text(base64);
        $("#bytes").text(byteString);
    });
});
```

3. atobuf.js를 만들고 base64 문자열로 디코딩된 바이트와 함께 `ArrayBuffer` 객체를 반환하는 함수를 만든다.

```
(function(exports) {
    var key = {};
    'ABCDEFGHIJKLMNOPQRSTUVWXYZabcdefghijklmnopqrstuvwx
yz0123456789+/='
        .split('').forEach(function(c, i) {
            key[c] = i;
        });

    exports.atobuf = function atobuf(b64str) {
```

```
        var b64l = b64str.length,
            bytes = b64l / 4 * 3;
        if (b64str[b64str.length - 1] == '=') bytes -= 1;
        if (b64str[b64str.length - 2] == '=') bytes -= 1;

        var buf = new ArrayBuffer(bytes),
            arr = new Uint8Array(buf),
            at = 0;

        for (var k = 0; k < bytes; k+=3) {
            var e1 = key[b64str[at++]],
                e2 = key[b64str[at++]],
                e3 = key[b64str[at++]],
                e4 = key[b64str[at++]];

            var b1 = (e1 << 2) | (e2 >> 4),
                b2 = ((e2 & 0xF) << 4) | (e3 >> 2),
                b3 = ((e3 & 0x3) << 6) | e4;

            arr[k] = b1;
            if (k+1<bytes) arr[k+1] = b2;
            if (k+2<bytes) arr[k+2] = b3;
        }

        return buf;
    };

}(typeof(exports) !== 'undefined' ? exports : this));
```

예제 분석

index.html과 example.js의 코드는 매우 직관적이라 페이지를 구성하고 쉽게
변환 함수의 결과를 미리 볼 수 있으며 테스트할 수 있다. 예제에서는 바이트
를 저장하려고 Uint8Array 객체를 만들었고 버퍼로 넘겼다. 이 버퍼는 HTML5
에서 새로 도입된 배열 형태인데, 이 배열로 ArrayBuffer 객체에 있는 바이트
를 unsigned 8비트 정수로 읽을 수 있다.

또 하나 주목할 점은 `Uint8Array` 객체에는 `join` 메소드가 없다는 점이다. 그러므로 예제에서는 마치 객체 바이트의 메소드인 것처럼 `join` 메소드를 호출하는 `[].join.call(bytes, ' ')`을 사용해 빈 배열로부터 `join` 메소드를 빌려왔다.

atobuf.js에서는 `atobuf` 함수를 만들어 CommonJS 모듈처럼 `exports` 객체에 붙이거나 전역 객체에 붙인 함수처럼 외부로 노출시켰다.

좀 더 빠르게 변환하려면 변환 사전을 미리 정의해 문자를 적절한 숫자 값으로 매핑한다.

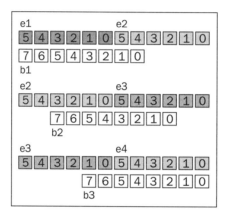

비트를 다루는 코드 동작을 살펴보자. 인코딩된 값은 6비트며 디코딩된 값은 8비트다. 이 설명을 읽는 동안 비트는 오른쪽에서 왼쪽 방향으로 나열되었음에 주의하자. 그러므로 비트 0은 오른쪽 끝에 있는 비트며 비트 1은 오른쪽에서 두 번째 비트다.

위 그림에서 첫 번째 디코딩된 바이트를 살펴보면 첫 번째 인코딩된 값에서 6비트를 디코딩 값 2~7에 저장한다. 이것이 두 장소를 왼쪽으로 옮긴 이유다. 또한 첫 번째 디코딩 값을 위해 두 번째 인코딩된 값에서 4, 5 비트가 필요하며 여기에 0, 1이 저장된다. 즉, 0, 1값을 4개만큼 오른쪽으로 이동해야 한다.

두 번째 바이트를 살펴보면 두 번째 인코딩 값의 0부터 3비트를 디코딩 값 4부터 7에 배치한다. 그러기 위해 바이너리 AND 연산으로 4, 5에 0을 넣고 왼쪽으로 4개 이동한다. 또한 세 번째 인코딩 값 비트 2에서 5까지의 디코딩 값 0부터 3을 넣고 오른쪽으로 2개 이동한다.

세 번째 바이트를 살펴보면 세 번째 인코딩 값 0,1에 6, 7을 설정한다. 즉, AND로 0을 채워놓고 왼쪽으로 6개 이동한다. 마지막 인코딩된 값은 모두 오른쪽에 배치해 디코딩을 완료한다.

바이너리 데이터나 텍스트를 base64로 인코딩

HTML5에서는 바이너리 데이터를 배열과 관련된 타입인 `ArrayBuffer` 객체로 지원한다. 그리고 데이터를 전송할 때는 base64를 사용한다. base64를 텍스트 데이터를 다루는 데 많이 사용하지만 Data URI의 사용 증가로 base64를 좀 더 많이 사용하게 되었다. 이번 예제에서는 base64를 사용하는 방법으로 데이터를 인코딩하는 방법을 알아본다.

예제 구현

HTML 파일을 만들고 `canvas` 엘리먼트를 배치한다. 그리고 캔버스에는 base64로 인코딩할 데이터를 만든다.

1. 바이너리 데이터를 만들기 위해 캔버스를 사용해 이미지를 만든다. 코드로는 아래와 같이 `canvas` 엘리먼트를 추가한다.

```
<!doctype html>
<html>
  <head>
    <meta charset="utf-8">
    <title>Binary data to Base64</title>
  </head>
<body>
    <canvas id="myCanvas" width="100" height="100"></canvas>
```

2. 텍스트 인코딩을 보여 줄 입력 필드를 하나 만든다.

```html
<input type="text" id="text" placeholder="Insert some text"> </input>
```

3. 다음은 출력 엘리먼트 두 개를 배치할 엘리먼트다. 하나는 이미지에서 인코딩된 바이너리 데이터이며 그 밖의 하나는 인코딩된 텍스트다.

```html
<div>
  <b> Text Base64:</b>
  <output id="content"></output>
</div>
<hr />
<div>
  <b> Image Binary data in Base64:</b>
  <output id="imgBase"></output>
</div>
```

4. 그리고 제이쿼리와 example.js를 추가한다.

```html
<script src="http://ajax.googleapis.com/ajax/libs/jquery/1.8.2/jquery.min.js"></script>
<script type="text/javascript" src="example.js"></script>
```

5. example.js에 인코딩 데이터를 생성하는 로직을 추가한다. 사용할 바이너리 데이터용으로 캔버스에 사각형 이미지 하나를 생성한다.

```javascript
// 일부 캔버스 데이터를 생성한다.
var canvas = $('#myCanvas')[0],
    context = canvas.getContext('2d');
context.beginPath();
context.rect(0, 0, 100, 100);
context.fillStyle = 'green';
context.fill();
var imgData = context.getImageData(0,0, 200, 200);
```

CanvasRenderingContext2D의 메소드 정의를 현재 WHATWG(http://www. whatwg.org/specs/web-apps/current-work/multipage/the-canvaselement. html#canvasrenderingcontext2d)에서 찾아 볼 수 있다.

6. base64 인코딩 데이터를 생성하려고 배열을 문자열로 변경한다. 이를 위해 다음처럼 함수를 하나 정의한다.

```
function arrayToString(inputArray){
    var stringData = '';
    var bytes = new Uint8ClampedArray(inputArray);
    var len = bytes.byteLength;
    for (var i = 0; i < len; i++) {
        stringData += String.fromCharCode(bytes[i]);
    }
    return stringData;
}
```

7. 이제 함수를 호출하고 내부 btoa() 메소드를 사용해 인코딩할 문자열을 가져온다.

```
var stringData = arrayToString(imgData.data);
var b64encoded = btoa(stringData);
```

8. 역변환을 위해 atob를 사용해 base64 인코딩 문자열 데이터를 디코딩한다.

```
var originalStringData = atob(b64encoded)
```

9. 이제 디코딩된 문자열 데이터에서 원본 바이너리 배열로 디코딩하려면 다음처럼 함수를 정의한다.

```
function stringToArray(raw){
var rawLength = raw.length,
    array = new Uint8ClampedArray(new ArrayBuffer(rawLength));
  for(i = 0; i < rawLength; i++) {
```

```
        array[i] = raw.charCodeAt(i);
      }
    return array;
  }
```

10. 그 후에 위에서 정의한 함수 호출을 해 원본 배열을 가져온다.

```
originalArray = stringToArray(originalStringData);
```

11. 페이지에 base64 인코딩된 문자열을 출력한다.

```
$("#imgBase").text(b64encoded);
```

12. base64 알고리즘에서는 초기에 UTF를 지원하지 않았다. 그러므로 이 같은 문제를 해결하려고 요한 선드스톰_{Johan Sundstrom}이 만든 표준 함수를 활용하고 UTF를 가능하게 하는 차선책이 있다.

```
function utf8ToB64(str) {
    return window.btoa(unescape(encodeURIComponent(str)));
}
function b64ToUtf8(str) {
    return decodeURIComponent(escape(window.atob(str)));
}
```

13. 텍스트 데이터 변환을 위해 입력 필드의 이벤트를 바인딩해 base64로 인코딩된 텍스트를 출력한다.

```
$("#text").keyup(function(e) {
    var currentValue = $(this).val();
    $("#content").val(utf8ToB64(currentValue));
});
```

예제 분석

최신 브라우저는 atob("base64encoded")와 btoa("stringToBeEncoded")를 지원한다. 이 메소드는 base64 문자열을 인코딩, 디코딩할 수 있다. 우리는

btoa()를 사용해 문자열 데이터를 인코딩하고 ASCII 문자열 A~Z, a~z, 0~9와 (/,+,=) 기호가 있는, 전송하기에 편리한 데이터를 만든다. 데이터 범위 제한은 그 대가를 치러 인코딩된 데이터가 원본 바이너리 스트림보다 33퍼센트 오버헤드가 생겨 더 커진다. 반면 인코딩된 데이터는 압축이 가능해 gzip으로 더 크기를 작게 할 수 있다.

 자바스크립트의 타입드어레이(typed array)는 행 바이너리 데이터에 접근할 수 있는 방법을 제공하므로 표준 타입을 사용하는 것보다 좀 더 효과적이다. 타입드어레이를 모든 최신 브라우저에서 지원하며 인터넷익스플로러 10에서도 지원한다. 타입드어레이에 관한 좀 더 자세한 사항을 MDN https://developer.mozilla.org/en-US/docs/JavaScript/Typed_arrays에서 참조하라.

바이너리 데이터 인코딩을 테스트하려고 HTML 캔버스에서 생성한 이미지 데이터 배열을 가져왔다. 캔버스에서 바이너리 데이터를 가져오기 위해 다음과 같은 코드를 사용했다.

```
context.getImageData(0,0, 200, 200);
```

위 코드는 너비, 높이, 데이터를 프로퍼티로 갖는 ImageData 객체를 반환한다. 데이터 속성은 Uint8ClampedArray 객체로 제공된다. 이 배열의 타입은 표준 Array 객체와 비슷하며 각 배열의 아이템은 8비트(1바이트) 언사인드unsigned 정수형이다.

이 배열에 저장되어 있는 모든 값은 0부터 255값이며 색을 표현하기에 완벽한 값이 된다. 예제에서는 배열에 저장된 값을 console.log()를 사용해 볼 수 있으며 다음과 같은 값이 나온다.

```
[0,128,0,255,0,128,0,255 …]
```

위 값에서 첫 번째 0은 빨간색을 나타내며 128은 녹색 그리고 세 번째 0은 파란색을 나타낸다. 그리고 네 번째 255는 투명도다. 배열 데이터를 base64로 인코딩하려면 간단하게 `btoa(theArray)`를 호출해서는 안 된다. `btoa(theArray)`는 `toString` 값만 저장하고 전체 배열을 저장하지 않는다.

```
[Object Uint8ClampedArray]
```

 Uint8array와 Uint8ClampedArray의 가장 중요한 차이는, 범위 밖의 값을 입력하면 Uint8Array는 나머지 연산을 하고 Uint8ClampedArray는 범위 밖의 값을 잘라내고 최종 값을 산출한다는 점이다. 예를 들어 마지막 최댓값이 255로 제한된 변수에 값 300을 입력하면 Uint8ClampedArray는 255값이 나온다. 한편, Uint8Array는 나머지 연산으로 45라는 값이 나온다. 이와 비슷하게 Uint8ClampedArray는 −1을 입력하면 0을 계산해 낸다. Uint8ClampedArray에 대한 더 자세한 사항을 http://www.khronos.org/registry/typedarray/specs/latest/#7.1에서 참조하라.

또한 예제에서 `arrayToString`을 추가한 이유는 잠시 뒤에 `btoa`를 사용하려고 문자열을 만들기 위함이다. 이와 비슷하게 역변환을 위해 `stringToArray`을 사용했다.

핵심 함수인 `btoa()`/`atob()`에서 사용하는 텍스트는 유니코드를 지원하지 않는다. `"\u0100"`보다 더 큰 값을 변환하려면 다음과 같은 결과가 나온다.

Error: InvalidCharacterError: DOM Exception 5

이런 문제로 인해 `utf8ToB64()`와 `b64ToUtf8()` 메소드를 추가했다.

 이 두 함수는 요한 선드스톰이 만들었으며 MDN에서 수정했다. 더 자세한 사항을 http://ecmanaut.blogspot.com/2006/07/encoding-decoding-utf8-in-javascript.html에서 참조하라.

예제에서는 표준함수인 `encodeURIComponent()`/`decodeURIComponent()`과 `escape()`/`unescape()`를 활용했다.

그럼 `encodeURICompoenent`과 `unescape`의 조합은 어떻게 동작할까?

다음은 이 메소드가 동작한 결과다.

```
> encodeURIComphoenent(" ");
"%20"
```

결과는 퍼센트/인코딩 문자열이다. 이 문자열은 UTF-8 문자를 적절한 퍼센트 표현으로 변경한다. 이제 encodeURIComponent을 알아봤으며 퍼센트 인코딩은 ASCII 문자에만 사용한다는 것을 알았다.

```
> "\u2197"
"⊠"
> encodeURIComponent("\u2197")
"%E2%86%97"
> btoa(encodeURIComponent('\u2197'));
"JUUyJTg2JTk3"
```

하지만 위와 같은 코드는 결점이 있다. 퍼센트/인코딩 문자열은 원본 값보다 더 커졌으며 base64는 오버헤드가 생겨 쉽게 더 커진다.

escape와 unescape 함수는 ASCII 문자가 아닌 문자에서는 동작하지 않으므로 사용되지 않는다. 하지만 예제에서의 입력은 유효하므로 그대로 사용했다. 그러나 가까운 미래에서는 이 함수는 표준에서 벗어나게 될 것이지만 그대로 남아 있게 될 것이다. unescape 함수는 16진수 인코딩 값으로 설정된 ASCII 문자를 반환한다. 이 함수의 장점은 문자열과 비슷한 값으로 나타나는 데 있다. 또한 이 함수는 브라우저의 표준 기능을 확장한 복수 인코딩 함수에서 사용할 수 있다는 장점이 있다.

부연 설명

이번에는 유저 에이전트 지원을 살펴보자. IE는 btoa()와 atob()를 지원하지 않는 브라우저다. 하지만 인터넷익스플로러 10 이전 버전보다는 훨씬 더 유용하다. 유저 에이전트 미지원 사항을 대체물polyfill로 해결한다. 이런 문제를 위한 여러 대체물 중에는 base64.js(https://bitbucket.org/davidchambers/base64.js)도 있다.

또한 yenope.js라는 비동기 리소스 로더가 있는데 이 로더는 매우 빠르고 사용자 정의 체크를 한다. base64.js를 사용할 경우 원하는 함수의 존재를 테스트하고 테스트한 함수가 없는 경우에는 자동으로 해당 함수를 추가한다.

```
yepnope({
    test: window.btoa && window.atob,
    nope: 'base64.js',
    callback: function () {
    //window.btoa와 window.atob를 안전하게 사용할 수 있다.
    }
});
```

 예노프(Yepnope)는 가장 많은 조건을 걸 수 있는 리소스 로더이지만 매우 간단하다. yepnope 함수는 전체 로더를 대표하는 함수다. 이렇듯 예노프는 매우 작고 현대화되어 있다. 더 자세한 정보를 http://yepnopejs.com/에서 참조하라.

바이너리 데이터를 JSON으로 직렬화

REST API 작업을 할 때 바이너리 데이터를 JSON의 일부분으로 보낼 경우 가장 간단한 방법은 base64를 사용하는 방법이다. 이미지 그리고 이와 비슷한 리소스는 별도의 리소스지만 JSON의 일부분으로 변환할 수도 있다. 이번 예제에서는 이미지를 JSON의 일부분으로 변환하는 예제를 알아본다.

예제 구현

canvas 엘리먼트의 바이너리 데이터를 만들고 JSON으로 직렬화해 보자.

1. HTML 파일을 만들고 간단히 canvas 엘리먼트를 배치한다. 그리고 출력 용도의 div 엘리먼트를 만들고 제이쿼리와 앞으로 만들 스크립트를 추가한다.

```html
<!doctype html>
<html>
  <head>
    <meta charset="utf-8">
    <title>Binary data to json</title>
    <style type="text/css">
      div {
        word-wrap: break-word;
      }
    </style>
  </head>
  <body>
    <canvas id="myCanvas" width="100" height="100"></canvas>
    <hr />
    <div>
      <output id="generatedJson"> </output>
    </div>
    <script src="http://ajax.googleapis.com/ajax/libs/jquery/1.8.2/
jquery.min.js"></script>
    <script type="text/javascript" src="example.js"></script>
  </body>
</html>
```

2. example.js 스크립트에서 canvas 엘리먼트에 간단히 원을 그린다.

```javascript
var canvas = $('#myCanvas')[0],
    context = canvas.getContext('2d');
context.beginPath();
context.arc(50, 50, 20, 0, Math.PI*2, true);
context.closePath();
context.fillStyle = 'green';
context.fill();

var imgdata = context.getImageData(0,0, 50, 50);
```

3. 그리고 '바이너리 데이터나 텍스트를 base64로 인코딩'에서 사용했던
   arrayToString 함수를 정의한다.

```
function arrayToString(inputArray){
  var stringData = '',
      len = inputArray.byteLength;
  for (var i = 0; i < len; i++) {
      stringData += String.fromCharCode(inputArray[i]);
  }
  return stringData;
}
```

4. 다음으로 데이터를 인코딩하고 자바스크립트 객체를 만든다. 또한 만든 객체에서는 canvas 엘리먼트로부터 데이터 URI 두 개를 만든다. 한 개는 jpeg고 그 밖의 하나는 png다.

```
var imageEncoded = btoa(arrayToString(imgdata.data));
var jsObject = {
  "name":"pie chart or not a pie...chart",
  "dataURL" : {
    "jpeg": canvas.toDataURL('image/jpeg'),
    "png": canvas.toDataURL('image/png')
  },
  "image" : imageEncoded
};
```

5. 또한 JSON 객체를 만들기 위해 JSON.stringify를 사용하고 그 결과를 generatedJSON div 엘리먼트에 표시한다.

```
var jsonString = JSON.stringify(jsObject, null , 2);
$("#generatedJson").text(jsonString);
```

예제 분석

이번 예제 코드는 이전 예제 코드와 비슷하며 캔버스에 2D 콘텍스트로 간단히 원을 만들었다.

```
context.beginPath();
context.arc(50, 50, 20, 0, Math.PI*2, true);
context.closePath();
```

그리고 이미지로부터 바이너리 데이터를 가져와 '바이너리 데이터나 텍스트를 base64로 인코딩'의 예제와 같은 로직을 적용했다. 다만 DataURI를 사용해 base64로 인코딩된 이미지 렌더링을 특정 포맷으로 만들었다. 예제에서는 jpeg와 png를 생성했다. 데이터를 복사한다면 다음과 같은 코드로 표현할 수 있으며

```
"dataURL" : {
    "jpeg": "렌더링된 데이터를 여기에 복사",
    "png": "또는 여기서 데이터 복사"
}
```

이를 브라우저 URL 입력란에 붙여 이미지를 렌더링할 수 있다. 데이터 URI는 11장, '데이터 저장소'에서 좀 더 자세히 다룬다.

부연 설명

base64 인코딩은 XML에서 좀 더 복잡한 데이터나 바이너리 데이터를 저장하려고 사용하기도 한다. 인코딩에 기반한 문자는 문장 분석에 아무런 영향을 미치지 않으므로 CDATA 섹션이 필요가 없다.

또한 서버와 바이너리 데이터를 교환하는 데 사용하는 여러 포맷이 있다. 예를 들어 이런 포맷에는 BSON, Base32, Hessian등이 있다. 그러나 Base64는 매우 간단하고 사용하기도 편해 가장 많이 사용한다.

또한 base64는 텍스트를 URL 매개변수로 저장해 쉽게 표현하고 재구성하는 데 사용된다. 자세한 사항을 http://hashify.me에서 참조하라.

쿠키의 직렬화 및 역직렬화

HTML5에는 많은 진보적인 기능이 있음에도 불구하고 브라우저에서는 여전히 매우 이상한 쿠키 API를 사용한다. 쿠키 API는 에러가 많고 일반적인 자바스크립트의 규격에도 잘 맞지 않는다.

전역 document 객체에는 cookie 프로퍼티가 있다. 여기에 문자열이 할당되면 특정 쿠키를 쿠키 리스트에 추가한다. 그리고 만들어진 쿠키를 읽을 때에는 그 밖의 값이 저장되어 있는 모든 쿠키가 반환된다.

쿠키 API를 래퍼 없이 사용하기 쉽지 않다. 이번 예제에서는 쿠키 API 래퍼를 만들고 사용해본다. 또한 2분마다 벌어지는 모든 수정 사항을 자신에 저장하는 폼 페이지를 만들어 래퍼를 테스트한다. (페이지가 재로드된 후의 데이터를 예약한다.)

준비

document.cookie가 동작하는 원리를 알아보자. 우선 쿠키를 아래와 같이 설정한다.

```
document.cookie = "name=test; expires=Fri, 18 Jan 2023 00:00:00 GMT;
path=/";
```

이 코드는 test라고 하는 현재 웹 사이트의 전체 도메인을 쿠키로 설정하고 만료일자를 2023년 1월 18일로 설정했다. 그리고 document.cookie로 쿠키를 읽으면 "name=test"를 반환한다. 즉, 그 밖의 데이터들을 모두 생략하고 결과를 가져온다. 다른 쿠키를 살펴보자.

```
document.cookie = "otherName=test; expires=Fri, 18 Jan 2023 00:00:00 GMT;
path=/"
```

그리고 다시 document.cookie로 쿠키에 접근하면 다음과 같은 쿠키를 가져온다.

```
"name=test; otherName=test"
```

쿠키를 클리어하려면 만료일자인 expires를 다음처럼 한다.

```
document.cookie = "otherName=test; expires=Fri, 18 Jan 2000 00:00:00 GMT;
path=/"
```

그리고 document.cookie를 읽으면 "name=test"가 나온다.

마지막으로 만료일자를 지우고 사용자가 브라우저를 닫을 때 쿠키를 가져오거나 만료일을 지난 날짜로 설정해 클리어할 때 가져온다.

```
document.cookie = "otherName=test; path=/"
```

하지만 쿠키 값에 ;? 문자가 들어가면 어떻게 될까? 아마도 쿠키 값은 해당 문자를 잘라내고 다음 매개변수(만료일 또는 경로)는 무시될 것이다. 그러나 encodeURIComponent를 사용해 값을 인코딩하면 문제를 해결할 수 있다.

이제 쿠키를 다루는 라이브러리 코드를 작성하기에 충분한 정보를 얻었다.

예제 구현

코드를 작성해 보자.

1. index.html에 폼을 생성하고 텍스트 필드 세 개를 만든다. 그리고 쿠키 래퍼 스크립트와 폼 저장 스크립트를 추가한다.

```
<!DOCTYPE HTML>
<html>
<head>
<title>Cookie serialization</title>
</head>
<body>
<form method="post">
    <input type="text" name="text1" value="Form data will be
saved"><br>
    <input type="text" name="text2" value="in the cookie
formdata"><br>
    <input type="text" name="text3" value="and restored after
reload">
</form>
<script src="http://ajax.googleapis.com/ajax/libs/jquery/1.8.2/
jquery.min.js"></script>
```

```
<script type="text/javascript" src="cookie.js"></script>
<script type="text/javascript" src="example.js"></script>
</body>
</html>
```

2. 쿠키 API 동작을 구현하고 외부로 노출 시키는 cookie.js를 만든다. 여기
   에는 다음과 같은 함수가 있다.

   ▪ cookie.set(name, value, options): 이 함수는 쿠키 값을 설정한
     다. 설정되는 값은 JSON.stringify로 직렬화할 수 있는 임의의 객체다.
     options에 사용할 수 있는 값은 expires, duration, path가 있다.

```
(function(exports) {
    var cookie = {};

    cookie.set = function set(name, val, opt) {
        opt = opt || {};
        var encodedVal = encodeURIComponent(JSON.stringify(val)),
            expires = opt.expires  ? opt.expires.toUTCString()
                    : opt.duration ? new Date(Date.now()
                                    + opt.duration * 1000).
toUTCString()
                    : null;

        var cook = name +'=' + encodedVal + ';';
        if (expires) cook += 'expires=' + expires;
        if (opt.path) cook += 'path=' + opt.path;
        document.cookie = cook;
    };

    cookie.del = function(name) {
        document.cookie = name + '=deleted; expires='
            + new Date(Date.now() - 1).toUTCString();
    }
    cookie.get = function get(name) {
        var cookies = {};
        var all = document.cookie.split(';').forEach(function(cs) {
```

```
                var c = cs.split('=');
                if (c[1])
                    cookies[c[0]] = JSON.parse(decodeURIComponent(c[1]));
            });
            if (name)
                return cookies[name]
            else
                return cookies
        };

        exports.cookie = cookie;
    }(typeof(exports) !== 'undefined' ? exports : this));
```

3. 새로운 쿠키 API를 테스트하기 위한 example.js를 만든다. 이 자바스크립트 파일에서는 페이지가 로드됐을 때 폼 데이터를 로드하며 변화가 있으면 이를 저장한다.

```
$(function() {
    var savedform = cookie.get('formdata');
    savedform && savedform.forEach(function(nv) {
        $('form')
            .find('[name="'+nv.name+'"]')
            .val(nv.value);
    });
    $('form input').on('change keyup', function() {
        cookie.set('formdata', $('form').serializeArray(),
                {duration: 120});
    });
});
```

예제 분석

예제에서 다룬 쿠키 API는 쿠키를 다루는 편리한 함수를 제공한다.

cookie.set 함수는 쿠키를 설정한다. 여기에는 name, value, option라는 세 매개변수가 있다.

쿠키에 설정된 값은 `JSON.stringify`로 직렬화되고 `encodeURIComponent`를 사용해 인코딩된다. 즉, `JSON.stringify`로 직렬화할 수 있는 모든 객체를 저장할 수 있다. (하지만 브라우저마다 크기 제한이 다르다).

`option` 매개변수는 `expires`, `duration`, `path`등 세 프로퍼티가 있는 객체다. `expires` 프로퍼티는 쿠키 만료일이며 `duration`은 쿠키가 가장 최신인 상태의 기간을 초로 나타낸다. 두 값이 모두 생략되면 쿠키는 현재 브라우저 세션이 끝날 때까지 계속 최신 상태가 된다. 마지막으로 `path` 프로퍼티는 쿠키가 저장될 경로이며 기본 값은 현재 경로다.

부연 설명

쿠키는 대량 데이터를 저장하는 용도로는 사용하지 않는다. 대부분의 브라우저가 쿠키 크기를 쿠키 당 4KB로 제한한다. 그리고 어떤 브라우저는 전체 쿠키 크기를 4KB로 제한한다. 쿠키 안에 저장된 데이터는 매번 서버로 요청을 보낼 때마다 전송되므로 전체 대역폭을 증가시킨다.

대량 데이터를 저장할 때는 로컬 스토리지를 사용한다. 더 자세한 사항은 10장 '데이터 바인딩 프레임워크'를 참조하자.

또한 예제는 로컬 파일로 오픈해서는 동작하지 않는다. 이를 동작시키려면 로컬 HTTP 서버가 반드시 필요하다. 간단한 HTTP 서버를 구도하기 위한 방법은 부록을 참조하라.

폼을 직렬화해 요청 문자열로 형성

폼으로 작업할 때 공통적으로 처리해야 할 일 중에 하나가 요청 문자열을 생성하는 일이다. 요청 문자열을 생성하는 방법은 여러 가지가 있지만 가장 쉬운 방법이 폼 안에 있는 각 엘리먼트의 값을 읽고 이름 속성과 그 값으로 문자열을 만드는 방법이다. 하지만 이 방법은 에러가 발생하기 쉬우므로 여기서는 `jQuery.serialize()` 같은, 그 밖의 좋은 방법을 알아본다.

HTML부터 시작하자.

1. 먼저 기본 head 섹션을 추가하고 만들어진 문자열을 표시할 출력 엘리먼트를 추가한다.

```html
<!doctype html>
<html>
  <head>
    <meta charset="utf-8">
    <title>Javascript objects to form data</title>
  </head>
  <body>
    <label><b>Generated string:</b></label>
    <output id="generated">none</output>
    <hr/>
    <output id="generatedJson">none</output>
    <hr/>
```

2. 그리고 간단한 폼을 만들고 이름 입력, 이메일, 놀람 정도의 퍼센트를 선택하는 엘리먼트를 추가한다.

```html
    <form id="theForm">

        <label>Full name</label>
        <input type="text" id="fullName" name="fullName"
    placeholder="Some Name">

        <label>Email address </label>
        <input type="email" id="email" name="email"
    placeholder="example@example.com">

        <label>Percent of awesomeness </label>
        <input type="number" id="awesomeness" name="awesomeness"
    value="50" min="1" max="100">
```

```
    <br/>
    <input type="submit">
  </form>
```

3. 다음처럼 제이쿼리를 추가하고 example.js 스크립트를 추가한다.

```
<script src="http://ajax.googleapis.com/ajax/libs/jquery/1.8.2/
jquery.min.js"></script>
<script type="text/javascript" src="example.js"></script>
```

4. example.js를 만들어보자. 여기에서는 폼이 업데이트될 때마다 폼을 직렬화한다.

```
$(function() {
  $("#theForm").keyup(function(){
    var theForm = $("#theForm"),
        parameterArray = theForm.serializeArray();
    $("#generated").text(theForm.serialize());
    $("#generatedJson").text(JSON.stringify(parameterArray));
    });
});
```

예제 분석

.serialize() 함수는 폼 엘리먼트와 그 값을 퍼센트/인코딩 문자열로 변환한다. 퍼센트/인코딩은 URL 인코딩이라고도 하며 URI 같이 정보를 표현하는 방법이다. 이 방법은 대부분의 폼 작업에서 사용하는 핵심방법이며 application/x-www-form-urlencoded라는 마임 타입MIME type을 지닌다.

폼에 버튼이 있는 경우에는 폼 제출시 버튼을 클릭하지 않으므로 버튼은 요청 문자열의 일부분이 되지 않는다. 하지만 체크박스와 라디오박스는 체크가 되었을 경우 문자열의 일부분이 된다.

반면 JSON으로 변환하려면 자바스크립트 배열을 생성하는 .serializeArray() 함수를 사용한다. 이 함수로 자바스크립트 배열을 가지고 온 후에는 JSON.

stringify()를 사용해 JSON을 생성한다. 기본 JSON은 대부분의 경우 쉽게 엘리먼트 재구성이나 필터링을 할 수 없어 그리 유용하지 않다.

.serializeArray()와 .serialize() 함수는 W3C에서 정의한 '성공적인 컨트롤successful controls'을 저장한다(http://www.w3.org/TR/html401/interact/forms.html#h-17.13.2). '성공적인 컨트롤'에서는 마치 폼이 버튼클릭으로 제출된 것 같은 동작을 한다.

부연 설명

먼저 주의 깊게 살펴봐야 할 사항이 있다. 파일 선택 엘리먼트 데이터는 위의 두 메소드로 직렬화되지 않는다는 점이다. 파일 선택 엘리먼트의 경우 혹은 이와 비슷한 경우를 위해 XMLHttpRequest Level 2에서는 FormData 객체 개념을 도입했다. 이 객체는 XMLHttpRequest를 사용해 전송하려고 키/값으로 된 짝을 생성한다. 따라서 이 객체를 사용해 만들어진 데이터는 표준 제출의 방법과 같아 'multipart/form-data'로 인코딩된다.

예제에서는 폼 엘리먼트로부터 JSON 객체를 만들기 위해 .serializeArray()를 사용했지만 이 방법은 약간 지저분해 보인다. form2js(https://github.com/maxatwork/form2js)는 폼 엘리먼트로부터 직접 더 복잡한 JSON을 쉽게 만들거나 만드는 과정을 간단히 할 목적으로 작성되었다. form2js의 간단한 예제로 사람 객체를 만드는 예제는 다음과 같다.

```
{
  "person" :
  {
    "contact" :
    {
      "email" : "test@example.com",
      "phone" : "0123456789"
    }
  }
}
```

위 작업을 위해 name 속성을 정의하고 자바스크립트로 이를 제어한다.

```
<input type="email" name="person.contact.email" value="test@example.com" />
<input type="text" name="person.contact.phone" value="0123456789" />
```

form2js는 표준 자바스크립트 버전과 제이쿼리 플러그인을 사용한다. 또한 객체 배열을 가져오거나 사용자 정의 필드를 제어하는 기능도 있다.

XML 문서를 DOMParser로 읽기

XMLHttpRequest는 XML 문서를 내려 받아 문장 분석parsing까지 한다. 하지만 가끔 XML 데이터를 수동으로 문장 분석해야 할 경우가 있다. 예를 들어 수동 문장 분석은 페이지 안에 script 태그에 임의의 XML 데이터(예를 들어 XML 기반의 템플릿)가 있을 때 실행한다. 수동 XML 문장 분석으로 브라우저는 요청 회수를 줄일 수 있다.

이번 예제에서는 textarea 입력으로부터 간단한 XML 문서를 읽고 DOMParser로 문장을 분석한다. 그리고 그 결과를 트리로 표시한다.

예제 구현

HTML 페이지와 파서parser를 테스트하는 코드를 만들어 본다.

1. index.html을 만들고 XML(샘플 XML 문서)이 담길 textarea 엘리먼트와 XML를 표시할 엘리먼트 그리고 XML 문서 트리를 위한 CSS 스타일을 추가한다.

```
<!DOCTYPE HTML>
<html>
<head>
<title>Deserializing XML with DOMParser</title>
<style type="text/css">
div.children { padding-left: 3em; }
```

```
h3 { padding:0; margin:0; }
.children .text { padding-top: 0.5em; }
.attribute .name { padding-left: 1.5em; width:5em;
    display:inline-block; font-weight:bold; }
.attribute .value { padding-left: 1em; font-style:oblique; }
</style>
</head>
<body>
<textarea rows="11" cols="60">
<?xml version="1.0" encoding="UTF-8" ?>
<root>
    Text in document
    <element attribute="value" foo="bar" />
    <bold weight="strong">Text in element</bold>
    <list>
        <item>item text 1</item>
        <item>item text 2</item>
    </list>
</root>
</textarea>
<div id="tree">
</div>
<script src="http://ajax.googleapis.com/ajax/libs/jquery/1.8.2/
jquery.min.js"></script>
<script type="text/javascript" src="example.js"></script>
</body>
</html>
```

2. example.js를 만들고 XML을 문장 분석하는 코드를 추가한다. 그리고 문장 분석한 결과를 HTML 트리로 변환한다.

```
$(function() {
    function parseDocument(text) {
        function displayElement(e) {
            console.log(e);
            var holder = $("<div />").addClass('element');
            $("<h3 />").text(e.nodeName).appendTo(holder);
```

```
            if (e.attributes && e.attributes.length) {
                var attrs = $("<div />").addClass('attributes')
                    .appendTo(holder);
                for (var a = 0; a < e.attributes.length; ++a) {
                    var nameval = e.attributes[a];
                    var attr = $("<div />").addClass('attribute')
                        .appendTo(attrs);
                    $('<span />').addClass('name')
                        .text(nameval.name).appendTo(attr);
                    $('<span />').addClass('value')
                        .text(nameval.value).appendTo(attr);
                }
            }
            if (e.childNodes.length) {
                var children = $("<div />").appendTo(holder)
                    .addClass('children');
                console.log(holder[0], children[0], children.parent()
[0])
                for (var c = 0; c < e.childNodes.length; ++c) {
                    var child = e.childNodes[c];
                    if (child.nodeType == Node.ELEMENT_NODE)
                        displayElement(child).appendTo(children);
                    else if (child.nodeType == Node.TEXT_NODE
                            || chilc.nodeType == Node.CDATA_SECTION_
NODE)
                        $("<div />").addClass('text')
                            .text(child.textContent)
                            .appendTo(children);
                }
            }
            return holder;
        }
        var parser = new DOMParser();
        var doc = parser.parseFromString(text, 'application/xml');
        window.doc = doc;
        return displayElement(doc.childNodes[0]);
    }
```

338

```
        function update() {
            $('#tree').html('')
            parseDocument($('textarea').val()).appendTo('#tree');
        }
        update();
        $('textarea').on('keyup change', update);
    });
```

예제 분석

XML 문서의 문장을 분석하려면 DOMParser 객체를 생성하고 parseFromString 메소드를 호출한다. 그리고 문서 타입을 application/xml로 지정한다. 파서는 text/html의 문장을 분석해 HTMLDocument 엘리먼트로 반환할 수도 있고 image/svg+xml의 문장을 분석해 SVGDocument 엘리먼트를 반환할 수도 있다.

문장 분석으로 반환된 문서에는 window.document(같은 DOM API 사용가능)의 API 와 비슷한 API가 있다. 그리고 예제에서는 루트 엘리먼트와 그 자식 엘리먼트 그리고 생성한 HTML을 순환하는 재귀함수를 만들었다. 또한 이 함수는 엘리먼트 이름 헤더, 이름과 값 속성을 위한 스팬 엘리먼트, 텍스트 노드를 위한 div 엘리먼트를 만들고 자기자신을 호출해 페이지에 표시할 HTML 엘리먼트 노드를 만든다. 결과는 DOM 트리다.

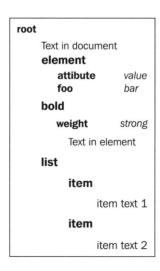

클라이언트 측에서 하는 XML 문서 직렬화

JSON으로 자바스크립트를 아주 간단히 쓸 수 있어서, REST 서비스에서도 JSON을 XML보다 많이 사용한다. 이번 예제에서는 XML을 위한 DOM API를 사용해 XML 문서를 생성하는 간단한 폼을 만들어 본다.

예제 구현

예제를 시작한다.

1. 먼저 간단한 HTML 문서를 만든다.

```
<!doctype html>
<html>
<head>
    <meta charset="utf-8">
    <title>Create XML from JavaScript objects</title>
</head>
<body>
    <output id="log"> </output>
```

2. 그 다음은 KML 문서를 텍스트 안에 넣는다. 실제 애플리케이션에서는 이 부분을 에이잭스로 채워 넣는다. 하지만 예제의 간결성을 위해 직접 데이터를 넣었다.

```
<kml id="test" xmlns="http://www.opengis.net/kml/2.2">
    <Document>
        <name>Red Pyramid</name>
        <description><![CDATA[]]></description>
        <Style id="style1">
            <IconStyle>
                <Icon>
                    <href></href>
                </Icon>
            </IconStyle>
        </Style>
```

```
    <Placemark>
        <name>Red Pyramid</name>
        <styleUrl>#style1</styleUrl>
        <Point>
            <coordinates>31.206320,29.808853,0.000000</coordinates>
            </Point>
        </Placemark>
    </Document>
</kml>
```

 아마 독자는 이번 예제에서 사용한 KML(Keyhole Markup Language)이 궁금할 것이다. KML은 원래 구글에서 개발한 포맷이지만 현재는 국제 표준이 되었다. 이 포맷은 장소 마크나 위치를 표현할 때 사용한다. 더 자세한 사항을 https://developers.google.com/ kml/documentation/에서 참조하라.

3. 다음은 자바스크립트 코드인 example.js을 추가한 내용이다.

```
    <script src="example.js"></script>
    </body>
</html>
```

4. 간단한 XML 문서 폼을 만들고 이를 문자열로 직렬화한다. 아래 코드는 KML 데이터를 문자열로 직렬화한 HTML 문서 부분을 반환한다. 그리고 이를 텍스트 부분에 표시한다.

```
;(function() {
    var doc = document.implementation.createDocument("","root", null),
    node = doc.createElement("someNode");
    doc.documentElement.appendChild(node);
    document.getElementById('first')
    .appendChild(
        document.createTextNode(
            new XMLSerializer()
            .serializeToString(doc))
        );
```

```
    var kml = document.getElementById('test');
    document.getElementById('second')
    .appendChild(
      document.createTextNode(
        new XMLSerializer()
        .serializeToString(kml))
      );
}());
```

예제의 핵심은 XMLSerializer() 메소드며 이 메소드를 사용해 DOM 서브트리 또는 전체 문서를 텍스트로 변환한다. 이 객체는 대부분의 최신 브라우저에서 지원하며 인터넷익스플로러 9 이상에서도 지원한다. 하지만 오래된 브라우저에서는 다음과 같은 폴백 비슷한 것을 사용해야 한다.

```
function xmlStringify(someXML) {
  if (typeof XMLSerializer !== 'undefined') {
    return (new XMLSerializer()).serializeToString(someXML);
  }
  // IE용 폴백
  if (someXML.xml) {
    return someXML.xml;
  }
  //지원 안함
}
```

표준 DOM은 XML 문서를 만들 때 사용하기도 한다. 또한 XML 문서를 생성하는 데 있어 기능 외의 동작에는 제이쿼리를 사용하기도 한다. 제이쿼리를 사용하면 XML의 확장 작업이나, 크기가 큰 XML 문서 작업 시 좀 더 복잡한 처리를 할 수 있다. 하지만 대부분의 REST 서비스에서는 콘텐츠를 주고받는 작업이 빈번하게 일어나므로 JSON을 사용하는 편이 더 좋다.

342

JXON(https://developer.mozilla.org/en-US/docs/JXON)이라는 것이 있다. JXON은 자바스크립트 XML 객체 표기법Javascript XML Object Notation의 약자로써 자바스크립트로 XML을 다루거나 생성하는 API다. JXON은 기본적으로 JSON과 XML간 양방향 변환을 정의한다.

XML로 복잡한 작업을 하는 경우에 XPath는 든든한 친구가 될 것이다. XPath는 임의의 패턴 매치로 XML의 특정 부분에 접근하는 매우 유연한 방법을 제공한다.

 XPath(XML Path Language)는 XML 문서 안의 노드를 선택하는 질의 언어다. SQL과 많이 비슷하며 연산 함수도 일부 제공한다. XPath 활용법을 MDN(https://developer.mozilla.org/en-US/docs/XPath)에서 참고하고 표준 문서를 http://www.w3.org/TR/xpath20/에서 참고하자.

8
서버 통신

8장에서는 다음과 같은 내용을 알아본다.

- JSON을 가져오는 HTTP GET 생성
- 사용자 정의 헤더가 있는 요청 생성
- API 버전 작업
- JSONP로 JSON 데이터 가져오기
- 서버로부터 XML 데이터 읽기
- FormData 인터페이스 사용
- 서버로 바이너리 데이터를 전송
- Node.js로 SSL 연결 생성
- 에이잭스 푸시로 하는 실시간 업데이트
- 웹소켓으로 하는 실시간 메시지 교환

JSON을 가져오는 HTTP GET 생성

서버와 정보를 교환하는 가장 기본적인 방법은 HTTP GET을 사용하는 방법이다. 이 방법은 RESTful 맥락에서 데이터 읽기에만 사용된다. 그래서 GET 호출은 절대 서버의 상태를 변경하지 않는다. 하지만 오늘날 이런 사실은 모든 경우에 적용되지는 않는다. 예를 들어 어떤 리소스의 카운터를 가져온다면 이런 경우는 실제 상태 변경일까? 물론 말 그대로라면 상태 변경이겠지만 주의 깊게 살펴볼 문제는 아니다.

브라우저에서 웹 페이지를 연다는 것은 GET 요청을 한다는 뜻이다. 하지만 때때로 데이터를 가져오는 스크립트가 필요하다. 이런 경우에 에이잭스 Ajax(Asynchronous Javascript and XML 비동기 자바스크립트 및 XML)를 사용하며 에이잭스로 페이지를 새로고침하지 않고도 데이터를 가져올 수 있다. 하지만 이름과는 다르게 XML이 필요하지는 않고 현재는 JSON을 많이 사용한다.

자바스크립트와 XMLHttpRequest 객체를 사용해 데이터를 비동기적으로 교환할 수 있는 메소드를 사용할 수 있다. 그리고 이번 예제에서는 순수 자바스크립트와 제이쿼리를 사용해 서버로부터 JSON을 읽는 방법을 알아본다. 그러면 왜 제이쿼리를 직접 사용하지 않고 순수 자바스크립트를 사용하는 방법을 설명할까? 저자는 제이쿼리라는 것이 DOM API를 단순화한 것이라고 굳게 믿고 있지만 항상 유용한 것은 아니라고 생각한다. 그리고 애플리케이션이 어떻게 동작하는지 잘 이해하려면 내부적으로 비동기 데이터 전송이 어떻게 일어나는지 이해하고 있어야 한다.

준비

Node.js를 서버로 준비한다. 부록 A, 'Node.js 설치와 npm 사용'을 참조해 Node.js를 독자 컴퓨터에 설치하는 방법과 npm 사용방법을 익히기 바란다. 이번 예제에서는 설명을 간결하게 하려고 REST 웹 서비스를 생성하는 Node.js 모듈인 레스터파이restify(http://mcavage.github.io/noderestify/)를 사용한다.

다음과 같은 작업을 하자.

1. restify를 프로젝트에 포함시키기 위해 서버의 루트 디렉터리에서 다음과 같은 명령을 실행한다.

```
npm install restify
```

2. 라이브러리 설치 후 서버 코드를 만들어 본다. Node.js에서 동작할 server.js 파일을 만들고 코드 처음에 restify를 추가한다.

```
var restify = require('restify');
```

3. 위에서 생성한 restify 객체로 서버 객체를 생성하고 get 메소드를 위한 핸들러도 추가한다.

```
var server = restify.createServer();
server.get('hi', respond);
server.get('hi/:index', respond);
```

4. get 핸들러는 콜백 함수로 respond 함수를 호출한다. 그래서 소스에 JSON 데이터를 반환하는 respond 함수를 정의한다. 이 함수 안에서는 hello라는 자바스크립트 객체를 정의했으며 요청의 매개변수인 'hi/:index'를 가져온다.

```
function respond(req, res, next) {
  console.log("Got HTTP " + req.method + " on " + req.url + "
responding");
  addHeaders(req,res);
  var hello = [{
    'id':'0',
    'hello': 'world'
  },{
    'id':'1',
    'say':'what'
  }];
```

```
  if(req.params.index){
    var found = hello[req.params.index];
    if(found){
      res.send(found);
    } else {
      res.status(404);
      res.send();
    }
  };
  res.send(hello);
  return next();
}
```

5. 다음 addHeaders 함수는 respond 함수의 첫 부분에서 호출되며 다른 도
   메인이나 다른 서버 포트로부터 제공되는 리소스에 접근하기 위한 헤더
   를 추가한다.

```
function addHeaders(req, res) {
  res.header("Access-Control-Allow-Origin", "*");
  res.header("Access-Control-Allow-Headers", "X-Requested-With");
};
```

6. 헤더 정의와 헤더가 의미하는 바는 8장의 뒷부분에서 다룬다. 지금은 브
   라우저에서 에이잭스를 사용해 리소스에 접근하는 방법을 알아본다. 서
   버 스크립트 소스 끝에는 서버가 8080 포트로 리스닝하는 코드가 있다.

```
server.listen(8080, function() {
  console.log('%s listening at %s', server.name, server.url);
});
```

7. 명령행에서 다음과 같이 명령해 서버를 구동한다.

```
node server.js
```

8. 정상적으로 서버가 구동되면 다음과 같은 메시지가 나온다.

```
restify listening at http://0.0.0.0:8080
```

9. 서버 코드는 브라우저에서 URL http://localhost:8080/hi을 입력하면 테스트할 수 있다. 또는 부록 A, 'Node.js 설치와 npm 사용'에서 소개하는 도구로 통신과정을 확인할 수 있다.

이제 클라이언트 측 HTML과 자바스크립트를 살펴보자. 예제에서는 서버로부터 데이터를 읽는 두 가지 방법을 제시한다. 하나는 표준 XMLHttpRequest를 사용하는 방법이고 그 밖의 하나는 jQuery.get() 메소드를 사용하는 방법이다. 하지만 이 방법은 모든 브라우저에서 완벽히 동작하지는 않는다.

1. div 엘리먼트 두 개가 있는 간단한 페이지를 생성하자. div 엘리먼트 하나는 ID가 data이고 그 밖의 하나의 ID는 say다. 이 div 엘리먼트는 서버로부터 로드된 데이터를 표시한다.

```
Hello <div id="data">loading</div>
<hr/>
Say <div id="say">Noo</div>
<script src="http://ajax.googleapis.com/ajax/libs/jquery/1.8.2/
jquery.min.js"></script>
<script src="example.js"></script>
<script src="exampleJQuery.js"></script>
```

2. example.js 파일에서는 getData 함수를 정의한다. 이 함수는 에이잭스 호출을 생성해 url을 입력한다. 그리고 요청이 정상적으로 동작한 경우에는 콜백을 실행한다.

```
function getData(url, onSucess) {
  var request = new XMLHttpRequest();
  request.open("GET", url, true);
  request.onload = function() {
    if (request.status === 200) {
      console.log(request);
      onSucess(request.response);
    }
  };
  request.send(null);
}
```

3. 그리고 함수를 직접 호출한다. 그러나 페이지가 로드된 다음에 함수를 호출해야 하므로 3초 후에 함수를 호출한다.

```
setTimeout(
  function() {
    getData(
      'http://localhost:8080/hi',
      function(response){
        console.log('finished getting data');
        var div = document.getElementById('data');
        var data = JSON.parse(response);
        div.innerHTML = data[0].hello;
      })
  },
  3000);
```

4. 제이쿼리 버전은 더 간단하다. 표준 DOM API와 이벤트 핸들링을 사용한 복잡한 코드가 많이 없어졌다.

```
;(function(){
  $.getJSON('http://localhost:8080/hi/1', function(data) {
    $('#say').text(data.say);
  });
}())
```

예제 분석

처음에는 사용할 라이브러리를 npm install restify 명령으로 설치한다. 이 명령으로 필요한 라이브러리를 간단히 설치할 수 있으나 더 명확하게 설치 여부를 알아보기 위해 npm이 설정하는 방법을 알아보자. 필요한 라이브러리를 npm으로 설치하고 나면 package.json 파일이 생긴다. 이 파일은 Node.js 애플리케이션 설치 기록이 담겨 있는 파일이다. 예제의 경우에는 다음과 같은 package.json을 확인할 수 있다.

```json
{
    "name" : "ch8-tip1-http-get-example",
    "description" : "example on http get",
    "dependencies" : ["restify"],
    "author" : "Mite Mitreski",
    "main" : "html5dasc",
    "version" : "0.0.1"
}
```

package.json 파일이 위치한 디렉터리에서 명령행에서 npm install을 실행한 뒤에 위와 같은 파일을 확인하면 npm이 자동으로 설치 의존성을 관리하는 것을 알 수 있다.

레스티파이에 있는 함수에서는 주어진 URL에 대해 적절한 메소드를 매핑한다. 'hi'의 HTTP GET 요청은 server.get('hi', theCallback)으로 매핑한다. 그리고 theCallback이 실행되면 요청에 대한 응답이 반환된다.

예를 들어 'hi/:index'처럼 리소스 매개변수를 다뤄야 할 경우 :index의 값은 req.param으로 가져올 수 있다. 또한 '/hi/john' 요청에서 john의 값은 req.params.index로 가져올 수 있다. 그리고 index의 값은 핸들러로 전달되기 전에 자동으로 URL 디코드된 형식으로 가져온다. 또한 레스트파이의 요청 핸들러에서 살펴봐야 할 점은 respond 함수 끝 부분에서 호출하는 next() 함수다. 예제에서 사용한 next() 함수는 그리 적절하지는 않지만 일반적인 경우 다음에 연결된 핸들러 함수를 호출할 때 사용한다. 예외적인 상황으로 사용자 정의 응답을 위해 next()를 error 객체와 함께 호출하기도 한다.

클라이언트 코드로 살펴 보자. 클라이언트 코드에서 사용한 XMLHttpRequest는 비동기 호출 구조이다. 그리고 request.open("GET", url, true)에서 마지막 매개변수를 true로 설정해 완전한 비동기 실행을 구현했다. 그러면 true로 설정한 매개변수의 실제 의미와 왜 페이지가 로딩된 다음에 request.open을 호출했는지 알아보자. request.open은 페이지가 로딩된 후에 호출된다. 그리고 true를 false로 설정하면 요청 실행은 블로킹 메소드가 된다. 다시 말해 요청 스크립트는 응답이 올 때까지 정지된다. 이것은 작은 차이처럼 보이지만 성능에 있어서는 매우 큰 문제다.

제이쿼리 부분은 매우 직관적이다. 여기에는 리소스 URL을 받는 함수가 있고 데이터 핸들러 함수가 있으며 응답이 성공적으로 왔을 때 실행되는 success 함수가 있다.

```
jQuery.getJSON( url [, data ] [, success(data, textStatus, jqXHR) ] )
```

index.html을 오픈할 때 서버는 다음과 같은 로그를 출력한다.

Got HTTP GET on /hi/1 responding
Got HTTP GET on /hi responding

하나는 제이쿼리를 사용한 요청이며 그 밖의 하나는 순수 자바스크립트를 사용한 요청이다.

부연 설명

XMLHttpRequest 레벨 2는 브라우저에 추가된 새로운 기능 중에 하나이고, HTML5의 일부는 아니지만 여전히 크게 변화하고 있다. 레벨 2에서는 몇 가지 기능이 변경되었는데 대부분은 데이터 스트림과 파일 작업에 관한 부분이며 이전에 사용했던 방법보다 많이 간단해졌다. 이전에 사용했던 방법을 살펴보면 onreadystatechange로 모든 상태를 관리했으며 readyState가 4일 경우에는 DONE과 의미가 같아 데이터를 읽을 수 있었다.

```javascript
var xhr = new XMLHttpRequest();
xhr.open('GET', 'someurl', true);
xhr.onreadystatechange = function(e) {
    if (this.readyState == 4 && this.status == 200) {
        // 응답을 로드
    }
}
```

그러나 레벨 2에서는 상태 체크 없이 직접 request.onload = function() {} 을 사용한다. 여기서 나타날 수 있는 상태는 다음 표와 같다.

상태	값	설명
UNSENT	0	객체 생성
OPENED	1	open 메소드 호출
HEADERS_RECEIVED	2	모든 리다이렉트가 도착했고 최종 객체 헤더를 사용할 수 있다.
LOADING	3	응답 부활
DONE	4	데이터를 받거나 전송도중 잘못 간 것이 있다. 예를 들어 무한 리다이렉트 같은 경우가 있다.

또 하나 알아둬야 할 점이 있다. XMLHttpRequest 레벨 2는 인터넷익스플로러 10을 포함한 모든 주요 브라우저에서 지원한다. 이전 XMLHttpRequest 버전의 초기화 과정은 이전 IE(7보다 낮은 버전)와는 다르다. 이전 IE 버전에서는 XMLHttpRequest에 액티브X의 ActiveXObject("Msxml2.XMLHTTP.6.0")로 접근했다.

사용자 정의 헤더가 있는 요청 생성

HTTP 헤더는 서버로 보내는 request 객체의 일부분이다. 또한 클라이언트의 설정과 사용자 에이전트 내용에 대한 정보가 있으며 서버는 이를 기초로 리소스 정보를 만들기도 한다. 그 중 Etag, Expires, If-Modified-Since는 캐시에 관련된 정보고, DNTDo Not Track(http://www.w3.org/2011/tracking-protection/drafts/tracking-dnt.html)는 논란의 여지가 있다. 이번 예제에서는 사용자 정의 X-Myapp 헤더를 사용해 서버 헤더와 클라이언트 코드를 만드는 방법을 알아본다.

준비

Node.js를 서비로 삼는다. 부록 A, 'Node.js 설치와 npm 사용'을 참조해 Node.js를 독자 컴퓨터에 설치하는 방법과 npm 사용방법을 익히기 바란다 이번 예제에서는 간결함을 위해 이전 예제와 같게 레스터파이(http://mcavage.github.io/

node-restify/)를 사용한다. 또한 백그라운드에서 일어나는 일들을 알기 위해 서버와 브라우저 콘솔을 모니터링한다.

예제 구현

1. 서버 측 package.json 파일에서 서버가 참고하는 라이브러리 정의를 확인한다.

```
{
    "name" : "ch8-tip2-custom-headers",
    "dependencies" : ["restify"],
    "main" : "html5dasc",
    "version" : "0.0.1"
}
```

2. 명령행에서 npm install을 실행해 레스티파이를 프로젝트 루트 디렉터리에 있는 node_module 폴더에 설치한다. 그리고 서버 측 코드를 server.js에 작성한다. 이 코드로 서버는 8080 포트에서 리스닝을 한다. 그리고 'hi'에 대한 핸들러를 서버 코드에 추가하고 그 밖의 모든 경로에 대한 요청 메소드는 HTTP OPTIONS로 준비한다.

```
var restify = require('restify');
var server = restify.createServer();
server.get('hi', addHeaders, respond);
server.opts(/\.*/, addHeaders, function (req, res, next) {
    console.log("Got HTTP " + req.method + " on " + req.url + " with
headers\n");
    res.send(200);
    return next();
});
server.listen(8080, function() {
    console.log('%s listening at %s', server.name, server.url);
});
```

3. 여기서 주의해야 할 점은 복수 체인 핸들러가 있다는 점이다. 예제에서는 최우선적으로 addHeaders 함수를 호출한다. 그리고 모든 핸들러를 제어하기 전에 next()를 호출한다.

```
function addHeaders(req, res, next) {
  res.setHeader("Access-Control-Allow-Origin", "*");
  res.setHeader('Access-Control-Allow-Headers', 'X-Requested-With,
X-Myapp');
  res.setHeader('Access-Control-Allow-Methods', 'GET, OPTIONS');
  res.setHeader('Access-Control-Expose-Headers', 'X-Myapp,
X-Requested-With');
  return next();
};
```

addHeaders는 크로스 오리진 리소스 쉐어링Cross-origin resource sharing을 활성화하려고 Access-Control을 헤더에 추가한다. 크로스 오리진 리소스 쉐어링CORS은 브라우저와 서버간 요청이 전송될 수 있는 방안을 정한다. CORS는 크로스 오리진 요청보다 더 보안적이며 모든 요청을 허용하는 것보다 더 강력한 대안이다.

4. 다음에는 핸들러 함수를 만든다. 이 함수에서는 서버가 받은 헤더와 헬로월드 같은 객체가 있는 JSON 응답을 반환한다.

```
function respond(req, res, next) {
  console.log("Got HTTP " + req.method + " on " + req.url + " with
headers\n");
  console.log("Request: ", req.headers);
  var hello = [{
    'id':'0',
    'hello': 'world',
```

```
        'headers': req.headers
    }];

    res.send(hello);
    console.log('Response:\n ', res.headers());
    return next();
}
```

또한 서버에서 어떤 일이 일어나고 있는지 확인하려고 서버 콘솔에 요청과 응답 헤더 로그를 표시한다.

5. 클라이언트 코드에서는 순수 자바스크립트와 제이쿼리 메소드를 사용한다. 이를 위해 example.js와 exampleJQeury.js 파일을 준비한다. 그리고 HTML 파일에는 div 엘리먼트를 추가해 서버로부터 받은 데이터를 표시한다.

```
Hi <div id="data">loading</div>
<hr/>
Headers list from the request: <div id="headers"></div>
<hr/>
Data from jQuery: <div id="dataRecieved">loading</div>
<script src="http://ajax.googleapis.com/ajax/libs/jquery/1.8.2/
jquery.min.js"></script>
<script src="example.js"></script>
<script src="exampleJQuery.js"></script>
```

6. open() 뒤에 호출되는 XMLHttpRequest 객체의 setRequestHeader를 사용해 간단히 헤더를 추가할 수 있다.

```
function getData(url, onSucess) {
    var request = new XMLHttpRequest();
    request.open("GET", url, true);
    request.setRequestHeader("X-Myapp","super");
    request.setRequestHeader("X-Myapp","awesome");
    request.onload = function() {
        if (request.status === 200) {
            onSucess(request.response);
```

```
      }
    };
    request.send(null);
  }
```

7. XMLHttpRequest는 자동으로 `"Content-Length"`, `"Referer"`, `"User-Agent"` 같은 헤더를 설정한다. 그리고 자바스크립트로 변경하지 못하게 한다.

 좀 더 복잡한 헤더와 그 이유를 W3C 문서(http://www.w3.org/TR/XMLHttpRequest/#the-setrequestheader%28%29-method)에서 찾아볼 수 있다.

8. 결과를 출력하려고 정렬되지 않는 리스트에 헤더 키와 값을 추가하는 함수를 만든다.

```
getData(
  'http://localhost:8080/hi',
  function(response){
    console.log('finished getting data');
    var data = JSON.parse(response);
    document.getElementById('data').innerHTML = data[0].hello;
    var headers = data[0].headers,
        headersList = "<ul>";
    for(var key in headers){
      headersList += '<li><b>' + key + '</b>: ' + headers[key] +'</li>';
    };
    headersList += "</ul>";
    document.getElementById('headers').innerHTML = headersList;
  });
```

9. 이제 소스를 실행하면 모든 요청 헤더의 리스트는 페이지에 표시된다. 그리고 예제에서 설정한 사용자 정의 x-myapp은 아래와 같이 보여진다.

```
host: localhost:8080
connection: keep-alive
origin: http://localhost:8000
x-myapp: super, awesome
user-agent: Mozilla/5.0 (X11; Linux x86_64) AppleWebKit/537.27
(KHTML, like Gecko) Chrome/26.0.1386.0 Safari/537.27
```

10. 제이쿼리를 사용한 방법은 좀 더 간단하다. beforeSend를 이벤트 핸들
러로 만들어 'x-myapp' 헤더를 설정한다. 그리고 성공 응답을 받으면 ID
dataRecived 엘리먼트에 출력한다.

```
$.ajax({
    beforeSend: function (xhr) {
        xhr.setRequestHeader('x-myapp', 'this was easy');
    },
    success: function (data) {
        $('#dataRecieved').text(data[0].headers['x-myapp']);
    }
```

11. 제이쿼리 예제의 출력은 x-myapp 헤더에 담긴다.

Data from jQuery: this was easy

예제 분석

서버 측 동작을 살펴보자. 예제에서는 HTTP OPTIONS 메소드의 핸들러를 추
가했다. 하지만 명시적으로 호출하지는 않았다. 서버 로그를 살펴보면 다음과
같은 로그를 확인할 수 있다.

```
Got HTTP OPTIONS on /hi with headers
Got HTTP GET on /hi with headers
```

위와 같은 현상이 일어나는 이유는 다음과 같다. 우선 브라우저는 프리플라이
트 요청preflight request을 한다. 프리플라이트 요청이란 브라우저가 실제 요청을
보내도 되는지 허가를 요구하는 질의를 말한다. 서버에서 프리플라이트 요청

에 허가 응답을 보내면 GET 요청이 발생한다. 그리고 OPTIONS 응답이 캐시되면 이어지는 요청에 대한 프리플라이트 요청은 더 이상 보내지 않는다.

XMLHttpRequest의 setRequestHeader 함수는 값을 콤마(,)로 분리한 리스트로 보낸다. 예제에서는 이 함수를 두 번 호출했으므로 다음과 같은 값이 나온다.

```
'x-myapp': 'super, awesome'
```

부연 설명

대부분의 경우에 특별히 사용자 정의 헤더가 필요하지는 않으며 이를 대체할 수 있는 좋은 API들이 많다. 예를 들어 많은 서버에서는 X-Powerd-By 헤더를 추가해 JBoss 6이나 PHP/5.3.0 메타 정보를 담는다. 그 밖의 예로 구글 클라우드 스토리지가 있는데 여기서는 x-goog-meta-prefixed 헤더를 사용한다. 예를 들어 x-goog-meta-prefixed 값은 x-goog-meta-project-name와 x-goog-meta-project-manager 같은 것들이 있다.

API 버전 작업

개발자들은 항상 첫 개발부터 최고의 솔루션을 개발할 수는 없다. 어느 순간부터 API는 확장되어 구조 변화를 필요로 한다. 하지만 현재 버전 API를 사용하고 있는 사용자가 있다면 다른 버전의 리소스를 개발해야 한다. 즉, 개발한 모듈을 사용하고 있는 사람이 있다면 API는 변경되면 안 된다.

이런 문제를 해결하려면 간단하게 접두사를 이용한 URL 버전이라는 것을 사용해야 한다. 예를 들어 이전 버전의 URL이 http://example.com/rest/employees라면 새로운 버전은 http://example.com/rest/v1/employees가 되거나 서브 도메인을 붙여 http://v1.example.com/rest/employee로 한다. 이런 방법은 서버와 클라이언트 모두를 직접 제어하는 환경에서만 가능하다. 그렇지 않으면 이전 버전을 사용하는 대체 시스템fallback을 구현해야 한다.

이번 예제에서는 '시멘틱 버전(http://semver.org)'이라는 동작을 구현한다. 시멘틱 버전은 HTTP 헤더를 사용해 버전을 표현하는 방법이다.

준비

Node.js를 서버로 준비한다. 부록 A, 'Node.js 설치와 npm 사용'을 참조해 Node.js를 독자 컴퓨터에 설치하는 방법과 npm 사용방법을 익히기 바란다. 이번 예제에서는 간결함을 위해 이전 예제와 같게 레스티파이(http://mcavage.github.io/node-restify/)를 사용한다. 또한 백그라운드에서 일어나는 일들을 알기 위해 서버와 브라우저 콘솔을 모니터링한다.

예제 구현

다음과 같은 단계를 따라 한다.

1. 우선 의존성을 정의한다. 그리고 restify를 설치한 후에 서버 코드를 작성한다. 이전 예제와 다른 점은 "Accept-version" 헤더를 정의했다는 점이다. 레스티파이에는 버전 경로(versioned routes)를 사용해 "Accept-version" 헤더를 위한 내장된 핸들러가 있다. 서버 객체를 생성한 후에는 버전을 가져오는 메소드를 설정한다.

```
server.get({ path: "hi", version: '2.1.1'}, addHeaders, helloV2,
logReqRes);
server.get({ path: "hi", version: '1.1.1'}, addHeaders, helloV1,
logReqRes);
```

2. 또한 HTTP OPTIONS 핸들러를 구현해 크로스 오리진 리소스 쉐어링을 사용하며 브라우저가 미리 요청을 보내 요청 허용 여부를 물어본다.

```
server.opts(/\.*/, addHeaders, logReqRes, function (req, res, next) {
  res.send(200);
  return next();
});
```

3. 버전 1과 버전 2의 핸들러를 구현한다. 이 핸들러들은 다른 버전의 API 호출이라는 것을 알리기 위해 다른 객체를 반환한다. 일반적인 경우라면 같은 리소스에 다른 구조로 반환을 한다. 버전 1의 핸들러를 다음처럼 구현한다.

```
function helloV1(req, res, next) {
  var hello = [{
    'id':'0',
    'hello': 'grumpy old data',
    'headers': req.headers
  }];

  res.send(hello);
  return next();
}
```

4. 버전 2는 다음과 같다.

```
function helloV2(req, res, next) {
  var hello = [{
      'id':'0',
      'awesome-new-feature':{
        'hello': 'awesomeness'
    },
    'headers': req.headers
  }];

  res.send(hello);
  return next();
}
```

5. 또 하나 해야 할 일이 있다. accept-version 헤더를 활성화할 수 있게 CORS 헤더를 추가한다. 그리고 메시지 핸들러에 addHeaders를 추가한다. 코드는 다음과 같다.

```
function addHeaders(req, res, next) {
  res.setHeader("Access-Control-Allow-Origin", "*");
```

```
res.setHeader('Access-Control-Allow-Headers', 'X-Requested-With,
accept-version');
  res.setHeader('Access-Control-Allow-Methods', 'GET, OPTIONS');
  res.setHeader('Access-Control-Expose-Headers', 'X-Requested-With,
accept-version');
  return next();
};
```

 핸들러 체인의 다음 함수를 호출하려면 next() 호출을 해야 한다.

6. 예제를 간단하게 하려면 제이쿼리를 사용해 클라이언트 측 코드를 구현한다. HTML 페이지를 만들고 필요한 자바스크립트를 추가한다.

```
Old api: <div id="data">loading</div>
<hr/>
New one: <div id="dataNew"> </div>
<hr/>
<script src="http://ajax.googleapis.com/ajax/libs/jquery/1.8.2/
jquery.min.js"></script>
<script src="exampleJQuery.js"></script>
```

7. example.js 파일에서는 REST API를 위한 에이잭스 호출을 두 개 만든다. 한 개는 버전 1용이고 그 밖의 하나는 버전 2용이다.

```
$.ajax({
    url: 'http://localhost:8080/hi',
    type: 'GET',
    dataType: 'json',
    success: function (data) {
    $('#data').text(data[0].hello);
  },beforeSend: function (xhr) {
    xhr.setRequestHeader('accept-version', '~1');
  }
});

$.ajax({
```

```
    url: 'http://localhost:8080/hi',
    type: 'GET',
    dataType: 'json',
    success: function (data) {
    $('#dataNew').text(data[0]['awesome-new-feature'].hello);
  },beforeSend: function (xhr) {
    xhr.setRequestHeader('accept-version', '~2');
  }
});
```

accept-version 헤더에는 ~1, ~2값을 설정한다. ~1은 버전 1.1.0, 1.1.1, 1.2.1
에 매치되고 ~2도 이와 비슷하다. 예제를 구동하면 다음과 같은 결과가 나
온다.

Old api:grumpy old data

New one:awesomeness

버전 경로는 accept-version을 사용한 레스티파이에 내장되어 있는 기능이
다. 예제에서는 버전 ~1, ~2를 사용했다. 하지만 특정한 버전을 설정하지 않
으면 어떻게 될까? 레스티파이는 클라이언트가 * 버전을 보낸 것같이 요청을
다뤄 첫 번째 매칭되는 경로가 사용된다. 또한 여러 버전이 있는 리스트로 복
수개의 버전을 매치시켜 경로를 설정할 수 있다.

```
server.get({path: 'hi', version: ['1.1.0', '1.1.1', '1.2.1']}, sendOld);
```

계속 발전하는 애플리케이션에 이런 타입의 버전을 사용하는 이유는 API가 변
경될수록 클라이언트에서는 별도의 노력 없이 또는 클라이언트의 추가 개발
을 하지 않아도 API 버전을 잘 흡수할 수 있기 때문이다. 즉, 애플리케이션을
따로 업데이트하지 않아도 된다. 반면 클라이언트에서는 요청 핸들러만 약간
수정하면 새로운 API에서도 잘 동작한다.

버전 동작은 vnd 접두어를 사용한 사용자 정의 콘텐츠 타입을 사용해서도 구현할 수 있으며 URL의 모습은 application/vnd.mycompany.user-v1과 같다. 예를 들어 이런 방식은 구글 어스 콘텐츠 타입 KML에서도 사용하는데 URL은 application/vnd.google-earth.kml+xml과 같이 정의된다. 또한 콘텐츠 타입은 두 부분으로 나뉘는데 application/vnd.mycompanyv1+json의 두 번째 부분은 응답 포맷이 된다.

JSONP로 JSON 데이터 가져오기

JSONP나 JSON 덧붙이기는 <script> 태그를 활용해 크로스 도메인 요청을 만드는 메커니즘이다. script 엘리먼트의 src 속성을 설정하거나 제공되지 않은 엘리먼트를 추가해 에이잭스 전송을 구현한다. 브라우저는 설정된 URL을 내려 받기 위해 HTTP 요청을 한다. 그리고 이 요청은 동일 근원지 정책에 위반되지 않는다. 즉, 그 밖의 서버로부터 데이터를 가져올 수 있다는 의미다. 이번 예제에서는 간단한 JSONP 요청을 만들며 간단한 서버를 만들어 본다.

우리는 이전 예제에서 사용했던 간단한 서버를 구현하려고 하는데, 그러자면 package.json을 정의하거나 간단히 설치하는 식으로 Node.js와 레스티파이 (http://mcavage.github.io/node-restify/)를 설치해 둬야 한다. Node.js 동작은 부록 A, 'Node.js 설치와 npm 사용'을 참조하라.

1. 먼저 JSON 객체를 반환하는 간단한 경로 핸들러를 만든다.

```
function respond(req, res, next) {
    console.log("Got HTTP " + req.method + " on " + req.url + "
        responding");
    var hello = [{
        'id':'0',
        'what': 'hi there stranger'
    }];
    res.send(hello);
    return next();
}
```

2. 주어진 이름에 맞춰 응답을 자바스크립트 함수로 래핑하는 버전을 만들어 본다. 하지만 레스티파이를 사용해 JSONP를 활성화하려고 번들 플러그인을 사용한다. 아래 코드는 사용할 플러그인을 설정하는 과정이다.

```
var server = restify.createServer();
server.use(restify.jsonp());
server.get('hi', respond);
```

3. 다음에는 서버 리스닝을 포트 8080에 맞춘다.

```
server.listen(8080, function() {
    console.log('%s listening at %s', server.name, server.url);
});
```

4. 내장된 플러그인 함수에서는 요청 문자열의 매개변수인 callback 또는 jsonp를 체크한다. 이러한 매개변수가 있는 경우에는 전달된 이름의 함수와 전달된 매개변수의 값을 가진 JSONP를 반환한다. 예를 들어 예제에서는 브라우저가 http://localhost:8080/hi을 열면 다음과 같은 결과가 나온다.

```
[{"id":"0","what":"hi there stranger"}]
```

5. http://localhost:8080/hi?callback=great과 같이, 같은 URL에 callback 매개변수를 설정하거나 JSONP를 설정하면 함수 이름으로 래핑된 데이터를 받게 된다.

```
great([{"id":"0","what":"hi there stranger"}]);
```

위 같은 결과는 JSONP 중 P라고 할 수 있는데, 여기서 P는 추가된 것 padded라는 의미를 나타낸다.

6. 그리고 다음에는 HTML 파일을 만들고 서버의 데이터를 표시한다. 또한 스크립트 두 개를 추가하는데 하나는 순수 자바스크립트며 그 밖의 하나는 제이쿼리를 사용한 방법이다.

```
<b>Hello far away server: </b>
<div id="data">loading</div>
<hr/>
<div id="oneMoreTime">...</div>
<script src="http://ajax.googleapis.com/ajax/libs/jquery/1.8.2/
jquery.min.js"></script>
<script src="example.js"></script>
<script src="exampleJQuery.js"></script>
```

7. 다음에는 example.js를 생성한다. 여기에는 함수가 두 개 있는데 한 함수에서는 script 엘리먼트를 생성하고 src 값을 http://localhost:8080/?callback=cool.run으로 설정한다. 그리고 나머지 함수에서는 데이터를 받는 콜백을 구현한다.

```
var cool = (function(){
    var module = {};
    module.run = function(data){
        document.getElementById('data').innerHTML = data[0].what;
    }
    module.addElement = function (){
        var script = document.createElement('script');
        script.src = 'http://localhost:8080/hi?callback=cool.run'
        document.getElementById('data').appendChild(script);
        return true;
    }
    return module;
}());
```

8. 다음 함수에서는 엘리먼트를 추가한다.

```
cool.addElement();
```

코드를 실행하면 서버로부터 데이터를 읽어 아래와 같이 결과를 출력한다.

Hello far away server:
hi there stranger

cool 객체로부터 스스로 실행되는 것처럼 addElement 함수를 직접 실행할 수 있다.

9. 제이쿼리 예제는 간단하다. 데이터 타입을 JSONP로 설정하고 이전과 같은 방식대로 API 관점의 에이잭스 호출을 만든다.

```
$.ajax({
    type : "GET",
    dataType : "jsonp",
    url : 'http://localhost:8080/hi',
    success: function(obj){
        $('#oneMoreTime').text(obj[0].what);
    }
});
```

이제 서버로부터 받은 데이터를 다루기 위해 success 콜백을 사용할 수 있다. 그리고 요청의 매개변수를 설정하지 않아도 된다. 제이쿼리는 자동으로 callback 매개변수를 URL에 붙이고 success 콜백을 호출한다.

예제 분석

여기서 데이터의 소스를 신뢰해야 한다. 서버 결과는 서버로부터 데이터를 받은 뒤에나 평가할 수 있다. 이런 문제로 인해 더 안전한 JSONP(http://json-p.org/)를 정의하는 노력이 있었다. 하지만 이 방법은 그리 널리 사용되지는 않는다.

데이터 다운로드는 그 자체가 그 밖의 중요한 제한을 건 HTTP GET 메소드다. 그 중 애플리케이션 상태 엔진의 하이퍼미디어(HATEOAS, Hypermedia as the Engine of Application State)는 HTTP 메소드를 생성, 업데이트, 삭제 동작으로 정의하며 이런 요구에 매우 안정화되지 않은 JSONP를 만든다.

또 하나 흥미로운 사실은 어떻게 제이쿼리가 success 콜백을 동작시키냐는 것이다. 제이쿼리는 이 콜백을 동작시키기 위해 유일한 함수이름을 생성하고 callback 매개변수로 보낸다.

```
/hi?callback=jQuery182031846177391707897_1359599143721&_=1359599143727
```

이 함수는 jQuery.ajax의 적절한 핸들러로 콜백을 한다.

부연 설명

제이쿼리에서는 서버 매개변수가 jsonp를 다룰 때 callback을 호출하지 않으므로 사용자 정의 함수를 사용할 수 있다. 이 동작을 다음과 같은 설정으로 사용한다.

```
jsonp: false, jsonpCallback: "my callback"
```

JSONP를 사용하면 XMLHttpRequest를 하지 않고 에이잭스 호출을 하는 함수를 구현하거나 매개변수를 호출에 관련된 것으로 채운다. 이러한 동작은 매우 자주 일어나는 실수다. 더 자세한 사항은 제이쿼리 설명서를 참조하라(http://api.jquery.com/category/ajax/).

서버로부터 XML 데이터 읽기

REST 서비스에서 사용하는 포맷으로는 XML도 있다. 포맷을 선택할 수 있는 권리가 주어진다면 선택할 수 있는 포맷이 몇 가지 있다. 하지만 여기서 JSON가 최선의 선택은 아니다. XML은 복수 네임스페이스와 스키마로 엄격한 메시지 검증을 할 경우 더 좋은 선택이 될 수 있으며 이런 경우에는 XSTLExtensible Stylesheet Language Transformations를 사용한다. 하지만 XML을 사용하는 가장 큰 이유 중 하나는 JSON을 지원하지 않는 오래된 환경도 지원하기 때문이다. 대부분의 최신 서버 측 프레임워크에서는 콘텐츠 제공에 있어 내장된 지원을 한다. 즉, 클라이언트 요구에 따라 같은 리소스를 그 밖의 포맷으로 지원할 수 있다는 의미다. 이번 예제에서는 간단한 XML 서버를 만들어보고 클라이언트에서 서비스를 사용해본다.

준비

서버는 Node.js와 레스티파이(http://mcavage.github.io/noderestify/)를 사용해 REST 서비스를 구현한다. 그리고 xmlbuilder(https://github.com/oozcitak/xmlbuilder-js)를 사용해 간단한 XML 문서를 만든다. 이런 환경을 구축하려면 npm을 사용해 라이브러리를 설정하거나 예제와 같이 package.json을 직접 조작해 설치한다.

예제 구현

XML 서비스를 구현하려면 아래와 같이 한다.

1. 서버 코드는 이전 예제에서 구현했던 restify 기반의 소스를 작성한다. 또한 XML을 사용하려고 xmlbuiler로 소스를 작성한다.

```
var restify = require('restify');
var builder = require('xmlbuilder');
var doc = builder.create();

doc.begin('root')
  .ele('human')
    .att('type', 'female')
      .txt('some gal')
      .up()
  .ele('human')
    .att('type', 'male')
      .txt('some guy')
  .up()
  .ele('alien')
    .txt('complete');
```

2. 위 코드는 매우 직관적이다. doc.begin('root')로 문서의 루트를 생성하며 ele()와 attr()로 엘리먼트와 속성을 생성한다. 또한 자식 엘리먼트를 생성하려고 마지막 엘리먼트에 새로운 엘리먼트를 추가하며 다시 위 레벨로 올라가기 위해 up() 함수를 호출했다.

예제의 문서는 다음처럼 만들어진다.

```
<root>
    <human type="female">some gal</human>
    <human type="male">some guy</human>
    <alien>complete</alien>
</root>
```

3. 서버에 리소스 경로를 만들기 위해 server.get('hi', addHeaders, respond) 코드를 작성했다. 코드에서 add라는 헤더는 CORS를 위한 것이며 응답으로 반환할 XML은 다음처럼 만든다.

```
function respond(req, res, next) {
  res.setHeader('content-type', 'application/xml');
  res.send(doc.toString({ pretty: true }));
  return next();
}
```

4. 레스티파이는 직접 application/xml을 지원하지 않는다. 이와 같이 요청을 만들면 서버는 application/octet-stream를 응답으로 준다. 따라서 XML을 지원하려고 restify 객체를 생성하고 XML을 받는 포맷을 추가한다.

```
var server = restify.createServer({
  formatters: {
    //does not ser/deser it just passes string
    'application/xml': function formatXML(req, res, body) {
      if (body instanceof Error)
        return body.stack;

      if (Buffer.isBuffer(body))
        return body.toString('base64');
```

```
      return body;
    }
  }
});
```

위와 같은 코드로 서버는 올바른 content-type과 CORS 헤더를 반환할
것이다.

```
< HTTP/1.1 200 OK
< Access-Control-Allow-Origin: *
< Access-Control-Allow-Headers: X-Requested-With
< content-type: application/xml
< Date: Sat, 02 Feb 2013 13:08:20 GMT
< Connection: keep-alive
< Transfer-Encoding: chunked
```

5. 서버 준비는 끝났다. 클라이언트에서는 기본 HTML 파일을 만들고 제이
   쿼리와 스크립트를 추가한다.

```
Hello <div id="humans"></div>
<hr/>
<script src="http://ajax.googleapis.com/ajax/libs/jquery/1.8.2/
jquery.min.js"></script>
<script src="exampleJQuery.js"></script>
```

6. 예제의 간결함을 위해 jQuery.ajax()를 사용하고 dataType을 xml로 설
   정한다.

```
;(function(){
  $.ajax({
    type: "GET",
    url: "http://localhost:8080/hi",
    dataType: "xml",
    success: function(xml) {
      $("root > human", xml).each(function(){
        var p = $("<p></p>");
        $(p).text($(this).text()).appendTo("#humans");
```

```
        });
    }
    });
}())
```

대부분의 예제 코드는 직관적이라 이해하는 데 별 문제가 없다. 여기서 독자는 `apllication/octet-stream`이 궁금할 것이다. 이 타입은 일반적인 바이너리 데이터 스트림을 위한 인터넷 미디어 타입이다. 예를 들어 브라우저로 리소스를 열면 브라우저는 어디에 저장해야 할지 또는 어떤 애플리케이션으로 해당 리소스를 열지 물어본다.

`restify`에 추가한 `formatter`는 요청, 응답, 바디 부분에 대한 함수를 정의한다. 여기서 바디 객체가 가장 흥미로운데 바디 객체에서는 `Error` 인스턴스의 여부를 체크해 어떻게 다뤄야 할지 결정한다. 또한 수행해야 할 작업으로 바디가 `Buffer` 객체인지 확인해야 한다. 자바스크립트는 바이너리 데이터를 잘 다루지 못한다. 그러므로 `Buffer` 객체를 사용해 저수준 데이터를 저장한다. 예제에서는 이미 만든 XML이 있어서 바디만 반환했다. 이런 식의 처리가 많을 경우에는 수동으로 XML 데이터가 있는 문자열을 만들기보다 자바스크립트 객체를 직접 추가해야 한다.

클라이언트 측에서는 `jQuery.ajax()`를 사용해 XML을 가져온다. 그리고 `success` 콜백으로 문자열이 아닌 표준 제이쿼리 선택자로 순환할 수 있는 DOM 엘리먼트를 가져온다. 예제의 경우 `"root>human"`으로 모든 `human` 엘리먼트를 선택하며, HTML에서 사용하듯이 앞에 #을 붙여 `"#human"`라고 하면 `human`의 텍스트를 가져온다.

```
$("root > human", xml).each(function(){
    var p = $("<p></p>");
    $(p).text($(this).text()).appendTo("#humans");
});
```

JXON(https://developer.mozilla.org/en-US/docs/JXON)은 XML을 지원하는 또 하나의 좋은 방법이다. JXON은 표준이 없고 XML을 JSON으로 변환하는 방법을 제공한다. XML을 다루는 방법으로 그 밖에도 XPath가 있다. XPath는 XML 경로 언어 XML Path Language(http://www.w3.org/TR/xpath/)의 약자로써 어떤 노드의 값을 가져오거나 그 밖의 작업을 위해 노드를 가져올 때 사용하는 질의 언어다. XPath는 XML을 다루는 대부분의 경우에 사용할 수 있는 가장 좋은 옵션이며 첫 번째로 선택할 수 있는 수단이다.

제이쿼리의 이전 버전(1.1.2 이전)에서는 XPath를 비공식적으로 지원했으나, 나중에 HTML 변경으로 표준 선택자가 더 강력해짐에 따라 XPath가 삭제됐다.

통상 E4X라고 알려진 XML을 위한 ECMAScript는 XML의 네이티브 지원을 활성화하기 위한 프로그래밍 언어 확장이다. E4X는 새로운 버전의 파이어폭스에서 약간 지원했으나 이내 곧 제거됐다.

FormData 인터페이스 사용

XMLHttpRequest 레벨 2(http://www.w3.org/TR/XMLHttpRequest2/)에 새롭게 추가된 기능으로 FormData 객체가 있다. 우리는 FormData 객체를 사용해 에이잭스로 보낼 수 있는 키/값을 설정할 수 있다. 또한 FormData 객체는 바이너리 파일을 보내거나 대량 데이터를 보낼 때 많이 사용한다. 이번 예제에서는 스크립트 두 개를 만들어 FormData를 사용해본다. 하나는 순수 자바스크립트를 사용한 방법이고 그 밖의 방법은 제이쿼리를 사용한 방법이다. 또한 이를 지원하려고 서버 측 코드도 만들어 본다.

서버는 Node.js와 레스티파이(http://mcavage.github.io/noderestify/)를 사용해 구성한다. 그리고 사용할 라이브러리를 설치하려고 package.json 파일을 만들고 레스티파이를 추가한다.

1. 서버에는 레스티파이의 내장된 플러그인 BodyParser가 있어 multipart/form-data 타입으로 HTTP POST를 구성한다. 이 방법을 사용하면 HTTP 요청의 바디부분 문장 분석을 블로킹한다.

```
var server = restify.createServer();
server.use(restify.bodyParser({ mapParams: false }));
server.post('hi', addHeaders, doPost);
```

2. 위 코드는 콘텐츠 타입을 변경하며 이에 따라 application/json, application/x-ww-form-urlencoded, mutipart/form-data를 위한 적절한 로직을 제공한다. addHeader 매개변수는 그 밖의 예제에서 사용했듯이 CORS를 위해 추가했다. 그리고 아래와 같이 doPost 핸들러를 추가해 요청 바디와 HTTP 200 응답 로그를 만든다.

```
function doPost(req, res, next) {
  console.log("Got HTTP " + req.method + " on " + req.url + "
responding");
  console.log(req.body);
  res.send(200);
  return next();
}
```

3. 클라이언트 측에서는 HTML 파일을 만들고 간단한 스크립트를 추가한다.

```
;(function (){
  var myForm = new FormData();
```

```
myForm.append("username", "johndoe");
myForm.append("books", 7);

var xhr = new XMLHttpRequest();
xhr.open("POST", "http://localhost:8080/hi");
xhr.send(myForm);
}());
```

4. 제이쿼리를 사용한 방법은 좀 더 간단하다. FormData를 jQuery.ajax()의 data 속성에 설정해 요청을 보내기 전에 데이터 처리를 비활성화하고 원본 콘텐츠 타입을 변경한다.

```
;(function(){
  var formData = new FormData();
  formData.append("text", "some strange data");
  $.ajax({
    url: "http://localhost:8080/hi",
    type: "POST",
    data: formData,
    processData: false,   // 데이터 처리를 하지 않는다.
    contentType: false    // 콘텐츠 타입을 설정하지 않는다.
  });
}());
```

예제 분석

전송된 데이터는 multipart/form-data 인코딩 타입으로 제출한 폼과 같은 포맷이다. 이런 타입의 포맷은 파일과 데이터를 혼합해 보낼 때 많이 사용한다. 또한 대부분의 브라우저와 웹 서버에서는 이런 타입의 인코딩을 지원한다. 그리고 이런 타입의 인코딩은 HTML이 아닌 폼 또는 브라우저의 부분이 아니더라도 사용할 수 있다.

전송할 요청을 자세히 살펴보자. 다음과 같은 데이터를 확인할 수 있다.

```
Content-Length:239
Content-Type:multipart/form-data; boundary=----WebKitFormBoundaryQXGz
NXa82frwui6S
```

페이로드payload는 다음과 같다.

```
------WebKitFormBoundaryQXGzNXa82frwui6S
Content-Disposition: form-data; name="username"
johndoe
------WebKitFormBoundaryQXGzNXa82frwui6S
Content-Disposition: form-data; name="books"
7
------WebKitFormBoundaryQXGzNXa82frwui6S--
```

위 코드를 보면 각 부분에는 Content-Disposition가 있으며 원본 데이터의 컨트롤 이름이 있다. 예제의 경우에는 FormData 객체에 붙인 설정한 키가 있다. 또한 개별적으로 콘텐츠 타입을 설정하는 옵션이 있다. 예를 들어 profileImage라는 이름의 이미지를 사용할 경우에는 다음처럼 된다.

```
Content-Disposition: form-data; name="profileImage"; filename="me.png"
Content-Type: image/png
```

example.js의 마지막에서는 xhr.send()를 호출해 FormData 객체 타입을 전송할 때 자동으로 콘텐츠 타입을 설정할 수 있게 했다.

그리고 XMLHttpRequest 레벨 2를 지원하지 않는 오래된 브라우저를 지원할 경우에는 FormData 여부를 체크한다.

```
if (typeof FormData === "undefined")
```

또한 폴백으로 사용한 메소드는 에이잭스 호출을 지원하지 않지만 IE 10 이전 버전을 포함한 모든 최신 브라우저에서는 이를 지원하지 않으므로 별 문제가 되지 않는다.

서버로 바이너리 데이터를 전송

텍스트, XML, JSON을 서버로 전송하는 일은 비교적 쉽다. 그리고 대부분의 자바스크립트 라이브러리가 이런 시나리오에 최적화되어 있다.

하지만 바이너리 데이터를 전송하는 일은 약간 다르다. 최신 애플리케이션에서는 HTML5 캔버스로 그린 이미지나 JSZip으로 생성한 ZIP 파일 등 생성한 바이너리 데이터를 업로드하려는 사용자 요구가 생길 수 있다.

파일 업로드는 HTML5 파일 API를 사용해 구현할 수 있다. 또한 파일을 작게 분할해 서버로 업로드하는 좀 더 진화된 방법도 있다.

이번 예제에서는 사용자가 파일 입력을 사용해 선택한 파일을 업로드하는 예제를 구현해본다.

준비

서버는 Node.js로 구현한다. Node.js를 http://nodejs.org/에서 내려 받아 설치한다. 또한 Node.js 프레임워크 Connect(http://www.senchalabs.org/connect/)도 사용한다.

예제 구현

클라이언트와 서버 코드를 살펴보자.

1. index.html 파일을 생성한다. 이 파일에는 파일 입력, 업로드 버튼, 프로그레스 바, 메시지를 출력하는 부분이 있다.

```
<!DOCTYPE HTML>
<html>
<head>
  <title>Upload binary file</title>
  <style type="text/css">
  .progress {
    position:relative;
    height:1em; width: 12em;
    border: solid 1px #aaa;
  }
  .progress div {
```

```
      position: absolute;
      top:0; bottom:0; left:0;
      background-color:#336699;
  }
  </style>
</head>
<body>
    <input type="file"    id="file" value="Choose file">
    <input type="button" id="upload" value="Upload"><br>
    <p id="info"></p>
    <div class="progress"><div id="progress"></div></div>
    <script src="http://ajax.googleapis.com/ajax/libs/jquery/1.8.2/
jquery.min.js"></script>
    <script type="text/javascript" src="uploader.js"></script>
    <script type="text/javascript" src="example.js"></script>
</body>
</html>
```

2. uploader.js 파일을 만들고 바이너리 파일 업로드 동작을 구현한다. 구체적으로는 특정 URL로 파일을 업로드하고 진행 이벤트가 있는 객체를 반환한다.

```
window.postBinary = function(url, data) {
    var self = {},
        xhr = new XMLHttpRequest();
    xhr.open('POST', url, true);
    xhr.responseType = 'text';
    self.done = function(cb) {
        xhr.addEventListener('load', function() {
            if (this.status == 200)
                cb(null, this.response)
            else
                cb(this.status, this.response)
        });
        return self;
    }
    self.progress = function(cb) {
```

```
        xhr.upload.addEventListener('progress', function(e) {
            if (e.lengthComputable)?
                cb(null, e.loaded / e.total);
            else
                cb('Progress not available');
        });
        return progress;
    };
    xhr.send(data);
    return self;
};
```

3. example.js 파일을 만들고 uploader.js에서 만든 API를 사용해 업로드 폼에 업로드 기능을 추가한다.

```
$(function() {
    var file;
    $("#file").on('change', function(e) {
        file = this.files[0]
    });
    $("#upload").on('click', function() {
        $("#info").text("Uploading...");
        $("#progress").css({width:0});
        if (!file) {
            $("#info").text('No file selected')
            return;
        }
        var upload = postBinary('/upload/' + file.name, file);
        upload.progress(function(err, percent) {
            if (err) {
                $("#info").text(err);
                return;
            }
            console.log("Progress", percent);
            $("#progress").css({width: percent + '%'});
        });
        upload.done(function(err, res) {
```

```
        if (err) {
            $("#info").text(err + ' ' + res);
            return;
        }
        $("#progress").css({width: '100%'});
        $("#info").text("Upload complete");
    });
    });
});
```

4. server.js 파일을 만든다. 이 파일은 Node.js Connect 프레임워크 기반의 Node.js 서버며 파일 업로드를 제어하며 정적 파일을 제공한다.

```
var path = require('path'),
    connect = require('connect'),
    fs = require('fs');

connect()
    .use('/upload', function(req, res) {
        var file = fs.createWriteStream(
            path.join(__dirname, 'uploads', req.url))
        req.pipe(file);
        req.on('end', function() {
            res.end("ok");
        });
    })
    .use(connect.static(__dirname))
    .listen(8080);
```

5. server.js가 있는 디렉터리에서 명령 프롬프트를 열고 업로드 디렉터리를 생성, Connect 라이브러리 설치, 서버 기동 등을 하기 위한 명령을 아래처럼 입력한다.

```
mkdir uploads
npm install connect
node server.js
```

6. 예제를 테스트하려면 브라우저로 http://localhost:8080 페이지를 연다. 예제에서 만든 모든 파일(server.js 포함)은 같은 디렉터리에 있어야 한다.

HTML5의 새로운 XMLHttpRequest 객체에는 send 메소드가 있어 더 많은 타입의 데이터를 지원하며 File, Blob, ArrayBuffer 객체도 지원한다. 예제에서는 이러한 새로운 기능을 사용자가 선택한 파일을 업로드하려면 HTML5 File API를 이용한다. HTML5 File API의 자세한 사항은 4장 'HTML5 입력 컴포넌트 사용'의 '클라이언트에서 파일 입력 사용'을 참조하자.

또한 새로운 API는 XMLHttpRequestUpload 타입의 upload 객체를 지원한다. 이 객체에서는 업로드 진행상황을 모니터링하는 이벤트 리스너를 사용할 수 있다. 예제에서는 이 기능을 사용해 업로드 진행 프로그레스 바를 구현했다.

한편 서버에서는 '/upload' 경로로 업로드를 받고 uploads 디렉터리에 파일을 저장한다. 또한 예제 디렉터리에 있는 정적 파일을 제공한다.

새로운 XHR API는 인터넷 익스플로러 10 이상에서만 사용 가능하며 어떤 브라우저에서는 업로드 프로그레스 이벤트를 지원하지 않는다.

Node.js로 SSL 연결 생성

보안 문제 중 하나로 중간자 공격이라는 것이 있다. 중간자 공격은 목표 대상에 독립적인 연결을 만들고 메시지를 원하는 곳으로 가로채 전송한다. 따라서 중간자 공격은 메시지를 가로채 원하는 메시지로 변경할 수 있으며 공격자는 목표 대상자의 서비와 클라이언트 사이에서 움직일 수 있다. 보안 소켓 계층Secure Socket Layer, SSL과 전송 계층 보안Transport Layer Security, TSL은 공격자의 데이터 변조를 미연에 방지할 수 있다. 이번 예제에서는 Node.js와 레스티파이로 HTTPS를 지원하는 서버를 만들어 본다.

준비

이번 예제에서는 인증과 서버 개인키를 사용해 HTTPS를 활성화한다. 이를 위해 SSL과 TLS를 지원하는 일반적인 목적의 암호 라이브러리인 오픈 소스 도구인 OpenSSL(http://www.openssl.org/)을 사용한다.

먼저 명령행에서 RSA 개인키를 생성한다(http://en.wikipedia.org/wiki/RSA_(algorithm)).

```
openssl genrsa -out privatekey.pem 1024
```

```
[mmitresk@fs1 tmp]$ openssl genrsa -out privatekey.pem 1024
Generating RSA private key, 1024 bit long modulus
.................................++++++
...................++++++
e is 65537 (0x10001)
```

실제 키는 다음처럼 생성된다.

```
[mmitresk@fs1 tmp]$ cat privatekey.pem
-----BEGIN RSA PRIVATE KEY-----
MIICXQIBAAKBgQDi2blbrjZ05G824CCA+LBx4Lto5KxOBdDsQa1FtBBvulx7c8iQ
qwu4t8VRrW5ZjFQlNDZCn8Gfi/A1jdMAmkp+7p78Dz/RhiqokmtvcUoSELbJGmWa
Ay+GydXwDEQlNv3Cr/308fR+BdKm+68oPFgRqqFFLk/OUMjmOB6tmQVTtwIDAQAB
AoGAUeoOzbVFtQO1v5oFAq1KgYSGB+Vy9qWRAI7is6XGvaGM3aM8jEjHbccmQEOg
6MMMa3bEFSC8+RC+B4iT5cbRGQCgYZRQWpAsz0+ZBEXruzLga8j9NZwLl2G7Ijgc
8XLy4ujFg3vozUDXCIrgldVaMaTDxsVljR/DbL9vEsBSsvECQQDOqVKWjUyDBhVu
g9buDRhq57H/CL68VfxdhuVSZ56PEiHHHwn/4IR3bcn2PUHUmIz3TbuwCOc79GVf
IzZiAOe/AkEA7V0XbOkuvFZUrLZNEik+EtroJJnfXPK1c8c3QnnXWJdDXLku1/CA
f+fymn1C/ovJOKM8X0sRFDJdbkOrY75SCQJASQ36NCwy6Xi6k4pYdjKA1QMkGiQR
WAlQ1th9xzJbnRrr7RoukTIIO+UThixaaNG4XevfHDzx40whrNvF1FOy3wJBAMJ7
MNNip5FW5t/wKmvD8QE/7U736GRe1L99LdDAxennXiEd9bymaJLkOAnOslKftIbH
CJNHjUHQFm9muTNrYAkCQQCyQeSS34PcfS8znDtfX3gdqRxceOBawE36Cv/Q49nR
I2KGMT710eNx3RdbKlN2etH7SpQQlMtb3lWNvmWETHvX
-----END RSA PRIVATE KEY-----
```

상당히 길이가 긴 키가 생성된다.

 개인키는 다음과 같은 여러 가지 이유로 개인적이라 할 수 있다. 개인키를 모든 버전 컨트롤 시스템에서 사용할 수 없으며 그 밖의 사람이 접근할 수도 없다. 또한 매우 안전해 개인 인증을 위해 사용된다.

다음으로는 만든 개인키와 소량의 정보를 명령 프롬프트에 입력해 CSR_{Certificate} _{Signing Request}을 생성한다.

```
openssl req -new -key privatekey.pem -out csr.pem
```

위 명령을 실행하고 소량의 정보를 입력한 뒤에는 CSR 파일이 생성되며 이 파일을 인증기관에 인증을 요구한다. 다시 말해 이 파일을 인증기관으로 보내면 인증기관에서는 보낸 파일을 인증해준다. 하지만 예제에서는 별도 절차 없이 셀프 인증을 한다.

```
openssl x509 -req -in csr.pem -signkey privatekey.pem -out publiccert.pem
```

생성된 publiccert.pem 파일은 서버에서 인증에 사용할 파일 중 하나다.

예제 구현

1. 먼저 라이브러리를 설치한다. 그리고 options 객체를 생성해 키와 생성한 인증을 읽는다.

```
var restify = require('restify');
var fs = require('fs');
// HTTPS 서버 인스턴스를 위한 옵션 생성
var httpsOptions = {
  key: fs.readFileSync('privatekey.pem'),
  certificate: fs.readFileSync('publiccert.pem')
};
```

 Node.js에서의 파일 입출력은 fs 모듈을 사용한다. fs 모듈은 표준 POSIX의 래퍼다. 공식 문서는 http://nodejs.org/api/fs.html를 참조하라.

2. 서버 소스에 경로와 핸들러를 생성한다. 그리고 서버 인스턴스 두 개에 같은 로직을 두 번 쓰지 않기 위해 공통 serverCreate 함수를 만든다.

```
var serverCreate = function(app) {
  function doHi(req, res, next) {
    var name = 'nobody';
    if(req.params.name){
      name = req.params.name;
    }
    res.send('Hi ' + name);
    return next();
  }

  app.get('/hi/', doHi);
  app.get('/hi/:name', doHi);
}
```

3. 만든 함수를 서버 인스턴스 두 개에 적용해 생성한다.

```
serverCreate(server);
serverCreate(httpsServer);
```

4. 표준 서버를 포트 80으로 맞추고 HTTPS를 443 포트에 맞춘다.

```
server.listen(80, function() {
  console.log('started at %s', server.url);
});

httpsServer.listen(443, function() {
  console.log('started at %s', httpsServer.url);
});
```

5. 이제 **node server.js** 명령으로 서버를 기동하고 브라우저로 다음과 같은 주소에 접속한다.

- http://localhost:80/hi/John
- http://localhost:443/hi/UncleSam

서버를 시작하면 다음과 같이 에러처럼 보이는 것이 나온다.

```
Error: listen EACCES
    at errnoException (net.js:770:11)
    at Server._listen2 (net.js:893:19)
```

여기서의 문제로는 루트 권한이나 관리자 권한이 없는 서버에서는 1024보다 더 작은 번호에 해당하는 포트를 설정할 수 없다는 것이 있다.

예제에서 생성한 HTTPS 서버는 공용키 인증을 사용한다. 각 키는 공용키와 개인키라는 짝을 이룬다.

 인증을 설명할 때 흔히 앨리스와 밥이라는 사람 이름을 많이 상요하므로 예제에서도 같은 이름을 사용했다. 앨리스와 밥에 관한 더 자세한 이야기는 위키피디아(http://en.wikipedia.org/wiki/Alice_and_Bob)를 참조하길 바란다.

앨리스와 밥의 공용키는 공개되어있고 그리고 각자의 개인키는 비밀이다. 앨리스가 밥에게 보낼 메시지를 암호화할 때는 밥의 공용키와 앨리스 자신의 개인키가 필요하다. 반면 밥이 앨리스로부터 받은 메시지를 해독할 때는 앨리스의 공용키와 밥 자신의 개인키가 필요하다.

TLS 연결에서는 공용키는 인증 그 자체다. 공용키는 밥 같은 개인을 증명하려고 인증됐기 때문이다. TSL 인증은 인증 기관에서 인증하며 밥의 경우에도 인증 기관에서 인증을 받았을 것이다. 파이어폭스와 크롬 그리고 그 밖의 브라우저에는 신빙성이 있는 루트 CA 리스트가 있다. 이 루트 CA는 그 밖의 인증 권한을 인증하려고 대중에게 판매된다. 참 매력있는 장사다.

예제의 경우 자가 인증 인증서를 브라우저가 신뢰하지 않으므로, 이런 인증서를 열면 다음과 같은 페이지가 나온다.

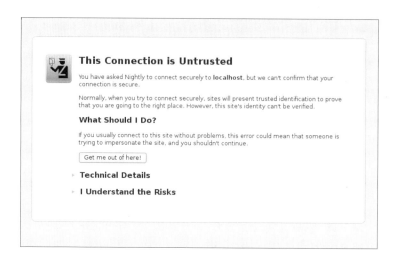

이 메시지는 기관에서 인증 받은 인증서를 사용해 브라우저가 신뢰할 수 있는 것으로 인식해 권한을 얻는다면 나타나지 않는다.

오픈 웹 애플리케이션 보안 프로젝트Open Web Application Security Project, OWASP(https://www.owasp.org/)에는 웹 애플리케이션을 만들 때 공통적으로 발생할 수 있는 보안 문제와 어려움에 관한 종합 데이터베이스가 있다. 이 데이터베이스에는 HTML5 애플리케이션의 보안 문제에 대한 훌륭한 대책이 나와 있다(https://www.owasp.org/index.php/HTML5_Security_Cheat_Sheet). 이 문제의 해결법으로 HTTPS를 사용했을 때 나타나는 그 밖의 문제로는 모든 웹 콘텐츠가 HTTPS로 전송되지 않는다는 점을 들 수 있다. 모든 요청을 TLS/SSL로 전송하면 간단히 보안성을 높일 수 있다.

에이잭스 푸시로 하는 실시간 업데이트

코멧Comet은 롱 폴링 HTTP 요청을 사용해 서버에서 브라우저로 명시적인 요청 없이 데이터를 푸시하는 웹 모델이다. 또한 코멧은 에이잭스 푸시, 서버 푸시,

리버스 에이잭스 양방향 웹 등의 여러 이름으로 불리기도 한다. 이번 예제에서는 클라이언트로 데이터를 푸시하는 간단한 서버를 만들어 본다.

준비

이번 예제에서는 Node.js와 Socket.IO(http://socket.io/)라고 하는 라이브러리를 사용한다. package.json 파일에 추가해 라이브러리를 설치하거나 npm으로 설치한다.

예제 구현

예제를 살펴보자.

1. 먼저 서버 측 코드를 살펴보자. require 문으로 Socket.IO, HTTP, 파일시스템을 추가한다.

```
var app = require('http').createServer(requestHandler),
    io = require('socket.io').listen(app),
    fs = require('fs')
```

2. 서버는 requestHandler에서 초기화하고 같은 디렉터리에 있는 index.html을 제공한다. index.html은 잠시 뒤에 살펴본다.

```
function requestHandler (req, res) {
  fs.readFile('index.html',
    function (err, data) {
      if (err) {
        res.writeHead(500);
        return res.end('Error loading index.html');
      }
    res.writeHead(200);
    res.end(data);
    });
}
```

8_서버 통신 | 387

3. 파일을 읽을 수 없다면 HTTP 500을 반환하고 별 예외 상황이 없는 경우에는 데이터를 반환하는 간단한 핸들러다. 서버는 `app.listen(80)`으로 80 포트에 개설하고 Socket.IO 관련 설정을 진행한다.

```
io.configure(function () {
  io.set("transports", ["xhr-polling"]);
  io.set("polling duration", 10);
});
```

위 코드에서는 예제의 목적인 xhr-polling 전송을 설정한다. Socket.IO 에는 서버 측 이벤트를 클라이언트로 보내는 여러 방법이 있다. 그러므로 그 밖의 기능을 모두 비활성화한다.

 실제 프로젝트에서는 클라이언트에 대한 폴백 메커니즘으로 동작하는 그 밖의 전송 메소드가 필요할 것이다.

4. 이벤트 설정을 계속한다. 연결 요청이 들어오면 먼저 ping 이벤트에 JSON 데이터를 담아 클라이언트에 보낸다. 그리고 pong 이벤트를 받으면 15초를 기다리고 현재 시간을 JSON 데이터로 만들어 다시 클라이언트로 보낸다.

```
io.sockets.on('connection', function (socket) {
  socket.emit('ping', {
    timeIs: new Date()
  });

  socket.on('pong', function (data) {
    setTimeout(function(){
    socket.emit('ping', {
      timeIs: new Date()
    });
    console.log(data);
    }, 15000);
  });
});
```

388

5. 클라이언트에서는 index.html에 socket.io.js 파일을 다음과 같은 기본 경로로 추가한다.

```
<script src="/socket.io/socket.io.js"></script>
```

6. 다음에 자바스크립트에서는 localhost에 접속하고 ping 이벤트를 기다린다. ping 이벤트가 들어오면 받은 서버 시간에 p 엘리먼트를 붙이고 pong 이벤트를 서버로 보낸다.

```
<script>
  var socket = io.connect('http://localhost');
  socket.on('ping', function (data) {
    var p = document.createElement("p");
    p.textContent = 'Server time is ' + data.timeIs;
    document.body.appendChild(p);
    socket.emit('pong', {
      my: 'clientData'
    });
  });
</script>
```

이제 서버를 시작하고 http://localhost를 입력해 index.html에 접속한다. 결과로는 명시적인 요청 없이 서버 시간이 업데이트 된다.

```
Server time is 2013-02-05T06:14:33.052Z
```

예제 분석

Socket.IO의 전송 메소드를 에이잭스 폴링이나 xhr 폴링으로 설정하지 않는 경우 Socket.IO는 사용 가능한 메소드 중 최고의 메소드를 사용하려 시도한다. 현재 지원하는 전송 메소드는 웹 소켓, 어도비 플래시 소켓, 에이잭스 롱 폴링, 에이잭스 멀티파트 스트리밍, 포에버 아이프레임Forever IFrame, JSONP 폴링 등이 있다.

각 메소드들은 브라우저에 따라 성능이 좋아지거나 나빠지며 심지어 사용할 수 없는 경우도 있다. 하지만 웹 소켓의 경우에는 가까운 미래에 많이 사용될 것이다. 롱 폴링 같은 경우는 XMLHttpRequest를 지원하는 브라우저에서는 모두 잘 동작하므로 브라우저에서 구현하기 어렵지 않다.

롱 폴링은 그 이름에서 유추할 수 있듯이 클라이언트에서 서버로 요청을 보내며 서버가 새로운 데이터를 보내기 전까지 또는 서버와 클라이언트 연결이 종료될 때까지 클라이언트 요청이 유효하다.

콘솔에서 예제를 확인해보면 서버로 향한 클라이언트 요청은 응답이 오기 전까지 종료되지 않는다는 것을 알 수 있다.

| hOC6eXNTrdIhwO9aHcqX?t=1360049439710 | GET | (pending) |
| /socket.io/1/xhr-polling | | |

예제에서는 서버 푸시 대기 시간을 io.set("polling duration", 10) 코드에 따라 10초로 설정했다. 그리고 이 시간이 지나면 연결은 종료되고 다시 새로운 연결이 시작된다. 여기서 독자는 왜 연결을 종료시키는지 의문이 생길 것이다. 대답은 이런 식으로 연결을 종료시키지 않으면 서버 리소스가 모두 바닥나기 때문이다.

서버 콘솔에서는 보낸 데이터와 연결 종료를 확인할 수 있다.

```
debug - xhr-polling received data packet 5:::{"name":"pong","args":
[{"my":"clientData"}]}
debug - setting request GET /socket.io/1/xhr-polling/5jBJdDQ6Uc2ZYX
zZHcqd?t=1360050667340
debug - setting poll timeout
debug - discarding transport
```

마지막으로 살펴볼 것이 있다. 연결이 종료되면 받은 응답 또는 서버 측 타임아웃에 따라 새로운 연결이 생성된다. 그리고 새롭게 만들어진 요청은 대기 시간이 단축된 서버 대기 로직으로 연결된다.

Socket.IO에는 여기서 다 다루지 못하는 많은 기능이 있다. 그 중 하나로 연결된 모든 클라이언트에 메시지를 브로드캐스팅 하는 기능이 있다. 예를 들어 새로운 사용자가 연결되면 모든 연결된 클라이언트에게 메시지를 보낸다.

```
io.sockets.on('connection', function (soc) {
   soc.broadcast.emit('user connected');
});
```

그리고 Node.js를 사용하지 않더라도 코멧 또는 이와 비슷한 기술은 그 밖의 프로그래밍 언어에서도 사용할 수 있으며 이런 방법은 더 좋은 사용자 경험을 낳는다.

웹소켓으로 하는 실시간 메시지 교환

HTML5 웹 소켓 이전에는 채팅, 게임 이동 등 실시간 업데이트를 사용하는 부분에서 비효율적인 메소드에 의존해야만 했다.

이런 비효율적인 메소드 중 가장 많이 사용하는 메소드는 서버에서 이벤트가 도착할 때까지 연결을 잡아두고 있는 롱 폴링을 이용하는 방법이었다. 그 밖의 방법으로는 iframe 엘리먼트에 자바스크립트 블록 덩어리를 스트리밍하는 방법으로 일명 코멧 스트리밍이라는 방법이 있었다.

HTML5 웹 소켓은 웹 서버와 실시간으로 메시지를 교환하므로 API는 더 명확하고 사용하기 편하며 에러가 없고 메시지 효율도 높다.

이번 예제에서는 웹 소켓을 바탕으로 간단한 채팅 시스템을 만들어 본다. 예제는 시스템 확장이 용이하게 만들기 위해 웹 소켓 위에서 동작하는 디노드dnode를 사용한다. 디노드 라이브러리는 Node.js, 루비, 자바, 펄과 같은 다양한 언어와 플랫폼에서 동작하는 콜백 기반의 RPC를 제공한다. 그리고 기본적으로 서버 측 코드에서 마치 클라이언트 측 코드를 실행하는 것처럼 동작하게 한다.

서버를 Node.js로 구현한다. Node.js를 http://nodejs.org/에서 내려 받아 설치한다.

또한 Node.js 모듈도 설치한다. 다음처럼 예제에서 사용할 새로운 디렉터리를 만들고 모듈을 설치한다.

```
npm install -g browserify
npm install express shoe dnode
```

클라이언트와 서버 코드를 작성한다.

1. 채팅 메시지 리스트와 사용자 리스트 그리고 텍스트 입력 박스가 담긴 채팅 메인 페이지를 index.html에 만든다. 또한 전체 브라우저 화면을 채팅 페이지로 채울 수 있게 스타일을 입힌다.

```html
<!DOCTYPE HTML>
<html>
<head>
  <title>Using websockets</title>
  <style type="text/css">
    #chat { position: absolute; overflow: auto;
      top:0; left:0; bottom:2em; right:12em; }
    #users { position: absolute; overflow: auto;
      top:0; right: 0; width:12em; bottom: 0; }
    #input { position: absolute; overflow: auto;
      bottom:0; height:2em; left: 0; right: 12em; }
    #chat .name { padding-right:1em; font-weight:bold; }
    #chat .msg { padding: 0.33em; }
  </style>
</head>
<body>
  <div id="chat">
```

```
    </div>
    <div id="users">
    </div>
    <input type="text" id="input">
    <script src="http://ajax.googleapis.com/ajax/libs/jquery/1.8.2/
jquery.min.js"></script>
    <script type="text/javascript" src="example.min.js"></script>
</body>
</html>
```

2. chat.js 파일을 만든다. chat.js에서는 자바스크립트로 채팅 방을 구현한다. chat() 함수는 채팅 방을 만들고 join, leave, msg, ping, listen 함수로 구성된 공용 API를 반환한다.

```
function keysOf(obj) {
    var k = [];
    for (var key in obj)
        if (obj.hasOwnProperty(key))
            k.push(key);
    return k;
}
function chat() {
    var self = {},
        users = {},
        messages = [];

    // 서버 측에 저장된 데이터와 인자로 받은 사용자 인증 데이터를
    // 비교해 사용자 인증을 한다.
    function identify(user) {
        return users[user.name] && user.token
            == users[user.name].token;
    }
    // 이벤트를 리스닝하고 있는 연결된 모든 사용자에게 이벤트를 보낸다.
    function emit(event) {
        console.log(event);
        for (var key in users) if (users.hasOwnProperty(key))
            if (users[key].send) users[key].send(event);
```

```
}
// 이 함수에서는 특정 사용자에 대한 카운트다운을 리셋한다.
// 카운트다운은 모든 사용자 동작 그리고 브라우저가 보내는
// 메시지에 따라 리셋된다. 카운트다운이 발효되면 사용자가
// 브라우저를 닫고 더 이상 존재하지 않는다고 가정한다.
function resetTimeout(user) {
    if (user.timeout) {
        clearTimeout(user.timeout);
        user.timeout = null;
    }
    user.timeout = setTimeout(function() {
        self.leave(user, function() {});
    }, 60000);
}

// 사용자가 채팅 방에 입장할 때 사용자에게 유일한 이름을 할당한다.
// 할당에 성공하면 해당 사용자 이름에 한해 인증 토큰을 발행하며
// 이 인증 토큰이 있어야만 사용자로부터 오는 메시지가 허용된다.
// 사용자 리스트에 사용자가 들어간 후에는 인증 정보가 있는 지난 메시지가 발송된다.
self.join = function(name, cb) {
    if (users[name]) return cb(name + " is in use");
    users[name] = {
        name: name,
        token: Math.round(Math.random() * Math.pow(2, 30))
    }
    resetTimeout(users[name]);
    emit({type: 'join', name: name});
    cb(null, { you: users[name], messages: messages,
        users: keysOf(users) });
}
// leave 함수는 사용자가 브라우저를 닫고 채팅 방을 나갈 때 호출된다.
self.leave = function(user, cb) {
    if (!identify(user)) return
    clearTimeout(users[user.name].timeout);
    delete users[user.name];
    emit({type: 'leave', name: user.name});
    cb(null);
```

```
    }
    // 메시지 함수로 사용자는 메시지를 보낼 수 있다. 메시지는 타임스탬프와
    // 함께 저장돼 모든 사용자에게 이벤트로 보내진다.
    self.msg = function(user, text) {
        if (!identify(user)) return;
        resetTimeout(users[user.name]);
        var msg = {
            type: 'msg',
            name: user.name,
            text: text,
            time: Date.now()
        }
        messages.push(msg);
        emit(msg);
    }
    // ping 함수에서는 브라우저 타임아웃을 리셋한다.
    // 이 과정으로 서버는 사용자가 아직 브라우저를 닫지 않고 사용 중이라는 것을 나타낸다.
    self.ping = function(user) {
        if (identify(user))
            resetTimeout(users[user.name]);
    }
    // listen 함수는 사용자가 만든 콜백 함수를 매 이벤트마다 호출한다.
    // 이 코드로 서버에서는 클라이언트 측 코드를 호출할 수 있다.
    self.listen = function(user, send, cb) {
        if (!identify(user)) return
        users[user.name].send = send;
    }
    return self;
};
module.exports = chat;
```

3. 웹 서버가 동작하는 Node.js 스크립트를 server.js로 생성한다.

```
var express = require('express'),
    http    = require('http'),
    chat    = require('./chat.js'),
    shoe    = require('shoe'),
    dnode   = require('dnode')
```

```
// 익스프레스 인스턴스를 생성한다.
var app = express();
// 설정한 디렉터리에 있는 파일을 서비스한다.
app.use('/', express.static(__dirname));
// 웹 서버를 생성한 인스턴스로로 구동한다.
var server = http.createServer(app);
// 채팅 방 인스턴스를 생성한다.
var room = chat();

// 웹 소켓 스트림을 생성한다.
// 만든 웹 소켓 스트림에서는 디노드로 만든 채팅 방 API를 제공한다.
// 그리고 만든 웹 소켓 스트림을 /chat 주소에서 동작하는 http 서버에 설치한다.
shoe(function (stream) {
    var d = dnode(room);
    d.pipe(stream).pipe(d);
}).install(server, '/chat');
// 서버 기동 시작
server.listen(8080);
```

4. 채팅 클라이언트 동작을 구현한 example.js를 생성한다.

```
var shoe = require('shoe'),
    dnode = require('dnode');

$(function() {
    // 메시지를 메시지 div 엘리먼트에 추가한다.
    function addMsg(msg) {
        var dMsg = $("<div />").addClass('msg'),
            dName = $("<span />").addClass('name')
                .text(msg.name).appendTo(dMsg),
            dText = $("<span />").addClass('text')
                .text(msg.text).appendTo(dMsg);
        dMsg.appendTo("#chat");
        $("#chat").scrollTop($("#chat")[0].scrollHeight);
    }

    // 현재 사용자 리스트를 다시 표시
    function showUsers(users) {
```

```
        $("#users").html('');
        users.forEach(function(name) {
            $("<div />").addClass('user')
                .text(name).appendTo('#users');
        });
    }


    // 클라이언트 웹 소켓 스트림을 생성한다.
    // 이 웹 소켓 스트림은 디노드 인스턴스에 연결되어 있다.
    var stream = shoe('/chat');
    var d = dnode();
    // 원격 채팅 API가 사용가능해지면
    d.on('remote', function (chat) {
        // 그 밖의 사용자들이 사용하지 않는 적당한 별명으로 채팅 방 입장을 시도한다.
        function join(cb, msg) {
            var name = prompt(msg || "Enter a name");
            chat.join(name, function(err, data) {
                if (err) join(cb, err);
                else cb(data);
            });
        }
        join(function(data) {
            var me = data.you,
                users = data.users;
            // 사용자와 메시지를 표시한다.
            showUsers(users);
            data.messages.forEach(addMsg);
            // 사용자가 메시지를 전송한다.
            $("#input").on('keydown', function(e) {
                if (e.keyCode == 13) {
                    // sending works by calling the
                    // remote's msg function.
                    chat.msg(me, $(this).val());
                    $(this).val('');
                }

            });
```

```
        // 클라이언트가 이벤트 리스닝 중이라고 서버 측에 전달한다.
        chat.listen(me, function(e) {
            if (e.type == 'msg')
                return addMsg(e);
            if (e.type == 'leave')
                delete users[users.indexOf(e.name)];
            else if (e.type == 'join')
                users.push(e.name);
            showUsers(users);
        });
        // 서버 측에 30초마다 메시지를 보내 클라이언트가 실행중임을 알린다.
        setInterval(function() {
            chat.ping(me);
        }, 30000);

    });
});
// 디노드 메시지를 웹 소켓 스트림에 연결하고 스트림 메시지를 디노드에 연결한다.
d.pipe(stream).pipe(d);
});
```

5. browserify를 사용해 example.min.js를 만든다.

```
browserify example.js ?-debug -o example.min.js
```

6. 서버를 기동한다.

```
node server.js
```

7. 테스트를 위해 브라우저로 http://localhost:8080에 접속한다.

예제 분석

이번 예제에서는 웹 소켓 API를 직접 사용하지 않는다. 그 이유는 웹 소켓을 사용한 메시지 교환 동작 구현이 쉽지 않기 때문이다. 기본적으로 웹 소켓에서는 요청/응답 사이클을 지원하지 않는다. 이런 이유로 웹 소켓만을 사용해서는 이름이 사용가능한지 서버에 물어보는 것 같은 RPC 동작을 구현하기 힘들다.

반면 디노드 프로토콜을 사용하면 로컬 콜백을 원격 함수로 전달해 클라이언트의 콜백을 서버로 전달할 수 있다. 이 방법은 매우 강력한 방법이며 완전한 RPC 동작을 지원한다. 또한 애플리케이션의 동작 가용범위를 넓혀준다. 더욱이 생성된 API는 더 깔끔하고 효과적이다.

다음은 디노드로 구현한 채팅 방 동작이다.

1. 모든 함수의 값과 에러를 반환하는 계산 과정 전달 스타일의 객체를 생성한다. 이 객체는 채팅 방 객체이며 애플리케이션에서 사용하는 RPC API를 정의한다.

2. shoe 라이브러리에 기반한 웹 소켓 서버를 정의한다. shoe 라이브러리는 모든 연결된 클라이언트에 새로운 Node.js 스트림을 생성한다. 그리고 /chat 경로를 사용하는 HTTP 서버를 설치한다.

3. 모든 연결된 클라이언트 스트림을 새롭게 생성한 채팅 방 객체에 기반한 디노드 스트림에 연결한다.

그리고 클라이언트 API를 사용하려고 다음과 같은 동작을 구현했다.

1. shoe 라이브러리에 기반한 웹 소켓 클라이언트를 정의한다. 그리고 /chat 경로에 있는 HTTP 서버에 접속하고 연결에 성공하면 새로운 Node.js 스트림을 만든다.

2. 스트림을 새롭게 생성한 디노드 클라이언트에 연결한다.

3. 연결 후에는 디노드 클라이언트는 1에서 정의한 API가 담긴 객체를 받으며 객체 안에 있는 모든 함수를 사용할 수 있다.

 디노드의 자세한 설명을 https://github.com/substack/dnode에서 참조하라.

인터넷익스플로러 9 버전까지는 웹 소켓 API를 지원하지 않는다. 또한 2013년 2월 현재 최신 안드로이드(v4.2)에 내장된 브라우저에서도 웹 소켓 API를 지원하지 않는다.

9

클라이언트 템플릿

9장에서는 다음과 같은 내용을 알아본다.

- 핸들바를 사용한 객체 렌더링
- EJS를 사용한 객체 렌더링
- 제이드를 사용한 객체 렌더링
- 핸들바를 사용한 리스트 렌더링
- EJS를 사용한 리스트 렌더링
- 제이드를 사용한 리스트 렌더링
- 핸들바 헬퍼로 템플릿 간소화
- 핸들바 파셜로 템플릿 재사용
- EJS 파셜로 템플릿 재사용
- 제이드 필터 사용
- 제이드 믹스인 사용
- 제이드에서 레이아웃과 블럭을 사용

소개

최신 서비스 앱은 보통 멀티 플랫폼용으로 만들어지는데, 대상 플랫폼으로는 웹을 많이 사용한다. iOS, 안드로이드를 포함한 그 밖의 플랫폼과 웹 사이트에서는 API를 사용해 서비스를 구현한다. 게다가 HTML을 지원하지 않는 플랫폼도 있다. 또한 같은 데이터를 다른 HTML을 사용해 표시하기도 하고, 데이터를 표시하기 전 전처리 작업이 필요한 경우도 있다.

결국 이런 웹 앱은 서버 측 HTML 렌더링을 클라이언트 측 HTML 렌더링으로 이동시킨다. 그리고 서버 서비스에서는 저수준 데이터 직렬화 서비스(거의 JSON의 형태 또는 가끔 XML의 형태)를 하며 클라이언트는 이를 어떻게 표현할지 결정한다.

9장에서는 일반적으로 사용하는 클라이언트 측 템플릿 언어 몇 개를 살펴본다. 여기서 다루는 템플릿 언어가 각 템플릿을 구현할 때 쓰는 방법은 서로 다르다. 9장에서 살펴볼 템플릿 언어는 다음과 같다.

- ▶ **EJS** EJS는 자바스크립트의 최대 성능을 HTML에 조합한 것이다.
- ▶ **핸들바** 핸들바는 간결하지만 제한적인 블럭 구조를 HTML에 조합한 것이다.
- ▶ **제이드** 제이드Jade는 HTML 문법을 동적 기능을 지원하는 깔끔한 코드 버전으로 교체한다.

9장에서는 위에서 열거한 EJS, 핸들바, 제이드를 사용해 기본 객체 표시, 리스트 표시(또는 순환), 부분적인 템플릿 사용 등의 공통 작업을 살펴본다.

핸들바를 사용한 객체 렌더링

핸들바Handlebar는 HTML에 최소한의 문법을 추가한 템플릿 언어다. 핸들바의 목표는 템플릿의 로직을 최소화하고 전달받은 모델 객체를 뷰에 렌더링할 곳에 배치하는 데 있다.

이번 예제에서는 핸들바의 장점과 단점을 간단한 예제로 알아본다. 예제에서는 하루 중 시간대별로 사용자에게 인사하는 페이지를 만들어 본다.

핸들바(https://github.com/wycats/handlebars.js)를 내려 받는다. 예제를 위해 디렉터리를 생성하고 handlebars.js를 복사한다. 또는 아래 명령으로 직접 내려 받는다 (리눅스).

```
wget https://raw.github.com/wycats/handlebars.js/master/dist/handlebars.js
```

코드를 작성한다.

1. name 입력, greeting div 엘리먼트, 핸들바 템플릿이 있는 index.html 페이지를 만든다.

```html
<!DOCTYPE HTML>
<html>
<head>
  <title>Displaying objects with Handlebars</title>
</head>
<body>
  <form method="post">
    <p>Name: <input id="name" type="text" name="name"
      value="John"></p>
  </form>
  <div id="greeting">
  </div>
  <script id="template" type="text/x-handlebars-template">
  {{#if evening}}
  Good evening,
  {{/if}}
  {{#if morning}}
  Good morning,
  {{/if}}
  {{#if day}}
  Hello,
```

```
        {{/if}}
        <b>{{name}}</b>
        </script>
        <script src="http://ajax.googleapis.com/ajax/libs/jquery/1.8.2/
    jquery.min.js"></script>
        <script type="text/javascript" src="handlebars.js"></script>
        <script type="text/javascript" src="example.js"></script>
    </body>
    </html>
```

2. example.js를 만들고 템플릿을 데이터와 뷰에 바인드한다.

```
$(function() {
    var template = Handlebars.compile($('#template').html());
    function changeName() {
        var hour = new Date().getHours();
        $('#greeting').html(template({
            name: $("#name").val(),
            evening: hour > 18,
            morning: hour < 10,
            day: hour >= 10 || hour <= 18
        }));
    }
    $('#name').on('keypress keyup', changeName);
    changeName();
});
```

예제 분석

핸들바 템플릿은 보통 script 엘리먼트에 type 속성을 text/x-handlebars-
template으로 설정해 HTML 페이지 안에 배치한다. 브라우저는 스크립트를
인식하지 못하므로 스크립트 엘리먼트 안의 내용을 온전히 보존할 수 있다.

템플릿 사용은 두 단계에 걸쳐 처리된다. 첫 번째 단계로 템플릿 텍스트를 컴
파일해 자바스크립트 함수 형태로 반환한다. 그리고 두 번째 단계에서 모델
객체를 함수 매개변수(컴파일된 템플릿)로 전달하고 HTML 결과를 가져온다.

핸들바는 굉장히 제한적이고 최소화된 템플릿 언어다. 핸들바에서는 비교 연산자 같은 프로그래밍적인 로직을 엄격히 제한한다. 이 개념은 핸들바의 디자인적인 목표이며 좋은 아이디어다. 비지니스 로직으로 템플릿이 변경된다면 템플릿을 업데이트할 수가 없게 된다. 예를 들어 예제에서 자정부터 오전 2시까지를 저녁으로 간주한다면 템플릿 변경 없이 핸들바로 전달하는 모델을 생성할 때 조건을 하나 더 추가만 하면 된다.

반면 핸들바는 가끔 엄격한 제한으로 인해 사용하기 힘들 경우도 있다. 예를 들어 핸들바는 케이스 문법, 열거 문법, 'else if' 같은 문법을 지원하지 않아 모든 경우의 수, 객체의 실제 텍스트 또는 값에 있어 더욱 불 문법에 매달려야 한다. 이런 경우 모델은 뷰에 속한 정보를 침해하기도 한다.

EJS를 사용한 객체 렌더링

EJS는 템플릿 안에서 HTML과 자바스크립트 혼합을 허용하는 템플릿 언어다. EJS는 PHP와 ERB와 비슷하게 HTML에 별도의 태그를 추가해 HTML에서 벗어난 프로그래밍 언어가 되게 해 언어의 기능을 충분히 사용할 수 있게 한다.

이번 예제에서는 간단한 예제로 EJS를 살펴보며 하루의 시간대별로 사용자에게 인사하는 페이지를 만들어 본다.

준비

EJS를 http://embeddedjs.com/에서 내려 받아 예제 폴더에 ejs_production.js로 풀어놓는다.

예제 구현

예제를 살펴보자.

1. name 입력, greeting div 엘리먼트, EJS 템플릿이 담긴 index.html을 생성한다.

```
<!DOCTYPE HTML>
<html>
<head>
<title>Displaying an EJS object</title>
</head>
<body>
<form method="post">
    <p>Name: <input id="name" type="text" name="name" value="John"></p>
</form>
<div id="greeting">
</div>
<script id="template" type="text/ejs">
    <% if (hour > 18) { %>
        Good evening,
    <% } else if (hour < 10) { %>
        Good morning,
    <% } else { %>
        Hello,
    <% } %>
    <b><%= name %></b>
</script>
<script src="http://ajax.googleapis.com/ajax/libs/jquery/1.8.2/jquery.min.js"></script>
<script type="text/javascript" src="ejs_production.js"></script>
<script type="text/javascript" src="example.js"></script>
</body>
</html>
```

2. example.js를 만들어 템플릿을 데이터와 뷰에 바인딩한다.

```
$(function() {
    var template = new EJS({
        text: $('#template').html()
    });
```

```
function changeName() {
    $('#greeting').html(template.render({
        name: $("#name").val(),
        hour: new Date().getHours()
    }));
}
$('#name').on('keypress keyup', changeName);
changeName();
});
```

예제 분석

EJS 템플릿은 script 엘리먼트에 type 속성을 text/ejs로 설정해 페이지 안에 배치한다. 브라우저는 이 태그를 인식하지 못하는 타입으로 무시한다. 그래서 스크립트 안의 템플릿의 내용은 온전히 보존된다.

<% %>로 구분되는 EJS의 시작, 끝 구문 사이에서는 임의의 자바스크립트 코드를 쓸 수 있으며 이 자바스크립트 코드는 템플릿 렌더링 시 실행된다. 그리고 템플릿의 남은 부분은 순수 HTML이 된다. 이런 특징으로 인해 EJS를 쉽게 사용할 수 있다.

자바스크립트 코드의 실행 값을 출력하고 싶은 경우에는 다른 시작 태그 <%=를 사용해 실행 값을 HTML이 아닌 순수 텍스트로 출력한다.

템플릿을 사용하려면 새로운 EJS 객체를 생성한다. 이 과정에서 EJS 컴파일러를 호출하며 템플릿을 더 효과적인 형태로 컴파일한다. 컴파일된 객체의 render 메소드에 변수(데이터 모델)을 전달해 템플릿 렌더링에 사용한다.

부연 설명

HTML 코드를 출력하려면 <%= 태그 대신 <%- 태그를 사용한다. <%- 태그는 HTML 코드를 순수 텍스트로 여기지 않고 DOM 노드로 삽입하게 한다.

제이드를 사용한 객체 렌더링

제이드는 깔끔하고 명료한 템플릿 언어다. 또한 블럭, 엘리먼트 구조를 정의하려고 공백을 사용한다. 제이드에는 훌륭한 기능들이 많이 있다. 예를 들어 서브 템플릿, 서브 블록을 지정할 수 있는 믹스인은 상속개념을 구현할 수 있는 템플릿 섹션이다.

이번 예제에서는 제이드를 사용해 사용자에게 인사를 하는 페이지를 만들어본다. 그리고 9장 후반부에서는 제이드의 심화 기능을 알아본다.

준비

https://github.com/visionmedia/jade에서 jade.min.js를 내려 받아 recipe 폴더에 저장한다.

예제 구현

예제를 살펴보자.

1. index.html을 만들고 사용자 이름을 입력 받는 작은 폼과 인사말이 출력되는 div 엘리먼트, 인사말 템플릿을 만든다.

```html
<!DOCTYPE HTML>
<html>
<head>
<title>Displaying an EJS object</title>
</head>
<body>
<form method="post">
    <p>Name: <input id="name" type="text" name="name" value="John">
</p>
</form>
<div id="greeting">
</div>
```

```
<script id="template" type="text/jade">

if hour > 18
    span Good evening,
else if hour > 18
    span
        | Good
        | morning,
else
    span Hello,
b= name

</script>
<script src="http://ajax.googleapis.com/ajax/libs/jquery/1.8.2/
jquery.min.js"></script>
<script type="text/javascript" src="jade.min.js"></script>
<script type="text/javascript" src="example.js"></script>
</body>
</html>
```

2. example.js를 만들어 템플릿을 컴파일하고 데이터와 뷰에 바인드한다.

```
$(function() {
    var template = jade.compile(
        $('#template').html()
    );
    function changeName() {
        $('#greeting').html(template({
            name: $("#name").val(),
            hour: new Date().getHours()
        }));
    }
    $('#name').on('keypress keyup', changeName);
    changeName();
});
```

제이드 템플릿은 HTML 구조와 매우 유사하다. 예제에서는 제이드 템플릿을 사용해 인사말을 표시하는 span 엘리먼트 한 개와 사용자 이름을 표시하는 b(bold) 엘리먼트를 만든다.

제이드는 조건문을 지원한다. 제이드 문법은 실제 렌더링이 되지 않는다는 것만 제외하고 엘리먼트 문법과 비슷하다. 조건문은 별도의 괄호가 필요하지 않지만 자바스크립트 코드처럼 불bool 표현을 사용할 수 있다.

예제의 "Good Mornig" 인사말에서 확인할 수 있듯이 제이드는 파이프를 사용해 텍스트를 복수 라인으로 분리할 수 있다.

또한 HTML 마크업이 아닌 변수의 내용을 표시하려고 "=" 문자를 사용하며 필터링된 콘텐츠를 표시하지 않기 위해서는 "-" 문자를 사용한다.

제이드 템플릿을 사용하려면 jade.complie을 사용해 컴파일 해야 한다. 컴파일 결과는 example.js에 있는 template 함수다. 그리고 이 함수에 객체를 전달하면 렌더링된 HTML을 반환하고 반환된 HTML을 #greeting 엘리먼트에 표시한다.

핸들바를 사용한 리스트 렌더링

템플릿 언어가 필요한 가장 일반적인 이유로 객체 리스트 표시가 있다. 객체 리스트 표시에 템플릿을 사용하지 않는다면 일일이 직접 DOM에 접근해 렌더링을 해야 한다. 핸들바는 리스트 순환에 있어 쉽고, 깔끔하며 직관적인 문법으로 되어있으며 each 구조문이 있어 그 밖의 언어의 for each 루프 문과 비슷한 문법을 제공한다.

이번 예제에서는 메시지 객체 리스트를 표시한다. 각 메시지 객체에는 작가, 도착 시간, 바디, 읽은 상태 등이 있다. 그리고 읽은 상태를 구분해 각 메시지마다 다르게 스타일을 적용한다.

9장에 나오는 그 밖의 예제와 같이 템플릿은 HTML안의 script 태그에 있다. 하지만 예제에 필요한 데이터로 컴파일할 수 있으므로 서버에 요청해 필요한 데이터를 받아 템플릿에 적용할 수도 있다.

준비

https://github.com/wycats/handlebars.js에서 핸들바를 내려 받는다. 예제를 위해 디렉터리를 만들고 handlebars.js를 복사한다. 아니면 다음처럼 직접 내려 받는다(리눅스).

```
wget https://raw.github.com/wycats/handlebars.js/master/dist/handlebars.js
```

예제 구현

예제를 살펴보자.

1. index.html을 만든다. 만든 HTML 페이지에는 헤더, 핸들바 템플릿, 메시지 리스트가 표시될 div 엘리먼트 그리고 리스트 스타일을 둔다.

```
<!DOCTYPE HTML>
<html>
<head>
<title>Rendering an array with Handlebars</title>
<style type="text/css">
.message {
    border-bottom:solid 1px #ccc;
    width: 250px;
    padding: 5px; }
.message p { margin: 0.5em 0; }
.message.unread { font-weight:bold; }
.message .date {
    float: right;
    font-style: italic;
    color: #999; }
```

```
</style>
</head>
<body>
<h2>Messages</h2>
<div id="list">
</div>
<script id="template" type="text/handlebars">

{{#each list}}
    <div class="message {{status}}">
        <p><span class="name">{{name}}</span>
        <span class="date">{{date}}</span></p>
        <p class="text">{{text}}</p>
    </div>
{{/each}}

</script>
<script src="http://ajax.googleapis.com/ajax/libs/jquery/1.8.2/
jquery.min.js"></script>
<script type="text/javascript" src="handlebars.js"></script>
<script type="text/javascript" src="example.js"></script>
</body>
</html>
```

2. example.js를 만들고 template 변수를 사용해 div 엘리먼트에 예제를 표시한다.

```
$(function() {
    var template = Handlebars.compile($('#template').html());
    $('#list').html(template({list:[
        { status: 'read',   name: 'John', date: 'Today',
            text: 'just got back, how are you doing?' },
        { status: 'unread', name: 'Jenny', date: 'Today',
            text: 'please call me asap' },
        { status: 'read',   name: 'Jack', date: 'Yesterday',
            text: 'where do you want to go today?' },
    ]}));
});
```

핸들바에는 {{#each}} 구문이 있어 인자로 넘긴 배열을 순환할 수 있다.

{{#each}} 구문 안에서는 배열의 모든 멤버 변수가 현재 범위로 들어와 이름으로 직접 접근할 수 있다. 이 기능은 루프 안에서 변수 이름을 반복적으로 쓰지 않아도 돼 템플릿을 굉장히 단순화한다.

예제에서 보듯이 배열 엘리먼트 변수 사용에는 제한이 없다. 또한 이 변수들은 속성 중간 또는 HTML 안의 어디서든지 사용할 수 있다.

EJS를 사용한 리스트 렌더링

일반적으로 아이템 리스트를 표시할 때 템플릿 언어를 많이 사용한다. EJS는 자바스크립트에 바탕을 두고 있으므로 루프 구조로 리스트를 렌더링한다.

이번 예제에서는 메시지 객체 리스트를 표시한다. 각 메시지 객체에는 작가, 도착 시간, 바디, 읽은 상태가 있다. 그리고 읽은 상태에 따라 다른 스타일을 적용한다.

준비

EJS를 http://embeddedjs.com/에서 내려 받아 ejs_production.js에 압축을 푼다.

예제 구현

예제를 살펴보자.

1. index.html을 만들고 헤더, EJS 템플릿, 메시지 리시트를 표시할 div 엘리먼트, 리스트에 적용할 스타일을 생성한다.

```html
<!DOCTYPE HTML>
<html>
<head>
<title>Rendering an array with EJS</title>
<style type="text/css">
.message {
    border-bottom:solid 1px #ccc;
    width: 250px;
    padding: 5px; }
.message p { margin: 0.5em 0; }
.message.unread { font-weight:bold; }
.message .date {
    float: right;
    font-style: italic;
    color: #999; }
</style>
</head>
<body>
<h2>Messages</h2>
<div id="list">
</div>
<script id="template" type="text/ejs">
<% for (var k = 0; k < list.length; ++k) {
    var message = list[k];  %>
    <div class="message <%= message.status %>">
        <p><span class="name"><%= message.name %></span>
        <span class="date"><%= message.date %></span></p>
        <p class="text"><%= message.text %></p>
    </div>
<% } %>
</script>
<script src="http://ajax.googleapis.com/ajax/libs/jquery/1.8.2/
jquery.min.js"></script>
<script type="text/javascript" src="ejs_production.js"></script>
<script type="text/javascript" src="example.js"></script>
</body>
</html>
```

2. 그리고 example.js에서 render 함수를 텍스트 데이터와 함께 호출한다.

```
$(function() {
    var template = new EJS({
        text: $('#template').html()
    });
    $('#list').html(template.render({list:[
        { status: 'read',   name: 'John', date: 'Today',
            text: 'just got back, how are you doing?' },
        { status: 'unread', name: 'Jenny', date: 'Today',
            text: 'please call me asap' },
        { status: 'read',   name: 'Jack', date: 'Yesterday',
            text: 'where do you want to go today?' },
    ]}));
});
```

예제 분석

render 함수에서는 메시지 배열이 있는 모델 객체를 렌더러에 전달한다.

렌더러에서는 메시지 배열을 표시하려고 표준 자바스크립트 for 루프를 사용한다. 자바스크립트 코드는 EJS 시작, 끝 코드 중간에 삽입한다. 예제에서는 루프 안에 변수를 할당하고 템플릿 전반에서 사용한다.

예제에서 보듯이 EJS에서는 자바스크립트를 템플릿 안의 어디에서나 사용할 수 있다. 또한 템플릿에서는 class 속성을 사용할 수 있다(메시지 읽은 상태에 따라 CSS 클래스 적용). 즉, 템플릿 안에서는 HTML 속성을 사용할 수 있다.

부연 설명

이 예제에서 EJS는 자바스크립트만큼이나 강력하다는 것을 보여준다. 하지만 템플릿 안에서는 비지니스 로직 추가를 전혀 허용하지 않는다. 대신 템플릿 코드를 직관적으로 사용할 수 있는 모델 객체를 준비해야 한다.

제이드를 사용한 리스트 렌더링

제이드도 그 밖의 템플릿 언어처럼 리스트 렌더링을 지원한다. 제이드에서는 each 구조문을 사용해 배열 엘리먼트를 탐색하고 각 경우에 따라 HTML 엘리먼트를 출력한다.

이번 예제에서는 메시지 객체 리스트를 표시한다. 각 메시지 객체에는 작가, 도착 시간, 바디, 읽은 상태 등이 있다. 그리고 읽은 상태를 구분해 각 메시지마다 다르게 스타일을 적용한다.

또한 홀수, 짝수 행에 각기 다른 배경을 설정한다.

준비

https://github.com/visionmedia/jade에서 jade.min.js를 내려 받아 예제 폴더에 복사한다.

예제 구현

예제를 살펴보자.

1. index.html을 만들고 CSS 스타일, div 엘리먼트, 템플릿 script 엘리먼트를 추가한다.

```
<!DOCTYPE HTML>
<html>
<head>
<title>Rendering an array with EJS</title>
<style type="text/css">
.message {
    border-bottom:solid 1px #ccc;
    width: 250px;
    padding: 5px; }
.message p { margin: 0.5em 0; }
.message.unread { font-weight:bold; }
```

```
    .message.odd { background-color:#f5f5f5; }
    .message .date {
        float: right;
        font-style: italic;
        color: #999; }
</style>
</head>
<body>
<h2>Messages</h2>
<div id="list">
</div>
<script id="template" type="text/jade">

each msg,i in list
  .message(class=msg.status + (i % 2?' odd':' even'))
    p
      span.name=msg.name
      span.date=msg.date
    p.text=msg.text

</script>
<script src="http://ajax.googleapis.com/ajax/libs/jquery/1.8.2/
jquery.min.js"></script>
<script type="text/javascript" src="jade.min.js"></script>
<script type="text/javascript" src="example.js"></script>
</body>
</html>
```

2. example.js를 만들고 엘리먼트와 템플릿을 모델 데이터로 래핑한다.

```
$(function() {
    var template = jade.compile($('#template').html());
    $('#list').html(template({list:[
        { status: 'read',   name: 'John', date: 'Today',
            text: 'just got back, how are you doing?' },
        { status: 'unread', name: 'Jenny', date: 'Today',
            text: 'please call me asap' },
```

```
                    { status: 'read',   name: 'Jack', date: 'Yesterday',
                        text: 'where do you want to go today?' },
            ]}));
        });
```

제이드에서는 배열 엘리먼트에 접근하는 것 외에도 each 구조문으로 엘리먼트 인덱스에도 접근할 수 있다.

제이드에서 배열의 인덱스를 사용하면 여타 템플릿 언어와 다른 효과도 구현할 수 있다. 즉, 인덱스로 홀수 메시지에 홀수 class를 적용하고 짝수 메시지에 짝수 class를 적용할 수 있다. 물론 이런 경우에는 CSS 유사 선택자를 사용한다.

```
.message:nth-child(odd) { ... }
.message:nth-child(even) { ... }
```

또한 제이드에서는 엘리먼트 이름을 생략할 수 있으며 클래스와 ID 속성만을 사용할 수도 있다. 예제의 경우에서는 div 엘리먼트에 해당한다.

그리고 엘리먼트 태그 뒤에 CSS 스타일 클래스와 ID를 추가해 적절한 속성을 엘리먼트에 추가할 수 있다.

물론 예제에서와 같이 스타일 클래스 말고 엘리먼트에 추가하는 스타일 배열 변수를 적용할 수도 있다.

핸들바 헬퍼로 템플릿 간소화

템플릿을 쓰는 동안에 경고, 대화 상자, 리스트 같은 공통 비주얼 엘리먼트를 많이 사용하게 된다. 이런 비주얼 엘리먼트는 내부 구조가 매우 복잡하며, 모델을 비주얼 엘리먼트로 매핑하려면 매번 템플릿을 작성해야 한다. 그리고 이런 작업은 에러가 발생할 확률이 높으며 반복적인 작업을 요한다.

핸들바는 공통 엘리먼트를 대체하는 템플릿과 헬퍼helper로 공통 엘리먼트가 있는 템플릿을 간단하게 작성할 수 있게 한다.

이번 예제에서는 링크, 이미지, 정렬되지 않은 리스트를 표시하려고 핸들바 헬퍼를 작성한다. 또한 이름, 사진, 프로파일 링크가 있는 사람 리스트를 표시한다.

준비

https://github.com/wycats/handlebars.js에서 핸들바를 내려 받는다. 예제를 위해 디렉터리를 만들고 handlebars.js를 복사한다. 아니면 다음처럼 직접 내려 받는다(리눅스).

```
wget https://raw.github.com/wycats/handlebars.js/master/dist/handlebars.js
```

예제 구현

예제를 살펴보자.

1. index.html을 만들고 리스트 스타일, div 엘리먼트, 리스트 템플릿을 생성한다. 생성한 템플릿에서는 헬퍼를 사용한다.

```
<!DOCTYPE HTML>
<html>
<head>
    <title>Helpers in Handlebars</title>
    <style type="text/css">
    li { padding:1em; }
    li img { vertical-align:middle; }
    </style>
</head>
```

```html
<body>
    <div id="list">
    </div>
    <script id="template" type="text/handlebars">

    {{#ul list}}
    {{img image alt=name}} {{name}}
    {{/ul}}

    </script>
    <script src="http://ajax.googleapis.com/ajax/libs/jquery/1.8.2/
jquery.min.js"></script>
    <script type="text/javascript" src="handlebars.js"></script>
    <script type="text/javascript" src="example.js"></script>
</body>
</html>
```

2. example.js 파일을 만들고 헬퍼 동작과 템플릿 렌더링을 구현한다.

```javascript
$(function() {

    Handlebars.registerHelper('ul', function(items, options) {
        if (items .length) return '<ul>' + items.map(function(item) {
            return '<li>' + options.fn(item) + '</li>';
        }).join('') + '</ul>'
        else
            return options.inverse(this);
    });

    Handlebars.registerHelper('img', function(src, options) {
        return new Handlebars.SafeString('<img src="' + src
            + '" alt="'+ (options.hash['alt'] || '')
            + '" title="'+ (options.hash['title'] || '')
            + '">');
    });

    var template = Handlebars.compile($('#template').html());
```

```
    $('#list').html(template({list:[
        { name: 'John',  image: '1.png'},
        { name: 'Jack',  image: '2.jpg'},
        { name: 'Jenny', image: '3.jpg'},
    ]})));
});
```

예제 분석

예제 템플릿에서는 리스트를 표시하기 위한 ul, 이미지를 표시하기 위한 img 등 헬퍼 두 개를 사용했다.

그리고 핸들바에는 일반과 블럭이라고 하는 두 가지 헬퍼 타입이 존재한다. 블럭 헬퍼를 다음처럼 사용한다.

```
{{#helperName argument param=value otherparam=value}}
    body
{{else}}
    alternative
{{/name}}
```

핸들바가 블럭으로 진입하면 한 개 또는 인자 두 개가 있는 블럭 함수를 호출한다.

```
function helper(argument, options) {
    …
}
```

위 코드와 같이 헬퍼 함수는 첫 번째 인자를 전달 받는다. 첫 번째 인자가 유효하지 않으면 두 번째 options 인자가 첫 번째 인자로 된다.

또한 이름이 있는 매개변수도 options 인자에서 사용할 수 있다. 예를 들어 hash 프로퍼티는 options.hash가 된다.

다음에 살펴볼 것은 필수 블럭 인자다. 블럭 인자는 options.fn으로 helper 함수 안에서 사용할 수 있다. 그리고 블럭 인자는 콘텍스트를 인자로 취해 블럭 렌더링 결과를 반환하는 함수다.

else 조건문에서는 options.inverse 함수를 사용했으며 이 함수는 옵션이고 생략할 수 있다. 생략되면 options.inverse 대신 기본 블럭 함수가 사용된다.

예제에서는 ul 헬퍼에 리스트를 전달했다. ul 헬퍼는 리스트에 아이템이 있는 경우에 각 아이템마다 블럭을 사용한다. 하지만 리스트에 아이템이 없는 경우 빈 리스트 메시지를 표시하는 블럭을 사용한다.

한편 일반 헬퍼를 다음처럼 사용한다.

```
{{helperName argument param=value otherparam=value}}
```

일반 헬퍼는 블럭 매개변수를 제외한 블럭 헬퍼와 비슷하게 동작한다. 예제에서는 이미지 텍스트로 alt를 매개변수로 전달했다.

지금까지 설명한 두 가지 타입의 헬퍼는 모두 HTML을 반환한다.

예제의 example.js에서는 Handlebars.registerHelper를 사용해 헬퍼를 등록하며 이로 인해 템플릿을 연이어 사용할 수 있다. 그 후에는 템플릿과 데이터로 render를 호출해 헬퍼가 HTML을 생성하게 한다.

```
<ul>
    <li> <img src="1.png" alt="John" title=""> John </li>
    <li> <img src="2.jpg" alt="Jack" title=""> Jack </li>
    <li> <img src="3.jpg" alt="Jenny" title=""> Jenny </li>
</ul>
```

핸들바 파셜로 템플릿을 재사용

핸들바 파셜partials이란 어떤 콘텍스트로 다른 템플릿에서 실행되는 템플릿을 말한다.

파셜 템플릿의 한 예로는 사용자 로그인 박스가 있다. 사용자 로그인 박스에서는 사용자 이름과 읽지 않은 공지 알림 그리고 로그인 사용자를 위한 로그아웃 링크 등이 존재한다. 로그인이 되어있지 않은 경우에는 페이스북이나 트위터 같은 일반 로그인 박스를 표시한다.

파셜 템플릿은 헬퍼에 전달하는 매개변수가 없을 때나 복잡한 로직이 필요 없을 때 헬퍼 대신 사용한다. 또한 동적으로 생성되는 콘텐츠의 양이 작고 HTML 양이 많을 때 유용하다. 파셜 템플릿에서는 문자열로 변환 없이 HTML을 직접 사용할 수 있기 때문이다.

이번 예제에서는 대화 목록 모델을 표시하려고 파셜 템플릿을 사용한다. 또한 재귀적으로 파셜 템플릿을 재사용하는 방법도 알아본다.

준비

https://github.com/wycats/handlebars.js에서 핸들바를 내려 받는다. 예제를 위해 디렉터리를 만들고 handlebars.js를 복사한다. 아니면 다음처럼 직접 내려 받는다(리눅스).

```
wget https://raw.github.com/wycats/handlebars.js/master/dist/handlebars.js
```

예제 구현

예제를 살펴보자.

1. index.html을 만들고 대화가 표시될 div 엘리먼트, 메인 대화 템플릿, 재귀적인 파셜 대화 목록 템플릿을 생성한다.

```
<!DOCTYPE HTML>
<html>
<head>
<title>Partials in Handlebars</title>
<link rel="stylesheet" type="text/css" href="style.css">
</head>
<body>
<div id="list" class="conversation">
</div>

<script id="thread-template" type="text/handlebars">
```

```html
    <div class="message">
        <img src="{{image}}">
        <span class="name">{{from}}</span>
        <span class="date">{{date}}</span>
        <p class="text">{{text}}</p>
    </div>
    <div class="replies">
        {{#each replies}}
            {{> thread}}
        {{/each}}
    </div>
</script>

<script id="template" type="text/handlebars">
<h2>{{topic}}</h2>
{{> thread}}
<p><input type="button" value="Reply"></p>
</script>

<script src="http://ajax.googleapis.com/ajax/libs/jquery/1.8.2/
jquery.min.js"></script>
<script type="text/javascript" src="handlebars.js"></script>
<script type="text/javascript" src="example.js"></script>
</body>
</html>
```

2. 메시지에 스타일을 적용하려고 style.css를 만들고 다음과 같은 CSS 코드
   를 삽입한다.

```css
* { box-sizing: border-box; }
.conversation { width: 70ex; }
.message {
    background-color:#f5f5f5;
    padding: 5px;
    margin:5px 0;
    float:left;
    clear: both;
```

```
        width:100%;
}
.message p {
    margin: 0 0 0.5em 0; }
.message .name {
    font-weight: bold; }
.message img {
    float: left;
    margin-right: 1em}
.message.unread { font-weight:bold; }
.message .date {
    margin-left:1em;
    float: right;
    font-style: italic;
    color: #999; }
.replies {
    margin-left:3em;
    clear:both; }
```

3. example.js에서는 렌더링을 구현했다.

```
$(function() {
    Handlebars.registerPartial('thread', $("#thread-template").
html());
    var template = Handlebars.compile($('#template').html());
    $('#list').html(template({
        topic: "The topic of this conversation",
        from: 'John',
        image: '1.png', text: "I wrote some text",
        date: 'Yesterday',
        replies:[
            {from: 'Jack',
                image: '2.jpg',
                text: "My response to your text is favorable",
                date: 'Today' ,
                replies: [
                    {from: 'John',
                        image: '1.png',
```

```
                        text: "Thank you kindly",
                        date: 'Today'}
                ]},
            {from: 'Jenny',
                image: '3.jpg',
                text: "I'm also going to chime in",
                date: 'Today' }
        ]}));
    });
```

이번 예제에서 사용한 메시지 데이터 구조는 재귀적이며 사용자 이름, 사용자 사진, 메시지 텍스트, 메시지 날짜와 같은 항목이 있다. 또한 메시지 댓글도 존재한다.

예제에서는 파셜 템플릿을 사용해 대화 목록 한 개의 메시지 데이터 구조를 표시한다. 또한 메시지를 자세히 표시하기 위한 설정뿐만 아니라 댓글을 순환하고 표시한다.

파셜 템플릿은 메인 템플릿으로부터 호출되어 전체 대화 목록을 가져온다.

또한 핸들바의 파셜 템플릿은 현재 콘텍스트의 변수를 가져와 호출할 수 있다. 즉, 파셜은 파셜 호출을 파셜 템플릿의 내용을 직접 대체하는 것처럼 동작한다.

```
{{> partial}}
```

부연 설명

파셜 템플릿은 헤더, 풋터뿐만 아니라 재귀적으로도 사용한다. 특히 상당히 큰, 재사용이 가능한 웹 사이트의 일부분을 파셜 템플릿으로 분할하면 코드 중복을 피할 수 있다. 그리고 코드 변경을 쉽게 할 수 있으며 재사용성이 높아진다.

EJS 파셜로 템플릿을 재사용

파셜 템플릿은 복수 페이지에서 여러 번 사용할 수 있는 큰 HTML 덩어리다. 파셜 템플릿은 일반적으로 헤더, 풋터, 사이트 메뉴, 로그인 박스, 경고 등에서 사용한다.

EJS의 최신 버전에서는 파셜 템플릿을 지원하지 않는다. 다시 말해 삭제된 기능이다. 하지만 템플릿 안에 그 밖의 템플릿을 사용할 수 있는 방법이 또 있는데 컴파일된 템플릿을 데이터 모델로 포함시키는 방법이다.

이번 예제에서는 EJS로 재귀적 파셜 템플릿을 사용해 대화 목록을 만들어본다.

준비

EJS는 http://embeddedjs.com/에서 내려 받고 예제의 ejs_production.js에 압축을 푼다.

예제 구현

예제를 살펴보자.

1. index.html을 만들고 대화가 표시될 div 엘리먼트, 메인 대화 템플릿, 재귀 파셜 대화 목록 템플릿을 생성한다.

```
<!DOCTYPE HTML>
<html>
<head>
<title>Partials in EJS</title>
<link rel="stylesheet" type="text/css" href="style.css">
</head>
<body>
<div id="list" class="conversation">
</div>
```

```
<script id="thread-template" type="text/ejs">
    <div class="message">
        <img src="<%= thread.image %>">
        <span class="name"><%= thread.from %></span>
        <span class="date"><%= thread.date %></span>
        <p class="text"><%= thread.text %></p>
    </div>
    <div class="replies">
        <% thread.replies && thread.replies.forEach(function(reply) { %>
            <%= partial.render({thread:reply, partial:partial}) %>
        <% }); %>
    </div>
</script>

<script id="template" type="text/ejs">
<h2><%= thread.topic %></h2>
<%= partial.render({thread: thread, partial: partial}) %>
<p><input type="button" value="Reply"></p>
</script>

<script src="http://ajax.googleapis.com/ajax/libs/jquery/1.8.2/
jquery.min.js"></script>
<script type="text/javascript" src="ejs_production.js"></script>
<script type="text/javascript" src="example.js"></script>
</body>
</html>
```

2. 템플릿에 적용할 스타일을 style.css에 추가한다.

```
* { box-sizing: border-box; }
.conversation { width: 70ex; }
.message {
    background-color:#f5f5f5;
    padding: 5px;
    margin:5px 0;
    float:left;
    clear: both;
    width:100%;
```

```
    }
    .message p {
        margin: 0 0 0.5em 0; }
    .message .name {
        font-weight: bold; }
    .message img {
        float: left;
        margin-right: 1em}
    .message.unread { font-weight:bold; }
    .message .date {
        margin-left:1em;
        float: right;
        font-style: italic;
        color: #999; }
    .replies {
        margin-left:3em;
        clear:both; }
```

3. 렌더링 코드를 example.js에 추가한다.

```
$(function() {
    var template = new EJS({
        text: $('#template').html()
    });

    var threadTemplate = new EJS({
        text:$("#thread-template").html()
    });
    $('#list').html(template.render({
        partial: threadTemplate,
        thread:{
            topic: "The topic of this conversation",
            from: 'John',
            image: '1.png', text: "I wrote some text",
            date: 'Yesterday',
            replies:[
                {from: 'Jack',
                    image: '2.jpg',
```

```
                      text: "My response to your text is favorable",
                      date: 'Today' ,
                      replies: [
                          {from: 'John',
                              image: '1.png',
                              text: "Thank you kindly",
                              date: 'Today'}
                      ]},
                      {from: 'Jenny',
                          image: '3.jpg',
                          text: "I'm also going to chime in",
                          date: 'Today' }
              ]}}));
      });
```

예제 분석

메시지 목록은 재귀적 데이터 구조로 되어있다. 이 데이터 구조는 상세한 메시지(날짜, 사용자, 텍스트)와 그 자신이 메시지 목록인 댓글로 구성되어 있다.

파셜 템플릿을 템플릿 안에서 사용하려면 파셜 템플릿을 모델로 전달하면 된다. 그러면 템플릿에서 파셜 템플릿을 호출할 수 있으며 재귀적 파셜 대화 목록 템플릿의 모델 안에서도 사용할 수 있다.

예제의 파셜 템플릿은 메시지의 자세한 내용을 표시하며 댓글이 있는 경우에는 모든 댓글에 대한 렌더링을 한다. 또한 각 댓글 안에서는 다시 파셜 템플릿 객체를 사용해 다음 댓글을 표시할 수 있게 한다.

결국 더 이상 렌더링할 대화 목록이 없을 때 메시지 트리가 완성된다.

근본적으로 EJS에서는 더 이상 파셜을 지원하지 않음에도 불구하고 이번 예제에서는 여전히 EJS 템플릿을 각 템플릿안에서 사용할 수 있는 방법을 제시한다. 그러므로 모든 데이터 모델에 걸쳐 등록된 파셜 테이블을 전달해 EJS의 기능에 파셜 지원을 확장할 수 있다.

제이드 필터 사용

제이드 필터는 사용자로 하여금 제이드 템플릿안에서 다른 마크업 사용을 허용하는 강력한 기능이다. 제이드 필터의 주된 목적은 사용자가 템플릿의 특정 부분에 적절한 도구의 사용을 허용함으로써 더 간결한 템플릿을 만드는 데 있다.

이전 예제에서는 제이드 필터를 사용해 템플릿안에 마크다운을 끼워 넣어 필터 동작을 설명한다.

제이드의 클라이언트 버전은 https://github.com/visionmedia/jade의 jade.js를
참조한다. 하지만 제이드는 기본적으로 마크다운 필터를 지원하지 않는다. 그
러므로 마크다운을 지원하게 하려면 jade.js 파일을 직접 수정해야 한다. 우선
jade.js에서 `markdown` 필터를 정의한 곳을 찾아보자.

```
markdown: function(str){
    var md;
    // 마크다운 지원
    try {
        ….
    }
    str = str.replace(/\\n/g, '\n');
    return md.parse(str).replace(/\n/g, '\\n').replace(/'/g,'''');
},
```

그리고 위 함수를 다음 함수로 변경한다.

```
markdown: function(str){
    str = str.replace(/\\n/g, '\n');
    return markdown.toHTML(str).replace(/\n/g, '\\n').
    replace(/'/g,'''');
},
```

위 코드로 제이드에서는 전역으로 정의된 마크다운 객체를 사용할 수 있게 됐
다. 예제에서는 이 마크다운 객체에 외부 마크다운 스크립트를 추가해서 사용
한다.

예제를 살펴보자.

1. index.html을 만들고 템플릿이 위치할 `div` 엘리먼트와 템플릿을 생성
   한다.

```
<!DOCTYPE HTML>
<html>
<head>
<title>Using the markdown filter in Jade</title>
<script type="text/javascript" src="jquery.min.js"></script>
<script type="text/javascript" src="https://rawgithub.com/spion/
markdown-js/master/lib/markdown.js"></script>
<script type="text/javascript" src="jade.js"></script>
<script type="text/javascript" src="example.js"></script>
</head>
<body>
<h2>Rendered markdown</h2>
<div id="list">
</div>
<script id="template" type="text/jade">

#header
  | Hello
#content
  :markdown
    # Jade-markdown hybrid
    **Jade** simplifies the writing of HTML markup and dynamic
    templates. However, its not very good at simplifying the
    writing textual content that combines headings, paragraphs
    and images.

    This is where the **markdown** filter steps in. The filter
    allows you  to write text documents and easily embed
    [links](http://google.com) or images such as:

    ![Google](https://www.google.com/images/srpr/logo3w.png)

    Because filters are post-processed by Jade, we can easily
    add dynamic content such as the current date:
    #{new Date().toString()} or model #{prop} passed to the
    template function and have it processed by Jade.
```

```
    </script>
    </body>
    </html>
```

2. example.js를 만들고 템플릿을 엘리먼트에 바인딩한다.

```
$(function() {
    var template = jade.compile($('#template').html());
    $('#list').html(template({prop: 'properties' }));
});
```

예제 분석

예제에서 제이드가 :markdown 블럭으로 들어오면 이 블록 안에 있는 텍스트를 앞에서 생성한 마크다운의 filter 함수로 전달한다. 이 filter 함수는 markdown-js를 HTML 메소드로 호출해 마크다운을 처리하고 HTML을 생성한다.

Rendered markdown

Hello

Jade-markdown hybrid

Jade simplifies the writing of HTML markup and dynamic templates. However, its not very good at simplifying the writing textual content that combines headings, paragraphs and images.

This is where the **markdown** filter steps in. The filter allows you to write text documents and easily embed links or images such as:

Because filters are post-processed by Jade, we can easily add dynamic content such as the current date: Tue Apr 23 2013 12:56:56 GMT+0200 (CEST) or model properties passed to the template function and have it processed by Jade.

제이드 믹스인 사용

그 밖의 템플릿 언어의 파셜 템플릿과 비슷하게 제이드에서는 매개변수를 받는 템플릿인 믹스인mixin을 지원한다. 믹스인은 경고 박스, 대화 상자, 메뉴와 같은 일반적으로 많이 사용하는 HTML을 생성하는 데 효과적이다.

이번 예제에서는 대화 목록 템플릿을 사용해 제이드의 믹스인과 그 밖의 템플릿 언어의 파셜 템플릿을 비교해본다. 이미 알고 있듯이 대화 목록 템플릿은 대화 목록 트리를 렌더링하는 재귀 템플릿이다.

준비

https://github.com/visionmedia/jade에서 jade.min.js를 내려 받고 예제 폴더에 복사한다.

예제 구현

예제를 살펴보자.

1. index.html을 만들고 대화가 표시될 div 엘리먼트, 메인 대화 템플릿, 재귀 파셜 대화 목록 템플릿을 생성한다.

```
<!DOCTYPE HTML>
<html>
<head>
<title>Mixins in Jade</title>
<link rel="stylesheet" type="text/css" href="style.css">
</head>
<body>
<div id="list" class="conversation">
</div>

<script id="thread-template" type="text/jade">
</script>
```

```
<script id="template" type="text/handlebars">

mixin thread(thread)
  .message
    img(src=thread.image)
    span.name=thread.from
    span.date=thread.date
    p.text=thread.text
  .replies
    if thread.replies
      each reply in thread.replies
        +thread(reply)

h2=thread.topic
+thread(thread)
p
  input(type="button",value="Reply")

</script>

<script src="http://ajax.googleapis.com/ajax/libs/jquery/1.8.2/
jquery.min.js"></script>
<script type="text/javascript" src="jade.min.js"></script>
<script type="text/javascript" src="example.js"></script>
</body>
</html>
```

2. example.js를 만들어 데이터를 템플릿에 전달한다.

```
$(function() {
    var template = jade.compile($('#template').html());
    $('#list').html(template({
        thread:{
            topic: "The topic of this conversation",
            from: 'John',
            image: '1.png',
            text: "I wrote some text",
            date: 'Yesterday',
```

```
                  replies:[
                      {from: 'Jack',
                          image: '2.jpg',
                          text: "My response to your text is favorable",
                          date: 'Today' ,
                          replies: [
                              {from: 'John',
                                  image: '1.png',
                                  text: "Thank you kindly",
                                  date: 'Today'}
                          ]},
                          {from: 'Jenny',
                              image: '3.jpg',
                              text: "I'm also going to chime in",
                              date: 'Today' }
                  ]}})));
  });
```

3. style.css를 만들어 대화 목록에 적용할 스타일을 추가한다.

```
* { box-sizing: border-box; }
.conversation { width: 70ex; }
.message {
    background-color:#f5f5f5;
    padding: 5px;
    margin:5px 0;
    float:left;
    clear: both;
    width:100%;
}
.message p {
    margin: 0 0 0.5em 0; }
.message .name {
    font-weight: bold; }
.message img {
    float: left;
    margin-right: 1em}
.message.unread { font-weight:bold; }
```

```
.message .date {
    margin-left:1em;
    float: right;
    font-style: italic;
    color: #999; }
.replies {
    margin-left:3em;
    clear:both; }
```

예제 분석

메시지 대화 목록은 재귀적 데이터 구조다. 이 데이터 구조에는 상세 메시지 (날짜, 사용자, 텍스트)와 그 자체가 대화 목록인 댓글이 있다.

예제에서는 이 데이터 구조를 렌더링하려고 제이드 믹스인을 사용했다. 여기서 믹스인은 인자로 대화 목록을 받아 속성뿐만 아니라 상위 대화 목록의 텍스트도 표시한다.

마지막으로 대화 목록 객체에 있는 댓글은 재귀적으로 모든 댓글에 자신을 인자로 넘겨 순환한다. 그리고 믹스인은 "+" 문자를 접두어로 붙여 호출한다.

메인 템플릿에서는 최상위 메시지를 표시한다. 그리고 최상위 메시지의 믹스인을 사용해 전체 대화 목록 트리를 렌더링한다.

제이드에서 레이아웃과 블럭을 사용

제이드에서는 쉽게 그 밖의 템플릿을 생성할 수 있게 템플릿 상속을 지원한다. 제이드에서는 템플릿 상속을 사용해 마스터 레이아웃 템플릿을 생성하고 마스터 레이아웃을 확장해 마스터 템플릿의 일부분을 변경한다.

이번 예제에서는 템플릿 상속을 사용해 헤더, 메뉴, 콘텐츠, 풋터가 있는 완전한 웹 사이트를 만들어 본다. 콘텐츠는 두 페이지로 나뉜다.

제이드의 클라이언트 버전에서는 레이아웃과 블럭을 지원하지 않는다. 그러므로 템플릿을 확장하려면 파일 시스템에 접근해야 하지만 브라우저에서는 파일 시스템 접근을 허용하지 않는다. 하지만 템플릿을 browserify에 미리 컴파일해 둘 수 있으므로 제이드 파일 핸들러 등록을 하는 browserify 플러그인을 만들어 본다.

먼저 예제에서 필요한 환경을 살펴보자. 우선 node.js가 필요하므로 http://nodejs.org/에서 내려 받는다. 그리고 명령 프롬프트에서 노드를 설치하고 browserify 버전 1을 설치한다(현재 버전 2는 플러그인을 지원하지 않는다).

```
npm install -g browserify@1
```

다음으로 예제 디렉터리를 생성한다.

```
mkdir example && cd example
```

위 디렉터리에 제이드 그리고 제이드의 마크다운 지원에 필요한 마크다운을 설치한다.

```
npm install jade markdown
```

예제 구현

예제를 살펴보자.

1. 우선 browserify 플러그인을 browserify.jade.js에 만든다.

```
var jade = require('jade'),
    path = require('path');

module.exports = function(browserify) {
    browserify.register('jade', function(tmpl, file) {
        console.log(file);
```

```
        var fn = jade.compile(tmpl, {
            client: true,
            filename:true,
            path: path.dirname(file)
        });
        return ["var jade = require('jade/lib/runtime.js');",
                'module.exports=',fn.toString()].join('');
    });
};
```

2. 그리고 index.html을 만들고 템플릿으로 만들어질 콘텐츠가 위치할 div 엘리먼트를 생성한다.

```
<!DOCTYPE HTML>
<html>
<head>
<title>Blocks and layouts in Jade</title>
<link rel="stylesheet" type="text/css" href="style.css">
</head>
<body>
<div id="content">
</div>
<script src="http://ajax.googleapis.com/ajax/libs/jquery/1.8.2/
jquery.min.js"></script>
<script type="text/javascript" src="example.min.js"></script>
</body>
</html>
```

3. 다음에는 example.js 파일을 만들어 템플릿 두 개를 로드하고 각 템플릿을 로드하는 메뉴를 만든다.

```
$(function() {
    var templates = {
        'layout':require('./layout.jade'),
        'example':require('./example.jade')
    };
```

440

```
console.log(templates.layout.toString())
$('body').on('click', 'a', function() {
    var template = templates[$(this).text().trim()];
    $("#content").html(template({}));
});
$("#content").html(templates.layout({}));
});
```

4. 메뉴를 렌더링하는 layout.jade의 코드는 다음과 같다.

```
#header
 | Welcome to example.jade
ul.menu
  block menu
    li
      a layout
    li
      a example
.content
  block content
    div
      p This is the default page
#footer
  | Copyright notice and extra links here
```

5. 아이템을 menu 블럭에 추가하고 content 블럭을 변경하는 것으로 layout.jade를 확장해 example.jade를 만든다.

```
extends layout
block append menu
  li
    a new item
block content
  :markdown
    Different content with *markdown* support.
    This means [linking](http://google.com) is easy.
```

6. style.css를 추가한다.

```css
* { box-sizing: border-box; }
#content {
    max-width: 800px;
    margin: 0 auto; }
ul.menu {
    background-color: #ccc;
    margin: 0; padding:0; }
ul.menu li {
    display:inline-block;
    border-top: solid 1px #ddd;
    border-left: solid 1px #ddd;
    border-right: solid 1px #bbb; }
ul.menu li a {
    display: inline-block;
    cursor:pointer;
    padding: 0.5em 1em; }
.content {
    padding: 1em;
    background-color:#f5f5f5; }
#header {
    background-color:#333;
    color: #ccc;
    padding:0.5em;
    font-size: 1.5em; }
#footer {
    margin-top: 0.5em;}
```

7. 마지막으로 명령 프롬프트에 다음과 같은 명령을 입력해 전체 코드를 example.min.js에 합친다.

```
browserify -p ./browserify-jade.js example.js -o example.min.js
```

browserify-jade.js부터 살펴보자.

이 플러그인에서는 외부 'jade' 파일을 browserify로 등록하고 모든 제이드 파일의 내용을 예제 코드로 추가한다. 즉, 플러그인은 require('layout.jade')와 require('example.jade')를 가로챈다.

그리고 전달받은 템플릿을 제이드를 사용해 컴파일해 자바스크립트 함수로 만든다. 하지만 제이드 헬퍼 함수는 생성한 템플릿에 적용하려고 require문을 사용해 runtime.js를 포함시켜야 한다. runtime.js 파일에는 기본 제이드 라이브러리와 예제에서 사용할 컴파일된 템플릿이 있다. (이런 방법으로 제이드를 추가하면 후에 browserify가 최종 결과물에 모두 추가한다.)

이번에는 블럭과 상속 동작을 알아보자.

템플릿을 상속 레이아웃으로 만들기 위해서는 이름이 있는 블럭을 사용해야 한다. 예제에는 이름있는 블럭 두 개가 layout.jade에 있다. 하나는 메뉴를 위한 블럭이며 그 밖의 하나는 콘텐츠를 위한 블럭이다.

이름 있는 블럭은 템플릿 확장을 허용해 콘텐츠의 일부분을 예제 코드로 대체한다. 이 작업 내용은 example.jade 파일에 있다. 이 파일은 레이아웃을 상속받아 새로운 메뉴 아이템을 'block append'를 사용해 메뉴 블럭에 추가한다. 그리고 콘텐츠 블럭을 마크다운에 있는 내용대로 변경한다.

 'block prepend'를 사용하면 블럭 앞에 콘텐츠를 추가할 수 있다.

또한 browserify 명령을 사용해 템플릿과 example.js를 example.min.js로 병합한다. 그리고 병합된 파일을 페이지에 추가한다.

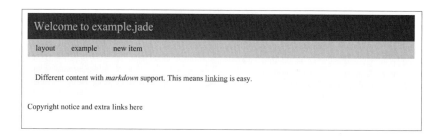

최종 결과 페이지에는 헤드, 메뉴, 콘텐츠, 풋터 블럭이 있다. 이 페이지에서
메뉴에 있는 링크를 누르면 적절한 템플릿이 로드되고 페이지에 표시된다.

10

데이터 바인딩 프레임워크

10장에서는 다음과 같은 것들을 알아본다.

- 데이터 바인딩으로 기본 앵귤러를 생성
- 리스트 렌더링과 앵귤러 컨트롤러
- 앵귤러의 라우팅, 필터, 백엔드 서비스
- 앵귤러 클라이언트 검증
- 앵귤러 지시자로 차트 컴포넌트 만들기
- Meteor.js 애플리케이션 구조
- 반응형 프로그래밍과 Meteor.js 데이터
- 라이브 HTML과 Meteor.js 사용자 정의 데이터
- Meteor.js 보안 메커니즘

소개

최신 웹 애플리케이션에 있어 코드의 많은 부분이 점진적으로 서버에서 브라우저로 이동하는 중이다. 즉, 새로운 가능성과 기회가 열리는 중이다.

이런 새로운 가능성 중 하나로 즉각 자동화 데이터 바인딩을 꼽을 수 있다. 우리는 클라이언트 코드로 모델 객체를 웹 페이지의 일부분으로 바인딩할 수 있다. 즉, 모델 내 변경이 즉각적이며 자동적으로 엘리먼트에 적용된다는 의미다.

또한 코드 구조에 대한 새로운 개념도 나타나고 있다. 자바스크립트는 대형 브라우저 애플리케이션에 필요한 충분한 모듈 또는 코드 구조를 제공하지 않는다.

10장에서는 앞서 제시한 새로운 가능성과 기회에 도전하는 프레임워크 두 개를 알아본다. 이 프레임워크들은 웹 애플리케이션 제작에 있어 선언적 데이터 바인딩을 제공한다. 그리고 동시에 모듈화와 조직화를 지원해 모델, 뷰, 컨트롤러 또는 뷰 모델, 컨트롤러로 구분해 깔끔한 코드 구조를 유도한다.

10장 전반부에서는 앵귤러Angular를 알아본다. 앵귤러는 구글에서 만든 프레임워크로 클라이언트 바인딩을 제공하며 모든 서버 스택(레일즈, Node.js, 장고 등)에서 동작할 수 있다. 또한 앵귤러는 데이터 바인딩과 조직화를 지원한다. 10장에서 다룰 앵귤러 내용은 다음과 같다.

- ▶ 데이터 바인딩으로 기본 앵귤러 생성
- ▶ 소규모 목록 수정 애플리케이션을 만들기 위한 앵귤러 컨트롤러 사용
- ▶ 애플리케이션에 검증 추가
- ▶ 앵귤러 라우터와 필터를 사용해 간단한 마크다운 위키를 만들고 로컬 스토리지 서비스 정의
- ▶ 지시자로 차트 표시를 하는 컴포넌트 생성

그리고 10장 후반부에서는 메테오Meteor를 알아본다. 메테오는 클라이언트와 서버 양쪽 모두를 아우르는 완전한 프레임워크며 플랫폼이다. 또한 데이터 바인딩과 조직화를 제공한다. 메테오는 웹 애플리케이션 제작을 하는 데 있어 아주 다른 방법을 제시한다. 후반부에서 다룰 메테오 내용은 다음과 같다.

- ▶ 메테오 스타일 애플리케이션 만들기
- ▶ 반응형 프로그래밍 기본과 메테오에서 데이터를 다루는 법
- ▶ 라이브 HTML과 사용자 데이터
- ▶ 보안과 인증

데이터 바인딩으로 기본 앵귤러를 생성

Angular.js는 자동화된 데이터 바인딩으로 뷰를 생성할 수 있게 한다. 즉, 모델 객체를 설정해 객체의 프로퍼티를 엘리먼트 프로퍼티나 콘텐츠에 바인딩할 수 있다.

자동화된 데이터 바인딩으로 프로그래밍을 간단하게 할 수 있다. 이벤트 리스너를 추가하고 엘리먼트의 변화를 감시해 클래스 추가, 속성 변경, 내용 수정 등 수동으로 엘리먼트를 업데이트하는 대신 간단히 모델 객체만 변경하면 자동으로 엘리먼트를 업데이트할 수 있다.

이번 예제에서는 고정 환율에 맞춰 미국 달러화USD를 영국 파운드화GBP로 변환하는 환율 변환기를 알아본다.

준비

CDN을 거쳐 앵귤러를 사용할 수 있으므로, 별도로 내려 받지 않아도 되며, 페이지에 CDN 주소를 추가만 하면 된다.

예제 구현

앵귤러 템플릿을 작성한다.

index.html 파일을 만들고 다음과 같은 코드를 추가한다.

```
<!doctype html>
<html>
```

```
    <head>
        <script src="https://ajax.googleapis.com/ajax/libs/angularjs/1.0.5/
angular.min.js"></script>
        <meta charset="utf8">
    </head>
    <body>
        <div ng-app>
            <label>Amount in USD:</label>
            $<input type="text" ng-model="usdValue" placeholder="Enter USD
amount">
            <hr>
            <label>Amount in GBP:</label><span ng-show="usdValue"> ? {{usdValue
* 0.65}}</span>
        </div>
    </body>
</html>
```

예제 분석

예제 HTML에서는 표준 HTML만 순수하게 사용하지는 않았다. 새로운 속성을 많이 추가했는데, 뒤따라 나오는 단락에서 해당 속성들을 설명하려 한다.

페이지에서 임의의 엘리먼트에 ng-app 속성을 설정하면 앵귤러는 해당 엘리먼트를 관리한다. 예제의 경우에는 div 엘리먼트만 페이지에 있다. 또한 이 태그를 HTML 엘리먼트에 설정하면 전체 페이지를 앵귤러가 제어하게 된다.

div 엘리먼트 안에는 ng-model 속성에 usdValue 값을 갖는 입력 엘리먼트가 있다. 이 속성의 경우 앵귤러는 새로운 프로퍼티를 뷰 모델에 usdValue란 이름으로 추가한다. 이 속성 값은 입력 필드의 내용이 변경될 때마다 자동으로 갱신된다. 그리고 이 프로퍼티는 전역 프로퍼티가 되어 뷰 안에서 사용할 수 있다.

또한 span 엘리먼트에는 ng-show 속성이 있고 그 값은 usdValue로 설정되어 있다. 그리고 usdValue가 거짓이 아닐 경우에 ng-show 속성으로 span 엘리먼트가 표시된다. usdValue가 거짓일 경우의 값은 널 값이거나 빈 문자열, undefined, 0이며 이런 경우에 span 엘리먼트는 표시되지 않는다.

마지막으로 span 엘리먼트 안에는 변경하고자 하는 금액과 변환식이 이중 중괄호로 둘러 쌓여있다. 이 표현식은 usdValue 변수 값에 따라 움직이며 span 엘리먼트 내용은 값이 변경될 때마다 자동으로 갱신된다.

결론적으로 span 엘리먼트와 입력 필드는 서로 연결되어 있다. 입력 필드 값이 변경될 때마다 usdValue 변수는 자동으로 업데이트 되며 그 결과 페이지의 모양과 span 엘리먼트 내용이 자동으로 업데이트된다.

부연 설명

앵귤러에서는 ng 속성을 속성 지시자attribute directives라고 부른다. 또한 앵귤러는 자신만의 속성 지시자를 사용할 수 있게 한다.

 ng 속성은 표준이 아니며 HTML 검증에도 유효하지 않다. 그러므로 ng 속성으로 작업을 하려면 data 접두어를 사용해야 한다. 예를 들어 data 접두어가 있는 사용자 정의 속성이 표준이므로 data-ng-model은 HTML 검증에서 유효하다.

리스트 렌더링과 앵귤러 컨트롤러

앵귤러에서는 컨트롤러를 뷰에 설정해 코드로 뷰를 제어할 수 있다. 설정된 컨트롤러는 뷰 영역(모델)을 수정할 수 있으며 백그라운드 서비스 같은 그 밖의 연산자를 호출할 수 있다.

이번 예제에서는 간단한 업무 목록을 만들기 위해 컨트롤러를 사용한다.

예제를 살펴보자.

1. index.html을 만들고 업무 리스트, 새로운 할일 추가 폼, 모든 업무를 숨기는 버튼을 생성한다.

```html
<!doctype html>
<html ng-app>
<head>
<script src="https://ajax.googleapis.com/ajax/libs/angularjs/1.0.5/
angular.min.js"></script>
<script src="example.js"></script>
<meta charset="utf8">
</head>
<body>
<div ng-controller="TodoListController">
    <ul>
        <li ng-repeat="task in tasks" ng-show="task.shown">
        <input type="checkbox" ng-model="task.complete">
        {{task.text}}
        </li>
    </ul>
    <form ng-submit="addTask()">
        <input type="text" placeholder="Write a task here..." ng-
model="taskToAdd">
        <input type="submit" value="Add">
    </form>
    <button ng-click="hideComplete()">Hide complete</button>
</div>
</body>
</html>
```

2. example.js를 만들고 업무 리스트 컨트롤러를 정의한다.

```javascript
function TodoListController($scope) {
    $scope.tasks = [
        {text: "Write a todo list",
```

450

```
            complete: false, shown: true },
        {text: "Save it to the backend",
            complete: false, shown: true },
    ];
    $scope.addTask = function() {
        $scope.tasks.push({
            text: $scope.taskToAdd,
            complete: false,
            shown:true
        });
        $scope.taskToAdd = "";
    };
    $scope.hideComplete = function() {
        $scope.tasks.forEach(function(t) {
            if (t.complete)
                t.shown = false;
        });
    };
}
```

예제 분석

이번 예제에서는 페이지의 루트 엘리먼트에 ng-app 속성을 설정해 전체 페이지가 앵귤러 앱이 되게 설정했다.

div 엘리먼트에서는 뷰를 표시한다. 이 엘리먼트에는 ng-controller 속성을 설정해 뷰 컨트롤러로 만들었다. 설정된 컨트롤러는 윈도우 전역으로 정의된 함수의 형태다.

뷰 안을 살펴보면 ng-repeat 지시자를 사용해 엘리먼트 리스트에 업무 리스트를 표시했다. 리스트 안에는 업무 완료 상태를 나타내는 체크 박스가 있으며 업무 내용을 기술한 텍스트가 있다.

tasks 변수는 뷰 영역에 속해있다. 이 변수에는 업무 배열이 있으며 각 배열 아이템에는 업무를 설명하는 text, 완료 상태를 나타내는 complete 필드(업무 체크박스와 바인딩되어 있다), hidden 플래그가 있다.

페이지 밑에는 리스트에 업무를 추가하는 폼이 있다. 이 폼에서는 ng-submit 속성을 사용해 폼이 제출되면 addTask()를 실행할 수 있게 선언했다. 이 동작은 scope에 addTask() 함수를 추가해 구현했으며, 폼의 text 필드를 taskToAdd 변수에 바인딩했다.

마지막으로 완료된 업무를 삭제하려고 페이지에 버튼을 추가했다. 이 버튼에는 ng-click 속성을 hideCompleted()로 설정해 버튼이 클릭되면 hideCompleted() 함수를 실행한다. 이를 위해 scope에 hideCompleted() 함수를 추가했다.

이번에는 함수와 데이터를 뷰에 붙이는 방법을 알아보자.

이 작업을 위해 example.js에 정의된 컨트롤러 함수를 사용한다. 컨트롤러 함수는 뷰가 로딩되면 실행된다.

컨트롤러 안에는 DOM 관리 코드와 DOM 이벤트 바인딩이 없다. 대신 $scope 매개변수가 있어 컨트롤러를 앵귤러로 전달한다. 이 매개변수는 뷰의 범위를 나타내는 변수다. 한편 컨트롤러에는 tasks 배열 같은 변수를 scope에 추가해 즉시 뷰에서 사용할 수 있는 변수가 되게 한다.

또한 addTask()와 hideCompleted() 함수를 scope에 추가한다. 이 부분의 코드는 매우 직관적이다.

▶ addTask는 새로운 태스크를 taskToAdd 변수의 내용으로 추가한다. 그리고 다시 taskToAdd 변수를 빈 문자열로 설정한다. 그러면 앵귤러에서는 태스크 리스트를 업데이트하고 input 필드의 내용을 빈 문자열로 설정된 taskToAdd로 설정한다.

▶ hideCompleted는 태스크 리스트를 순환하면서 hidden 플래그를 완료 업무로 설정한다. 그 결과 ng-show 지시자는 hidden으로 설정된 태스크를 뷰에서 숨긴다.

이번 예제에서는 자동 데이터 바인딩 프레임워크로 작업할 때와 그렇지 않을 때의 차이점을 알아봤다.

자동 데이터 바인딩을 사용하지 않을 때는 수동으로 직접 데이터를 템플릿 렌더 함수에 전달하고 동작에 대한 이벤트 바인딩을 실행해야 한다. 그리고 수동으로 뷰의 데이터를 가져와 실제 모델을 조작하고 렌더링 함수를 다시 호출해야 한다. 이런 연속 작업은 자동 데이터 바인딩을 사용하지 않는 템플릿을 사용할 때 반드시 해야 하는 작업이다.

하지만 자동 데이터 바인딩 프레임워크를 사용하는 경우를 다시 살펴 보자. 이런 경우 템플릿에서는 템플릿의 한 부분과 모델 객체를 연결한다. 그리고 뷰를 갱신하려면 간단히 모델을 변경하거나 수정해 뷰가 변경된 부분을 자동으로 갱신하게 한다. 이런 방법은 템플릿에 있어 선언적 접근이라 할 수 있다.

이번 예제의 단점은 컨트롤러가 반드시 전역으로 선언돼야 하는 점이다. 다음 예제에서는 어떻게 전역 선언을 회피하는지 알아본다.

앵귤러의 라우팅, 필터, 백엔드 서비스

브라우저의 '뒤로가기' 버튼을 더 잘 활용하려면 사용자로 하여금 링크 복사, 붙여넣기를 허용해야 하며 앵귤러도 라우터 모듈을 제공해야 한다. 라우터 함수는 URL에서 질의 문자열 파라미터 해시 뒤에 경로가 붙는다는 점에서 서버 측 라우터와 비슷하며 적절한 컨트롤러와 뷰로 페이지를 재연결한다.

또한 뷰와 서버간 데이터를 공유하려면 백엔드 저장소 모듈을 정의해야 한다. 예제에서는 이 부분에서 비슷한 동작을 하는 HTML5 로컬 스토리지를 사용한다.

이번 예제에서는 페이지를 로컬 스토리지에 저장하는 간단한 마크다운 기반의 위키 페이지를 만든다. 또한 앵귤러는 필터를 지원하므로 마크다운 필터 모듈도 만들어 본다.

앵귤러 앱을 만들어보자.

1. 앵귤러 애플리케이션를 호스트_{host}할 index.html을 만든다. index.html에
   는 필요한 스크립트와 뷰를 표시하는 div 엘리먼트가 있다.

```html
<!doctype html>
<html ng-app="wiki">
<head>
    <link rel="stylesheet" type="text/css" href="style.css">
    <script src="http://ajax.googleapis.com/ajax/libs/jquery/1.8.2/
jquery.min.js"></script>
    <script src="https://rawgithub.com/spion/markdown-js/master/lib/
markdown.js"></script>
    <script src="https://ajax.googleapis.com/ajax/libs/
angularjs/1.0.5/angular.min.js"></script>
    <script src="https://ajax.googleapis.com/ajax/libs/
angularjs/1.0.5/angular-sanitize.min.js"></script>
    <script src="edit-controller.js"></script>
    <script src="view-controller.js"></script>
    <script src="storage.js"></script>
    <script src="markdown-filter.js"></script>
    <script src="app.js"></script>
    <meta charset="utf8">
</head>
<body>
    <div id="main" ng-view>
    </div>
</body>
</html>
```

2. 마크다운을 표시할 수 있게 markdown 필터를 준비한다. 앵귤러 필터는
   markdown-filter.js 파일의 markdown으로 명명된 앵귤러 모듈 안에서 정
   의한다.

```
angular.module('markdown', []).filter('markdown', function() {
    return function(input) {
        return input ? markdown.toHTML(input) : ''
    };
});
```

3. 위키 페이지를 저장할 수 있게 storage 모듈을 준비한다. 이 모듈은 storage.js에 있으며 이 모듈 안에서 Storage 객체를 생성하는 팩토리를 정의한다.

```
angular.module('storage', []).factory('Storage', function() {
    var self = {};
    self.get = function get(id) {
        var page = localStorage["page-"+id];
        if (page) return JSON.parse(page);
        else return {id: id, text: null};
    };
    self.save = function save(page) {
        var stringified = JSON.stringify(page);
        localStorage["page-"+page.id] = stringified;
    };
    return self;
});
```

4. 이번에는 위키 애플리케이션을 app.js에 정의한다. storage 모듈이나 markdown 모듈과는 달리 ngSanitize를 사용해 안전하지 않은 HTML을 표시한다. 또한 페이지 수정과 페이지 뷰를 위한 라우트 두 개를 정의한다.

```
var wwwApp = angular.module('wiki',
    ['storage', 'markdown', 'ngSanitize'])
    .config(['$routeProvider', '$locationProvider',
        function($routeProvider, $locationProvider) {
            $locationProvider
                .html5Mode(true).hashPrefix('!');
            $routeProvider.when('/edit/:page', {
                templateUrl: '../edit.html',
                controller: EditController
```

```
        })
        .when('/:page', {
            templateUrl: 'view.html',
            controller: ViewController
        })
    }]);
```

5. 다음에는 뷰 템플릿을 view.html에 정의한다. 여기서는 콘텐츠를 표시하고 수정 링크와 메인 페이지로 돌아가는 링크를 생성한다.

```
<div ng-show="page.text"
    ng-bind-html-unsafe="page.text | markdown">
</div>
<br>
<a href="edit/{{page.id}}">Edit this page</a> -
<a href="./">Go to the start page</a>
```

6. 이번에는 view-controller.js에 뷰 컨트롤러를 정의한다. 뷰 컨트롤러에서는 스토리지로부터 기사를 로드한다.

```
function ViewController($scope, $routeParams, Storage) {
    $scope.page = Storage.get($routeParams.page || 'index');
}
```

7. edit.html에는 수정 템플릿을 추가한다.

```
<div class="edit">
    <div class="left">
        <textarea ng-model="page.text"></textarea>
    </div>
    <div class="right"
        ng-bind-html-unsafe="page.text | markdown">
    </div>
</div>
<a ng-click="savePage()"
    href="../{{page.id}}">Save</a>
```

8. 그리고 edit-controller.js에 수정 컨트롤러를 정의한다. 수정 컨트롤러에서는 Storage에서 페이지를 로드하고 savePage()를 정의해 페이지를 저장한다.

```javascript
function EditController($scope, Storage, $routeParams) {
    $scope.page = Storage.get($routeParams.page);
    $scope.savePage = function() {
        Storage.save({id: $scope.page.id, text: $scope.page.text});
    };
}
```

9. 마지막으로 style.css에 스타일을 추가한다.

```css
* { box-sizing: border-box; }
#main {
    padding: 0em 1em; }
.edit .left {
    float:left;
    width: 50%;
    padding-right: 1em; }
.edit .right {
    float: right;
    width: 50%;
    padding-left: 1em; }
.edit textarea {
    width: 100%;
    min-height: 24em;}
.edit input {
    width: 70%; }
.edit {
    float:left;
    width: 100%;
    clear:both; }
```

10. HTTP 서버를 예제 디렉터리에서 구동해 애플리케이션을 구동한다. 이전 예제에서 설치한 Node.js(부록 A, 'Node.js 설치와 npm 사용' 참조)로 http-server를 설치하고 app 디렉터리에서 서버를 구동한다.

```
npm install -g http-server
http-server
```

11. 브라우저로 http://localhost:8080/에 접속해서 실행 결과를 본다.

예제 분석

이전 예제에서는 컨트롤러가 하나 있는 간단한 애플리케이션을 만들었으므로 라우팅과 모듈화가 필요하지 않았다. 반면 이번 예제에서는 뷰와 컨트롤러 여러 개 뿐만 아니라 스토리지와 필터 모듈을 사용해 좀 더 복잡한 애플리케이션을 만들었다.

예제로 보인 앵귤러 앱은 app.js에서 시작한다. app.js에서는 `wiki` 모듈을 정의했고 이는 index.html에서 `html` 태그에 ng-app 속성을 사용한 것과 동일하다. 또한 app.js에는 사용자정의 `markdown` 모듈과 `storage` 모듈을 로드하는 메인 코드가 있으며 컨트롤러와 뷰를 설정하는 코드가 있다.

애플리케이션을 설정하려면 `$locationProvider`와 `$routeProvider` 객체 두 개를 로드해야 한다.

```
['$routeProvider', '$locationProvider', function($routeProvider,
$locationProvider) { … }]
```

위 모듈 로딩 문법은 배열 문법으로써, 배열 엘리먼트로 로드하려고 모듈 이름을 정의한다. 그리고 배열 끝부분에서 앞서 정의한 모듈을 인자로 받는 함수를 정의하고 코드를 실행한다.

또한 `html5mode`를 활성화하려고 `locationProvider` 모듈을 사용한다. `locationProvider` 모듈에서는 모든 URL을 별도 페이지가 로딩된 것처럼 보며 해시 또한 없다. 또한 이 모드가 동작하려면 HTML5 브라우저 히스토리 API가 필요하다. 그리고 폴백에서는 해시 다음과 URL 앞에 ! 접두어를 사용한다.

그리고 `routeProvider`를 사용해 라우트를 정의한다. 예제에서는 /edit/:page URL로 접속한 것을 모두 `EditController`로 제어하며 edit.html 템플릿으로 표

458

시한다. URL의 :page 부분은 텍스트 형식으로 되어 있는 URL 매개변수며 컨 트롤러에서 접근할 수 있다. 또한 뷰 페이지에서 사용하는 /:page를 정의해 ViewController로 제어하고 view.html 템플릿에서 사용한다.

view 템플릿에는 페이지 텍스트가 정의되어 있을 때 나타나는 div 엘리먼트가 있다. 이 동작은 ng-bind-html-unsafe 지시자를 사용해 구현했다. 이 지시자 는 표현식 바인딩을 허용해 임의의 HTML과 markdown 필터가 있는 엘리먼트 에서 동작한다.

한편 필터는 다음처럼 파이프 문자를 이용해 사용한다.

```
ng-bind-html-unsafe="page.text | markdown"
```

그리고 페이지에 밑에 있는 수정 링크를 클릭하면 수정 뷰를 표시한다. 수정 페이지에서는 마크다운 텍스트와 생성된 HTML을 그 밖의 엘리먼트에 바인딩 한다. 그래서 텍스트 영역이 변경되면 즉시 HTML로 업데이트되어 사실상 페 이지의 실시간 미리보기의 역할을 한다.

뷰와 수정 컨트롤러는 매우 단순하다. 뷰 컨트롤러에서는 스토리지로부터 텍 스트를 로드하고 수정 컨트롤러에서는 save() 함수를 정의해 텍스트를 스토 리지에 저장한다.

컨트롤러에서는 컨트롤러 함수에서 받는 매개변수를 살펴보자.

```
function EditController($scope, Storage, $routeParams) ...
function ViewController($scope, $routeParams, Storage) ...
```

위 코드에서는 매개변수를 컨트롤러로 전달해 설정한 객체에 앵귤러를 삽입 한다. 위 코드에서 설정한 객체는 Storage 객체(storage 모듈에서 정의한 객체)와 $routeParams 내장 객체다. 위 코드에서 사용한 매개변수의 순서는 별로 중요 하지 않고 이름이 중요하다. 따라서 배열 문법을 사용해 동작을 구현한다.

```
var EditController = ['$scope', 'Storage', '$routeParams',
function($scope, Storage, $routeParams) { ... }]
```

위 코드에서는 앵귤러를 배열에 설정한 순서대로 객체에 삽입한다.

필터 정의는 간단하다. markdown-filter.js에서는 `markdown`이라고 하는 새로운 모듈을 정의했다. 그리고 모듈 안에서는 `markdown` 필터를 만들었다. 또한 필터를 정의하려고 필터를 구성해 반환하는 함수를 정의했다. 반환된 필터는 입력 인자를 받아 필터를 출력하는 함수다. 예제에서의 `markdown` 필터에서는 간단하게 `markdown.toHTML`에 입력 인자를 사용해 호출한다.

이와 비슷하게 `storage` 객체가 storage.js에서 정의되어 있다. 여기서 우리는 storage.js에서 `storage`라는 새로운 모듈을 정의하고 있다. 이 모듈 안에서 `Storage` 객체에 쓸 생성자를 정의했는데, 이 생성자는 `get()` 함수와 `save()` 함수를 제공한다. 그래서 어떤 컨트롤러에서든지 `Storage` 인자를 사용하면 스토리지를 사용할 수 있다. 앵귤러에서는 보통 `services`라고 하는 팩토리를 사용해 삽입 객체를 생성한다.

부연 설명

`ng-bind-html-unsafe`를 사용하게 되면 보안에 취약해서, 공격자는 개인정보를 훔친 다음에 사용자 동작에 따라 어떤 공격 동작을 하는 임의의 스크립트를 페이지에 삽입할 수 있게 된다. 이런 문제를 회피하려면 ngSanitize 모듈의 $sanitize 서비스를 사용해 필요할 때 HTML을 처리한다.

앵귤러 클라이언트 검증

앵귤러는 HTML5 검증 속성을 확장해 사용자가 템플릿에 에러 조건을 추가할수 있다. 사용자는 이런 앵귤러의 기능을 사용해 사용자 정의 에러 메시지와스타일을 폼에 추가할 수 있다.

이번 예제에서는 앵귤러로 사용자 등록 폼을 만들고 검증 규칙을 폼에 추가한다.

다음과 같은 단계를 따라한다.

index.html 파일을 만들고 등록 폼과 검증 규칙을 추가한다.

```
<!doctype html>
<html ng-app>
<head>
    <script src="https://ajax.googleapis.com/ajax/libs/angularjs/1.0.5/
    angular.min.js"></script>
    <style type="text/css">
    form { display: block; width: 550px; margin: auto; }
    input[type="submit"] { margin-left: 215px; }
    span.err { color: #f00; }
    label { width: 120px; display:inline-block; text-align: right; }
    </style>
</head>
<body>
    <div>
        <form name="register">
            <p>
                <label for="user">User:</label>
                <input type="text" name="name" ng-model="user.name"
                required ng-minlength="5" ng-maxlength="32">
                <span ng-show="register.name.$error.required" class="err">
                    Required</span>
                <span ng-show="register.name.$error.minlength"
class="err">
                    Minimum 5 characters</span>
                <span ng-show="register.name.$error.maxlength"
class="err">
                    Maximum 32 characters</span>
            </p>
            <p>
                <label for="pass">Pass:</label>
                <input type="password" name="pass" ng-model="user.pass"
                    required ng-minlength="6" ng-maxlength="32"
```

```
                    ng-pattern="/^(?=.*[a-zA-Z])(?=.*[0-9])/">
                <span ng-show="register.pass.$error.required" class="err">
                    Required</span>
                <span ng-show="register.pass.$error.minlength"
class="err">
                    Minimum 6 characters</span>
                <span ng-show="register.pass.$error.maxlength"
class="err">
                    Maximum 32 characters</span>
                <span ng-show="register.pass.$error.pattern" class="err">
                    Must have both letters and numbers</span>
            </p>
            <p>
                <label for="age">Age:</label>
                <input type="number" name="age" ng-model="user.age"
                    required min="13">
                <span ng-show="register.age.$error.required" class="err">
                    Required</span>
                <span ng-show="register.age.$error.min" class="err">
                    Must be 13 or older</span>
            </p>
            <p>
                <label for="email">Email:</label>
                <input type="email" name="email" ng-model="user.email"
required>
                <span ng-show="register.email.$error.required"
class="err">
                    Required</span>
                <span ng-show="register.email.$error.email" class="err">
                    Not a valid email address</span>
            </p>
            <p>
                <label for="url">Website:</label>
                <input type="url" name="website" ng-model="user.website"
                    required>
                <span ng-show="register.website.$error.required"
class="err">
```

```
              Required</span>
          <span ng-show="register.website.$error.url" class="err">
              Not a valid website URL</span>
      </p>
      <input type="submit" value="Register" ngdisabled="
          register.$invalid">
    </form>
  </div>
</body>
</html>
```

예제 분석

앵귤러는 새로운 규칙과 프로퍼티를 사용해 내장형 HTML5 검증 규칙을 확장함으로써 검증 기능을 보강했다. 예제의 폼에서 사용한 검증 기능을 살펴보자.

첫 번째 필드는 사용자 이름이다. HTML5 required 속성 외에 사용자 이름의 최소 길이와 최대 길이를 검증하는 ng-minlength와 ng-maxlength 검증 지시자 두 개를 사용한다.

또한 그 밖의 엘리먼트의 검증 속성에 접근해 템플릿의 현재 검증 상태를 체크할 수 있다. 그래서 검증 에러가 일어나면 에러가 표시된다. 하지만 해당 엘리먼트 검증 에러가 발생했을 때에만 에러가 표시된다.

검증 상태에 접근하려면 다음과 같은 코드로 실행한다.

```
<formName>.<fieldName>.$error.<checkName>
```

예를 들어 register 폼에 있는 user 필드의 minlength 에러를 체크하려면 다음과 같은 속성을 사용한다.

```
register.user.$error.minlength
```

이와 비슷하게 number 입력 필드에서는 min, max 속성으로 설정한 범위 안에 입력 값이 포함되는지 체크한다. 검증 실패 시 나타나는 $error 필드는 $error.min과 $error.max다.

이메일과 URL 입력에서는 $error.email과 $error.url 필드를 사용한다.

마지막으로 폼의 끝부분의 **제출** 버튼에서는 ng-disable를 사용해 필드 중 하나라도 에러가 있으면 제출을 비활성화한다. 에러를 확인하려면 다음과 같은 문장을 사용한다.

```
<formName>.$invalid
```

예제에서 사용한 실제 문장은 다음과 같다.

```
register.$invalid
```

위 코드는 어떤 필드에서든지 검증 규칙에서 에러가 나오면 true를 반환한다.

앵귤러 지시자로 차트 컴포넌트 만들기

앵귤러 지시자로 HTML 문법에 새로운 속성과 엘리먼트를 추가해 매우 크게 확장할 수 있다. 이런 기능으로 앵귤러에서는 데이터 그리드에서 동작하는 날짜와 시간 선택기, 차트, 시각화 등의 네이티브 느낌의 컴포넌트를 생성할 수 있다.

이러한 컴포넌트들은 컨트롤러에서 초기화하지 않아도 재사용할 수 있는데, 간단히 컴포넌트에 바인딩할 모델을 설정해 자동으로 모델에서 변경된 내용을 뷰에 적용할 수 있다.

이번 예제에서는 플롯Flot을 사용해 차트를 그리는 차트 지시자를 만들어 본다. 또한 앵귤러 지시자의 많은 강력한 기능도 같이 살펴본다.

준비

플롯을 http://www.flotcharts.org/에서 내려 받고, 디렉터리에 flot 서브 디렉터리를 만든 후 내려 받은 라이브러리 Zip 파일을 압축 해제한다.

코드를 살펴보자.

1. index.html 파일을 만들고 필요한 스크립트와 chart 지시자를 사용해 차
   트를 표시하는 뷰를 생성한다.

```html
<!doctype html>
<html ng-app="chart">
<head>
<link rel="stylesheet" type="text/css" href="style.css">
<script src="https://ajax.googleapis.com/ajax/libs/angularjs/1.0.5/
angular.min.js"></script>
<script src="http://ajax.googleapis.com/ajax/libs/jquery/1.8.2/
jquery.min.js"></script>
<script src="flot/jquery.flot.js"></script>
<script src="random.js"></script>
<script src="chart.js"></script>
<script src="controller.js"></script>
<script src="app.js"></script>
<meta charset="utf8">
</head>
<body>
<div id="main" ng-controller="Controller">
    <chart style="display:block; width:800px; height:200px;"
        data="chart.data" options="chart.options">
</div>
</body>
</html>
```

2. controller.js 파일을 만들어 컨트롤러 동작을 구현한다. 이 파일에서는 차
   트 데이터와 옵션을 설정한다. 또한 차트 데이터를 50밀리초마다 랜덤하
   게 생성되는 값으로 갱신한다.

```javascript
function Controller($scope, $timeout) {
    $scope.chart = {
        data: [getRandomData()],
```

```
        options: {lines: {fill:true}}
    };
    setInterval(function updateData(delay) {
        $scope.$apply(function() {
            $scope.chart.data[0] = getRandomData();
        });
    }, 50);
}
```

3. random.js 파일을 만들고 다음 코드와 같은 랜덤 데이터 생성 함수를 만든다.

```
(function() {
    var data = [], maximum = 200;
    window.getRandomData = function getRandomData() {
        if (data.length)
            data = data.slice(1);
        while (data.length < maximum) {
            var previous = data.length ? data[data.length - 1] : 50;
            var y = previous + Math.random() * 10 - 5;
            data.push(y < 0 ? 0 : y > 100 ? 100 : y);
        }
        var res = [];
        for (var i = 0; i < data.length; ++i)
        res.push([i, data[i]])
        return res;
    }
}());
```

4. 마지막으로 chart.js에 차트 지시자를 만든다.

```
angular.module('chart', []).directive('chart', function() {
    var dir = {};
    dir.restrict = 'E';
    dir.scope = {
        data: '&',
        options: '&'
```

```
        }
    dir.link = function(scope, el, attrs) {
        console.log(scope)
        var data = scope.data(),
            opts = scope.options(),
            flot = $.plot(el, data, opts);
        function updateOnData(newdata) {
            data = newdata;
            flot.setData(data);
            flot.setupGrid();
            flot.draw();
        };
        function updateOnOptions(options) {
            opts = options;
            flot = $.plot(el, data, opts);
        }

        scope.$watch('data()', updateOnData, {objectEquality: true});
        scope.$watch('options()', updateOnOptions, {objectEquality:
true});
    }
    return dir;
});
```

이번 예제는 컨트롤러가 있는 div 엘리먼트로 만든 일반적인 앵귤러 앱이다. 컨트롤러에서는 $scope에 새로운 객체를 설정한다.

컨트롤러의 setInterval 호출은 특별하게 살펴봐야 할 필요가 있다. 예제에서는 앵귤러에 의해 브라우저 이벤트 루프에서 호출되는 일반 함수 밖에서 scope 객체를 수정하려 했다.

앵귤러가 이벤트 루프에 등록한 모든 함수는 scope안에 등록되어 있다. 그리고 scope는 애플리케이션 실행 후에 업데이트를 주기적으로 체크해 통지한다. 하지만 setTimeout과 setInterval 같이 앵귤러 밖에 위치한 함수는 scope안에 있지 않아 수동으로 $scope 객체에서 $apply 함수를 사용해 업데이트해야 한다($scope.$apply).

차트 지시자 팩토리는 chart 모듈에 정의되어 있으며 이 팩토리에서는 지시자 객체를 생성한다. 지시자 객체의 속성을 알아보자.

▶ directive.restrict: 이 프로퍼티는 지시자를 어떤 타입으로 제한한다는 의미다. 이 프로퍼티에 E를 설정하면 지시자는 엘리먼트에 제한된다. 또한 A는 속성, C는 CSS 클래스, M은 특별 주석 폼에 제한된다.

▶ directive.scope: 이 프로퍼티를 설정하면 지시자의 로컬 스코프를 정의할 수 있다. 이 프로퍼티에 사용할 수 있는 특수 문자는 다음과 같다.

■ & 문자는 속성을 표현식으로 해석한다. 그리고 단방향 바인딩으로 설정해 표현식의 업데이트를 감시한다. 표현식의 값을 가져오려면 임포트된 스코프 값을 함수로 호출한다.

■ = 문자는 속성을 그 밖의 스코프의 변수로 해석한다. 그리고 양방향 데이터 바인딩으로 설정할 수 있다.

■ @ 문자는 속성을 문자열 값으로 해석한다. 그리고 속성의 문자열 값은 반환된다.

▶ directive.link: 이 프로퍼티를 설정하면 새로운 엘리먼트의 링크를 호출하며 모든 인스턴스에 대해 단 한번만 실행된다(예제의 경우 모든 엘리먼트). 또한 차트 렌더링을 실행하는 코드를 정의할 수 있으며 차트 업데이

트를 감시하는 스코프도 설정할 수 있다. 이 프로퍼티는 scope, element, attribute 매개변수와 함께 호출된다.

예제에서는 chart 지시자가 엘리먼트로 제한됐다. 그리고 양방향 데이터 바인딩이 필요 없으므로 &를 사용해 data와 options 속성을 표현식으로 해석했다. 또한 이런 방식을 사용하면 매우 유용하고 = 문자로는 제공되지 않는 필터와 그 밖의 연산식도 사용할 수 있다.

link 함수에서는 초기 차트를 렌더링했다. 그리고 data와 option 두 속성을 표현식으로 해석했으므로 값을 가져오기 위해 함수를 사용했다.

 앵귤러 컨트롤러와는 다르게 link 함수에서는 매개변수 순서를 중요하게 생각하며 항상 scope, element, attributes 순서로 되어 있다. 가 순서는 앵귤러의 삽입 시스템으로 처리되지 않기 때문이다.

표현식을 감시하는 설정은 약간 다르게 동작한다. 감시 문자열watch string은 함수 호출이다.

data와 options는 객체 자체를 변경하지 않고도 콘텐츠를 수정할 수 있는 복잡한 객체다. 이런 사실 때문에 세 번째 매개변수를 watch 함수로 전달해 감시하고 있는 표현식의 값과 비교할 때 부등식으로 사용한다. 기본적으로는 객체 참조를 체크하지만 예제 차트에서는 동작하지 않는다.

data나 options가 수정될 때 차트는 다시 그려진다. chart 엘리먼트는 완전히 동적이라 예제에서 보듯이 데이터는 50밀리초마다 업데이트한다. 그리고 업데이트된 사항은 즉시 차트에 반영된다.

부연 설명

앵귤러에는 directive.link 프로퍼티외에 directive.compile도 있다. directive.compile은 인스턴스가 여러 개 있더라도 한 지시자 당 한 번만 실행된다. directive.compile을 실행하면 템플릿을 안에 있는 엘리먼트에 전송하고 지시자 내용을 추가한다. 사용할 수 있는 프로퍼티는 더 많이 있으며 자세한 사항은 앵귤러 공식 웹페이지(http://angularjs.org/)의 문서를 참조하라.

Meteor.js 애플리케이션 구조

Meteor.js의 주된 목적은 웹 애플리케이션을 빠르게 만드는 것이다. 오늘날 대부분의 웹 프레임워크에서는 웹 서버와 데이터베이스를 같은 공간에서 사용하며, 처리된 데이터를 HTML로 만들어 브라우저로 전송한다. 이 작업은 모두 표준 요청과 응답을 기반으로 개발된다.

또한 요즘은 자바스크립트로 브라우저에서 구동되는 애플리케이션이나 안드로이드, iOS 같은 모바일 장치 같은 스마트 클라이언트가 많으며 이런 모든 스마트 클라이언트는 모두 구글, 페이스북, 트위터, 아마존 같은 클라우드 서비스를 사용한다.

메테오는 스마트 패키지라는 새로운 코드 생성 방법을 사용한다. 스마트 패키지 코드 모듈은 클라이언트 또는 서버에서 실행되거나 둘 모두에서 실행되기도 한다. 그리고 개발자들은 자신들이 만드는 애플리케이션에서 필요한 스마트 패키지를 골라 사용한다. 또한 메테오에는 클라우드 서비스를 위한 번들이 있다. 이번 예제에서는 메테오가 하는 일을 알아보기 위해 기본 메테오 애플리케이션을 만들어 본다. 다만 메테오는 아직 개발 중이므로 이 점을 감안해서 사용해야 한다.

준비

이 책을 쓰고 있는 현재에는 맥 OS와 리눅스만이 메테오를 공식적으로 지원하는 플랫폼이다. 윈도우에서는 같은 기능을 수행하는 MSI 인스톨러 패키지(http://win.meteor.com/)가 있다. 하지만 윈도우 버전에는 버그가 다소 더 있고 불편한 셸을 사용해야 한다. 메테오를 미래에 윈도우에서도 공식 지원할 예정이지만 아직까지 큰 문제로 남아있다.

리눅스와 맥에서는 다음과 같은 명령으로 메테오를 설치할 수 있다.

```
curl https://install.meteor.com | /bin/sh
```

위 명령으로 메테오를 컴퓨터에 설치하고 구동할 수 있다. 하지만 이는 데비 안과 레드햇 기반에서만 동작한다. 사용하고 있는 OS가 이런 계열의 OS가 아 닌 경우도 별 걱정할 것이 없다. 메테오의 설치 패키지에는 이미 그 밖의 OS 계열을 지원하는 패키지가 있다. 하지만 이 패키지는 아직 몇 가지 버전 밖에 존재하지 않는다.

메테오는 Node.js 위에서 만들어졌으며 패키지를 관리하려고 Node.js 시스템 을 사용한다. 기본적으로 사용하는 데이터베이스는 몽고DB다.

예제 구현

1. 메테오를 설치하고 나면 simple이라는 이름으로 예제 애플리케이션을 만 들어 볼 수 있다.

```
meteor create simple
```

위 코드를 실행하면 simple이란 폴더가 생성되며 이 폴더 안에는 simple. html, simple.js, simple.css, .meteor라는 서브 폴더가 있다.

2. 애플리케이션을 시작하려면 폴더 안에서 meteor라고 명령을 실행하기만 하면 된다.

```
meteor
[[[[[ /the-example-location/simple ]]]]]
Running on: http://localhost:3000/
```

예제 분석

코드를 자세히 살펴보기 전에 메테오의 기본 개념을 살펴보자. 메테오 개발자 는 메테오 프레임워크를 다음 일곱 가지 원칙에 따라 만들었다고 발표했다.

메테오의 7가지 원칙

- 데이터 전송 원칙: HTML을 네트워크 너머로 보내지 않는다. 데이터를 보내 클라이언트가 렌더링 방법을 결정하게 한다.

- 단일 언어 원칙: 클라이언트와 서버 인터페이스 모두 자바스크립트로만 만든다.

- 투명 데이터베이스 원칙: 클라이언트와 서버에서 데이터베이스에 접근할 때 투명한 API를 함께 사용한다.

- 지연 보상 원칙: 클라이언트에서는 프리패치*prepatching*와 모델 시뮬레이션을 사용해 지연없이 데이터베이스에 접속한다.

- 풀 스택 반응 원칙: 실시간을 기본으로 한다. 데이터베이스부터 템플릿까지 모든 레이어에서는 이벤트 주도 인터페이스로 만들어야 한다.

- 에코시스템 포용 원칙: 메테오는 현재 존재하는 오픈 소스 도구와 프레임워크를 대체하기 보다는 통합하는 오픈소스다.

- 간결성과 생산성 등가의 원칙: 무언가를 간단해 보이게 하려면 실제로 간단하게 만드는 게 최선의 방식이다. 간결하고, 아주 우아하게 API를 작성함으로 이 원칙을 지킬 수 있다.

이런 원칙들 중 일부는 너무 과도한 면이 없지 않으나 그럼에도 불구하고 메테오는 웹 애플리케이션을 만드는 새로운 방법으로 부상했다.

그럼 예제로 만들어진 소스 코드로 돌아와 simple.js를 살펴보자.

```
if (Meteor.isClient) {
   Template.hello.greeting = function () {
      return "Welcome to simple.";
   };
   Template.hello.events({
      'click input' : function () {
         // 템플릿 데이터, 어떤 데이터이든지 this로 사용할 수 있다.
         if (typeof console !== 'undefined'){
            console.log("You pressed the button");
```

```
        }
      }
   });
}
if (Meteor.isServer) {
   Meteor.startup(function () {
      // 서버 기동 시 사용할 코드
   });
}
```

위 코드를 보면 변수 `Meteor.isServer`와 `Meteor.isClient`가 제공된다. 이 변수로 인해 코드가 서버에서 구동되는 코드건 클라이언트에서 구동하는 코드건 간에 동작을 변경할 수 있게 됐다.

`console.log("I'm running")` 코드를 simple.js의 `server` 부분에 추가한다면 서버 콘솔에는 다음과 같은 메시지가 출력된다.

I'm running

위 코드는 메테오를 사용한 서버 코드의 동작원리를 설명하며 서버 코드는 파일 한 개로 구성하던지 또는 여러 코드로 구성할 수 있다. 메테오는 server 서브 디렉터리와 public 서브 디렉터리를 제외한 프로젝트에 포함된 모든 파일을 수집한다. 그리고 수집한 파일을 작게 만들어 각 클라이언트에 공급한다.

메테오는 Node.js에서 비동기 콜백을 사용하는 것과는 달리 한 요청마다 스레드를 한 개 사용한다. 즉, 좀 더 유지보수가 쉬운 코드라 할 수 있다.

이번에는 simple.html을 살펴보자. simple.js에서는 클라이언트 코드를 사용하는 간단한 템플릿이 있다. 구체적으로는 `Template.hello.events`와 `Template.hello.greeting`의 데이터를 사용한다.

```
<head>
    <title>simple</title>
</head>
<body>
    {{> hello}}
</body>
```

```
<template name="hello">
    <h1>Hello World!</h1>
    {{greeting}}
    <input type="button" value="Click" />
</template>
```

여기서는 템플릿을 자세히 뜯어보지는 않는다. 하지만 이번 예제는 기본 예
제라 매우 직관적이다. 브라우저를 열고 http://localhost:3000에 접근해 이
미 구동되고 있는 애플리케이션에 접근하면 템플릿에 데이터가 로드된 모습
을 확인할 수 있다. 여기서 버튼을 클릭하면 console.log("You pressed the
button") 함수가 호출돼 콘솔에 메시지가 출력된다. 출력되는 메시지는 서버
콘솔에서가 아니라 클라이언트 측에서 구동되는 브라우저 콘솔임을 명심하자.

또한 코드의 일부분에서는 서버에서 사용하는 토큰 또는 패스워드 같은 데이
터를 다룬다. 그리고 이런 데이터 처리는 server 폴더에 코드를 위치시켜 쉽게
구현한다. 서버가 배포판 모드로 제공될 경우 클라이언트로 제공되는 CSS와
자바스크립트는 패키징되거나 번들 형태로 제공된다. 하지만 개발 중에는 디
버깅을 쉽게하려고 개별적으로 전송된다.

또한 클라이언트에 제공되는 HTML 파일은 약간 다르고 애플리케이션 폴더에
있는 HTML 파일보다 약간 크다. 메테오는 HTML 파일을 최상단 엘리먼트부터
<head>, <body>, <template> 순으로 차례차례 스캔해 나간다. template 부분
은 자바스크립트 함수로 변환되고 Template.* 네임스페이스에서 호출할 수 있
다. <head>와 <body> 엘리먼트는 개별적으로 하나로 병합되고 DOCTYPE과 CSS
같은 부분은 자동으로 포함된다.

부연 설명

메테오를 사용해 icons, images, pdf 또는 robots.txt 같은 고정 파일을 서비
스하려면 public 디렉터리를 만들어 서비스한다. 그러면 애플리케이션의 루
트 디렉터리는 public 폴더의 루트가 된다. 예를 들어 meme.png는 http://
localhost:3000/meme.png로 접속할 수 있다.

다음은 간단한 디렉터리 구조를 보여 준다.

```
`-- simple
    |-- public
    |  `-- meme.png
    |-- simple.css
    |-- simple.html
    `-- simple.js
```

반응형 프로그래밍과 Meteor.js에 있는 데이터

메테오는 NoSQL 문서 기반의 스토리지를 이용하며 기본적으로 몽고DB를 사용한다. 몽고DB의 이름은 'humongous'로부터 유래하며 매우 크다는 의미다. 메테오에서 사용하는 데이터베이스는 기본적으로 NoSQL 데이터베이스 군에 속한다. 즉, 전통적인 방식의 관계형 데이터베이스 형태로 데이터를 저장하지 않는다는 의미다. 몽고DB는 JSON 같은 형식의 문서 포맷으로 날짜를 지속시키며 자바스크립트 기반의 프레임워크로 쉽게 병합할 수 있다. 이번 예제에서는 메테오에서 데이터베이스를 사용하는 방법을 알아보며 어떻게 데이터에 접근하는지 알아본다.

준비

예제에는 icon.png가 있다. 그리고 메테오가 컴퓨터에 설치되어 있어야 하며 명령 행으로 기동한다.

예제 구현

1. 먼저 movie란 이름을 지닌 애플리케이션을 명령 행에서 생성한다.

   >meteor create movies

   생성된 구조를 간단히 할 수 있게 server와 client 폴더 두 개를 생성한다.

그리고 나서 movie.css, movie.js, movie.html 파일을 client 디렉터리에 배치하고 클라이언트 코드를 작성한다.

2. server 디렉터리에는 데이터베이스를 정의할 객체 몇 개로 초기화하는 bootstrap.js 파일을 생성한다.

```javascript
Meteor.startup(function () {
  if (Movies.find().count() === 0) {
    var data = [
      {
        name: "North by northwest",
        score: "9.9"
      },
      {
        name: "Gone with the wind",
        score:"8.3"
      },
      {
        name: "1984",
        score: "9.9"
      }
    ];

    var timestamp = (new Date()).getTime();
    for (var i = 0; i < data.length; i++) {
      var itemId = Movies.insert({
        name: data[i].name,
        score: data[i].score,
        time: timestamp
      });
    }
  }
});
```

3. 위 코드에 나온 Movie 객체가 무엇인지 궁금할 것이다. Movie 객체는 다른 파일인 publish.js에서 정의하는 일종의 콜렉션collection이며 서버로부터 콜렉션을 발행한다. publish.js는 다음과 같은 모습을 한다.

```
Movies = new Meteor.Collection("movies");
Meteor.publish('movies', function () {
  return Movies.find();
});
```

4. 클라이언트에서 생성한 파일 중 HTML 파일을 먼저 만들어보자. HTML 파일에는 핸들바handlebar 템플릿이 들어간다. 이 템플릿 안에서는 Movies 객체를 순환하고 엘리먼트 리스트의 영화 이름과 점수를 출력한다. 또한 템플릿에는 이미지를 참조하는 버튼을 배치했다.

```
<body>
  <div id="main">
      {{> movies}}
  </div>
</body>


<template name="movies">
  <h3>List of favorite movies</h3>
  <div id="lists">
    <div>
      <ul>
        {{#each movies}}
          <li><b>{{name}}</b>  {{score}}<li/>
        {{/each}}
      </ul>
      <button>
        <img src="icon.png" width="30px" height="30px" />
      </button>
    </div>
  </div>
</template>
```

icon.png 이미지를 서비스하는 고정 파일로 만들기 위해 public 폴더를 만들고 이미지를 폴더에 넣는다. 이 작업은 CoC 원칙principal of convention of configuration[1]에 따른 것으로써, 이 원칙은 '항상 따르지 말아야 할 규칙은 없다'라는 의미다.[2]

5. 또한 클라이언트에서 이전에 생성한 movies.js 파일에서는 자동으로 servers 영화 콜렉션을 구독한다. 또한 movies 변수에 기능과 이벤트를 추가한다. 그리고 버튼에는 랜덤한 새로운 영화를 저장하는 이벤트를 추가한다.

```
// 몽고 스타일 콜렉션을 정의해 server/publish.js와 맞춘다.
Movies = new Meteor.Collection("movies");

// 항상 무비 리스트를 구독한다.
Meteor.autorun(function () {
    Meteor.subscribe('movies');
});

// movie 변수에 콜렉션 데이터를 채우고 이름으로 정렬한다.
Template.movies.movies = function () {
  return Movies.find({}, {sort: {name: 1}});
};

// 클릭 이벤트를 추가하고 랜덤한 영화를 삽입한다.
Template.movies.events({
  'click button': function(){
    Movies.insert({
      name: "random awesome movie",
      score: Math.random() * 10
    });
  }
});
```

---

1 '설정보다 관례를 우선하는 원칙' 또는 '설정이 아닌 관례 우선 원칙'이라는 의미인데, 소프트웨어 설계 패러다임 중의 하나이다. 요새는 보통 CoC 원칙이라고들 부른다. 다시 말하면 관행을 따르다 보면 굳이 따로 설정하거나 설명하지 않아도 돼 편리해진다는 뜻이기도 하다. ― 옮긴이

2 왠만하면 관례를 따르라는 말이다. ― 옮긴이

6. 이제 모든 작업이 끝났다. 명령 프롬프트에서 **meteor**를 입력해 애플리케이션을 실행하고 브라우저로 http://localhost:3000/라는 기본 포트에 접속한다. 포트 3333과 같이 애플리케이션이 구동될 기본 포트를 변경하려면 다음과 같은 명령을 실행한다.

```
meteor --port 3333
```

예제 분석

먼저 데이터부터 살펴보자. 서버가 구동 중이라면 그 밖의 콘솔을 같은 디렉터리에서 열고 다음과 같은 명령을 입력한다.

```
meteor mongo
MongoDB shell version: 2.2.3
connecting to: 127.0.0.1:3002/meteor
```

위 명령은 데이터베이스에 질의_{query}할 수 있는 간단한 콘솔을 연다. 몽고DB는 데이터를 콜렉션 형태로 저장한다. 그리고 모든 영화의 이름을 가져오기 위해 다음과 같은 명령을 입력한다.

```
> db.getCollectionNames()
[ "movies", "system.indexes" ]
```

movie 콜렉션은 bootstrap.js의 초기화 부분에서 정의한 콜렉션이다. 그리고 system.indexes는 데이터베이스의 모든 인덱스가 있는 콜렉션이다. 이 콜렉션의 데이터를 제어하려면 ensureIndex()와 dropIndex()를 사용한다.

콘솔에서 다음과 같은 변수를 할당한다.

```
> var x = db.getCollection("movies");
> x
meteor.movies
```

콜렉션에서는 find()로 질의할 수 있다. 인자 없이 find()를 사용하면 모든 엘리먼트를 반환한다.

```
> x.find();
{ "name" : "North by northwest", "score" : "9.9", "time" : 1360630048083,
"_id" : "bc8f1a7a-71bd-49a9-b6d9-ed0d782db89d" }
{ "name" : "Gone with the wind", "score" : "8.3", "time" : 1360630048083,
"_id" : "1d7f1c43-3108-4cc5-8fbf-fc8fa10ef6e2" }
{ "name" : "1984", "score" : "9.9", "time" : 1360630048083, "_id" :
"08633d22-aa0b-454f-a6d8-aa2aaad2fbb1" }
...
```

데이터가 기본적으로 JSON 형식이라서 자바스크립트로 쉽게 다룰 수 있다. 위 예제로 나온 엘리먼트 중에서 "_id" : "08633d22-aa0b-454f-a6d8-aa2aaad2fbb1" 엘리먼트를 살펴보자. 이 ID는 몽고DB에서 만든 유일한 키로써 이 키를 사용해 객체를 참조하고 제어할 수 있다. 그리고 일반적으로 document로 참조한다.

ID가 beef20a3-c66d-474b-af32-aa3e6503f0de 레코드를 삭제하려면 다음과 같은 명령을 입력한다.

```
> db.movies.remove({"_id":"beef20a3-c66d-474b-af32-aa3e6503f0de"});
```

위 명령을 입력한 후 다시 db.movies.find()를 실행해 보면 해당 레코드가 삭제된 것을 확인할 수 있다. 몽고DB에는 데이터를 다루는 수많은 명령이 있다. 그리고 대부분의 명령이 직관적이라 쉽게 이름으로 하는 일을 유추할 수 있다. 몽고DB 명령을 쉽게 찾아보려면 help 함수를 실행해보자.

```
>help
>db.help()
```

위 명령을 실행하면 사용할 수 있는 명령 리스트가 출력되고 각 명령의 설명이 나온다. 콘솔에는 수많은 명령이 나오지만 이 많은 명령에 긴장할 필요는 없다. 그 중 대부분은 사용하지 않기 때문이다. 하지만 이는 굉장히 좋은 참고서다.

http://mongodb.org에 가서 TRY IT OUT을 클릭해 온라인 셸에서 직접 실행해 보면 몽고DB를 더 잘 이해할 수 있다. NoSQL에 관한 수많은 설명을 웹에서 찾을 수 있다. 또 하나 훌륭한 소개서로 마틴 플라워가 만든 동영상이 있다(http://www.youtube.com/watch?v=qI_g07C_Q5I).

브라우저를 열고 Random 버튼을 클릭하면 새로운 레코드가 즉시 추가된다. 이 작업이 매우 빠른 것처럼 보이지만 실상은 서버가 로컬에 있어서 그렇게 보이는 것이다. 그리고 클라이언트가 서버에 요청을 보내면 서버 측에서 성공적이라는 응답을 보내지 않아도 즉시 로컬 캐시에 업데이트한다. 그리고 서버가 요청을 받고 업데이트를 수용하면 클라이언트의 화면에는 아무 변화가 없다. 다시 말해 기다리는 시간을 줄이고 스크린을 좀 더 빠르게 업데이트하려고 클라이언트의 로컬 캐시를 사용하는 것이다. 하지만 서버에서 업데이트를 거절하면 클라이언트 캐시는 서버 응답대로 다시 업데이트한다.

메테오에서는 같은 API를 서버와 클라이언트에서 사용하는데, 서버에서는 데이터에 접근할 목적으로 사용한다. 또한 메테오가 서버와 통신하는 비용을 줄이려고 프레임워크의 디자인 전략을 취한 점을 다시 한 번 상기하자. 요청과 응답뿐만 아니라 무효 메시지 등은 이런 디자인 철학에 맞게 동작한다.

movies.js에서는 서버로부터의 업데이트를 자동화하려고 autorun을 사용한다.

```
Meteor.autorun(function () {
    Meteor.subscribe('movies');
});
```

위 autorun 함수의 코드 블록을 일명 반응형 콘텍스트reactive context라고 하는데, 코드를 필수 스타일로 작성해도 반응 동작을 이끌어낸다.

반응형 프로그래밍reactive programming은 변화에 기반한 프로그래밍 패러다임 중 하나다. 명령형 프로그래밍imperative programming에서 z = x + y는 x + y의 연산 결과를 z에 할당한다는 의미를 지닌다. 예를 들어 x = 42고 y = 13이면 z = 42 +

13 또는 z = 55다. 그러나 x와 y값이 나중에 변경될 경우, 예를 들어 x= 4, y = 4로 변경되더라도 z는 영향을 받지 않고 여전히 55가 된다.

반응형 프로그래밍의 간단한 예로 마이크로소프트 엑셀이나 구글닥스 스프레드시트 같은 최신 스프레드시트 프로그램이 있다. 스프레드시트의 셀에는 일반적으로 숫자 같은 리터럴 값이나 그 밖의 셀의 값을 참조하는 수식이 담긴다. C3 셀에 수식 "=A1+B1"을 할당하면 나중에 A1 이나 B1 값이 변경되었을 경우 C3이 자동으로 업데이트된다.

MVC 구조에서는 반응형 프로그래밍을 사용해 단순화를 이끌어낸다. 이런 구조에서는 값의 변화가 뷰에서 모델 방향 즉, 역방향으로 자동으로 퍼져나간다. 이런 방식은 실시간 시스템에서는 매우 효과적인 방법이다.

반응형 콘텍스트를 사용하면 작성해야 할 코드의 양이 대폭 줄어든다. 이번 예제에서는 먼저 값이 변경되었을 때 구독 해제를 하고 다시 서버로부터 데이터가 넘어오면 재구독을 했다. 이런 방식은 에러가 발생하기 쉬우며 관리하기에 복잡한 코드의 양을 많이 줄여준다.

Meteor.autorun 외에 반응형 콘텍스트는 Templates와 Meteor.render에도 적용되며 Meteor.renderList 함수에도 적용된다.

데이터 소스가 변경될 때마다 데이터베이스의 collections, session 변수를 사용하고 권한과 인증에 관련된 함수를 사용한다. 이 부분에 관한 더 자세한 설명은 메테오 공식 문서 중 반응성에 관한 부분을 참조하라(http://docs.meteor.com/#reactivity).

두 브라우저를 따로따로 열면 세션이 다르더라도 같은 데이터가 표시된다. 사용자 정의 데이터를 사용하려면 다음 예제를 참조하자.

클라이언트로 전체 콜렉션을 보내야 할 경우가 있다면 먼저 클라이언트가 실제 필요한 데이터가 무엇인지를 생각하자. 사실 전체 콜렉션을 보내는 것보다 일부 필드만 보내는 편이 좋을 경우가 더 많다. 더 작은 네트워크 트래픽을 위해 클라이언트의 어떤 부분에서 구독을 해제하면 로컬 캐시에서 구독을 해제한 부분의 문서를 그 밖의 구독이 참조하지 않는 이상 삭제한다.

외부에서 데이터베이스에 있는 데이터를 변경하면 클라이언트에 변경을 통지한다. 다음 예제에서는 여러 사용자를 허용해 전역 리스트 한 개 대신 전체 리스트 중 각자 선호하는 항목을 리스트로 표시하는 방법을 알아본다.

라이브 HTML과 Meteor.js 사용자 정의 데이터

이전 예제에서는 사용자 정의 데이터가 아닌 데이터를 전역으로 사용했다. 이번 예제에서는 세션 데이터를 생성하는 방법을 알아보며 템플릿을 더 자세히 살펴보고 템플릿에서 사용하는 데이터를 알아본다. 이를 구현하려고 예제에서는 이미지 투표 애플리케이션을 만들어 본다. 이 애플리케이션에서는 사용자를 이름으로 구분하고, 이미지를 투표할 때마다 50포인트를 소비하게 한다.

예제를 간단하게 만들기 위해 public 디렉터리를 생성한다. 그리고 예제에 있는 이미지를 public 디렉터리에 넣거나 자신만의 이미지를 넣는다.

1. 그 밖의 일반적인 메테오 애플리케이션처럼 시작한다.

```
>meteor create gallery
```

2. 이번 예제에서는 코드를 좀 더 많이 사용하므로 이미지를 위한 public 폴더를 만들고 server와 client 폴더를 만들어 서버 코드와 클라이언트 코드를 분리해 배치하는 구조를 사용한다. 그 후에는 생성된 갤러리 파일을 client 폴더에 넣고 이미지를 public 폴더에 추가한다. 이미지는 간단한 예제로 만들기 위해 1.jpg, 2.jpg, 3.jpg, 4.jpg로 명명한다. 이제 server 폴더에 있는 bootstrap.js 코드부터 살펴 보자.

```javascript
// 데이터베이스가 비어있으면 데이터를 채워 넣는다.
Meteor.startup(function () {
  // 이미지를 넣는다.
  if (Images.find().count() < 4) {
    var images =[
      {
        name: "Awesome Cat",
        url: "img/1.jpg",
        votes: "0"
      },{
        name:"Cool Cat",
        url: "img/2.jpg",
        votes: "0"
      },{
        name:"Mjauuu",
        url: "img/3.jpg",
        votes: "0"
      },{
        name:"The Cat",
        url: "img/4.jpg",
        votes: "0"
      }
    ];
    // 이미지를 순환하면서 삽입하지만 구조는 약간 다르다.
    for (var i = 0; i < images.length; i++) {
      Images.insert(images[i]);
    }
    Users.insert({
      name: "awesome user",
      pointsLeft: "30"
    });
  }
});
```

3. 위 코드는 사용자와 이미지 데이터로 데이터베이스를 초기화한다. 그리고 데이터베이스에 저장되는 이미지는 4장 이하여야만 한다는 조건을 걸었다.

예제에서는 데이터를 넣기 위해 for 루프 문을 사용했다. 하지만 몽고DB 버전 2.2부터는 db.collection.insert() 함수를 사용해 엘리먼트 배열에 접근하고 콜렉션으로 데이터를 삽입할 수 있다. 하지만 여기서는 for 루프 문을 사용했는데, db.collection.insert()을 사용하면 구조가 좀 더 복잡해지므로 해당 메소드를 사용하지 않고 for 루프 문을 사용해 좀 더 간단하게 구현했다. db.collection.insert()의 더 자세한 사항은 http://docs.mongodb. org/manual/reference/method/db.collection.insert/을 참조하길 바란다.

4. 다음에는 클라이언트에서 사용할 수 있게 콜렉션을 정의하고 발행한다.

```
// 이미지 DB 콜렉션
Images = new Meteor.Collection("images");

// 사용자 DB 콜렉션
Users = new Meteor.Collection("users");

// 리스트를 모든 클라이언트로 발행
Meteor.publish('images', function () {
  return Images.find();
});

// 사용자에게 발행
Meteor.publish('users', function () {
  return Users.find();
});
```

5. 계속해서 gallery.html에 있는 템플릿 코드를 알아보자.

```
<body>
  <div class="box">
    {{> main}}
  </div>
  {{> footer}}
</body>
```

```
<template name="footer">
  <footer>
    {{footerText}}
  </footer>
</template>
```

6. main 템플릿에서는 현재 사용자가 있는지를 체크한다. 사용자가 있는 경우에는 투표 칸을 표시하고 그렇지 않은 경우에는 이름을 입력할 수 있는 폼을 표시한다.

```
<template name="main">
  {{#if hasUserEnteredName}}
    {{> votes}}
    {{> gallery}}
  {{else}}
  <label>Please insert your name
    <input name="name">
    </input>
    <button class="name">start</button>
    </label>
  {{/if}}
</template>
```

7. votes 템플릿에서는 사용자가 얼마나 투표를 많이 할 수 있는지 표시하고 갤러리는 현재 투표수와 함께 이미지를 표시한다. 그리고 투표를 위한 버튼을 추가한다.

```
<template name="votes">
  <h3>You have <i>{{numberOfVotes}}</i> votes left</h3>
</template>

<template name="gallery">
  <div>
    {{#each images}}
    <div class="item">
      <p>
        <b>Cat named:</b>{{name}}
```

```
    </p>
    <img src="{{url}}" />
    <p>
      Votes:
      <progress value="{{votes}}" max="500" />
      <output>{{votes}}</output>
    </p>
    <button class="vote">Vote for me</button>
  </div>
  {{/each}}
</div>
</template>
```

8. 이전 예제와 같이 애플리케이션을 시작한다. 브라우저 두 개로 세션이 다르게 애플리케이션을 열고 다른 이름을 입력하면 투표한 이미지와 투표 수가 브라우저 세션마다 다르게 표시되고 업데이트된다.

예제 분석

먼저 데이터베이스 상태부터 알아보자. 서버를 기동하고 콘솔에서 meteor mongo를 입력해 몽고DB 셸을 연다. 그리고 db.getCollectionNames()로 콜렉션 리스트를 가져오면 다음과 같은 결과가 출력된다.

```
[ "images", "system.indexes", "users" ]
```

콜렉션 이름은 publish.js에서 정의한 대로다. 또한 데이터베이스에 저장된 데이터처럼 public 폴더에 있는 이미지 콜렉션의 이미지에는 URL을 정의해 예제를 간단하게 구성했다.

이미지처럼 바이너리 데이터를 저장하거나 제어하는 경우에도 몽고DB로 메테오를 사용해 다룰 수 있다. 또한 EJSON이라는 것이 있는데 여기서 E란 확장이라는 의미. 기본적으로 EJSON은 JSON 타입을 지원하며 자바스크립트 Date() 객체와 바이너리 데이터 Uint8Array()로 데이터를 저장할 수 있다. 또한 사용자 정의 데이터타입을 정의하고 일반 JSON과 비슷하게 EJSON 객체를 사용할 수도 있다. 그리고 EJSON.newBinary(size)과 EJSON.addType(name,factory) 같은 메소드도 있으며 더 자세한 것은 http://docs.meteor.com/#ejson을 참조하자. 또한 현재 구동중인 몽고DB 인스턴스를 설정할 수 있는 방법도 있다. 이 방법은 메테오를 시작하기 전에 환경 변수를 정의하는 방법이다.

```
MONGO_URL=mongodb://localhost:3317 meteor
```

이 방법은 메테오가 아닌 애플리케이션에서 사용하는 같은 몽고DB 서버를 제어하는 편리한 방법이다.

gallery.js에서는 클라이언트에 데이터를 가져오기 위해 Session 변수를 사용한다. Session 변수는 전역 객체로써 클라이언트에 키와 값으로 이뤄진 데이터를 가져오기 위해 사용한다. Session 변수는 그 밖의 프레임워크 또는 언어에서 사용하듯이 Session.set("theKey", someValue)을 사용해 theKey에 someValue를 저장하고 Session.get("theKey")를 사용해 데이터를 가져온다. 또한 Session.setDefault("theKey", initalValue)를 사용해 초기 값으로 초기화를 하면 새로운 버전의 애플리케이션이 로드될 때마다 변수를 새로 초기화할 필요가 없다.

메테오의 세션 객체에 대한 더 자세한 정보를 http://docs.meteor.com/#session에서 참조하라.

지금까지 다룬 내용을 이해했다면 이번에는 내장 템플릿nested template을 알아보자. 이 템플릿은 핸들바 동작 구현이며 예제에서는 간단하게 뷰 로직으로 사용했다. 하지만 실제 애플리케이션에서는 애플리케이션에서 재사용할 수 있는 부분을 분리하는 데만 사용하지 않고 읽기 힘들 정도로 큰 템플릿을 분리하는 데도 사용한다. 또한 이벤트를 설정하려고 템플릿에 표준 CSS 선택자를 사용했다. 그래서 한 엘리먼트에 click 이벤트 콜백 함수를 추가하려면 main 템플릿에 있는 .name CSS 클래스를 사용한다. 이 코드는 다음과 같은 모습이다.

```
Template.main.events({
    'click .name' : function () { ... }
});
```

이벤트 콜백은 사용할 수 있는 객체가 몇 개 있다. 그 중 Template.gallery.events은 onclick 콜백을 사용하며 인자 두 개를 받는다. 객체에서는 연관된 문서에 접근할 수 있으며 이벤트가 발생된 엘리먼트 콘텍스트의 데이터를 가져와 제어할 수 있다.

```
Template.gallery.events({
    'click .vote' : function(e,t) {
        // 이 객체는 엘리먼트 접근에 사용한다.
    }
});
```

콜백에 전달되는 두 인자는 이벤트 타입과 현재 접근하려는 엘리먼트의 DOMElement다.

 이벤트 매핑 동작과 선택자를 사용하는 방법과 이벤트 콜백에서 접근할 수 있는 엘리먼트에 대한 설명을 http://docs.meteor.com/#eventmaps에서 참고하라. 또한 템플릿이 렌더링된 후에 실행되는 콜백을 추가할 수 있는데. 이 부분을 자세히 설명한 내용을 http://docs.meteor.com/#template_rendered에서 참고하길 바란다. 그리고 핸들바 대신 제이드 같은 그 밖의 템플릿 엔진에서 사용할 수 있는 옵션도 있다. 이 부분을 http://docs.meteor.com/#templates에서 참조하길 바란다. 이 옵션은 마치 템플릿의 반응 콘텍스트가 엔진에 독립적으로 구동하는 것처럼 동작한다. 더욱이 문자열을 추가해 HTML을 수동으로 만들 수도 있다.

main 템플릿에서는 Users.insert외에 db.collection.findOne 함수를 사용하며 처음 검색한 객체를 반환한다. db.collection.findOne 함수는 데이터베이스에 사용자가 설정한 질의를 적용하고 매칭되는 결과 중 일반적인 순서의 첫 번째 결과를 반환한다.

 findOne에 관한 더 자세한 사항을 몽고DB 문서인 http://docs.mongodb.org/manual/reference/method/db.collection.findOne/에서 참조하라.

콜렉션은 인자 두 개를 받아 엘리먼트를 업데이트한다. 첫 번째 인자는 예제의 voteForImage에서 사용한 것 같은 질의인데 여기에서는 몽고DB가 생성한 _id를 엘리먼트 매칭 작업에 사용한다. 그리고 두 번째 인자로는 $set을 사용해 선택된 문서의 pointsLeft 프로퍼티를 업데이트한다.

```
Users.update(
    {_id:currentUser._id},
    {$set:{pointsLeft:currentUser.pointsLeft}}
);
```

 사용할 수 있는 업데이트 방법은 여러 가지인데, 공식 문서가 아주 자세히 설명한다. 하지만 빠르게 작업하려면 기본에서 시작하는 편이 좋다. 참조 문서는 몽고DB를 만든 10gen에서 만든 것을 참고할 수 있으며 자세한 설명을 http://www.10gen.com/reference에서 참조하라.

예제의 경우 $inc를 사용해 주어진 양만큼 값을 증가시킬 수 있다. 하지만 예제의 간결함을 위해 간단하게 $set을 사용했다. 다음으로 Images = new Meteor.Collection('images')과 같은 콜렉션 정의를 살펴보자. 콜렉션 정의는 서버와 클라이언트 공통 파일에 있으며 연관 폴더에 있지 않아 코드 중복을 피할 수 있다.

어떤 경우에는 표준 자바스크립트 함수인 setTimeout이나 setInterval을 바탕으로 한 타이머를 사용해야 할 경우가 있다. 하지만 이와 같은 타이머는 에러가 발생하기 쉬우므로 같은 기능을 하는 Meteor.setTimeout과 Meteor.setInterval을 살펴보길 바란다. 이 함수의 설명을 http://docs.meteor.com/#timers에서 참조하라.

뷰를 보면 뷰의 전체를 자바스크립트로 제어했다. 이는 메테오에 큰 문제가 되는데 생성된 콘텐츠가 구글 같은 검색 엔진에서 인덱싱을 하기에 힘든 구조기 때문이다. 이런 문제를 해결하려면 스파이더러블_{spiderable}(http://docs.meteor.com/#spiderable)이라는 패키지를 사용해 임시수정을 거쳐 검색엔진의 인덱싱을 허용한다.

Meteor.js 보안 메커니즘

메테오는 보안 문제와 관련해 많은 이슈가 있다. 메테오에서 사용하는 데이터베이스는 보안을 크게 생각하지 않는다. 메테오에서는 클라이언트 코드와 서버 코드에서 같은 API를 사용한다. 그리고 콜렉션을 스마트하게 삭제하는 방법을 제공하지 않는다. 이전 예제에서는 잠시 예제를 테스트하고 난 뒤에 모든 Users를 쉽게 삭제할 수 있으며 보안을 위해 삭제 동작을 취소할 수 있다. 예를 들어 기본 서버의 메소드 핸들러를 재정의할 경우 Users와 Images 콜렉션을 클라이언트에서 접근하게 할 수 있다.

```
Meteor.startup(function () {
    var collection = ['Users', 'Images'];
    var redefine = ['insert', 'update', 'remove'];
    for (var i = 0; i < collection.length; i++) {
        for (var j = 0; j < redefine.length; i++){
            Meteor.default_server.method_handlers['/' + collection[i] + '/'
            + redefine[j]] = function() {
                console.log('someone is hacking you, oh no !!! Too bad for
```

```
                him...');
            };
        }
    }
});
```

이번 예제에서는 메테오의 애플리케이션 보안 방법을 살펴보며 인증과 권한 메커니즘을 알아본다. 그러기 위해 예제로 간단한 리스트 입력 애플리케이션을 만들어 본다.

이번 예제에서는 특별히 준비할 것이 없다. 설치한 메테오와 명령 행만 있으면 된다.

예제를 알아보자.

1. secure라고 명명된 애플리케이션을 `meteor create secure` 명령을 실행해 생성한다. 생성된 secure.html 파일에서는 입력 엘리먼트, 버튼, 이미 사용할 수 있는 리스트가 있는 작은 템플릿을 정의한다.

```html
<body>
    {{> list}}
</body>
<template name="list">
    <h1>This is my awesome list</h1>
    <input placeholder="enter awesomeness"> </input>
    <button>Add</button>
    <ul>
        {{#each items}}
        <li>{{text}} </li>
        {{/each}}
```

492

```
        </ul>
    </template>
```

2. 연관된 secure.js에서는 리스트의 한 엘리먼트를 초기화하고 템플릿을 렌더링하는 날짜를 추가한다.

```
Notes = new Meteor.Collection("Notes");
if (Meteor.isClient) {
    Template.list.items = function () {
        return Notes.find();
    };
    Template.list.events({
        'click button' : function () {
            Notes.insert({
                text: $('input').val()
            });
        }
    });
}
if (Meteor.isServer) {
    Meteor.startup(function () {
        // 초기화
        if(Notes.find().count() < 1){
            Notes.insert({
                text: "awesomeness"
            });
        }
    });
}
```

3. 애플리케이션을 시작하고 제대로 동작하는지 체크한다. 동작하고 있는 동안 브라우저 콘솔을 열면 Notes.remove()을 실행할 수 있는데, 이 명령은 금지된 명령 중 하나다. 또한 다음과 같은 명령으로 애플리케이션에서 생성한 기본 스마트 패키지 중 하나를 삭제할 수 있다.

meteor remove insecure

4. 또한 `.meteor/packages`를 수정해 위와 같은 동작을 할 수도 있다. 이런 방식의 구현은 애플리케이션을 너무 보안적으로 만든다.

5. 이번에는 브라우저 콘솔을 다뤄보자. 브라우저 콘솔에는 다음과 같은 메시지가 나온다.

   insert failed: Access denied

   웹 페이지에서 **Add** 버튼을 눌러도 같은 메시지가 출력됐을 것이다. 이 메시지가 출력되는 이유는 모든 DB 요청이 익명으로 다뤄지기 때문이며 그저 서버에서 발행하는 것을 가져오기 때문이다.

6. 인증 작업을 해보자. 메테오에는 이미 이 부분에 관한 내장된 것이 있으므로 다음과 같은 명령으로 프로젝트에 추가한다.

```
> meteor add accounts-base
accounts-base: A user account system
> meteor add accounts-password
accounts-password: Password support for accounts.
> meteor add email
email: Send email messages
> meteor add accounts-ui
accounts-ui: Simple templates to add login widgets to an app.
```

7. 이전에도 말했듯이 이런 패키지들을 직접 packages 파일에 추가할 수도 있다. 가끔 예제의 packages 파일을 살펴보고 설치된 패키지가 어떤 것이 있는지 알아보길 바란다.

> 메테오는 여러 패키지와 써드파티 라이브러리로 그 기능을 확장할 수 있다. 또한 매일매일 많은 양의 코드가 추가되는 D3 패키지도 있다. 메테오에서 사용할 수 있는 패키지들에 대한 설명은 http://docs.meteor.com/#packages을 참조하라. 여기에는 사용자가 애플리케이션에서 사용하는 라이브러리를 직접 만드는 방법도 나와 있다.

8. 예제에 추가한 패키지는 사용자 관리 로직을 자동으로 인증하는 헬퍼 helper의 집합이다. 계정 UI는 최소한의 노력으로 훌륭한 UI로 꾸며졌다.

그럼 우리가 필요한 보안에 관계된 부분을 구현하려면 어떤 일을 해야 할까? 먼저 로그인 UI가 나타나는 곳에 다음과 같은 코드를 추가한다.

```
<div id="login">
    {{loginButtons align="right"}}
</div>
```

9. 또한 원하는 로그인 타입을 설정해야 한다. 예제의 경우에는 간단한 사용자이름과 패스워드가 필요하며 옵션으로 이메일을 입력할 수 있는 공간도 필요하다. 이런 설정은 secure.js에서 한다.

```
Accounts.ui.config({
    passwordSignupFields: 'USERNAME_AND_OPTIONAL_EMAIL'
});
```

10. 그리고 로그인 박스에 간단한 CSS 스타일을 적용한다.

예제를 구동해 사용자 계정에 로그인한 뒤에는 화면에 사용자 이름으로 된 링크가 나타난다. 이 링크는 로그아웃에 사용되며 이 기능은 특별한 작업 없이 만들어진다.

계정 UI에서는 트위터, 구글, 페이스북, 깃허브 계정으로 로그인 하는 것 같은 기능을 구현할 수 있는 방법이 많이 있다. 이 부분에 관한 더 자세한 사항을 http://docs.meteor.com/#accounts_ui_config에서 참조하길 바란다. 그리고 패키지 문서를 http://docs.meteor.com/#accountsui에서 참조해라. 또한 메테오를 사용해 인증 이메일, 확인 같은 다양한 기능도 사용할 수 있다.

로그인 후에 버튼으로 텍스트를 추가하려고 해도 아직 접근 권한이 없으므로 삽입 명령을 할 수 없다. 특정 사용자에 삽입에 대한 권한을 부여하려면 다음 과 같은 명령을 실행한다.

```
Notes.allow({
    insert: function (userId, doc) {
        console.log(userId);
        console.log(doc);
        // 권한 체크를 한다. 그리고 허용이 되면 true를 반환한다.
        return true;
    }
});
```

위와 같은 삽입 콜백에서는 사용하고자 하는 문서에 아이디를 부여받은 사 용자의 접근 허가 또는 거부를 할 수 있다. 예제에서 문서는 삽입하려고 하는 Notes 객체며 userId는 현재 로그인한 사용자의 ID다. 또한 collection.allow와 반대되는 collection.deny가 있어 allow가 true를 반환하더라도 특정 메소드의 접근을 거부할 수 있다.

여기까지 살펴본 내용대로면 프로그래밍적으로 올바르게 접근하는 방법을 기 술한 인증 시스템은 만들기 쉽다. 하지만 이런 식으로 인증을 구현하면 어떤 프로그래머들은 오버헤드가 많이 발생한다고 하기도 하고 또한 이런 문제는 특정 애플리케이션에서만 일어난다고도 한다. 하지만 이런 식으로 구현하는 애플리케이션 중 대부분은 매우 쉽게 접근 권한을 구현할 수 있다.

일반적으로 클라이언트에서 오는 데이터를 신뢰하지 않는 것이 정석이다. 반 드시 사용해야 하는 데이터에만 접근할 수 있게 해야 하며, 입력 내용을 걸러 내야 한다. 신용카드 정보를 클라이언트에 그대로 보내는 행위는 업무를 방해 하는 첫 번째 길이다. 이렇듯 메테오의 기능은 많이 있지만 그 밖의 예제에서 했던 데이터 검증 같은 일들을 잊어야 한다고 말하는 것은 아니다.

이번에는 사용자 데이터가 저장되는 곳을 알아보자. 사용자가 로그인을 하면 그 정보는 저장된다. 그리고 몽고DB 콘솔에서 **meteor mongo**라고 입력하면 users 콜렉션이 다음처럼 출력된다.

```
{
   "createdAt": 1362434550460,
   "services": {
      "password": {
         "srp": {
            "identity": "bE9uYyziWxM2soGem",
            "salt": "FDEduAsvpf5ZJCWea",
            "verifier": "11a2fa4139c8283db1ce61e5f5fa7bf875da27a9b8ec195
            baae49cd69c7f3ea48e1c1db471e1bc6aa1a9894a0633f44098717e0c6af3
67dcd39f
            964d63f4fd5346f3b314bd897b76d3f31aa8aeb37030e5fef099b77efb594
ad07103
            6ec31fb6a3016f0c6cc43605469f798e20fc5b005e982e579014aef7742aac3
            bc5792271"
         }
      },
      "resume": {
         "loginTokens": [
         {
            "token": "PDbpT6jtKcdvZMurr",
            "when": 1362434550460
         }
         ]
      }
   },
   "username": "mite",
   "emails": [
   {
      "address": "mitemitereski@gmail.com",
      "verified": false
   }
```

```
    ],
    "_id": "QuZEe4uSPK6MfM5PQ"
}
```

위 결과를 보듯이 데이터베이스에 저장되는 데이터는 표준 그 이상도 이하도 아니다. 패스워드는 공격자를 방지하려고 해시되어 저장된다.

지금까지 간단한 보안 애플리케이션을 알아봤다. 물론, 리스트 데이터가 사용자 정의는 아니지만, 생성된 문서에 필드를 추가해 쉽게 확장할 수 있다.

부연 설명

메테오는 아직 개발중인 프로젝트다. 그러므로 매 버전마다 많은 변경이 있으며 이 변경은 완전히 안정될 때까지 계속될 것이다. 변경된 코드의 대부분은 사용자가 요청한 것들을 받아들여 변경한 것이며 구조도 명시적으로 계속 변경된다. 그러므로 메테오의 버전이 바뀌면 개발하고 있는 애플리케이션도 변경돼야 한다.

메테오의 가장 훌륭한 참고서는 예제 애플리케이션이다. meteor create –list를 입력해 예제 애플리케이션을 바로 확인할 수 있다. 그리고 코드를 가져오기 위해 meteor create –example nameofexample 명령을 사용할 수 있다.

개발한 애플리케이션을 배포할 때는 서버를 직접 운용할 수도 있지만 www.meteor.com에서 배포할 수도 있다. 이런 방법은 이제 막 시작하는 소기업에서 자본이 없을 때 사용하는 방법이며 배포는 다음처럼 한다.

```
>meteor deploy myapp.meteor.com
```

배포 클라우드 서비스에 대한 자세한 설명을 http://docs.meteor.com/#meteordeploy에서 참조하라.

또한 완전한 Node.js 애플리케이션이 담긴 메테오 애플리케이션을 만들 수 있는 옵션도 있으며 그 밖의 클라우드 서비스를 사용할 수도 있다. 이런 방법은 다음 명령으로 실행한다.

```
>meteor bundle packed.tgz
```

패키지에서 풀어 놓은 파일을 구동하려면 다음과 같은 명령을 실행한다.

```
> PORT=3000 MONGO_URL=mongodb://localhost:2222/myapp node main.js
```

위와 같은 명령이 겉보기에는 메테오를 사용하는 것처럼 보일수도 있지만, 실제로는 종류가 다른 패키지로 된 Node.js 프레임워크가 구동된다.

11

데이터 스토리지

11장에서는 다음과 같은 내용을 다룬다.

- 데이터 URI
- 세션 스토리지와 로컬 스토리지
- 파일에서 데이터 읽기
- IndexedDB 사용
- 스토리지 제한과 더 많은 용량 요구
- 브라우저 히스토리 다루기

소개

많은 개발자들은 스토리지storage(저장소)를 말할 때 서버에 있는 데이터베이스에 데이터를 저장하는 것이라고 생각한다. 하지만 HTML5에서는 데이터를 전달하지 않고 클라이언트에 직접 저장할 수 있다. 클라이언트에 데이터를 저장해 임시로 사용할 목적이든지, 캐시하려는 목적이든지, 애플리케이션 전체에서 오프라인으로 데이터를 사용할 목적이든지 간에 클라이언트 스토리지를 점점 더 널리 그리고 더 많이 사용하게 되었다.

클라이언트 스토리지를 사용하면 애플리케이션 데이터를 클라이언트에 매우 빠르고 유용하게 저장할 수 있다. 그리고 클라우드 기반의 솔루션에서도 더 나은 사용자 경험을 위해 로컬 데이터가 필요하다.

11장에서는 HTML5 데이터 스토리지를 알아본다.

데이터 URI

이 책의 예제를 살펴보면서 이미 데이터 URI~Uniform resource identifier~를 사용할 기회가 있었다. 하지만 아직 데이터 URI를 자세히 살펴보지 않았으며 사용하는 데 있어 제한적인 요소도 알아보지 않았다. 데이터 URI는 엄격하게 기술적으로 봤을 때 실제로 서버에서 아무것도 가져오지 않으며, 데이터 URL~Uniform Resource Locator~로 불리기도 한다.

이번 예제에서는 다른 미디어 타입을 사용하며 제약 사항을 알아본다.

준비

이 예제에서는 브라우저 한 개와 이 예제에 쓸 견본 텍스트 파일만 필요할 뿐이다. 텍스트 파일을 예제 폴더의 files 폴더로 내려 받을 수 있다.

예제 구현

HTML 파일을 여러 옵션으로 만들기 위해 서로 다른 시나리오 몇 가지를 살펴본다.

1. head 섹션에 example.css 파일을 추가한다.

```
<head>
  <title>Data URI example</title>
  <link rel="stylesheet" type="text/css" href="example.css">
</head>
```

2. body 섹션에 div 엘리먼트를 추가해 CSS 이미지 데이터 URI가 위치할 컨테이너로 사용한다.

```
<div id="someImage">
    CSS image
</div>
```

3. 데이터 URI를 사용해 링크 클릭으로 열리는 에디터를 생성한다.

```
<a href="data:text/html,<body contenteditable>write here">open
editor</a>
```

4. base64는 옵션이며 문자 집합character set이 사용될 수 있다.

```
<a href="data:text/plain;charset=utf-8, ☒☒☒☒☒☒☒☒☒☒☒%20☒☒%20
☒☒%20☒☒☒☒☒☒%20☒☒☒☒☒">this is some UTF-8 text </a>
```

5. 데이터 URI가 저수준 SVG일 수 있다.

```
<p>Image tag </p>
<img src='data:image/svg+xml,<svg xmlns="http://www.w3.org/2000/svg"
version="1.1"><circle cx="100" cy="50" r="40" stroke="black" stroke-
width="1" fill="red" /></svg>' />
```

6. 데이터 URI와 같이 사용하는 CSS 코드에 background-image를 설정한다.

```
img {
    width: 300px;
    height: 110px;
}
#someImage {
    background-image : url('data:image/svg+xml,<svgxmlns="http://
        www.w3.org/2000/svg" version="1.1"><path d="M 100,100
        l150,0a150,150 0 0,0 -37,-97 z" fill="green" stroke="black"
        stroke-width="2" stroke-linejoin="round" /></svg>');
}
```

예제 페이지를 실행하면 이미지 두 개와 에디터 링크 그리고 텍스트 파일이 표시된다.

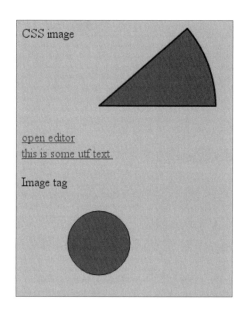

데이터 URI를 이미지를 표시하는 곳에서만 사용한다고 흔히들 오해한다. 하지만 예제에서 사용한 데이터 URI는 이런 경우가 아니다. 엄격하게 말하자면 데이터 URI는 HTML5 기능이 아니라 1998에 정의된 RFC-2397(http://tools.ietf.org/html/rfc2397) 표준이며 1995년도부터 표준 제안이 시작됐다. 데이터 URI의 기본적인 개념은 임베디드 데이터를 인라인으로 표기한다는 의미다. URI의 형태는 다음과 같다.

```
data:[<mediatype>][;base64],<data>
```

mediatype 속성은 인터넷 미디어 타입 또는 MIME 타입의 이전 이름이다. 이 속성을 설정하지 않으면 기본 값으로 text/plain;charset=US-ASCII을 사용한다.

그럼 왜 데이터 URI를 사용할까?

데이터 URI를 사용하는 한 가지 이유는 현재 표시된 문서로부터 데이터를 가져오는 데 있다. 예를 들어 이미지를 canvas 엘리먼트로부터 가져오거나 테이블에서 생성된 CSV 파일을 가져오는 경우를 말한다.

그 밖의 이유로 웹 페이지 로딩 속도 향상을 들 수 있다. 이 이유는 약간 모순된 면이 있는데 데이터 URI는 일반적으로 base64 인코딩을 사용하며 이로 인해 문서 크기가 1/3정도 증가한다. 하지만 요청 수가 줄어들어 속도가 증가한다. 예를 들어 몇 킬로바이트 더 작은 파일일 경우 데이터 URI를 사용하면 파일을 가져오기 위해 따로 요청을 하지 않는다. 그 밖의 장점으로는 별도 리소스에 대한 캐시가 필요 없다는 점이 있다. 데이터 URI를 사용하지 않는다면 캐시 파일이 별도로 생겨 임베디드된 문서에 같은 속성이 중복되어 생겨난다. 그리고 문서가 변경되면 임베디드된 데이터는 매번 다시 로드될 것이다.

데이터 URI를 사용하는 그 밖의 이유는 여러 리소스를 제한하도록 환경을 구축하려 해서다. 이메일이 이런 경우인데 이미지 첨부가 없는 이메일의 경우에 데이터 URI를 사용한다.

부연 설명

데이터 URI를 사용하는 애플리케이션의 경우 보안 문제가 이슈가 되지만 대부분의 브라우저에서 로드되는 애플리케이션은 표준을 따르므로 허용되는 mediatype을 사용한 데이터는 보안적으로 제어가 된다.

또한 HTML5에서 사용할 수 있는 속성의 크기 제한 문제가 있다. HTML4에서는 ATTSPLEN 제한이 있어 속성의 최대크기를 65,536 문자로 제한한다. 하지만 HTML5에서는 그렇지 않은데 보통 브라우저에 따라 다르다. 파이어폭스 3.x에서는 600KB, 크롬 19에서는 2MB, IE8에서는 32KB로 제한이 걸려있다. 따라서 데이터 URI로 작은 리소스를 표현하는 데는 아무런 문제가 없다.

세션 스토리지와 로컬 스토리지

쿠키는 애플리케이션에서 클라이언트에 상태를 저장하는 일반적인 방법이다. 보통 쿠키는 선택된 체크 박스의 상태를 저장하거나, 임시 데이터를 저장하거나, 마법사 앱의 상태를 저장하는 일 등에 사용하며 세션 식별자로도 사용한다.

쿠키를 한동안 많이 사용했지만, 쿠키 생성이 불편하며 제한적인 요소가 있고 오버헤드가 있다는 단점이 있다.

세션 스토리지session storage와 로컬 스토리지local storage는 쿠키가 가진 문제를 해소했으며 클라이언트에 데이터를 저장할 수 있는 방법을 마련했다. 이번 예제에서는 HTML5 스토리지 API를 활용해 간단한 폼을 만들어 본다.

준비

이번 예제에서는 images 폴더의 이미지 또는 직접 선택한 이미지를 가져온다. 그리고 고정 파일을 제공하는 로컬 HTTP 서버에서부터 JSON으로 응답을 받는 REST API를 시뮬레이션해 본다.

예제 구현

먼저 개를 선택해 간단히 평가 내용을 남길 수 있는 폼을 만들어 본다. 폼의 버튼을 클릭하면 선택한 개의 이미지가 표시된다. 또한 현재 사용자가 방문한 횟수가 표시되는 출력 필드가 있다.

1. head 부분에 CSS 클래스를 추가한다.

```
<meta charset="utf-8">
<title>Local and session storage</title>
<link rel="stylesheet" type="text/css" href="example.css" />
```

2. 폼에 라디오 버튼과 텍스트 영역을 추가한다.

```html
<form id="dogPicker">
 <fieldset>
   <legend>Pick a dog</legend>
   <div id="imageList"></div>
   <p>The best is :</p>
   <p>
     <input id="dog1" type="radio" name="dog" value="dog1" />
     <label for="dog1">small dog</label>

     <input id="dog2" type="radio" name="dog" value="dog2" />
     <label for="dog2">doggy</label>

     <input id="dog3" type="radio" name="dog" value="dog3" />
     <label for="dog3">other dog</label>
   </p>
 </fieldset>

   <label for="comment">Leave a comment</label>
   <textarea id="comment" name="comment" ></textarea>
   <button id="send" type="button">Pick</button>
</form>
```

3. 그리고 방문 횟수가 나오는 부분을 추가한다.

```html
<p>
   You have opened this page <output id="counter">0</output> times
</p>
```

4. 또한 선택한 개의 이미지가 표시되는 div 엘리먼트를 추가하고 제이쿼리를 추가한다. 그리고 나중에 구현할 example.js를 추가한다.

```html
<div id="selectedImage">
</div>
<script src="//cdnjs.cloudflare.com/ajax/libs/jquery/1.8.3/jquery.min.js"></script>
<script src="example.js" > </script>
```

5. example.js 파일에서는 버튼을 눌렀을 때 사진 평을 세션에 저장하는 함수를 만든다. 요청에 사용할 데이터가 유효하지 않으면 "dogs.json" 파일을 만든다.

```
$(function() {
  $('#send').click(function() {
    var dogId = $("#dogPicker :radio:checked").val();
    var comment = $('#comment').val();
    // 데이터를 설정하는 그 밖의 방법
    sessionStorage.comment = comment;
    // 데이터가 유효하지 않으면 에이잭스를 호출한다.
    if (localStorage.dogData) {
     showSelectedImage(dogId);
    } else {
      $.ajax({
        url: "dogs.json",
      }).done(function(data){
        localStorage.dogData = JSON.stringify(data);
        showSelectedImage(dogId);
      });
    }
  });
});
```

 #dogPicker :radio:checked를 사용해 dogPicker 엘리먼트에 있는 radio 서브 엘리먼트들 중 체크된 엘리먼트를 모두 선택한다.

6. 사진 평가 내역 데이터가 세션에 저장되면 다음 번에 버튼을 클릭해 다시 로드할 수 있다.

```
if (sessionStorage.comment) {
  $('#comment').val(sessionStorage.comment);
}
```

7. localStorage를 사용하는 부분에서는 viewCount 변수를 증가시키거나 처음 접속했을 때를 위한 초기화를 한다.

```
if (localStorage.viewCount) {
  localStorage.viewCount++;
  $('#counter').val(localStorage.viewCount);
} else {
  localStorage.viewCount = 0;
}
```

8. showSelectedImages 메소드에서는 localStorage의 데이터를 리스트로 가져온다. 그리고 리스트에 있는 개 객체에 이미지 엘리먼트를 생성한다.

```
function showSelectedImage(dogId){
  var dogList = JSON.parse(localStorage.dogData);
  var dogFile;
  $.each(dogList.dogs, function(i,e){
    console.log(i + " " + e.file);
    if(e.id === dogId){
      dogFile = e.file;
    };
  });
  console.log(dogId);
  console.log(dogFile);
  $('#selectedImage').html("<img src='images/" + dogFile + "'></
img>");
}
```

라디오 버튼을 클릭하면 개 이미지가 표시된다. 그리고 캐시를 다시 가져오면 (대부분의 브라우저에서는 Ctrl+F5로 캐시를 다시 가져올 수 있게 한다) 사진에 대한 평가가 그 대로 남아있다. 브라우저에 있는 그 밖의 탭에서 같은 URL로 접속하면 사진 평가 내역이 나오지 않는다. 즉, 브라우저 윈도우 또는 탭에 한 세션이 연결된다는 의미다. 반면 방문 횟수는 매번 증가하고 dogs.json 파일을 가져오기 위한 요청이 일어나지 않는다.

sessionStorage와 localStorage는 같은 Storage 인터페이스를 공유하며 이 인터페이스는 http://www.w3.org/TR/webstorage/에 정의되어 있다. 스토리지에 접근할 때는 점 표기법dot notation을 사용하는데, 예를 들어 storage. key = someValue와 someValue = storage.key와 같은 꼴로 쓰면 된다. 또한 storage.setItem(key, value)이나 storage.getItem(key)와 같이 메소드를 사용해 접근하는 방법도 있다.

스토리지를 사용하려면 반드시 문자열을 사용해야만 된다는 제약이 있다. 이번 예제에서는 JSON에 저장하려고 JSON.stringify와 JSON.parse로 알맞은 형태로 값을 만들었다. 또한 storage.removeItem(key) 메소드로는 아이템을 삭제하고 storage.clear()로는 전체 스토리지를 깨끗하게 정리한다.

sessionStorage는 연결된 브라우저의 세션 정보를 나타내는데, 이름으로 구분된다. 세션에 저장되는 정보는 여러 번 가져와도 유지되며 세션 쿠키를 대체할 수 있는 강력한 방법이다. 세션은 현재 브라우저와 연결된 웹 사이트 도메인을 유효한 정보로 여겨 저장한다. 예를 들어 http://example.com/1에서 저장된 세션 정보를 http://example.com/2.html에서도 사용할 수 있으며 같은 도메인이라면 어느 페이지에서나 사용할 수 있다.

반면 LocalStorage는 세션을 끝나더라도 정보를 계속 유지하는 스토리지인데, 이는 sessionStorage와 다른 점이다. 로컬 스토리지의 동작이 마치 표준 쿠키 동작과 같아 보이지만 저장할 수 있는 데이터의 양이 제한되어 있는 쿠키와는 다른 특징을 보이기도 한다. 대부분의 브라우저는 localStorage에 5MB를 할당하고 인터넷익스플로러는 10MB를 할당한다. 또한 로컬 스토리지에 저장되는 데이터는 모두 문자열 형태여야만 한다. 예를 들어 정수 또는 부동소수점 같은 경우 로컬 스토리지에 저장되는 값은 원래 값보다 더 커진다. 로컬 스토리지에 저장된 데이터가 크기 제한을 넘어서면 QUOTA_EXCEEDED_ERR 에러가 발생한다.

예제에서는 JSON 리소스를 캐시하려고 `localStorage`를 사용했으며 그로 인해 데이터를 재사용할 수 있게 되었다. 또한 사용자가 방문한 횟수도 표시했다.

`hostname`과 `port`를 조합해 스토리지들을 구별한다. 스키마/호스트/포트 scheme/host/port의 꼴로 웹 스토리지를 구별한다는 사실이 아직은 많이 알려져 있지 않다. 서브 도메인과 프로토콜로 스키마scheme를 구성한다. 그래서 https 와 http로 함께 불러낸 리소스가 페이지에 있는 경우에 웹 스토리지를 명확히 구분하지 못하게 된다. 혼합 리소스는 보안적인 측면에서 좋은 선택은 아니다. 그럼에도 불구하고 이런 경우는 자주 일어난다. 그리고 혼합 리소스를 사용한 경우에는 로컬 스토리지나 세션 스토리지에 데이터를 확실하게 저장할 수 없다.

그 밖에 생각해 볼 수 있는 경우로는 요즘 브라우저에 다 있는 개인/익명 모드 가 있다. 페이지가 개인/익명 모드로 열리면 새로운 임시 데이터베이스가 사용된다. 그리고 이 모드에서 저장된 모든 데이터는 세션의 일부분으로 저장된다.

부연 설명

로컬 스토리지는 브라우저의 메인 UI 스레드에서 구동되는 동기 API를 사용한다. 이런 문제로 인해 다른 윈도우에서 같은 사이트를 여러 번 열었을 때 경쟁 상태race condition에 이르게 될 가능성이 있다. 하지만 대부분의 경우에 큰 문제는 되지 않는다. 클라이언트 데이터를 깨끗하게 삭제하려면 `storage.clear()` 를 사용한다. 하지만 대부분의 브라우저에서는 데이터베이스를 제어하는 개발자 도구를 지원한다.

https://code.google.com/p/sessionstorage/와 https://gist.github.com/ remy/350433처럼, 구형 브라우저에서 사용할 수 있는 많은 폴리필polyfill[1]이 있다. 스토리지는 브라우저에 추가된 새로운 기능이므로 폴리필이 동작하는 방식이 궁금할 것이다. 이와 같은 폴리필은 데이터를 저장할 때 쿠키를 사용한다. 하지만 쿠키는 2KB로 제한된다. IE에서는 오래된 버전의 IE를 위한 userData(http://msdn.microsoft.com/enus/library/ms531424%28VS.85%29.aspx)라는 다른 방법이 있다. 또한 http://www.jstorage.info/와 같은 라이브러리도 있다. 이 라이브러리는 여러 브라우저에서 사용하는 같은 인터페이스를 제공한다. 그리고 Persists.js는 여러 대체fallback 솔루션을 제공하는데, 사용할 수 있는 대체물로는 플래시 8 지속 스토리지인 flash, 구글 기어 기반 지속 스토리지인 gears, HTML5의 경량 스토리지인 localstorage, HTML5의 경량 데이터베이스 스토리지인 whatwg_db, HTML5의 경량 스토리지인 globalstorage(지금은 사용하지 않음), 인터넷익스플로러의 사용자 데이터 행태를 나타내는 IE, 쿠키 기반의 지속 스토리지인 cookie가 있다.

 오래된 브라우저에서 localStorage를 활성화하려고 사용자정의 객체 기반 대체물을 사용할 수도 있다. 더 자세한 사항을 MDN(https://developer.mozilla.org/en-US/docs/DOM/Storage#Compatibility)에서 참조하라.

globalStorage는 파이어폭스 버전 중 일부에서 동작하는 기능이다. 하지만 사용하는 데 있어 여러 혼란이 있고 웹 스토리지 표준으로 인해 파이어폭스 13에서 사라졌다.

이번엔 보안을 살펴보자. 클라이언트 스토리지에 민감한 데이터를 저장하는 일은 좋은 생각이 아니다. 사이트에 크로스 사이트 스크립팅Cross Site Scripting, XSS 취약점이 있다면 스토리지는 읽혀진다. 그렇다고 서버 기반의 키로 데이터를 암호화할 수도 없다. 데이터가 너무 서버에 의존적이 돼버리기 때문이다. 또한 TLS를 사용하지 않는 사이트에서는 DNS 공격이 있을 수도 있다. DNS 공격을

---

1 부족한 기능을 보충할 수 있게 웹에서 내려 받아 쓰는 코드 즉, 기능 보강용 코드를 말한다. — 옮긴이

받으면 브라우저는 잘못된 사이트에서 클라이언트 데이터에 접근하더라도 이를 통지할 수 없게 된다.

또한 사용자 접근에 따른 문제로 인해 웹 스토리지에는 많은 논란이 있다. 같은 광고자가 여러 사이트에 광고를 게재한 경우 사용자는 쉽게 광고 사이트로 접근할 수 있게 된다. 이런 현상으로 많은 사용자가 익명으로 쉽게 광고 사이트에 접근할 수 있게 된다. 이런 문제를 해결하려면 서드파티 iframe을 제한하거나 이런 종류의 데이터를 생성하는 도메인의 블랙리스트를 작성해 관리하면 된다. 하지만 이런 해결 방법으로는 완전하게 문제를 해결하지 못한다.

파일에서 데이터 읽기

우리는 이미 파일 입력 기능을 사용해 데이터를 읽어 봤다. 하지만 아직 파일 읽기와 그로 인해 생기는 객체를 자세히 알아보진 않았다. 이번 예제에서는 파일 입력을 사용해 간단한 파일 리더를 만들어보며 File API(디렉터리와 시스템, http://www.w3.org/TR/file-system-api/)를 사용하는 방법을 알아본다.

예제 구현

HTML 파일을 만들고 파일 입력 컨트롤과 업로드 프로그레스[2] 출력을 추가한다.

1. 컨트롤과 출력을 표시할 div 엘리먼트를 추가한다.

```
<body>
  <p>
    <progress id="progress" value="0" max="100"> </progress>
    <output id="percent" for="progress">0</output>
  </p>
  <p>
    <div id="fileInfo"> </div>
  </p>
```

---

2 진행률을 표시하는 가로 막대 그래프 — 옮긴이

```
<input type="file" id="file" value="Choose text file">
<button type="button" id="abort">Abort</button>
<button type="button" id="slice">Read 5 bytes</button>
<div id="state"></div>
<br />
<label>
  Contents:
  <div id="content"></div>
</label>
```

2. 제이쿼리와 example.js를 추가한다.

```
<script src="http://ajax.googleapis.com/ajax/libs/jquery/1.8.2/
jquery.min.js"></script>
<script type="text/javascript" src="example.js"></script>
```

3. example.js를 살펴보자. 여기서는 abort 버튼에 이벤트 핸들러를 추가하고 FileReader 객체를 사용해본다.

```
$(function() {

  var fr = new FileReader();

  $('#abort').click(function(){
    fr.abort();
    console.log('aborting file change');
  });
```

4. 선택한 파일로부터 현재 설정 아이템으로 업로드 파일을 순환하고 일부 공통 이벤트에 대한 이벤트 핸들러를 추가한다.

```
$('#file').on('change', function(e) {
    for (var i = 0; i < this.files.length; i++) {

      var f = this.files[i];
      fr = new FileReader();

      fr.onerror = function (e) {
```

```
      $('#state').append('error happened<br />').append(e).
append('\n');
      }

      fr.onprogress = function (e) {
        var percent = (e.loaded * 100 / e.total).toFixed(1);
        $('#progress').attr('max', e.total).attr('value', e.loaded);
        $('#percent').val(percent + ' %');
      }

      fr.onabort = function() {
        $('#state').append('aborted<br />');
      }

      fr.onloadstart = function (e) {
        $('#state').append('started loading<br />');
      }

      if (f.type && (f.type.match('image/.+')) || (f.type.
match('video/.+'))) {
        fr.readAsDataURL(f);
      } else if (f.type.match('text/.+')) {
        fr.readAsText(f);
      } else {
        $('#state').append('unknow type of file loaded reading frist
30 bytes<br />');
      }

      fr.onload = function(e) {
        console.log(e);
        $('#state').append('finished reading <br />');
        appendContents(f,e);
      }
```

5. getMetaData 함수는 file 객체에서 메타데이터를 읽고 간단한 HTML을 만들어 본다.

```
function getMetaData(file){
    var text = "<b>file: </b>" + file.name + " <br />";
    text += "<b>size: </b>" + file.size + " <br />";
    text += "<b>type: </b>" + file.type + " <br />";
    text += "<b>last modified: </b>" + file.lastModifiedDate.toString()
 + " <br />";
    return text;
}
```

 W3C 파일 API 표준을 http://www.w3.org/TR/FileAPI/#dfn-file에서 참조하라.

6. 파일을 읽으면서 어떤 것을 출력할지 결정한다. 예제와 같은 경우 파일이
이미지일 때는 `img` 태그의 `src`로 사용하고 다른 파일일 경우에는 텍스트
로 출력한다.

```
function appendContents(f,e) {
    if (f.type && f.type.match('image/.+')){
        $("<img />").attr('src', e.target.result).appendTo("#content");
    } else {
        $("<pre />").text(e.target.result).appendTo("#content");
    }
};
```

7. 또한 파일을 프로퍼티로 읽는 방법도 있다. `slice` 버튼의 이벤트 핸들러
에서는 파일의 15바이트를 읽는다.

```
$('#slice').click(function(){
    var fileList = $('#file').prop('files');
    $.each(fileList, function(i,file) {
        fr = new FileReader();
        var blob = file.slice(0, 15);
        fr.readAsBinaryString(blob);
        fr.onload = function(e) {
            $("<pre />").text(e.target.result).appendTo("#content");
```

```
            }
        });
    });
```

여기까지 작업하면 파일을 업로드하고 읽고 표시하는 웹 사이트가 완성된다. 파일 업로드 프로그레스 이벤트를 확인하려면 큰 파일을 업로드하는 편이 좋다. 작은 파일을 업로드하면 너무 순식간에 끝나므로 확인하기 어렵다. slice 버튼을 누르면 .txt 파일을 읽고 내용을 표시한다.

예제 분석

이번 예제에서 주로 다루고자 한 점은 클라이언트에서 파일 시스템을 다루는 API였다. 다만 현재는 크롬에서만 파일 시스템과 파일 쓰기 API를 제공하며 그 밖의 주요 브라우저에서는 파일 읽기와 파일 API만 제공한다. 그러므로 이번 예제에서는 거의 모든 브라우저에서 제공하는 공통적인 기능만 사용해 예제를 구현했다.

파일을 읽고 제어하는 데 있어 FileList를 사용한다. FileList는 FileReader로 읽을 수 있는 File 객체가 담긴 객체다. HTML5에서는 파일 프로퍼티를 <input type="file"> 컨트롤에 정의하며 제이쿼리 ($('#file').prop('files'))로 접근하거나 this.files.length와 같이 직접 선택한 HTML 엘리먼트로부터 접근할 수 있다. 이 프로퍼티는 File 객체가 담긴 FileList라고 하는 배열과 같은 객체다. FileList 인스턴스에는 item(index)과 같은 메소드가 있고 length 속성이 있다. FileList에 담긴 아이템은 File 객체며 이 객체에는 바이너리 데이터인 Blob에 접근하는 인터페이스가 있다. 파일에는 다음과 같은 속성이 있다.

▶ name: 파일의 이름을 나타내는 속성이다.

▶ lastModifiedDate: 파일의 마지막 수정일자를 나타내는 속성이다. 브라우저에서 이 속성을 지원하지 않으면 현재 날짜가 Date 객체로 설정된다.

이외에 Blob 인터페이스에서 사용할 수 있는 속성이 있다.

▶ size: 파일 크기를 바이트로 나타내는 속성이다.

▶ type: MIME 타입. getMetaData 함수로 메타데이터를 읽을 수 있다. 메타데이터는 여러 방면에 걸쳐 사용되는데 예를 들어 f.type&&f.type.match('image/.+')를 사용하면 이미지 타입의 파일을 가져와 img 태그나 텍스트로 표시할 수 있다.

또한 Blob 타입은 File에서 확장된 것이므로 slice 메소드가 정의되어 있고 또한 사용할 수 있다. slice(start, end, contentType) 메소드는 contentType 속성이 분할된 새로운 객체를 반환하므로 원본 파일을 분할한 파일 조각에 접근할 수 있다.

 파이어폭스 12 이전이나 크롬 21 이전에 나온 구형 브라우저에서는 slice 메소드에 별도의 접두사를 붙여 사용해야 한다. 예를 들어 크롬에서는 File.webkitSlice()를 파이어폭스에서는 File.mozSlice()를 사용해야 한다. 또한 Blob 객체도 바이트 단위 배열에서 생성해야 한다.

File 객체가 실제 데이터를 참조하는 객체라면 FileReader 객체는 실제 파일 데이터를 읽는 객체다. FileReader 객체에는 다음처럼 Blob을 읽는 메소드가 있다.

▶ void readAsArrayBuffer(blob): 파일을 바이너리 배열로 읽는다.

▶ void readAsText(blog, optionalEncoding): 이 메소드는 파일을 텍스트로 읽으며 optionalEncoding는 읽을 때 사용한 인코딩 정보가 문자열을 지정한다. 인코딩을 생략하면 인코딩은 인코딩 정의 알고리즘에 의해 대부분의 경우에도 충분히 사용할 수 있게 자동으로 선택된다.

▶ void readAsDataUrl(blob): 이 메소드는 주어진 파일로부터 데이터 URL을 생성한다.

위 메소드들은 실제 읽은 데이터를 반환하지 않는다. FileReader 객체가 비동기적으로 파일을 읽기 때문이다. 그러므로 데이터를 완전히 읽은 후에 콜백을 실행한다. 또한 abort 메소드가 있어 파일 읽기 동작을 취소할 수 있으며 이 메소드는 예제에서 **abort** 버튼이 눌려졌을 때 실행된다.

파일 리더에는 이벤트 핸들러가 있어 어떤 상황에 맞춰 이벤트를 발생시켜주며 예제에서는 파일 리더의 상태를 출력했다. 실제 사용할 수 있는 이벤트는 다음과 같다.

▶ onabort: 읽기 동작이 취소되었을 때 발생하는 이벤트다.

▶ onerror: 에러가 발생하면 발생하는 이벤트다. 에러 이벤트는 거의 모든 경우에 사용하며 적어도 핸들러가 옵션일 경우에도 에러 발생을 알기 위해 사용한다. 에러는 다양한 이유로 발생하며 에러 핸들러에는 FileError 의 에러 코드를 체크할 수 있는 인자가 들어온다. 예를 들어 에러 핸들러는 다음과 같은 모습을 한다.

```
fr.onerror = function (err){
    switch(err.code){
        case FileError.ENCODING_ERR:
        // 인코딩 에러
        break;
        case FileError.SYNTAX_ERR:
        // 유효하지 않은 라인 끝
        break;
        case FileError.ABORT_ERR:
        // 취소 에러
        break;
        default :
        // 그 밖의 모든 에러나 알려지지 않은 에러
        break;
    }
}
```

FileError 객체에는 발생하는 모든 에러가 담겨 있어 필요한 시나리오에 따라 에러를 선별해 처리하면 된다.

▶ onload: 이 이벤트는 파일을 읽고 읽기 동작이 완료됐을 때 호출되므로 데이터를 읽었을 때의 프로그레스 이벤트를 사용할 수 있다.

```
fr.onload = function (e){
    // e.target.result에는 파일에서 읽은 데이터가 있다.
}
```

▶ onloadstart: 이 메소드는 읽기 동작을 시작했을 때 실행된다.

▶ onloadend: 이 메소드는 에러가 있더라도 성공적으로 파일을 읽었을 때 실행된다. 또한 필요하지 않은 리소스를 정리하는데도 사용한다.

▶ onprogress: 이 메소드는 데이터를 읽는 도중에 정기적으로 발생한다. 프로그레스 핸들러에서는 progress 엘리먼트를 갱신하는 데 사용하는 프로퍼티 몇 개에 접근할 수 있다. 이를 이용해 읽은 파일의 바이트 수를 가져올 수 있으며 읽은 데이터의 퍼센테이지를 계산할 수 있다.

```
fr.onprogress = function (e) {
    var percent = (e.loaded * 100 / e.total).toFixed(1);
    $('#progress').attr('max', e.total).attr('value', e.loaded);
    $('#percent').val(percent + ' %');
}
```

대부분의 경우에 onload와 onerror로 거의 모든 것을 처리할 수 있지만 시각적 효과나 읽는 상태를 사용자에게 알려줘야 할 때는 위에서 설명한 프로퍼티와 메소드가 필요하다.

브라우저에서 지원하는 파일 기능을 확인하려면 아래와 같은 코드를 사용한다.

```
if (window.File&&window.FileReader&&window.FileList&&window.Blob) {
    // 파일 API 지원 가능
}
```

부연 설명

더 훌륭한 로직과 파일 쓰기 기능으로는 FileWriter, DirectoryReader, FileEntry, DirectoryEntry, LocalFileSystem 등이 있다. 다만 이런 기능은 이 책을 쓰고 있는 현재에는 크롬에서만 지원한다.

샌드박스로 되어 있는 파일 시스템을 요청하려면 FileSystem API의 일부분인 window.requestFileSystem(type, size, successCallback, errorCallback)을 사용한다. 샌드박스란 사용자로부터 분리되어 있는 파일 시스템을 의미하므로 언제나 원할 때 마음대로 사용할 수는 없다.

파일 시스템은 크롬 12부터 사용할 수 있었으며 현재 버전인 크롬 25에서도 사용할 수 있다. 다음처럼 파일 시스템 요청을 한다.

```
window.webkitRequestFileSystem(
    window.TEMPORARY,
    2*1024*1024,
    function (fs){
        console.log("Successfully opened file system " + fs.name);
    });
```

FileEntry에는 샌드박스로 된 파일 환경이 있으며 DirectoryEntry에는 디렉터리에 관한 정보가 있다.

파일 시스템을 성공적으로 열면 FileEntries를 읽을 수 있다.

```
function (fs){
    fs.root.getFile(
        "awesome.txt",
        { create : true },
        function (fileEntry) {
            console.log(fileEntry.isDirectory); // false
            console.log(fileEntry.fullPath); // '/awesome.txt'
        }
    );
}
```

fs.root는 파일 시스템의 루트 참조를 호출한다. 그리고 fileEntry 매개변수를 사용해 파일 이동, 파일 삭제, 파일을 URL로 변환, 복사 그리고 파일 시스템에 있는 그 밖의 모든 기능을 사용할 수 있다. URL은 파일 시스템을 나타내며 이를 사용해 /docs/books/dragon/과 비슷하게 루트root를 기준으로 사용할 수 있다.

에릭 비델만Erick Bidelman은 cp, mv, ls와 같은 잘 알려진 유닉스 명령을 사용하는 파일 시스템 API를 만든 프로그래머 중 하나다. 그가 만든 라이브러리의 이름은 filer.js(https://github.com/ebidel/filer.js)다. 또한 파일 시스템 API의 폴리필로 ibd.filesystem.js(https://github.com/ebidel/idb.filesystem.js)라는 것을 만들었으며 이 라이브러리는 그 밖의 브라우저에서 IndexedDB를 사용해 파일 시스템과 비슷한 동작을 한다.

또한 파일 시스템 API의 동기 버전으로 `webkitRequestFileSystemSync`라는 것이 있다. 동기 버전이 필요한 이유는 메인 애플리케이션을 블로킹하지 않기 위해 사용하는 웹 워커 사용 시 고려해야 할 동기화 때문이다.

파일을 다루면서 짚고 넘어가야 할 몇 가지 사용법이 있는데 정리하면 다음과 같다.

▶ 지속적인 업로더란 서버로 데이터 조각을 한 번에 하나씩 보내는 방법이다. 그러므로 서버 또는 브라우저에서 파일 업로드에 실패하더라도 다시 업로드를 하지 않고 마지막으로 보낸 파일 조각에 이어 계속해서 파일을 보낼 수 있다.

▶ 게임 또는 리치 미디어 애플리케이션에서는 필요한 리소스를 압축 파일 형태로 내려 받아 클라이언트에서 압축을 푼다. 즉, 여러 리소스를 여러 번 내려 받지 않고 한 번에 크게 받아 총 통신 소요 비용을 절약한다.

▶ 애플리케이션에서 생성되는 오프라인 비디오, 오디오 또는 바이너리 파일 뷰어나 에디터에서 저장하는 파일들은 추후 사용하려고 로컬 시스템에 저장할 수 있다.

IndexedDB 사용

로컬과 세션 스토리지 외에 IndexedDB라는 것이 있다. IndexedDB란 브라우저에서 사용자 데이터를 저장할 수 있는 또 다른 방법이며 로컬 스토리지보다 더 진화된 방법이다. IndexedDB는 데이터를 객체 저장소에 저장하고 데이터의 인덱싱을 지원한다.

이번 예제에서는 IndexedDB에 데이터를 저장하는 간단한 작업 리스트 애플리케이션을 만들어 본다. 애플리케이션은 10장, '데이터 바인딩 프레임워크'에서 살펴봤던 앵귤러 프레임워크를 사용해 만든다. 그리고 IndexedDB를 사용해 큰 데이터를 다루는 방법, 더 복잡한 데이터 모델을 사용하는 방법, 더 복잡한 검색 방식과 반환 값을 살펴본다.

작업 리스트 애플리케이션은 현재 작업과 작업 완료 아이템을 표시하고 날짜별로 필터링 한다.

예제 구현

코드를 살펴보자.

1. index.html을 만든다. 그리고 코드를 간단히 만들기 위해 angular.js 템플릿을 사용한다. 템플릿에는 다음과 같은 내용이 담긴다.

   - 현재 작업과 작업 완료 선택 부분
   - HTML5 날짜 컴포넌트를 사용한 날짜 범위 필터
   - 체크박스와 각 아이템 기간으로 작업 리스트 구현
   - 새로운 아이템 추가 폼
   - 현재 아이템 완료 버튼

```
<!doctype html>
<html ng-app="todo">
  <head>
    <script src="https://ajax.googleapis.com/ajax/libs/
angularjs/1.0.5/angular.min.js"></script>
    <script src="example.js"></script>
    <script src="service.js"></script>
    <meta charset="utf8">
    <style type="text/css">
        .todo-text {
            display: inline-block;
            width: 340px;
```

```
                vertical-align:top;
            }
        </style>
    </head>
    <body>
        <div ng-controller="TodoController">
            <select ng-model="archive">
                <option value="0">Current</option>
                <option value="1">Archived</option>
            </select>
            From: <input type="date" ng-model="from">
            To: <input type="date" ng-model="to">
            <ul>
                <li ng-repeat="todo in todos | filter:{archived:archive}">
                    <input type="checkbox" ng-model="todo.done"
                        ng-disabled="todo.archived"
                        ng-click="updateItem(todo)">
                    <span class="todo-text">{{todo.text}}</span>
                    <span class="todo-age">{{todo.date | age}}</span>
                </li>
            </ul>
            <form ng-submit="addItem()">
                <input ng-model="text">
                <input type="submit" value="Add">
            </form>
            <input type="button" ng-click="archiveDone()"
                value="Archive done">
            <div ng-show="svc.error">{{svc.error}}</div>
        </div>
    </body>
</html>
```

2. example.js 파일을 만들고 index.html에 정의되어 있는 템플릿을 제어한다. 그리고 날짜 기간 필터를 정의한다.

```
var app = angular.module('todo', []);

app.filter('age', function() {
```

```
        return function(timestamp) {
            var s = (Date.now() - timestamp) / 1000 / 3600;
            if (s < 1) return "now";
            if (s < 24) return s.toFixed(0) + 'h';
            if (s < 24*7) return (s / 24).toFixed(0) + 'd';
            return (s /24/7).toFixed(0) + 'w';
        };
});


var DAY = 1000*3600*24;

function TodoController($scope, DBTodo) {

    $scope.svc = DBTodo.data;
    $scope.archive = 0;
    $scope.from = new Date(Date.now() - 3*DAY)
        .toISOString().substr(0, 10);
    $scope.to = new Date(Date.now() + 1*DAY)
        .toISOString().substr(0, 10);

    $scope.todos = [];

    function updateItems() {
        DBTodo.getItems(
            new Date($scope.from).getTime(),
            new Date($scope.to).getTime(),
            function(err, items) {
                $scope.todos = items;
            });
    };

    $scope.addItem = function() {
        DBTodo.addItem({
            date: Date.now(),
            text: $scope.text,
            archived: 0,
            done: false
```

```
        }, function() {
            $scope.text = "";
            updateItems();
        });
    }

    $scope.updateItem = function(item) {
        DBTodo.updateItem(item);
    };

    $scope.archiveDone = function(item) {
        DBTodo.archive(updateItems);
    };

    $scope.$watch('from', updateItems);
    $scope.$watch('to', updateItems);

}
```

3. service.js에서 사용하는 DBTodo 서비스를 정의한다.

```
angular.module('todo').factory('DBTodo', function($rootScope) {
```

먼저 전역 변수로 접두사를 제거한다.

```
window.indexedDB = window.indexedDB || window.mozIndexedDB ||
        window.webkitIndexedDB || window.msIndexedDB;
    window.IDBTransaction = window.IDBTransaction ||
        window.webkitIDBTransaction || window.msIDBTransaction;
    window.IDBKeyRange = window.IDBKeyRange ||
        window.webkitIDBKeyRange || window.msIDBKeyRange;

var self = {}, db = null;
self.data = {error: null};
```

초기화 함수에서는 데이터베이스를 열고 버전을 설정한다. 데이터베이스
가 없을 때는 onupgradeneeded가 호출되어 객체 저장소와 인덱스를 생
성한다. 또한 랜덤하게 아이템을 생성해 데이터베이스에 저장한다.

```
function initialize(done) {
    var req = window.indexedDB.open("todos", "1");
    var needsPopulate = false;
    req.onupgradeneeded = function(e) {
        db = e.currentTarget.result;
        var os = db.createObjectStore(
            "todos", {autoIncrement: true});
        os.createIndex(
            "date", "date", {unique: false});
        os.createIndex(
            "archived", "archived", {unique: false});
        needsPopulate = true;
    }
    req.onsuccess = function(e) {
        db = this.result;
        if (needsPopulate) populate(done);
        else done();
    };
    req.onerror = function(e) {
        self.data.error = e.target.error;
    };
}


function pickRandomText(k) {
    var texts = ["Buy groceries",
        "Clean the car",
        "Mow the lawn",
        "Wash the dishes",
        "Clean the room",
        "Do some repairs"],
        selected = texts[(Math.random() * texts.length)
            .toFixed(0)];
        return selected + " " + k;
}
```

아래 함수는 25일간 해야 하는 50개 작업 목록을 랜덤으로 만든다.

```
function populate(done) {
    var now = Date.now();
    var t = db.transaction('todos', 'readwrite');
    t.oncomplete = done;

    var tbl = t.objectStore('todos');
    var N = 50;
    for (var k = N; k > 0; --k) {
        tbl.add({
            text: pickRandomText(k),
            date: Date.now() - (k / 2) * DAY,
            archived: k > 5 ? 1 : 0,
            done: (k > 5 || Math.random() < 0.5)
        });
    }
}
```

withDB는 특정 함수를 실행하기 전에 데이터베이스 초기화를 확인하는 함수다.

```
function withDB(fn) {
    return function() {
        var args = arguments, self = this;
        if (!db) initialize(function() {
            fn.apply(self, args);
        });
        else fn.apply(self, args);
    };
}
```

withScope는 앵귤러의 스코프 객체 갱신을 위한 $rootScope.$apply안에서 호출되는 함수를 생성하는 함수다.

```
function withScope(fn) {
    return function() {
        var args = arguments, self = this;
        $rootScope.$apply(function() {
            fn.apply(self, args);
```

```
        });
    };
}
```

마지막으로 `getItems`, `updateItem`, `archive`, `addItem`는 DBTodo의 공용 API다.

```
self.getItems = withDB(function(from, to, cb) {
    var list = [];
    var index = db.transaction('todos')
        .objectStore('todos').index('date');
    var req = index.openCursor(IDBKeyRange.bound(from, to, true,
true));
    req.onsuccess = function(e) {
        var cursor = e.target.result;
        if (!cursor)
            return withScope(function() {
                cb(null, list);
            })();
        list.push(cursor.value);
        cursor.continue();
    };
});

self.updateItem = withDB(function(item, done) {
    var t = db.transaction('todos', 'readwrite'),
        ix = t.objectStore('todos').index('date'),
        req = ix.openCursor(IDBKeyRange.only(item.date));
    t.oncomplete = done && withScope(done);
    req.onsuccess = function(e) {
        var cursor = e.target.result;
        if (cursor) cursor.update(item);
    };
});

self.archive = withDB(function(done) {
    var current = IDBKeyRange.only(0);
```

```javascript
        var t = db.transaction('todos', 'readwrite'),
            req = t.objectStore('todos')
            .index("archived")
            .openCursor(current);

        t.oncomplete = withScope(done);

        req.onsuccess = function(e) {
            var cursor = e.target.result;
            if (!cursor) return;
            if (cursor.value.done) {
                cursor.value.archived = 1;
                cursor.update(cursor.value);
            }
            cursor.continue();
        };

    });

    self.addItem = withDB(function(item, done) {
        var t = db.transaction('todos', 'readwrite'),
            os = t.objectStore('todos');
        t.oncomplete = withScope(done);
        os.add(item);
    });

    return self;
});
```

4. 브라우저에서 IndexedDB와 날짜 입력을 지원하는 index.html을 열어 애플리케이션 동작을 확인하자.

예제 분석

일반적인 자바스크립트 API와는 다르게 IndexedDB API는 꽤장히 장황하다. IndexedDB는 비동기 작업 종료를 통지하려고 DOM 이벤트를 사용한다. 그리고 대부분의 API는 요청 객체를 반환한다. 결과를 가져오려면 반환되는 객체에 이벤트 리스너를 추가해야 한다.

예를 들어 반환되는 객체에 추가하는 이벤트 리스너는 다음과 같다.

- ▶ onsuccess: 데이터베이스가 성공적으로 열렸을 때 실행된다.
- ▶ onerror: 에러가 발생했을 때 실행된다.
- ▶ onupgradeneeded: 데이터베이스 버전이 지정되지 않았거나 데이터베이스가 존재하지 않을 때 실행된다.

IndexedDB 데이터베이스는 객체 저장소가 한 개 이상인 객체 지향형 데이터베이스다.

객체 저장소에는 기본 키 인덱스가 있다. 예제에서는 기본 키를 자동으로 만들었지만 제공되는 프로퍼티로 기본 키를 직접 만들 수도 있다.

모든 객체 저장소에는 인덱스가 한 개 이상 있다. 인덱스는 인덱스를 사용할 프로퍼티 경로를 설정해 추가할 수 있다. 예제에서는 totos 스토어에 인덱스 두 개를 정의했다.

데이터베이스에 적용하는 모든 질의는 트랜잭션으로 수행된다. 트랜잭션을 생성할 때에는 트랜잭션을 사용할 객체 저장소를 정의한다. 그리고 요청과 같이 트랜잭션에서 다음과 같은 이벤트 리스터를 추가할 수 있다.

- ▶ oncomplete: 트랜잭션이 완료됐을 때 실행된다.
- ▶ onerror: 에러가 발생했을 때 실행된다.
- ▶ onabort: 트랜잭션이 취소됐을 때 실행된다.

트랜잭션에서는 객체 스토어에 transaction.objectStore('name')을 호출해 접근할 수 있다. 이 객체의 모든 동작은 트랜잭션 밑에서 수행된다.

객체 저장소에서는 아이템 추가, 취득, 삭제 등의 여러 메소드를 지원한다. 그리고 이런 메소드들은 모두 인덱스로 사용한다. 아이템을 추가하려면 add 메소드를 사용한다. 그리고 아이템을 표시하거나 갱신하려고 아이템에 접근하려면 objectStore.index('name')을 호출해 인덱스를 사용한다.

인덱스는 get, count, openCursor 같은 객체 저장소 API의 일부분을 제공한다.

아이템을 업데이트하거나 여러 아이템을 한꺼번에 저장하려면 openCursor 메소드를 사용한다. 그리고 onsuccess 리스너를 추가할 수 있는 request 객체를 반환한다. onsuccess 리스너는 모든 아이템을 커서로 접근했을 때 호출된다. 그리고 cursor는 request.result로 접근한다.

아이템에 접근하고 나서 cursor.continue를 호출하면 다음 아이템으로 넘어간다. 그리고 다시 onsuccess가 호출되어 다음 아이템에 접근할 수 있게 된다.

또한 커서에 키의 범위를 지정해 접근할 수 있는 아이템을 제한할 수 있으며 오름차순, 내림차순도 지정할 수 있다. 키 범위는 IDBKeyRange 메소드를 사용해 생성한다.

- upperBound: 이 메소드는 키 범위의 상한선을 지정한다.
- lowerBound: 이 메소드는 키 범위의 하한선을 지정한다.
- bound: 이 메소드는 키 범위의 상한선, 하한선을 지정한다.
- only: 이 메소드는 키 한 개만만 범위로 지정한다.

upperBound, lowerBound, bound로 키 범위를 지정하는 것 외에 범위가 포함됐는지 알려주는 불 매개변수도 있다.

지금까지 설명했던 기능을 정리하는 예제를 살펴보자. getItem 메소드는 지정한 날짜 사이의 모든 아이템을 가져온다. 이 메소드를 실행하려면 다음과 같은 작업이 필요하다.

- 작업 객체 저장소 트랜잭션을 연다.
- 트랜잭션으로부터 작업 객체 저장소를 연다.
- 객체 저장소로부터 date 인덱스를 연다.
- IDBKeyRange를 사용해 첫 번째 날짜로 날짜 범위의 하한선을 지정하고

두 번째 날짜로 상한선을 지정한다(두 매개변수를 설정하면 범위가 지정된다는 의미다).

▶ date 인덱스로부터 생성한 키 범위로 커서를 연다.

▶ 커서를 사용해 모든 아이템을 순환하고 배열로 추가한다.

▶ 모든 아이템이 추가되고 나서 트랜잭션 oncomplete 핸들러에서 콜백 함수를 호출한다.

부연 설명

IndexedDB API는 매우 장황한 저수준 API다. 즉, 애플리케이션에서 직접 IndexedDB API를 호출하지 않고 IndexedDB API를 수행하는 하이 레벨 래퍼가 필요하다는 의미다.

그리고 IndexedDB는 다음처럼 실제 표준 데이터베이스처럼 다양하고 근본적인 기능을 제공하지 않는다.

▶ 인덱스 병합을 지원하지 않아 객체의 여러 프로퍼티를 조건으로 하는 효과적인 질의를 사용할 수 없다.

▶ 인덱스 키가 아닌 그 밖의 방법으로 정렬하려면 직접 아이템 배열을 재정렬해야 한다.

▶ 조인 기능이 없어 객체 저장소 두 개에 접근하는 코드를 직접 작성해야 하며 가장 효과적이고 적절한 인덱스를 골라야 한다.

결과적으로 아직 IndexedDB API는 별로 추천하고 싶지 않은 기능이며 사용하려면 IndexedDB API 위에서 구동되는, 고수준 라이브러리가 필요하다.

 좀 더 완벽한 솔루션으로 PouchDB (http://pouchdb.com/)를 살펴보길 바란다. 또한 db.js (http://aaronpowell.github.com/db.js/)는 좀 더 효과적인 API를 제공한다.

스토리지 제한과 더 많은 용량 요구

지금까지 클라이언트에서 스토리지에 접근하는 방법과 사용하는 방법을 알아
봤다. 지금까지 설명한 방법을 사용하면 클라이언트에서 대량 데이터를 저장
할 수 있다. 그러면 모든 디바이스의 스토리지에 데이터를 채우는 데 아무런
위험이 없을까?

이런 위험은 보안에 취약한 브라우저를 제외하고는 거의 일어나지 않는다. 이
런 보안작업을 위해 유저 에이전트로 `localStorage`를 사용해 브라우저에 데
이터를 저장하는 간단한 예제를 살펴본다.

예제 구현

1. example.js부터 만들어보자. 이 파일에서는 1k와 100k 데이터를 생성한
   다. 1k 데이터는 1025 크기의 배열로 만들고 'a'문자로 조인해 'a'가 들어
   간 1024 문자열을 만든다.

```
var testing = (function (me) {
    me.data1k = new Array(1025).join("a"); // 1k
    me.data100k = new Array((1024*100)+1).join("b");// 100k
```

2. 다음으로는 데이터를 로컬 스토리지에 저장하는 함수를 만들어 본다.

```
me.run = function (max, data) {
    var el = document.getElementById('status');
    el.setAttribute('max', max);
    try {
        for (i = 0; i < max; i++) {
            console.log(i);
            el.setAttribute('value', 1+i);
            localStorage.setItem(i, data);
        }
    } catch (err) {
```

```
            maxReached(i, err);
        }
    }
    //maxReached 함수는 성공적으로 저장된 마지막 데이터를 표시한다.
    function maxReached(i, err) {
        console.log("max reached");
        console.log(err);
        var div = document.getElementById('max');
        div.innerHTML = "Reached max " + i + " entry";
    }
```

3. 또한 전체 localStorage 객체를 초기화하는 함수를 추가한다.

```
me.clear = function() {
    var progress = document.getElementById('status');
    progress.setAttribute('value','0');
    localStorage.clear();
    console.log("removed all data from localStorage");
}
```

4. 다음에는 HTML 파일을 만들고 버튼 몇 개를 추가해 한 버튼은 모든 데 이터를 삭제하는 데 사용하고 그 밖의 버튼은 생성한 데이터를 저장하는 데 사용한다.

```
<body>
    <progress id="status" value="0" max="100"></progress>
    <div id="max">have not reached max</div>
    <button type="button" onclick="testing.clear()" >clear</button>
    <button type="button" onclick="testing.run(100,testing.data1k)"
    >100 entries 1K</button>
    <button type="button" onclick="testing.run(500,testing.data100k)"
    >500 entries 100K</button>
    <script src="example.js"></script>
</body>
```

스토리지 제한은 브라우저에 따라 다르다. 표준에는 유저 에이전트로 허용되는 스토리지 전체 공간을 제한하는 것으로 되어있다. 또한 같은 크기의 스토리지를 각 서브도메인에 할당한다(예를 들어 a.example.com, b.example.com 등). 또한 브라우저에서 더 많은 공간의 스토리지를 요청할 수 있는데 이 기능은 오페라에서만 제공된다.

그리고 파이어폭스에서는 `about:config`에서 `dom.storage.default_quota`라는 프로퍼티를 설정할 수 있지만 실제로는 직접 값을 입력해 저장공간을 늘릴 수는 없다. 하지만 IndexedDB는 무제한으로 저장공간을 사용할 수 있으며 기본값은 50MB로 되어있다.

HTML5 파일시스템 API의 제한적인 요소를 말할 때는 스토리지 타입 정의를 알아야 한다.

우선 임시 스토리지를 알아보자. 임시 스토리지는 가장 기본적인 것으로써 사용하는 데 있어 특별한 권한이 필요 없고 캐시 목적으로 주로 사용한다. 현재는 크롬에서 1GB의 임시 스토리지를 제공하며 IndexedDB와 WebSQL이 같은 공간을 사용할 계획이다. 하지만 임시 스토리지는 저장된 데이터에 지속성이 없으며 언제라도 삭제될 수 있다.

반면 지속성이 있는 스토리지에 저장된 데이터는 지속적으로 남는다. 여기에 저장된 데이터는 브라우저를 재 시작해도 남아있으며 애플리케이션에서 직접 삭제하지 않는 한 남아있다. 그리고 파일 시스템 호출을 시도하면 사용자에게 권한 승인 창이 표시되며 승인하면 QUOTA_EXCEEDE_ERR를 가져온다.

또한 무제한 타입의 스토리지도 있는데 이는 크롬만의 기능이며 크롬 확장 앱으로 사용할 수 있다.

스토리지를 요청하는 표준적인 방법으로 쿼타Quota API 표준(http://www.w3.org/TR/quota-api/)이 있으며 스토리지 요청 목적으로만 사용된다. 표준에 정의되어 있는 API는 로컬 스토리지를 여러 지속성이 있는 API로 제어한다.

그리고 StorageQuota 인터페이스는 좀 더 지속성이 있는 데이터를 처리하는 방법을 제공한다. 아직 개발중인 StorageQuota 인터페이스 표준은 크롬에서만 동작한다.

```
window.webkitStorageInfo.requestQuota(PERSISTENT, 10*1024*1024,
    function(bytes){
        console.log(bytes);
    }, function (error){
        console.log(error);
    });
```

위 메소드를 호출하면 사용자에게 승인을 요구하는 승인 창이 표시된다.

브라우저 히스토리 다루기

히스토리 API는 자바스크립트로 브라우저 히스토리를 다룬다. 오랫동안 히스토리 API는 유저 에이전트로 사용되어 왔으나 새로운 히스토리 API는 히스토

리 안에 새로운 목록을 추가할 수 있으며 주소창에서 URL을 변경할 수 있는
기능 등이 있다.

즉, 히스토리 API를 사용해 REST한 방법으로 원 페이지 앱을 생성할 수 있다
는 의미이며 유일한 식별자로 페이지 리로드나 클라이언트 조작 없이 특정 상
태에 따라 페이지 뷰를 생성할 수 있다.

준비

이번 예제에서는 예제의 /img 폴더에 있는 이미지를 사용해 사용자로 하여금
이미지를 선택할 수 있게 한다. 또한 /img 폴더에 있는 이미지를 사용하므로
웹 서버가 필요하다.

예제 구현

코드를 살펴보자.

1. 고양이 보기 애플리케이션을 만들기 위해 HTML 파일을 만든다.

```
<div>
    <nav>
        <ul>
            <li><div data-id="0" data-url="/mycat.html">A cat</div>
</li>
            <li><div data-id="1" data-url="/awesome.html">Some cat
</div></li>
            <li><div data-id="2" data-url="/somecat.html">The cat
</div></li>
        </ul>
    </nav>
    <div id="image">
    </div>
</div>
```

2. 제이쿼리와 example.js를 추가한다.

```
<script src="http://ajax.googleapis.com/ajax/libs/jquery/1.8.2/
jquery.min.js"></script>
<script src="example.js"></script>
```

3. div 엘리먼트를 링크처럼 표시할 기본 스타일을 추가한다. 보통 이런 경우에는 <a> 엘리먼트를 사용하지만 항상 <a> 엘리먼트 사용이 가장 바람직한 방법은 아니다. 지정할 스타일은 다음과 같다.

```
<style>
nav div {
    text-decoration:underline;
    cursor: pointer;
}
</style>
```

4. example.js에서는 catson이라고하는 데이터를 정의한 작은 JSON 파일을 정의했다.

```
varcatson = [
{
    "name":"Awesome cat",
    "url":"1.jpg"
},
{
    "name":"Crazy cat",
    "url":"2.jpg"
},
{
    "name":"Great cat",
    "url":"3.jpg"
}
];
```

5. HTML 문서가 로드되면 현재 유저 에이전트로 히스토리 API 지원여부를 체크한다.

```
$(document).ready( function() {
    function hasSupportForHistory() {
        return window.history&&history.pushState;
    }
    if ( !hasSupportForHistory() ) {
        $('body').text('Browser does not have support for History fall
            backing');
        return;
    }
```

6. 다음에는 네비게이션 엘리먼트에 클릭 핸들러를 추가한다.

```
$("nav div").click( function(e) {
    console.log('clicking');
    var title = $(this).text(),
    url = document.URL.substring(0, document.URL.lastIndexOf('/')) +
    $(this).data('url'),
    id = $(this).data('id'),
    img = '<imgsrc="img/'+ catson[id].url +'" />',
    text = '<h1>'+catson[id].name+'</h1>';
    // 표시되는 URL 변경
    history.pushState(null, title, url);
    $('#image').html(text + img);
    // 기본 이벤트 전달 정지
    e.preventDefault();
})
```

이제 예제를 실행해 보면 브라우저 URL이 변경되지만 여전히 같은 페이지가
유지되는 것을 확인할 수 있다.

생성된 그 밖의 URL을 사용해 페이지를 로드하면 다음과 같은 메시지가 출력
된다.

Error code 404.
Message: File not found.
Error code explanation: 404 = Nothing matches the given URI.

페이지가 존재하지 않는다는 메시지가 출력된다. 이것이 이번 예제의 목적이다.

히스토리 API의 개념은 간단하다. 히스토리는 window.history 객체로 브라우저의 히스토리를 관리하는 객체다.

원 페이지 앱의 뒤로 이동하려면 다음처럼 한다.

```
window.history.back();
```

또는 다음과 같은 명령으로 앞으로 갈 수도 있다.

```
window.history.forward();
```

또한 몇 페이지를 앞으로 또는 뒤로 이동할 수 있는 여러 API들이 있다. 예를 들어 3페이지 전으로 돌아가려면 다음과 같은 명령을 사용한다.

```
window.history.go(-3);
```

이러한 히스토리 API중 가장 눈여겨 봐야 할 API로 pushState(state, title, url)와 replaceState(state, title, url)가 있다. pushState는 예제에서 사용했으며 현재 주어진 상태 객체를 사용해 히스토리 스택에 URL을 추가한다. 예제에서는 더 완벽하게 사용하려고 첫 번째 인자로 현재 문서의 상태를 나타내는 상태 객체를 사용했다. 예제의 경우는 catison 리스트에 있는 cat 객체를 사용했다.

이와 비슷하게 replaceState 메소드는 새로운 상태를 히스토리 스택에 추가하지 않고 같은 인자를 사용해 업데이트한다.

상태 객체는 history.state 변수로 접근할 수 있으며 이와 비슷하게 history.length는 현재 히스토리 스택의 크기를 나타낸다. history.state 변수는 브라우저에서 데이터를 저장하는 그 밖의 방법으로도 사용된다.

 히스토리 API에 관한 더 자세한 사항을 WHATWG 표준(http://www.whatwg.org/specs/web-apps/current-work/multipage/history.html)에서 참고하라.

히스토리 API를 사용할 때 주의해야 할 점이 있는데, 접근할 수 없거나 존재하지 않는 URL을 사용하면 안 된다는 점이다. 보통 이런 주의사항은 URL의 상태가 렌더링에 사용되므로 서버 측 작업을 구현할 때 고려해야 할 사항이다. 다시 한 번 말하자면 히스토리 API의 주요 목적은 사용자 편의 향상을 위함이지 멋지고 새로운 기능을 사용해보자는 것이 아니다. 그러므로 이런 기능을 사용할 때는 주의깊게 사용해야 한다.

구형 브라우저를 지원하려는 목적으로 history.js(https://github.com/browserstate/history.js)가 있다. 이 라이브러리는 비단 표준 히스토리 기능 뿐만 아니라 개발에 유용한 그 밖의 멋진 기능도 제공한다.

또한 Path.js라고 하는 라이브러리도 있는데 이 라이브러리는 히스토리 API를 사용해 더 진보된 기능을 제공하는 것뿐만이 아니라 hashbangs(#)을 사용해 더 멋진 기능을 제공한다.

또한 히스토리 API의 history.replaceState를 사용해 주소 창에 애니메이션을 제공하는 멋진 게임도 있다. 이 게임은 아바로이드라고 부르며 게임을 체험해보려면 http://www.thegillowfamily.co.uk/를 방문해보길 바란다.

12

멀티미디어

12장에서는 다음과 같은 것들을 알아본다.

- 오디오 파일 재생
- 비디오 파일 재생
- 미디어 엘리먼트 사용자 정의 컨트롤
- 비디오에 자막 넣기
- 멀티미디어 임베딩
- HTML5 오디오를 사용해 텍스트를 음성으로 변환

소개

HTML5에서는 audio(오디오)와 video(비디오)라는 두 엘리먼트를 추가했다. 이전 브라우저에서는 오디오와 비디오를 별도의 애드온으로 사용할 수 있었다. 이전 브라우저에서 지원했던 애드온에는 플래시 기반의 플레이어가 있었으나 현재는 상황이 많이 바뀌었다. 최근 브라우저에서는 기본 HTML5 미디어 엘리먼트를 그 기능에 맞게 잘 지원한다.

웹 페이지에서 사용하는 사용자 플레이어는 매우 제한적이고 서비스 회사에 따라 달랐다. 그리고 아직까지 많은 사이트들이 플래시로 만든 자체 플레이어를 사용하며 예전에는 이것이 최선의 방법이었다.

플래시 기반의 서비스가 하루아침에 사라지지는 않을 것이다. 하지만 이것이 개방형 표준 방법을 사용하지 않는 특별한 이유가 될 수는 없다. 웹 게임에서는 플래시 기반의 게임 이상으로 매일 HTML5 웹 게임이 탄생한다.

오디오 파일 재생

오디오 엘리먼트는 간단히 말하자면 브라우저에서 오디오 파일을 재생하는 기능을 가졌다. 오디오 엘리먼트를 채택하는 과정에서 지원 대상 오디오 포맷과 관련해 많은 논란을 일으켰다. 지원하는 오디오 포맷으로 초창기에는 W3C에서 오그보비스Ogg Vorbis(http://www.vorbis.com/)를 제안했다.

 브라우저가 최근에 지원하는 오디오 포맷을 www.caniuse.com에서 참고할 수 있다.

이번 예제에서는 오디오 엘리먼트와 적용할 수 있는 기본 속성을 알아본다.

준비

예제에서 오디오 파일을 재생하려면 실제 오디오 파일이 있어야 한다. 예제에서 사용할 오디오 파일은 직접 준비하거나 예제에 있는 것을 사용한다. 예제에서 제공하는 오디오 파일은 music 폴더에 있는데, 이 파일은 제이슨 웨인버그 & 심포니 오케스트라의 모짜르트-클라리넷 콘서트를 담고 있다. 이 파일을 http://freemusicarchive.org/music/Jason_Weinberger__the_WCFSO/Jason_Weinberger__the_Waterloo-Cedar_Falls_Symphony_Orchestra/에서 무료로 다운받을 수 있다.

이 파일이 mp3 타입이지만 예제에서 사용하려면 ogg 파일도 필요하다. 오디오 파일 변환 기능을 온라인 또는 오프라인에서 많이 제공하며 http://media.io에서도 제공한다. 또는 별다른 변환과정을 거치지 않고 예제의 song.ogg 파일을 사용해도 된다.

오디오 플레이어가 있는 HTML 파일을 만들어보자.

1. HTML 파일의 본문 부분은 다음과 같다.

```
<!doctype html>
<html>
  <head>
    <title>Audio</title>
  </head>
  <body>
    <p>
      <audio id="mulipleSrc" controls preload loop>
          Audio not supported
        <source src="music/Jason_Weinberger__the_WCFSO_-_04_-_
Mozart_-_Clarinet_Concerto_in_A_K_622_II_Adagio.mp3" type="audio/
mpeg" />
        <source src="music/song.ogg" type="audio/ogg" />
      </audio>
    <p>
```

2. 속성에 설명을 추가한다.

```
      Mozart - Clarinet Concerto in A K. 622, II. Adagio by <a
href="http://freemusicarchive.org/music/Jason_Weinberger__the_WCFSO/
Jason_Weinberger__the_Waterloo-Cedar_Falls_Symphony_Orchestra/">Jason
Weinberger</a> & the WCFSO is licensed under a Creative Commons
Attribution License.
    </p>
```

```
    </body>
  </html>
```

이것으로 브라우저에서 오디오 플레이어를 표시할 수 있다.

예제 분석

예전에는 오디오를 재생하려면 <object>나 <embed> 태그를 사용하고 임베딩된 .swf 파일에 수많은 설정 매개변수를 전달해야만 했었다.

```
<object data="somePlayer.swf">
    <param name="quality" value="medium">
</object>
```

지금은 굉장히 간단해졌다. 오디오 엘리먼트를 추가하고 src 속성을 설정하기만 하면 된다.

```
<audio src="myFile.ogg" autoplay>
    Some fallback HTML code
</audio>
```

위와 같은 설정을 사용하면 브라우저에서 바로 오디오를 재생할 수 있지만 음악을 중지하는 컨트롤은 별도로 제공하지 않는다. 이런 컨트롤을 감안한 플레이어를 사용하려면 속성을 별도로 더 추가해야 한다. 그 밖의 제한적인 요소로 src에 설정한 음원만 재생한다는 단점이 있다. 그럼 왜 복수 음원을 재생하지 못할까? 그 이유는 실로 단순하다. 현재 브라우저에서 지원하는 포맷이 브라우저 제작업체마다 다르기 때문이다. 복수 음원을 재생하려면 브라우저에서 음원 여러 개를 지정하는 src 속성이 있어야 한다.

 이 책을 쓰고 있는 현재 브라우저에서 지원하는 음원 포맷은 다음과 같은데, 이 조사를 윈도우에서 했다.

546

브라우저/버전	WAV	Opus	Ogg	MP3	ACC
파이어폭스 20	Yes	Yes	Yes	No	No
크롬 26	Yes	Yes	Yes	Yes	Yes
IE 9	No	No	No	Yes	Yes
오페라	Yes	No	Yes	No	No

 브라우저 지원에 대한 통계를 제공하는 표준 웹 사이트 외에도 사운드 클라우드(http:// areweplayingyet.org/)(소스:https://github.com/soundcloud/areweplayingyet)와 같은 테스트 도구를 사용해 지원 여부를 알 수도 있다.

소스 엘리먼트에 여러 미디어 타입으로 리소스를 설정할 수 있지만 그 자체로 는 의미가 없고 미디어 태그의 일부분이 된다. 예를 들면 아래와 같이 여러 소 스 엘리먼트를 다른 src, type, 미디어 속성을 사용해 설정할 수 있다.

```
<source src='audio.oga' type='audio/ogg; codecs=flac'>
```

위와 같은 경우 브라우저에서 사용할 미디어 타입을 한 가지로 확실하게 정하 지 않았으므로 source 엘리먼트에 있는 이벤트 핸들러에서 onerror 이벤트가 발생할 것이다. 이 이벤트 핸들러를 고장 대체물fallback로도 처리할 수 있다.

다음은 미디어 엘리먼트에서 사용할 수 있는 속성들이다. 전역 속성이 아닌 미디어 엘리먼트에서만 사용할 수 있는 속성이다.

- ▶ autoplay 속성: 이 속성은 불 값을 가지는 속성으로써 브라우저에서 미디 어 파일이 충분히 클 때 자동으로 미디어를 재생하라는 의미다. 이 속성을 지정하지 않으면 자동 재생이 시작되지 않는다.

- ▶ preload 속성: 이 속성은 사용자가 재생 버튼을 누르지 않아도 브라우저 가 스스로 미디어 파일을 내려 받기 시작하라는 의미다. 즉, 이 미디어 파 일은 곧 재생될 계획이니 미리 다운로드하라는 의미다. preload를 auto로 설정하면 페이지가 로드되자마자 내려 받기 시작한다. 그리고 none으로

설정하면 사용자가 재생 버튼을 누르지 않는 이상 내려 받지 않는다. 또한 metadata라고 설정하면 미디어 파일의 길이 같은 메타데이터만 내려 받는다.

- ▶ muted 속성: 불 기반의 속성으로써 기본 값은 false로 설정되어 있어 소리가 들린다.
- ▶ loop 속성: 이 속성을 설정하면 미디어 파일을 반복재생한다.
- ▶ controls 속성: 재생기 컨트롤을 추가한다.
- ▶ mediagroup 속성: 이 속성을 사용하면 여러 미디어 엘리먼트를 그룹화할 수 있다. 예를 들어 두 엘리먼트에 같은 컨트롤을 표시하고 싶을 경우 이 속성을 설정해 같은 미디어 그룹으로 만든다.
- ▶ crossorigin 속성: src 속성에 크로스-오리진 리소스 셰어링(CORS)을 제한한다.

많은 사용자 정의 속성이나 자바스크립트로 제어하는 부분을 다음 예제에서 살펴본다. 그리고 컨트롤 없이 엘리먼트를 사용하려면 오디오 파일 CSS에 display:none을 설정해 페이지에서 아예 사라지게 하는 방법도 있다.

비디오 파일 재생

브라우저에서 비디오를 지원할 수 있게 HTML5에서는 video 엘리먼트를 추가했다. 비디오 엘리먼트는 오디오 엘리먼트와 비슷하게 공통 인터페이스를 사용하므로 같은 속성을 사용한다. 그리고 비디오 엘리먼트만의 속성이 몇 개 더 있다. 코덱도 약간 다르다. 비디오에서 사용하는 코덱은 H.264/MPEG-4, VP8, VP9, Theora 등을 사용한다.

이번 예제에서는 간단한 페이지를 만들어 내장된 플레이어를 사용하는 방법을 알아본다.

비디오 엘리먼트의 HTML5 표준을 http://www.whatwg.org/specs/web-apps/
currentwork/multipage/the-video-element.html에서 참조하자.

준비

플레이어에서 비디오를 재생하려면 자신만의 비디오를 준비해야 한다. 무료
비디오를 http://archive.org/details/animationandcartoons에서 내려 받을 수
있다.

예제에서 사용한 비디오는 '부기 우기 버글 보이'라는 비디오 파일인데, '월터
란츠 프로덕션'이 만든 것으로, 1941년에 오스카 상 후보작으로 선정된 작품
이다.

인터넷 아카이브라고 알려진 Archive.org는 '모든 지식의 공유'라는 목표를 가진 비영리
디지털 도서관이다. 여기서는 책 뿐만 아니라 여러 멀티미디어도 제공한다. Archive.org
에서 운영하는 가장 유명한 프로젝트로 웨이백 머신(wayback machine)이 있다(http://
archive.org/web/web.php). 이 프로젝트는 과거 웹 사이트의 상태를 스냅샷 형태로 제
공한다. 또한 nasaimages.org라는 프로젝트도 있어 NASA의 이미지, 비디오를 대중들에
게 공개한다. Archive.org의 방대한 자료는 대중들에게 훌륭한 정보 제공처로 사용된다.

또한 비디오 시작 전에 보여줄 포스터 이미지를 사용한다. 이 이미지는
poster.png이며 예제 소스에 있다. 그러나 원한다면 다른 이미지를 사용해도
된다.

예제 구현

간단한 HTML을 만들고 비디오 엘리먼트와 비디오 소스를 추가한다.

1. HTML의 바디부분은 아래와 같다.

```
<p>
    <video width="640" height="360" poster="poster.png" controls
preload loop>
        Video not supported
    <source
    src="http://archive.org/download/WalterLantz-
BoogieWoogieBugleBoy1941/WalterLantz-BoogieWoogieBugleBoy1941.ogv"
type="video/ogg" />
    </video>
```

2. 속성을 다음처럼 설정한다.

```
<p>
Video is part of animation shorts on <a href="http://archive.
org/details/more_animation"> archive.org</a>. The video
is titled : Walter Lantz - Boogie Woogie Bugle Boy
</p>
```

예제를 열면 아래와 같이 비디오 플레이어가 동작하는 것을 확인할 수 있다.

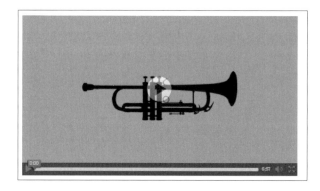

예제 분석

비디오 엘리먼트는 오디오 엘리먼트와 매우 비슷하며 오디오에서 사용할 수 있는 속성은 모두 사용할 수 있다. 비디오에서만 사용할 수 있는 속성은 다음과 같다.

- ▶ width, height: 엘리먼트 너비와 높이를 설정한다. 이 속성을 설정하면 지정한 크기대로 비디오 컨트롤이 배치된다. 비디오의 실제 크기는 재생되고 있는 파일에 따른다.
- ▶ poster: 비디오가 재생되기 전에 표시되는 고정 이미지를 지정하는 속성이다.

비디오 속성을 여러 개 조합하면 더 좋은 사용자 경험을 이끌어낼 수 있다. 예제에서는 실제 비디오의 높이와 너비랑 일치하지 않게 높이와 너비를 설정했고 중앙에 정렬했다.

비디오의 특정 구간만을 재생하고 싶으면 내장된 기능을 이용하면 된다. 예를 들어 비디오의 30초부터 40초까지만 재생하길 원한다면 src 엘리먼트에 지정된 URL에 #를 추가해 다음처럼 지정할 수 있다.

```
<source src="myvideo.ogv#t=30,40"/>
```

일반 정의 형식은 다음과 같다.

```
#t = [starttime],[endtime]
```

starttime(시작 시간)과 endtime(종료 시간)은 옵션이며 비디오 재생 시작 시간을 초단위로 설정하거나 hours:minutes:seconds(시:분:초) 형식으로 설정할 수도 있다.

비디오를 80초까지만 재생하려면 다음처럼 설정한다.

```
<source src="myvideo.ogv#t=80" />
```

또한 비디오는 원 포맷으로 그대로 보내면 전송해야 할 데이터가 굉장히 많아지므로 손실 압축 포맷으로 보내지기도 한다.

 손실 압축에 관한 자세한 정보를 https://en.wikipedia.org/wiki/Lossy_compression에서 참조하자. 손실 압축의 개념은 원본 비디오의 정보나 품질의 정도를 줄이는 것이다.

마이크로소프트와 애플은 H.264, .mp4, m4v라는 확장자로 알려진 라이센스를 소유한다. 이 코덱의 버전이 다양하고 다양하게 조합할 수 있어 유투브와 아이튠즈에서 인기를 끌며 사용된다. H.264 코덱의 경우에는 로열티를 지불해야 하고 많은 논쟁이 있으므로 파이어폭스와 크롬은 이 코덱을 지원하지 않을 예정이다. 또한 앞으로 파이어폭스가 지원할 예정인 코덱에는 별도의 디코더가 필요하다.

 H.264에 관한 더 자세한 정보를 http://en.wikipedia.org/wiki/H.264/MPEG-4_AVC에서 참조하라.

오그 테오라Ogg Theora는 오그Ogg 포맷과 보비스Vorbis 이전 오디오 예제에서 사용한 오디오 코덱을 만든 Xiph.org에서 만들었다. 이 코덱은 파이어폭스, 오페라, 크롬에서 지원하며 인터넷익스플로러와 사파리에서는 지원하지 않으며 적어도 기본 지원형식은 아니다.

 오그 테오라에 관한 자세한 정보를 http://www.theora.org/에서 참조하라.

WebM은 보비스를 오디오 코덱으로 사용하고 VP8을 비디오 코덱으로 사용한다. VP8은 구글에서 병합한 On2라는 회사가 개발한 코덱이다. 또한 WebM을 크롬, 오페라, 파이어폭스가 지원하며 인터넷익스플로러와 사파리에서는 별도의 플러그인을 설치해야 쓸 수 있다.

 WebM에 관한 더 자세한 사항과 포맷, 도구, 문서를 http://www.webmproject.org/에서 참조하라.

여러 소스를 지정하는 것이 좋은 선택이긴 하나 항상 사용할 수 있는 것은 아니다. 이를 사용하려면 오래된 브라우저에서는 고장 대체물fallback을 사용하고 별도의 플러그인을 설치해야 한다.

유투브나 비메오Vimeo같은 회사의 비디오를 사용하려면 iframe을 사용해 플레이어를 제공해야 한다.

```
<iframe width="420" height="345"
   src="http://www.youtube.com/embed/WEbzZP-_Ssc">
</iframe>
```

또한 고장 대체물을 간단하게 처리하는 자바스크립트 라이브러리도 있는데 그 중 하나로 http://mediaelementjs.com/가 있다.

이 라이브러리 사용방법은 간단하게 .js와 .css 파일을 아래와 같이 추가하면 된다.

```
<code><script src="jquery.js"></script>
   <script src="mediaelement-and-player.min.js"></script>
   <link rel="stylesheet" href="mediaelementplayer.css" />
</code>
```

고장 대체물을 넣는 방법은 다음과 같다.

```
<video src="myvideo.ogv" />
   <!-- 다른 소스 -->
   <object width="320" height="240" type="application/x-shockwaveflash"
data="flashmediaelement.swf">
      <param name="movie" value="flashmediaelement.swf" />
      <param name="flashvars" value="controls=true&file=myvideo.mp4" />
      <img src="myvideo.jpg" width="320" height="240" title="No video
playback capabilities" />
   </object>
</video>
```

여기에서 사용한 고장 대체 플레이어는 mediaelement.js에서 제공하는 수많은 기능 중 하나일 뿐이다. 이 라이브러리에서는 모바일을 위한 수많은 옵션이 있으며 API를 제공한다.

 사용할 수 있는 변환 도구 또는 코덱에 대한 더 자세한 이야기는 마크 필그램의 『Dive into HTML5』를 참고하기 바란다(http://fortuito.us/diveintohtml5/video.html). 또한 『Video for everybody』라는 그 밖의 브라우저에서 비디오를 지원하는 방법을 다룬 글도 있다(http://camendesign.com/code/video_for_everybody).

미디어 엘리먼트 사용자 정의 컨트롤

비디오나 오디오와 같은 엘리먼트는 자체에 메소드와 속성을 가지고 있으므로 자바스크립트를 사용해 제어할 수 있다. 이번 예제에서는 `HTMLMediaElement` 인터페이스를 사용하는 엘리먼트에 적용하는 기본 기능과 메소드를 알아본다.

 HTML5 미디어 엘리먼트 표준을 http://www.w3.org/TR/html5/embedded-content-0. html#htmlmediaelement에서 참고하라.

준비

이번 예제에는 비디오가 필요하다. 이전 예제에서 사용했던 비디오를 재활용하자.

예제 구현

미디어 플레이어의 기초 기능을 구현한 자바스크립트 컨트롤러부터 알아보자.

1. 예제 컨트롤러 메소드에서는 명령 선택자를 사용해 명령을 실행한다.

```javascript
var videoController = (function () {
  var my = {};

  function findElement(selector){
    var result = document.querySelector(selector);
    if (!result) {
      throw "element " + selector + " found ";
    }
    return result;
  }

  function updatePlaybackRate(el, speed) {
    el.playbackRate += speed;
  }

  function updateVolume(el, amount) {
    el.volume += amount;
  }

  my.play = function(video) {
    var el = findElement(video);
    el.play();
  }

  my.pause = function(video) {
    var el = findElement(video);
    el.pause();
  }

  my.toggleMute = function(video) {
    var el = findElement(video);
    el.muted = !el.muted;
  }

  my.increasePlaybackRate = function(video, speed) {
```

```
  var el = findElement(video);
  updatePlaybackRate(el, speed);
}

my.decreasePlaybackRate = function(video, speed) {
  var el = findElement(video);
  updatePlaybackRate(el, -speed);
}

my.increaseVolume = function(video, amount) {
  var el = findElement(video);
  updateVolume(el, amount)
}

return my;

}());
```

별다른 레이어 추가 없이 표준 메소드만 사용해 간단한 컨트롤러를 만들어봤다. 기본적으로 자바스크립트로 제어할 수 있는 엘리먼트로 기능을 확장했다.

2. HTML은 이전 비디오 예제와 비슷한 버전이다. 비디오 컨트롤러에서 사용할 버튼 몇 개를 추가하고 간단한 스타일을 추가한다. 다음 코드를 HTML 헤드부분에 추가하자.

```html
<head>
  <title>Video custom controls</title>
  <style>
    video {
      box-shadow: 0 0 10px #11b;
    }
  </style>
</head>
```

3. 바디 부분에는 아래와 같은 컨트롤 버튼을 추가한다.

```
<p>
    <video id="theVideo" width="640" height="480" poster="poster.
png" preload loop>
        Video not supported
    <source src="http://archive.org/download/WalterLantz-
BoogieWoogieBugleBoy1941/WalterLantz-BoogieWoogieBugleBoy1941.ogv"
type="video/ogg" />
    </video>
    <output id="speed"></output>
</body>
<p>
The Dashboard : <br/>
    <button onclick="videoController.play('#theVideo')">Play</
button>
    <button onclick="videoController.pause('#theVideo')">Pause</
button>
    <button onclick="videoController.increasePlaybackRate('#theVid
eo',0.1)">Speed++</button>
    <button onclick="videoController.decreasePlaybackRate('#theVid
eo',0.1)">Speed-- </button>
    <button onclick="videoController.decreaseVolume('#theVideo',
0.2) ">Vol-</button>
    <button onclick="videoController.increaseVolume('#theVideo',
0.2) ">Vol+</button>
    <button onclick="videoController.
toggleMute('#theVideo')">Toggle Mute</button>
  <p>
    Video is part of animation shorts on <a href="http://archive.
org/details/more_animation"> archive.org</a>. The video
    is titled : Walter Lantz - Boogie Woogie Bugle Boy
    </p>
```

4. 그리고 example.js를 추가한다.

```
<script src="example.js"> </script>
```

이제 완전하게 동작하는 비디오 플레이어가 완성됐다.

이번 예제에서는 자바스크립트로 미디어 엘리먼트에 접근해 제어했다. 자바스크립트로 미디어 엘리먼트에 접근하면 표준 엘리먼트를 사용자가 정의할 수 있는 다양한 방법을 제공한다. 이런 프로퍼티는 HTMLMediaElement에 정의되어 있으며 currentTime, playbackRate, volume, muted, defaultMuted와 같은 것들이 있다.

 HTMLMediaElement 속성의 더 자세한 정보와 읽기 전용 속성과 관련해서는 http://www.w3.org/TR/html5/embedded-content-0.html#media-elements을 참조하라.

미디어 엘리먼트의 속성을 변경하면 사용자 정의 플레이어를 만들 수 있을 뿐만 아니라 여러 다양한 시각적 업데이트도 구현할 수 있다. 미디어 엘리먼트에서 다루는 이벤트는 많은 종류가 있다. 그 중 하나를 이벤트 리스너에 추가하면 미디어 상태 변화에 따라 업데이트가 발생한다. 미디어 엘리먼트에서 사용하는 이벤트는 다음과 같다. loadstart, abort, canplay, canplaythrough, durationchange, emptied, ended, error, loadeddata, loadedmetadata, pause, play, playing, progress, ratechange, seeked, seeking, stalled, suspend, timeupdate, volumechange, waiting.

 이벤트는 그 이름만으로도 동작을 유추할 수 있다. 더 자세한 이벤트 정보를 알고 싶다면 http://www.w3.org/TR/html5/embedded-content-0.html#mediaevents를 참조하라.

예제에서는 현재 재생 속도를 표시하는 이벤트 리스너를 추가했다.

```
my.displayRate = function (video, output) {
    var vid = findElement(video),
    out = findElement(output);
    vid.addEventListener('ratechange', function(e) {
        console.log(e);
        out.innerHTML = 'Speed x' + this.playbackRate;
```

```
    }, false);
}
```

그리고 HTML에 출력 엘리먼트를 추가해 재생 속도를 표시했다.

```
<output id="speed"></output>
<script>
    videoController.displayRate("#theVideo","#speed");
</script>
```

처음 비디오가 재생되면 재생 속도 이벤트가 발생하고 속도는 1로 설정된다.
그리고 재생 속도를 변경하면 같은 이벤트가 발생한다.

 W3C에는 미디어 엘리먼트가 발생시키는 훌륭한 이벤트 데모가 있다. http://www.
w3.org/2010/05/video/mediaevents.html

또 하나 재미있는 사실은 비디오 파일에 <audio> 엘리먼트를 사용하면 오디오
만이 재생된다는 사실이다.

비디오에 자막 넣기

외국어를 사용하는 비디오 콘텐츠를 위해 자막을 표시하는 요구가 빈번하
게 있다. 이런 요구는 보통 컨퍼런스 비디오라던지 영화, TV 쇼에 많이 있다.
이런 요구를 충족시키기 위해 WebVTT 표준이 나왔다(http://dev.w3.org/html5/
webvtt/).

준비

예제를 간단하게 만들기 위해 이전 예제에서 사용했던 비디오와 포스터 이미
지를 그대로 사용하며 다른 파일도 그대로 사용한다. 그리고 비디오는 크게
관련이 없으므로 자신만의 비디오 파일을 사용해도 된다.

HTML 파일부터 살펴보자. HTML 파일에는 비디오 엘리먼트와 트랙 엘리먼트를 추가했다. 그리고 example.js도 추가했다. 다음 코드를 살펴보자.

1. HTML 바디부분에 다음 코드를 추가한다.

```html
<p>
    <video id="theVideo" width="640" height="360" poster="poster.png" controls preload loop>
        Video not supported
        <source
        src="http://archive.org/download/WalterLantz-
BoogieWoogieBugleBoy1941/WalterLantz-BoogieWoogieBugleBoy1941.ogv"
type="video/ogg" />

        <track src="video.vtt" kind="subtitles" srclang="en"
label="English" default />
        <track src="karaoke.vtt" kind="captions" srclang="gb"
label="Other" />
    </video>
<p>
    Video is part of animation shorts on <a href="http://archive.
org/details/more_animation"> archive.org</a>. The video
    is titled : Walter Lantz - Boogie Woogie Bugle Boy
    </p>
```

2. 자바스크립트에서는 트랙 객체를 비디오 엘리먼트에 추가한다. 그리고 코드로 트랙에 접근하고 다룬다. 자바스크립트 코드는 다음과 같다.

```javascript
(function(){
  var video = document.getElementById('theVideo'),
      textTracks = video.textTracks;

  for(var i=0; i < textTracks.length; i++){
    console.log(textTracks[i]);
  }
```

```
}
())
```

3. .vtt 파일에는 트랙의 내용이 들어간다. 예제에서 사용하는 .vtt 파일을 직접 만들어보자. video.vtt 파일의 담길 내용은 다음과 같다.

```
WEBVTT

1
00:00:01.000 --> 00:00:13.000
this is the video introduction

2
00:00:15.000 --> 00:00:40.000
There is also some awesome info in
multiple lines.
Why you ask?
Why not ...

3
00:00:42.000 --> 00:01:40.000
We can use <b>HTML</b> as well
<i> Why not?</i>

4
00:01:42.000 --> 00:02:40.000
{
"name": "Some JSON data",
"other": "it should be good for metadata"
}

5
00:02:41.000 --> 00:03:40.000 vertical:lr
text can be vertical

6
```

```
00:03:42.000 --> 00:04:40.000 align:start size:50%
text can have different size relative to frame
```

4. karaoke.vtt의 내용은 다음과 같다.

```
WEBVTT


1
00:00:01.000 --> 00:00:10.000
This is some karaoke style  <00:00:01.000>And more <00:00:03.000>
even more  <00:00:07.000>
```

이제 예제를 실행하면 주어진 시간에 맞춰 자막이 표시된다.

 WebVTT 파일을 직접 만들면 실수를 많이 하게 된다. 그러므로 이런 실수를 검증해주는 도구(http://quuz.org/webvtt/)가 있으며 소스는 다음과 같다. https://github.com/annevk/webvtt.

예제 분석

비디오 콘텐츠는 언제나 유용하다. 그리고 자막은 더 이상 옵션이 아니다. HTML5의 트랙 엘리먼트를 사용하면 표준 방법으로 비디오에 정보를 추가할 수 있다. 트랙은 자막에만 사용하는 것이 아니라 시간 큐를 표시하는 데 사용하기도 한다.

 큐의 일반적인 정의는 배우 혹은 그 밖의 연기자가 대사를 시작하거나 연기를 시작할 때 나타나는 텍스트다.

큐는 JSON, XML, CSV 같은 그 밖의 포맷으로도 제공될 수 있다. 예제에서는 JSON 데이터 형식을 사용했다. JSON 형식의 데이터는 여러 방면에서 매우 유용한데 특히 시간 위치를 지정할 수 있어 유용하지만 자막에서는 실제 사용하지 않는다.

트랙 엘리먼트의 kind 속성에 다음과 같은 값을 사용할 수 있다.

- ▶ subtitles 주어진 언어에 따른 번역 텍스트

- ▶ captions subtitles와 유사하나 소리 효과 또는 그 밖의 오디오를 포함시킬 수 있다. 이 값의 목적은 소리가 없는 비디오를 재생할 때이다.

- ▶ descriptions 시각적인 부분을 사용할 수 없을 때 이용하는 비디오의 텍스트 설명이다. 주로 시각 장애인 또는 스크린을 볼 수 없는 사람들에게 사용한다.

- ▶ chapters 주어진 시간 동안 챕터 타이틀을 제공한다.

- ▶ metadata 스크립트로 작성되는 메타데이터를 저장하는 데 사용하는 트랙이다.

트랙 엘리먼트에는 kind 속성 외에 src 속성도 있어 트랙 소스의 URL을 지정한다. 또한 srclang 속성이 있어 언어 태그를 넣는다.

 특정 언어를 나타내기 위해 두 문자로 된 유일한 키를 사용한다. 이에 대한 더 자세한 사항을 http://tools.ietf.org/html/bcp47에서 참조하라.

또한 트랙 엘리먼트에는 default 속성이 있어 기본적으로 표시될 트랙을 지정한다.

그리고 label 속성은 엘리먼트의 유일한 라벨을 지정한다.

 트랙 엘리먼트의 효과적인 사용법으로 http://www.samdutton.net/mapTrack/을 참조하자.

WebVTT 표준에 의하면 WebVTT 파일은 항상 "WEBVTT"로 시작해야 한다. 그러고 나서 자막을 기술한다.

각 큐 엘리먼트는 다음과 같은 모습을 한다.

```
[idstring]
[hh:]mm:ss.ttt --> [hh:]mm:ss.ttt [cue settings]
Text string
```

idstring은 옵션 엘리먼트지만 스크립트로 큐에 접근할 때 필요하다. 타임스탬프timestamp는 시간을 지정하는 표준 포맷이며 옵션이다. 두 번째 타임스탬프는 첫 번째 타임스탬프보다 커야 한다.

Text string에는 <b>,<i>,<u> 엘리먼트 같은 간단한 HTML 태그를 사용할 수 있다. 또한 <c> 엘리먼트를 추가해 텍스트의 위치에 대한 스타일을 지정할 수 있으며 한 예로 <c.className>styled text </c>와 같이 사용한다. 그리고 <v someLabel> the awesome text </v>와 같이 보이스 라벨도 추가할 수 있다.

큐 설정은 시간 뒤에 추가할 수 있는 옵션이다. 이 설정에서 텍스트를 수직 또는 수평으로 나오게 설정할 수 있다. 그리고 설정에서는 대소문자를 구분할 수 있으므로 예제에서는 모두 소문자로 표시가 됐다. 이 설정에는 다음과 같은 것을 설정할 수 있다.

- **vertical** 이 속성은 vertical:rl 값으로 설정할 수 있다. rl은 오른쪽에서 왼쪽으로 텍스트를 표시하는 표준이며 vertical:lr은 왼쪽에서 오른쪽을 나타낸다.

- **line** 이 설정은 텍스트가 수직으로 표시되거나 이미 수직으로 사용하고 있을 때 사용하며 수평 위치를 설정한다. 이 속성에 사용하는 값은 퍼센트 값 혹은 정수를 사용하며 양의 정수를 사용한 경우에는 위를 의미하고 음의 정수를 사용한 경우에는 아래를 의미한다. 예를 들어 line:0과 line:0%는 위를 의미하고 line:-1% 또는 line:100%는 아래를 의미한다.

- **position** 이 설정은 텍스트의 수평위치를 설정하거나 텍스트가 수직으로 표시될 때 수직 위치를 설정한다. 이 값은 0부터 100퍼센트의 값을 가지며 예를 들어 position:100%는 오른쪽을 의미한다.

- **size** 이 설정은 텍스트 영역의 너비/높이를 수직 설정을 기준으로 퍼센트 값으로 설정한다. 예를 들어 size:100%는 텍스트 영역이 표시된다는 의미다.

▶ **align** 이 설정은 size 설정으로 정의된 텍스트 영역의 정렬 상태를 설정한다. 설정할 수 있는 값은 align:start, align:middle, align:end가 있다.

또한 텍스트 스트링에서는 표시되는 텍스트에 더 상세하게 가라오케 스타일로 설정할 수 있다. 예를 들어 다음과 같다.

```
This is some karaoke style <00:00:02.000>And more <00:00:03.000>
```

위와 같은 코드는 2초 이전에는 This is some karaoke style이 표시되며 2초 이후에는 And more가 표시된다.

또 하나 주목할 점은 큐에 지정하는 텍스트에는 --> 문자와 & 문자 또는 예약 범위 밖에 있는 문자를 사용할 수 없다. 하지만 & 같이 미리 정의된 문자는 사용할 수 있다.

이런 제약은 파일이나 메타데이터에는 적용되지 않는다.

부연 설명

또한 자막에는 CSS 스타일을 적용할 수 있다. 이전에 설명했듯이 VTT 파일에서 특정 트랙에 <c.someClass>을 적용할 수 있었다. 하지만 대부분의 경우에는 전체 트랙에 적용되는 스타일이 요구된다. 모든 자막에 적용하는 스타일을 다음처럼 지정한다.

```
::cue {
    color: black;
    text-transform: lowercase;
    font-family: "Comic Sans";
}
```

위 스타일은 모든 자막에 적용하는 스타일이다. 하지만 위와 같이 "Comic Sans"으로 설정하면 사용자가 별로 좋아하지 않을 것이다.

또한 ::cue:past{}와 ::cue:future{} 선택자는 가라오케 스타일에서 지난 자막을 선택할 때 유용하게 사용된다. 그리고 ::cue(selector)로 어떤 기준에 맞는 노드를 가져올 수도 있다.

최신 브라우저에는 이런 기능을 전부다 지원하지는 않는다. 이 책을 쓰고 있는 현재는 크롬만이 대부분의 기능을 지원하며 그 밖의 브라우저에서는 폴리필을 사용해야 한다. 그 중 http://captionatorjs.com/ 라이브러리는 모든 최신 브라우저에 이런 기능을 지원한다. 게다가 WebVTT도 지원하며 .sub, .srt 그리고 유투브 .sbv도 지원한다.

또한 비디오 트랙에 사용하는 그 밖의 포맷도 있다. 이름하여 Timed Text Markup Language_{TTML} 1.0(http://www.w3.org/TR/ttaf1-dfxp/)이라 하며 IE에서만 지원하며 그 밖의 브라우저에서는 지원할 계획이 없다. 표준은 XML에 기반하며 더 복잡하며 장황하다.

멀티미디어 임베딩

미디어 엘리먼트는 그 밖의 엘리먼트와 함께 동작하거나 조합될 수 있다. 또한 미디어 엘리먼트에 여러 CSS 프로퍼티를 적용할 수 있으며 SVG에 비디오를 병합할 수도 있다. 즉, 캔버스 엘리먼트에 비디오를 임베딩시키고 렌더링되는 이미지로 처리할 수 있다.

이번 예제에서는 캔버스에 비디오를 임베딩하는 예제를 알아본다.

준비

이번 예제에서는 비디오 엘리먼트에서 재생될 비디오가 필요하며 '원본 간 리소스 공유'_{CORS, cross-origin resource sharing}가 될 수 있게, 또는 로컬 서버에서 서비스할 수 있게 비디오를 배치한다. 이 중 가장 간단한 방법은 로컬에서 동작하는 서버에 비디오를 배치하는 것이다.

비디오 포맷으로는 NASA나 ESA에서 사용하는 여러 포맷들이 있다. 더 자세한 정보를 http://www.spacetelescope.org/videos/astro_bw/에서 참조하라.

예제 구현

다음 코드로 캔버스에서 동작하는 비디오를 살펴보자.

1. 먼저 HTML을 만들고 비디오 엘리먼트와 캔버스를 추가한다.

```
<video id="myVideo" width="640" height="360" poster="poster.
png" controls preload>
      Video not supported
  <source src="video.mp4" type="video/mp4" />
</video>
  <canvas id="myCanvas" width="640" height="360"> </canvas>
  <button id="start">start showing canvas </button>
```

2. 자바스크립트 코드에서는 이벤트 핸들러를 추가해 캔버스에 비디오를 회색으로 렌더링한다.

```
(function (){
  var button = document.getElementById('start'),
      video = document.getElementById('myVideo'),
      canvas = document.getElementById('myCanvas');

  button.addEventListener("click", function() {
    console.log('started drawing video');
    drawVideo();
  },false);

  function drawVideo(){
   var context = canvas.getContext('2d');
   context.drawImage(video, 0, 0);
```

```
var pixels = context.getImageData(0,0,640,480);
pixels = toGrayScale(pixels);
context.putImageData(pixels,0,0);
// re-draw
setTimeout(drawVideo,10);
}

function toGrayScale(pixels) {
  var d = pixels.data;
  for (var i=0; i<d.length; i+=4) {
    var r = d[i],
        g = d[i+1],
        b = d[i+2],
        v = 0.2126*r + 0.7152*g + 0.0722*b;
    d[i] = d[i+1] = d[i+2] = v
  }
  return pixels;
};
}())
```

이제 예제를 동작시켜보자. 여기서 한 가지 주의할 점은 흑백으로 렌더링되는 것을 보여주기 위해 원본 비디오를 컬러 비디오로 해야 한다는 점이다.

예제 분석

예제에 나온 비디오가 캔버스에서 동작한다. 하지만 페이지 시작과 동시에 제약을 받는다. 이미지를 캔버스에 그리는 작업은 CORS 제약을 받는다. 이 보안적인 제약은 이미지로부터 데이터를 읽어 코드로 실행하기 때문에 일어난다. 이런 부분은 악의적인 코드가 삽입될 경우가 있으므로 제약이 추가됐다.

자바스크립트 소스에서는 canvas.getContext('2d')를 사용해 드로잉 콘텍스트를 가져와 비디오 엘리먼트의 현재 이미지를 그렸다. 또한 이미지를 직접 그림에 따라 개별 픽셀을 수정할 수 있게 되었다. 그래서 비디오에 필터를 적용하는 효과를 구현했다.

또한 예제에서는 회색 필터를 생성했다. 필터 함수 toGrayScale는 픽셀 데이터를 순환하면서 세 가지 색상 값으로 구성된 픽셀 RGB 데이터를 읽고 데이터 값을 변형했다.

```
v = 0.2126*r + 0.7152*g + 0.0722*b;
```

다음으로 조정한 RGB 세 값을 적용했다. 조정 값은 평균적으로 사람 눈으로 보기에 힘든 빨간색과 파란색의 값을 보상하는 값을 사용했다. 그래서 평균 값 세 개가 비슷한 값을 가지게 했다.

 더 자세히 그 밖의 필터를 알고 싶으면 http://www.html5rocks.com/en/tutorials/ canvas/imagefilters/ 기사를 참고하라. 이 글에서는 이미지에 적용하는 필터를 비디오에도 적용할 수 있는 방법을 알려준다.

부연 설명

그 밖의 데모로 상자 모양 비디오 플레이어가 있다(http://html5playbook.appspot. com/#Cube). 이 플레이어를 사용하면 그 밖의 멋진 효과를 적용할 수 있다.

HTML5 애플리케이션의 오디오 처리나 이퀄라이징을 다루고 싶다면 새로운 고수준 오디오 API 표준을 참고하라(http://www.w3.org/TR/webaudio/).

HTML5 오디오를 사용해 텍스트를 음성으로 변환

오늘날 웹 기반 네비게이션 애플리케이션을 만드는 경우에 대부분의 컴포넌트는 이미 준비되어 있다. 구글맵 또는 오픈 스트리트 맵 컴포넌트로 지도를 표시하고, API로 경로를 그리면 된다.

하지만 음성기반의 네비게이션 안내는 어떻게 할 것인가? 텍스트를 음성으로 변환하는 별도의 API를 사용할 것인가?

고맙게도 HTML5 오디오와 임스크립튼Emscripten(C를 자바스크립로 컴파일하는 컴파일러,) 덕분에 espeak라는 브라우저에서 구동되는 무료 텍스트 음성 변환text to speech 엔진을 사용할 수 있다.

이번 예제에서는 espeak을 사용해 텍스트를 음성으로 변환해 본다. 텍스트 음성 변환 동작 중 대부분이 espeak.js에서 일어난다.

준비

speak.js를 http://github.com/html5-ds-book/speakjs에서 내려 받는다. 웹 사이트에서 zip 파일을 내려 받고 폴더를 만들어 압축을 푼다. 만들 폴더 이름은 speak-js-master로 한다.

예제 구현

다음과 같은 단계를 따라한다.

1. index.html을 만들고 텍스트 입력 필드와 Speak 버튼을 만든다.

```
<!doctype html>
<html ng-app="todo">
  <head>
    <script type="text/javascript" src="http://ajax.googleapis.com/
ajax/libs/jquery/1.8.2/jquery.min.js"></script>
    <script type="text/javascript" src="/speak-js-master/speakClient.
js"></script>
    <script type="text/javascript" src="/example.js"></script>
    <meta charset="utf8">
  </head>
  <body>
    <div id="audio"></div>
    <input type="text" id="text" value="" placeholder="Enter text
here">
    <button id="speak">Speak</button>
```

```
        </body>
    </html>
```

2. example.js를 만들고 버튼에 클릭 이벤트 핸들러를 추가한다.

```
$(function() {
    $("#speak").on('click', function(){
        speak($("#text").val());
    });
});
```

3. http-server가 아직 설치되어 있지 않으면 명령 행에서 http-server를 설
   치하고 서버를 시작한다.

```
npm install -g http-server
http-server
```

4. 브라우저로 http://localhost:8080을 열어 예제를 테스트한다.

예제 분석

텍스트를 음성으로 변환하는 엔진은 eSpeak(http://espeak.sourceforge.net/)이다. 이
엔진이 C로 만들어졌지만 브라우저에서는 자바스크립트 형태로 언어를 지원
한다. 그럼 브라우저에서 이 엔진을 어떻게 이용할까?

임스크립튼은 이런 경우에 동작하게 만든 컴파일러다. 임스크립튼은 C/C++
소스를 LLVM 컴파일로로 컴파일해 LLVM 바이트코드를 받아 자바스크립트 코
드로 변환한다. 임스크립튼은 타입드 어레이typed array 같은 자바스크립트 기능
을 수행하며 환상적인 성능을 보여주는 자바스크립트 JIT 컴파일러와 함께 동
작한다.

이 코드를 사용할 때 브라우저에서 블록킹을 피하려면 speakClient.js에서는
웹 워커web worker를 사용해 음성을 만들어냈다. 생성된 WAV 파일은 워커로 전
달되고 base64 인코딩 형태의 데이터 URL로 오디오 엘리먼트에 전달된다. 이

엘리먼트는 #audio 엘리먼트를 페이지에 추가하고 play 메소드를 호출해 음
성을 재생한다.

부연 설명

Espeak의 라이센스는 GNU GPL v3를 따른다. 그러므로 상용 프로그램에는 적
절하지 않다.

임스크립트에 관한 자세한 정보를 임스크립튼 위키 페이지인 https://github.
com/kripken/emscripten/wiki에서 참조하라.

부록 A
Node.js 설치와 npm 사용

소개

Node.js는 구글 크롬의 자바스크립트 엔진인 V8위에 만들어진 이벤트 기반 플랫폼이다. 이 플랫폼은 V8 위에서 블로킹 없이 동작하며 주로 실시간 입출력 웹 애플리케이션을 만들 때 사용한다.

Node.js 인스톨러는 다음과 같은 주요 컴포넌트 두 개를 제공한다.

▶ **노드 바이너리**: Node.js용으로 만들어진 자바스크립트 파일을 구동한다.

▶ **노드 패키지 매니저인 npm**: npm은 노드 라이브러리를 인스톨하며 노드 커뮤니티에서 만들었다.

Node.js 설치

Node.js 인스톨러와 배포판을 공식 웹 페이지http://nodejs.org/에서 내려 받을 수 있다. 플랫폼에 따라 설치 과정이 다르다.

http://nodejs.org/download/에서 내려 받을 수 있는 윈도우용 설치파일은 MSI 기반 인스톨러 두 개로 구성되어 있다. 하나는 32비트 운영체제용이고 그 밖에 하나는 64비트 운영체제용이다. 윈도우에서 Node.js를 설치하려면 인스톨러를 내려 받아 실행하면 된다.

맥 OS X에서는 같은 다운로드 웹 페이지에서 pkg 인스톨러를 내려 받을 수 있다. 내려 받은 PKG 파일을 실행해 애플 인스톨러로 Node.js를 설치한다.

리눅스에서 설치하는 절차는 배포판에 따라 다르다. 많이 사용하는 버전에서 배포판을 설치하는 과정을 알고 싶다면 노드 위키 https://github.com/joyent/node/wiki/Installing-Node.js-via-package-manager를 참조하라.

npm 사용

Node.js 인스톨러인 노드 패키지 매니저npm를 명령 행에서 사용해야 하므로 터미널 프로그램이 필요하다(명령 프롬프트).

윈도우에서는 기본 cmd.exe을 사용하거나 http://sourceforge.net/projects/console/에서 콘솔을 내려 받아 설치한다.

맥 OS X에서는 Terminal.app을 사용해 명령을 실행한다.

리눅스에서는 터미널을 사용한다. 우분투 리눅스의 기본 터미널은 그놈gnome 터미널이다.

터미널을 열고 npm을 입력해보자. 이 명령은 아무런 매개변수 없이 npm을 실행한다. 그래서 npm은 사용할 수 있는 명령에 대한 설명이 나와있는 일반 사용법을 출력한다.

로컬 패키지 설치

test라는 빈 디렉터리를 만들어보자. 그리고 만든 디렉터리로 들어가 다음처럼 npm을 사용해 underscore 라이브러리를 설치해본다.

```
mkdir test
cd test
npm install underscore
```

마지막 명령은 npm에 install 서브 명령과 underscore 인자를 넣어 실행한다. 그러면 로컬에 underscore 패키지가 설치된다. 그리고 npm은 패키지를 내려받고 설치하는 등의 진행 정보를 출력한다.

로컬에 패키지를 설치할 때 npm은 현재 디렉터리에 node_modules라는 서브 디렉터리를 생성한다. 이 디렉터리 안에는 인스톨된 패키지를 위한 그 밖의 디렉터리가 생성된다. underscore의 경우는 node_modules안에 underscore 디렉터리가 생성된다.

전역 패키지 설치

어떤 npm 패키지는 전역으로 설치되게 디자인된 것이 있다. 전역 패키지는 새로운 기능을 OS에 추가한다. 예를 들어 커피 스크립트 패키지는 전역으로 설치되며 시스템에서 coffee란 명령이 새로 생긴다.

전역 패키지를 설치할 때는 -g를 사용해 설치한다. 다음 명령을 살펴보자.

```
npm install -g coffee-script
```

어떤 OS에서는 위 명령을 실행하는 데 있어 관리자 권한을 요구하기도 한다. 그러므로 sudo 명령으로 위 명령을 다시 실행한다.

```
sudo npm install -g coffee-script
```

위 명령을 실행하면 npm은 커피스크립트를 내려 받으면서 의존 관계에 있는 모든 라이브러리도 설치한다. 설치가 완료되면 coffee 명령을 시스템 어디에서나 사용할 수 있다. 이제 간단하게 커피스크립트 코드를 만들어보자. 커피스크립트로 만들 프로그램은 헬로월드 스크립트며 -e 스위치를 사용해 인라인으로 만든다. 다음 코드를 살펴보자.

```
coffee -e "echo 'Hello world'"
```

전역 패키지에 대한 npm 서브 명령을 알아보려면 npm의 help 서브 명령을 사용하면 된다. 예를 들어 install 서브 명령을 알고 싶다면 다음과 같은 명령을 입력한다.

```
npm help install
```

npm 최신 버전에 대한 더 자세한 사항은 공식 npm 문서인 https://npmjs.org/doc/을 참조하자.

부록 B
커뮤니티와 리소스

WHATWG

2004년 WHAT 워킹 그룹은 모질라, 애플, 오페라가 구성한 조직이다. 더 일반적으로 사용되는 이름인 WHATWG은 웹 하이퍼텍스트 애플리케이션 테크놀로지Web Hypertext Application Technology 워킹 그룹의 준말이다. 이 그룹의 주요 목적은 HTML의 개발과 진화다. W3C가 주도하는 HTML 개발이 느리다는 이유로 WHATWG가 결성되었다.

WHATWG은 HTML 표준화에 집중하며 주로 웹 스토리지, 웹 소켓, 웹 워커, 서버측 이벤트를 다룬다. 또한 과거에 다뤘던 그 밖의 표준도 다룬다. 표준 담당 편집자는 이안 힉슨Ian 'Hixie' Hickson이다(http://www.hixie.ch/).

이 책에서는 자주 WHATWG의 가장 최신 버전의 생생한 표준을 참고했다. 표준은 커뮤니티 요청에 따라 계속해서 갱신된다. 표준 중 의견이 다른 내용인 경우에는 쉽게 사라지지도 않는다.

이 단체에 대한 더 자세한 정보를 http://www.whatwg.org/에서 참조하자.

또한 개발자용 표준도 있다(http://developers.whatwg.org/).

월드 와이드 웹 컨소시엄

W3C_{Wrold Wide Web Consortium}라고 알려진 이 단체는 국제 웹 표준 중 주요 표준을 만드는 단체다. W3C는 1994년에 설립됐으며 팀 버너스 리_{Tim Berners-Lee}가 수장으로 있다. 그리고 W3C에는 정규 직원이 있어 여러 표준을 연구하고 만든다.

W3C를 이끄는 회원 명단을 http://www.w3.org/Consortium/Member/List에서 확인할 수 있다. 이 회원 중에는 비영리 단체도 있으며 회사뿐만 아니라 개인도 들어 있다. 그리고 사이트에 접근하려면 회원이 돼야 한다. W3C가 지원서를 승인하면 누구나 회원이 될 수 있다. 또한 각 회원이 속해있는 국가의 소득에 맞춰 회비가 책정된다.

하지만 이와 같은 식의 회원제 운영에 논란의 여지가 있다. 대부분의 회원이 회비를 낼 수 있을 뿐만 아니라, 모임이나 회의에 참석할 수 있는 출장비를 여유롭게 쓸 수 있는 회사로 구성되어 있기 때문이다.

2006년에 W3C는 WHATWG와 함께 협업하기로 하고 더 이상 XHTML 표준을 개발하지 않겠다고 발표했다. 현재 두 조직은 다른 목표를 향해 활동한다. WHATWG는 좀 더 브라우저에 집중하고 있으며 W3C는 빠르게 움직이고 있는 표준의 버전 관리에 집중한다. WHATWG의 편집 책임자인 힉시는 두 그룹에 활발히 의견을 낸다. 두 표준이 어떻게 다른지 알고 싶다면 http://www.whatwg.org/specs/web-apps/current-work/multipage/introduction.html#how-do-the-whatwg-and-w3c-specifications-differ?을 참조하라.

W3C의 공식 웹 페이지는 http://www.w3.org/다.

그 밖의 자료

모질라 개발자 네트워크_{MDN}(http://developer.mozilla.org)는 굉장히 많은 웹 개발 관련 정보를 제공한다. MDN에서 다루는 정보로는 HTML, 자바스크립트, CSS, DOM, 에이잭스, SVG, WebGL 등이 있다. MDN에서 다루는 정보 중 일부는 파이어폭스에 의존적이지만 대부분은 일반적인 정보다. MDN이 만든 플랫폼인 쿠마_{Kuma}를 깃허브_{GitHub}(https://github.com/mozilla/kuma)에서 내려 받을 수 있다. 또한 유용한 정보를 위해 글을 기고할 수도 있는데 자세한 사항을 https://developer.mozilla.org/en-US/docs/Project:About#About_MDN에서 참고하길 바란다. 이 책을 쓰고 있는 지금 MDN이 가장 이해하기 쉽고 간단한 문서를 제공한다.

HTML5 락스_{HTML5 Rocks}(http://www.html5rocks.com)도 굉장히 훌륭한 교재와 글을 제공한다. 이 프로젝트를 구글과 크롬 팀이 진행하지만 구글러가 아닌 그 밖의 사람들도 글을 기고한다. 이런 교재 중 일부는 크롬에 의존하지만, 가장 인기 있는 글은 일반적인 정보를 다룬다. 이 프로젝트 또한 깃허브에서 내려 받을 수 있다(https://github.com/html5rocks).

마크 필그림이 만든 『Dive into HTML5』(http://diveintohtml5.info/)는 HTML5를 재미있게 소개하는 훌륭한 책으로, HTML5 입문 과정에 훌륭한 지침서 역할을 한다.

HTML5 테스트(http://html5test.com/)는 브라우저에 점수를 매기며 그 밖에도 주요 브라우저와의 차이점을 알려준다.

브라우저의 차이점을 더 자세히 알고 싶다면 쿽스모드_{quirks mode}를 참조하라(http://www.quirksmode.org/compatibility.html).

찾아보기

acorn+PACKT Technical Book 시리즈

Unity 3D Game Development by Example 한국어판

BackTrack 4 한국어판

Android User Interface Development 한국어판

Nginx HTTP Server 한국어판

BackTrack 5 Wireless Penetration Testing 한국어판

Flash Game Development by Example 한국어판

Node Web Development 한국어판

XNA 4.0 Game Development by Example 한국어판

Away3D 3.6 Essentials 한국어판

Unity 3 Game Development Hotshot 한국어판

HTML5 Multimedia Development Cookbook 한국어판

jQuery UI 1.8 한국어판

jQuery Mobile First Look 한국어판

Play Framework Cookbook 한국어판

PhoneGap 한국어판

Cocos2d for iPhone 한국어판

OGRE 3D 한국어판

Android Application Testing Guide 한국어판

OpenCV 2 Computer Vision Application Programming Cookbook 한국어판

Unity 3.x Game Development Essentials 한국어판

Ext JS 4 First Look 한국어판

iPhone JavaScript Cookbook 한국어판

Facebook Graph API Development with Flash 한국어판

CryENGINE 3 Cookbook 한국어판

워드프레스 사이트 제작과 플러그인 활용

반응형 웹 디자인

타이타늄 모바일 앱 프로그래밍

안드로이드 NDK 프로그래밍

코코스2d 게임 프로그래밍

WebGL 3D 프로그래밍

MongoDB NoSQL로 구축하는 PHP 웹 애플리케이션

언리얼 게임 엔진 UDK 3

코로나 SDK 모바일 게임 프로그래밍

HBase 클러스터 구축과 관리

언리얼스크립트 게임 프로그래밍

카산드라 따라잡기

엔진엑스로 운용하는 효율적인 웹사이트

컨스트럭트 게임 툴로 따라하는 게임 개발 입문

하둡 맵리듀스 프로그래밍

RStudio 따라잡기

웹 디자이너를 위한 손쉬운 제이쿼리

센차터치 프로그래밍

노드 프로그래밍

게임샐러드로 코드 한 줄 없이 게임 만들기

안드로이드 데이터베이스 프로그래밍

아이폰 위치 기반 애플리케이션 개발

마이바티스를 사용한 자바 퍼시스턴스 개발

Moodle 2.0 이러닝 강좌 개발

티샤크를 활용한 네트워크 트래픽 분석

Ext JS 반응형 웹 애플리케이션 개발

아파치 톰캣 7 따라잡기

제이쿼리 툴즈 UI 라이브러리

코코스2d-x 모바일 2D 게임 개발

노드로 하는 웹 앱 테스트 자동화

하둡과 빅데이터 분석 실무

아이폰 애플리케이션 성능 튜닝

JBoss 인피니스팬 따라잡기

이클립스 4 플러그인 개발

JBoss AS 7 따라잡기

자바 7의 새로운 기능

코드이그나이터 MVC 프로그래밍

마리아DB 따라잡기

오파 웹 애플리케이션 개발

에이콘출판의 기틀을 마련하신 故 정완재 선생님 (1935-2004)

HTML5 데이터 처리와 구현

100가지 예제로 배우는 모던 웹을 위한 데이터 표현 기법

인   쇄 | 2014년 8월 19일
발   행 | 2014년 8월 27일

지은이 | 고르기 코세브 • 미테 미트레스키
옮긴이 | 김 태 원

펴낸이 | 권 성 준
엮은이 | 김 희 정
         박 진 수
표지 디자인 | 한국어판_최광숙
본문 디자인 | 박 진 희

인   쇄 | 한일미디어
용   지 | 다올페이퍼

에이콘출판주식회사
경기도 의왕시 계원대학로 38 (내손동 757-3) (437-836)
전화 02-2653-7600, 팩스 02-2653-0433
www.acornpub.co.kr / editor@acornpub.co.kr

이 도서의 국립중앙도서관 출판시도서목록(CIP)은 서지정보유통지원시스템 홈페이지(http://seoji.nl.go.kr)와
국가자료공동목록시스템(http://www.nl.go.kr/kolisnet)에서 이용하실 수 있습니다.(CIP제어번호: CIP2014023744)

책값은 뒤표지에 있습니다.